D1867021

ULRIKE WOLF

Deliktsstatut und internationales Umweltrecht

Herrn Dr. Kaltenberger,

mit herzlichem Dank
für die stets gute
Zusammenarbeit!

Ihre Ulrike Wolf

Schriften zum Umweltrecht

Herausgegeben von Prof. Dr. Michael Kloepfer, Berlin

Band 58

Deliktsstatut und internationales Umweltrecht

Von

Ulrike Wolf

Duncker & Humblot · Berlin

Die Deutsche Bibliothek – CIP-Einheitsaufnahme

Wolf, Ulrike:
Deliktsstatut und internationales Umweltrecht /
von Ulrike Wolf. – Berlin : Duncker und Humblot, 1995
(Schriften zum Umweltrecht ; Bd. 58)
Zugl.: München, Univ., Diss., 1993
ISBN 3-428-08358-X
NE: GT

Alle Rechte vorbehalten
© 1995 Duncker & Humblot GmbH, Berlin
Fotoprint: Berliner Buchdruckerei Union GmbH, Berlin
Printed in Germany

ISSN 0935-4247
ISBN 3-428-08358-X

Gedruckt auf alterungsbeständigem (säurefreiem) Papier
entsprechend ISO 9706 ♾

Vorwort

Die vorliegende Arbeit hat im Sommersemester 1993 der Juristischen Fakultät der Ludwig-Maximilians-Universität in München als Dissertation vorgelegen. Neu erschienene Literatur und Rechtsprechung konnte aber noch bis einschließlich November 1994 berücksichtigt werden.

Mein besonderer Dank gilt an dieser Stelle Herrn Professor Dr. Andreas Heldrich, der die Arbeit angeregt und mit Interesse und Geduld betreut hat, sowie Herrn Professor Dr. Klaus Vogel für die Übernahme des Korreferats. Danken möchte ich auch Frau Professor Dr. Dagmar Coester-Waltjen. Im Rahmen meiner Tätigkeit an ihrem Lehrstuhl konnte diese Arbeit in einer wissenschaftlich fruchtbaren und persönlich angenehmen Umgebung geschrieben werden.

Schließlich möchte ich auch Herrn Professor Dr. Michael Kloepfer danken, der die Arbeit in die Schriften zum Umweltrecht aufgenommen und damit die Veröffentlichung des Buches in dieser Form ermöglicht hat.

Marzling, im Januar 1995

Ulrike Wolf

Inhaltsverzeichnis

Einleitung

Erster Teil

Die Problemstellung

Die Zweispurigkeit der Immissionsabwehr in den nationalen Umweltrechten Europas und die Regeln des internationalen Privat- und Verwaltungsrechts

Zusammenfassung, Thesen und Ausblick

Abkürzungen

ABGB	Allgemeines Bürgerliches Gesetzbuch (Österreich)
AcP	Archiv für die civilistische Praxis
AöR	Archiv für öffentliches Recht
ArchVR	Archiv für Völkerrecht
AtG	Atomgesetz
B-VG	Bundesverfassungsgesetz (Österreich)
BayObLG	Bayerisches Oberstes Landesgericht
BayObLGZ	Entscheidungssammlung des Bayerischen Obersten Landesgerichts
BayVBl	Bayerische Verwaltungsblätter
BGH	Bundesgerichtshof
BGHZ	BGH Entscheidungen in Zivilsachen
BerDGesVR	Berichte der deutschen Gesellschaft für Völkerrecht
Bull.Civ.	Bulletin Civil
Cass.Civ.II	Cour de Cassation, 2.Senat
Cir.	Circuit
CMLR	Common Market Law Review
D.	Recueil Dalloz Sirey
DKEG	Dampfkesselemissionsgesetz (Österreich)
DV	Durchführungsverordnung
DVBl	deutsches Verwaltungsblatt
EGBGB	Einführungsgesetz zum Bürgerlichen Gesetzbuch
EPL	Environmental Policy and Law
FamRZ	Ehe und Familie im privaten und öffentlichen Recht, Zeitschrift für das gesamte Familienrecht
F 2d	Federal Reporter 2nd Series
Gaz.Pal.	Gazette du Palais
GRUR	Gewerblicher Rechtsschutz und Urheberrecht
ILA	International Law Association
ILM	International Legal Materials
IPRax	Praxis des internationalen Privat- und Verfahrensrechts
IPRG	Bundesgesetz über das internationale Privatrecht (Österreich)
IPRspr.	Makarov u.a., Die deutsche Rechtsprechung auf dem Gebiet des internationalen Privatrechts
IZPR	internationales Zivilprozeßrecht
IZVR	internationales Zivilverfahrensrecht
J.C.	Juris Classeur
J.C. Resp.civ.	J.C. responsabilité civile
JBl	Juristische Blätter (Österreich)
JW	Juristische Wochenschrift
JZ	Juristen-Zeitung
L.Ed.	Lawyers Edition, United States Supreme Court Reports

LuftVG	Luftverkehrsgesetz
NJW	Neue Juristische Wochenschrift
NuR	Natur und Recht
NVwZ	Neue Zeitschrift für Verwaltungsrecht
OGH	Oberster Gerichtshof der Republik Österreich
OGHZ	Entscheidunssammlung des Obersten gerichtshofes
ÖJZ	Österreichische Juristen-Zeitung
oöBauO	oberösterreichische Bauordnung
ÖZÖffR	österreichische Zeitschrift für öffentliches Recht
RabelsZ	Zeitschrift für ausländisches und internationales Privatrecht, begründet von Ernst Rabel
Rd.C.	Recueil du Cour
Rest.2nd	Restatement Second
RGRK	Reichsgerichtsrätekommentar
RIAA	Reports od International Arbitrial Awards
RIW	Recht der internationalen Wirtschaft
Rz.	Randziffer
S.Ct.	Supreme Court Reporter (USA)
SeuffA	Seufferts Archiv für Entscheidungen der obersten Gerichte in den deutschen Staaten
StAZ	Das Standesamt
StIGH	Ständiger Internationaler Gerichtshof
SZ	Entscheidungen des österreichischen Obersten Gerichtshofes in Zivilsachen
U.S.	United States Reports
U.S.C.	United States Code
UPR	Umwelt- und Planungsrecht
UTR	Jahrbuch für Umwelt- und Technikrecht
VersR	Versicherungsrecht
VerwArch	Verwaltungsarchiv
VVdStRL	Veröffentlichungen der Vereinigung der Deutschen Staatsrechtslehrer
WHG	Wasserhaushaltsgesetz
WRG	Wasserrechtsgesetz (Österreich)
WVR	Wörterbuch des Völkerrechts
ZaöRV	Zeitschrift für ausländisches öffentliches Recht und Völkerrecht
ZfRV	Zeitschrift für Rechtsvergleichung
ZfV	Zeitschrift für Verwaltungsrecht
ZfW	Zeitschrift für Wasserrecht
ZIP	Zeitschrift für Wirtschaftsrecht
ZPO	Zivilprozeßordnung
ZRP	Zeitschrift für Rechtspolitk
ZVglRWiss	Zeitschrift für vergleichende Rechtswissenschaften
ZZP	Zeitschrift für Zivilprozeß

Einleitung

I. Die Reform des internationalen Privatrechts

Internationales Deliktsrecht und internationales Sachenrecht sind bis auf die lapidare Bestimmung des Art.38 EGBGB, wonach gegen einen Deutschen aus einer im Ausland begangenen unerlaubten Handlung keine weitergehenden Ansprüche abgeleitet werden können, als bereits nach deutschem Recht begründet sind, bisher nicht kodifiziert und auch von der Reform des internationalen Privatrechts unangestastet geblieben. Die Einbeziehung einer Neuregelung des Deliktsstatuts und des internationalen Sachenrechts sind noch geplant.[1] Sowohl das internationale Schuldrecht als auch das internationale Sachenrecht sind vom deutschen Rat für IPR beraten. Der in der Literatur veröffentlichte Referentenentwurf[2] ist jedoch nie offiziell freigegeben worden.[3]

Die I. Kommission des deutschen Rates für IPR hatte die Fragen des Nachbarrechts und des Immissionsschutzes mit Rücksicht auf deren engen Zusammenhang mit dem internationalen Deliktsrecht, das von der II. Kommission erörtert wurde, aus ihrer Diskussion ausgeklammert. In der II. Kommission wurde die Anknüpfung von Immissionen und Grenzdelikten auf der Grundlage eines Gutachtens von Sturm[4] erörtert, und für sachenrechtliche und deliktsrechtliche Ansprüche einheitlich die Anknüpfung an das dem Geschädigten günstigere Recht vorgeschlagen.[5] Die endgültige Klärung der Anknüpfung sollte jedoch der Rechtsprechung überlassen werden. Umstritten blieb vor allem die Frage, wie sich die Rechtmäßigkeit einer Umweltbeeinträchtigung nach dem Recht des Landes, von dem sie ausgeht, auf Abwehr- und Schadensersatzansprüche im Nachbarstaat auswirken sollte.[6]

---

[1] *Pirrung*, Der Regierungsentwurf eines Gesetzes zur Neuregelung des Internationalen Privatrechts, IPRax 1983, 201-208; *Kreuzer* in *Henrich* (Hrsg.), Vorschläge und Gutachten zur Reform des internationalen Sachen- und Immaterialgüterrechts, S.38-166.

[2] Abgedruckt bei *Kropholler*, IPR S.540-542.

[3] Vgl. *v.Bar*, IPR II Rz.650.

[4] *Sturm*, Immissionen und Grenzdelikte, in: *v. Caemmerer*, Vorschläge und Gutachten zur Reform des internationalen Privatrechts der außervertraglichen Schuldverhältnisse, S.338-360.

[5] *Sturm* (Fn.4) S.360; *v. Caemmerer*, Begründung des Entwurfs, (Fn.4) S.1-28 (22).

[6] Siehe hierzu den Vorschlag *Sturms*, die Rechtswidrigkeits- und Schuldfrage im Wege der Sonderanknüpfung allein nach dem Recht des Ursprungsstaates zu beurteilen (Fn.4) S.360; *v. Caemmerer* (Fn.4) S.23.

National ist das Umwelthaftungsrecht durch die Überlagerung der zivilrechtlichen Haftungsfrage von öffentlich-rechtlichen Aufsichtsnormen gekennzeichnet.[7] Die Frage, wie sich diese Überlagerung bei grenzüberschreitenden Umweltbeeinträchtigungen auswirken soll, ist nicht gelöst.

II. Die Fragestellung

Das Spannungsverhältnis zwischen öffentlichem und privatem Umweltrecht im internationalen Sachverhalt läßt sich anhand des folgenden aktuellen Beispielsfalles illustrieren.

1. Grenzüberschreitende Umweltbelastungen im Straßburg / Kehler Becken

Die französische Gesellschaft STRACEL S.A. betreibt seit 1936 im nördlichen Industriegebiet des "Autonomen Hafens Straßburg" eine genehmigte Papierfabrik. Bei der Papierbleiche, die besonders seit der Erweiterungsgenehmigung vom Oktober 1990 in großem Umfang möglich ist, und bei der Abfallverbrennung werden in größeren Mengen Chlor, Schwefelsäure und Schwefeloxid frei, die in die Atmosphäre abgegeben werden oder durch die Abwasserableitung in den Rhein gelangen. Die Stoffe verursachen Ätzungen der Atemwege. Die Anlage wird in Einklang mit der französischen Betriebs- und Erweiterungsgenehmigung betrieben, hält aber weder deutsche Emissionsstandards noch die Anforderungen der Richtlinie 84/360/EWG zur Bekämpfung der Luftverunreinigung durch Industrieanlagen[8] ein. Die Winde im Kehl / Straßburger Becken kommen hauptsächlich aus südwestlicher Richtung. Auf der deutschen Seite des Rheines in etwa einem Kilometer Entfernung liegt das Villengebiet Kehl / Kronenhof. Der Stadtkern von Kehl liegt in der Hauptwindrichtung in einer Entfernung von fünf Kilometern zu der Anlage. Von den Emissionen der Anlage sind daher hauptsächlich die Anlieger auf der deutschen Seite des Rheines betroffen.[9] Im Raum Kehl sind gegenüber dem Bundesdurchschnitt erhöhte Werte bei der Krebssterblichkeit und bei der Sterblichkeit an

---

[7] *Kloepfer,* Umweltrecht, S. 16, 22, 27; *Peters,* Grundzüge des Umweltplanungsrechts, DÖV 1988, 56; kritisch *Hoppe / Beckmann,* Umweltrecht, S. 23: Es gibt keine allgemein anerkannte Definition des Begriffes; Umweltrecht ist die Summe der Rechtssätze, die der Umwelt zu dienen bestimmt sind; *Rehbinder,* Umweltrecht, Rechtsvergleichendes Generalreferat RabelsZ 40 (1976) 363 (365).

[8] Abl L 188 v. 16.7.1984 S.20.

[9] Die Daten sind der Klage der Stadt Kehl und des Ortenaukreises vor dem Verwaltungsgericht Straßburg gegen den französischen Staat vom 11.12.1991 entnommen.

plötzlichem Kindstod sowie eine erhöhte Mißbildungsrate bei Neugeborenen festgestellt worden.[10]

Kann sich nun die französische Gesellschaft gegenüber einer Schadensersatz- oder Unterlassungsklage der auf der deutschen Seite betroffenen Anlieger mit der Begründung verteidigen, der Anlagenbetrieb sei nach französischem Recht rechtmäßig und sie sei daher keinerlei Ansprüchen ausgesetzt, da die Anlage im Einklang mit der in der französischen Genehmigung festgesetzten Bedingungen betrieben werde?

2. Die klassische Lösung nach dem Territorialitätsgrundsatz

Die Frage führt in ein "immer noch nicht bereinigtes Dickicht von IPR, IÖR und Völkerrecht."[11] Dem internationalen Privatrecht wird die Frage der sachgerechten Anknüpfung der Schadensersatz- und Unterlassungsansprüche der Betroffenen, dem internationalen öffentlichen Recht der Anwendungsbereich der hoheitlichen Genehmigung und ihrer Folgen zugerechnet.[12] Das Völkerrecht schließlich beschäftigt sich mit dem Ziel, die umweltbezogenen Verantwortlichkeiten der Staaten im Hinblick auf einen wirksamen Umweltschutz sicherzustellen, mit dem Ausgleich der staatlichen Nutzungsinteressen auf der französischen und der staatlichen Schutzinteressen auf der deutschen Seite.[13] Die strikte Anwendung der in diesen Rechtsgebieten festgelegten Grundsätze führt im internationalen Umwelthaftungsrecht zu einem paradoxen Ergebnis. Klagen die betroffenen Anlieger auf der deutschen Seite vor deutschen Gerichten[14] gegen die französische Firma STRACEL auf Unterlassung der Beeinträchtigung, so wird auf ihre Klagen das dem Anspruch günstigere Recht angewandt. Die

---

[10] Vgl. die Strafanzeige des umweltmedizinischen Arbeitskreises Ortenauer Ärztinnen und Ärzte und der Ärzteinitiative Kehl vom 12.11.1992 gegen den Ortenaukreis.

[11] *Hager*, Zur Berücksichtigung öffentlich-rechtlicher Genehmigungen bei Streitigkeiten wegen grenzüberschreitender Immissionen, RabelsZ 53 (1989) 293-319 (302).

[12] *Schulze*, Das öffentliche Recht im IPR; *Vogel*, Der räumliche Anwendungsbereich der Verwaltungsrechtsnorm, S.237,313; *Siehr*, Normen mit eigener Bestimmung ihres räumlich-persönlichen Anwendungsbereichs im Kollisionsrecht der Bundesrepublik Deutschland, RabelsZ 46 (1982) 357-383 (229).

[13] *Rauschnig*, Umweltschutz als Problem des Völkerrechts, Europa-Archiv 16 (1972) 567-580 (568); *Randelzhofer / Simma*, Das Kernkraftwerk an der Staatsgrenze, FS Berber 389-431 (390); *Lagoni*, Umweltvölkerrecht, in Thieme, Umweltschutz im Recht, S. 233-250 (239).

[14] Die internationale Zuständigkeit für den Unterlassungsanspruch ergibt sich aus § 24 ZPO (Anknüpfung an die Lage des beeinträchtigten Grundstückes), LG Waldshut-Tiengen v.11.2.1982, UPR 1983, 14; LG Traunstein und OLG München IPRspr 1976, Nr.29 a und b; für den deliktischen Anspruch ergibt sie sich aus § 32 ZPO bzw. im Verhältnis zu Frankreich aus Art.5 Nr.3 EuGVÜ (auf Grund des doppelten Tatortes als deliktischer Wahlgerichtsstand); EuGH v.30.6.1976 Rs 21/6 Slg 1976, 1735=NJW 1977,493.

französische Genehmigung bleibt außer Betracht, da sie als staatlicher Hoheitsakt nach dem internationalen Verwaltungsrecht keine Geltung außerhalb Frankreichs beanspruchen kann.[15] Der Unterlassungs- oder Schadenersatzklage ist daher ohne Rücksicht auf sie stattzugeben. Das Urteil ist aber, soweit der Unterlassungsanspruch betroffen ist, praktisch wertlos. Es kann in Frankreich nicht vollstreckt werden, da die französische Genehmigung entgegensteht. Nach dem völkerrechtlichen Souveränitätsgedanken setzt sich der Staat durch, der die tatsächliche Macht hat, die störende Anlage zu verbieten oder bestehen zu lassen.

III. Ziel der Arbeit und Gang der Darstellung

Die vorliegende Arbeit hat zum Ziel, die privatrechtliche Haftung in den Gesamtzusammenhang des internationalen und nationalen Umweltrechts einzuordnen und von diesem Hintergrund her eine befriedigende Anknüpfung für die privatrechtliche Umwelthaftung in grenzüberschreitenden Sachverhalten zu erarbeiten. International-prozeßrechtliche Fragen werden nur erörtert, soweit sich das im Rahmen dieser Fragestellung als erforderlich erweist.[16]

Der Gang der der Darstellung ergibt sich aus dem bisher Gesagten fast von selbst. Im *ersten Teil* soll untersucht werden, wie privates und öffentliches Recht im nationalen Umweltrecht ineinandergreifen und welche Funktion dem öffentlichen Recht im Rahmen der privatrechtlichen Haftung zukommt. Diesem einheitlichen Ansatz auf nationaler Ebene wird auf internationaler Ebene der unterschiedliche Ansatz von internationalem Privatrecht und internationalem öffentlichen Recht gegenübergestellt. Im *zweiten Teil* folgt eine Bestandsaufnahme des internationalen Umweltrechts, und des Umweltrechts der Europäischen Gemeinschaft. Zu untersuchen ist, ob das übernationale Umweltrecht die im ersten Teil aufgezeigten Verwerfungen auflöst. Es folgt eine Untersuchung der Rechtsprechung und der Behördenpraxis zu Fällen grenzüberschreitender Immissionen und der Literatur. Hierbei ist aufzuzeigen, wie die Gerichte, Behörden und Doktrin mit dem unterschiedlichen Ansatz von internationalem Privatrecht und internationalem öffentlichen Recht umgehen. Im *dritten Teil* wird schließlich die eigene Lösung für die international-privatrechtliche Anknüpfung der grenzüberschreitenden Umwelthaftung erarbeitet.

---

[15] BGH DVBl 1979, 22.

[16] Siehe hierzu *Schack*, Das internationale Prozeßrecht in umweltrechtlichen Streitigkeiten, Berichte der Deutschen Gesellschaft für Völkerrecht Heft 32 (1992) 315-349; *Musger*, Internationale Umweltbelastungen im internationalen Zivilprozeß, 1991.

Erster Teil

Die Problemstellung Die Zweispurigkeit der Immissionsabwehr in den nationalen Umweltrechten Europas und die Regeln des internationalen Privat- und Verwaltungsrechts

Soweit heute bereits von "Umweltrecht" als einheitlichem, fächerübergreifenden Rechtsgebiet gesprochen wird, wird das Rechtsgebiet in die Untergebiete des öffentlichen und privatem Umweltrechts aufgeteilt.[1] Flankierend greifen noch die Normen des Umweltstrafrechts ein.[2] Dieser Unterteilung liegt die historische Trennung von öffentlichem und privaten Recht zugrunde: Während das private Recht in seiner Regelungszuständigkeit auf die Befugnisse des Eigentums und ihre Eingrenzung im Interesse des privaten Rechtslebens beschränkt war, regelte das öffentliche Recht daneben im öffentlichen Interesse durch Polizeigesetze das nachbarliche Zusammenleben.[3] Neben der privatrechtlichen Immissionsabwehrklage steht dem belasteten Nachbarn im reinen Inlandsfall meist zusätzlich eine öffentlich-rechtliche Abwehrklage gegen dessen behördliche Gestattung seiner Tätigkeit zu. Kennzeichnend für die Immissionsabwehr ist eine Dreiecksbeziehung zwischen der Behörde und dem durch eine Genehmigung begünstigten Anlagenbetreiber einerseits, die vom öffentlichen Recht beherrscht ist, und zwischen dem Begünstigten und dem den Emissionen ausgesetzten Nachbarn andererseits, die traditionell dem Zivilrecht unterliegt. Das private Nachbarverhältnis mit seinen Ansprüchen auf Immissionsabwehr und die deliktische Haftung auf Schadensersatz sind daher überlagert vom öffentlichen Aufsichts- und Gestattungsrecht. Gegenstand des folgenden Abschnitts ist die rechtliche Ausgestaltung dieser Überlagerung in der Bundesrepublik, Frankreich und Österreich.

---

[1] *Kloepfer,* Umweltrecht, S.16, 22, 27; *Peters,* Grundzüge des Umweltplanungsrechts, DÖV 1988, 56-64; kritisch *Hoppe / Beckmann,* Umweltrecht, S.23: Es gibt keine allgemein anerkannte Definition des Begriffes; Umweltrecht ist die Summe der Rechtssätze, die der Umwelt zu dienen bestimmt sind; *Rehbinder,* Umweltrecht, Rechtsvergleichendes Generalreferat RabelsZ 40 (1976) 363-408 (365).

[2] Zur parallelen Problematik der Vorgabewirkung des öffentlichen Rechts für das Strafrecht siehe *Schröder,* Verwaltungsrecht als Vorgabe für Zivil- und Strafrecht, VVDStRL 50, S.196-237.

[3] Mot. III S. 258f. = Mugdan, III S.143; *Kleinlein,* Das System des Nachbarrechts, S.1.

Kapitel 1

Das Recht der Bundesrepublik Deutschland

I. Die Entwicklung des öffentlichen Rechts zum Umweltschutzrecht

Öffentliches Umweltrecht[4] gibt es in Deutschland seit der Mitte des vorigen Jahrhunderts.[5] Bereits die Gewerbeordnung vom 21.12.1869 machte den Bau und Betrieb gefährlicher Anlagen genehmigungspflichtig.[6] Der Gesetzgeber folgte damit einer seit der Mitte des vorigen Jahrhunderts festzustellenden Tendenz, das private Nachbarrecht durch ein öffentliches Aufsichtsrecht zu unterstützen. Bei der Schaffung des BGB seit Mitte des vorigen Jahrhunderts waren große Teile des Wasser- und Gewerberechts bereits öffentliches Recht geworden.

Das öffentliche Recht sah es zunächst neben der Gefahrenkontrolle als seine Aufgabe an, die industrielle Entwicklung von den Bindungen des Privatrechts zu befreien. Es hatte zum Ziel, die allgemeine Planung und die von ihm zugelassene Gefahrenproduktion durch den Bestandsschutz der hoheitlichen Genehmigungen abzusichern und diente so auch den wirtschaftlichen Interessen der durch diese Genehmigungen Begünstigten.[7] § 26 GewO, der durch § 14 BImSchG abgelöst wurde, schloß nach einer behördlichen Genehmigung privatrechtliche Abwehransprüche aus. Diesem Beispiel folgten später das Atomgesetz und das Luftverkehrsgesetz.[8]

Das Zusammenwirken von Privatrecht und öffentlichem Recht führte zunächst zu einer kostenlosen Immissionssteigerung.[9] Die neu genehmigten Anlagen prägten alsbald das Ortsbild, sodaß auch nicht genehmigte Anlagen

---

[4] Nach der damals herrschenden Interessentheorie entschied allein das einem Rechtssatz zugrundeliegende Interesse über seine Zugehörigkeit zum öffentlichen oder zum privaten Recht. *Kleinlein* (Fn.3) S.1.

[5] Davor war das Umweltrecht als lediglich nachbarlicher Interessenausgleich allein durch das Privatrecht bestimmt.

[6] Zitat aus der GewO von 1869, vgl. *Gieseke / Wiedemann / Czychowski,* Wasserhaushaltsgesetz, Einl. VI

[7] *Gerlach,* Privatrecht und Umweltschutz im System des Umweltrechts, S.25 mit einem Zitat aus der Begründung für den Gesetzesantrag zu § 26 GewO von 1869 S.40.

[8] § 7 Abs.6 AtG, § 11 LuftVG, ohne Verweisung § 11 WHG; § 75 Abs.2 VwVfG; *Kloepfer,* Umweltrecht § 2 Rz.52; *Sellner,* Ausbau des Individualschutzes gegen Umweltbelastungen als Aufgabe des bürgerlichen oder des öffentlichen Rechts, in: Verhandlungen des 56. Deutschen Juristentages, Band II L 8-47,24.

[9] *Gerlach* (Fn.7) S.39, 40 m. w. Nachw.

über das Kriterium der Ortsüblichkeit an dem so gewährleisteten Schutz der industriellen Entwicklung gegen privatrechtliche Abwehransprüche teilnehmen konnten. Diese wurden abgelöst durch die Begründung einer Duldungspflicht, die allerdings durch eine Entschädigung finanziell abzugelten war.[10]

Seine Aufgabe als Umweltschutzrecht hat das öffentliche Recht erst Ende der fünfziger Jahre dieses Jahrhunderts entdeckt. Im Jahre 1957 wurde das Wasserhaushaltsgesetz erlassen, das alle Gewässer einer umfassenden öffentlichen Bewirtschaftung unterwarf. 1959 wurde § 906 BGB der zwischenzeitlichen Entwicklung der Zivilrechtsprechung angepaßt. Durch die Reform der §§ 16 ff.GewO wurden weitere Anlagen der präventiven öffentlichen Gefahrenkontrolle unterworfen und die Möglichkeit nachträglicher Anordnungen geschaffen. Diese waren allerdings beschränkt auf das nach dem jeweiligen Stand der Technik Erfüllbare und wirtschaftlich Vertretbare.[11]

Parallel zum Funktionswandel des öffentlichen Rechts zum Umweltschutzrecht verlief die Entwicklung des verwaltungsgerichtlichen Rechtsschutzes. Bereits früher war Ziel der öffentlich-rechtlichen Regelung neben dem Schutz öffentlicher Interessen durch die staatliche Überwachung gefährlicher Anlagen zumindest auch die Vermeidung von Immissionen auf Nachbargrundstücke. Die Genehmigung sollte zur vorbeugenden Berücksichtigung auch der nachbarrechtlichen Verhältnisse führen. Zu diesem Zweck wurden die möglichen Betroffenen auch am Genehmigungsverfahren beteiligt.

Mit Ausnahme des sächsischen OVG und der ihm folgenden Bremischen und Braunschweigischen Verwaltungsgerichte[12] scheute sich die Rechtsprechung jedoch, aus dieser Überlagerung auf die Zulassung eines öffentlich-rechtlichen Rechtsschutzes zugunsten Privater zu schließen und verwies den beeinträchtigten Nachbarn auf den Zivilrechtsweg. Leitentscheidung war hierbei die Entscheidung des preußischen Oberverwaltungsgerichts vom 30.4.1877[13]. Das Gericht verneinte den Nachbarschutz im Baurecht mit der Begründung, die Normen des öffentlichen Baurechts hätten, wie alle anderen polizeilichen Vorschriften, ihrer Natur nach nicht das Einzelinteresse, sondern die Interessen der Gesamtheit zur Grundlage und zum Ziel. Auch wenn eine baupolizeiliche Vorschrift bis zu einem gewissen Grad bestimmt sei, die besonderen Interessen

[10] *Gerlach* (Fn.7) S. 39.

[11] *Gerlach* (Fn.7) S.34.

[12] SächsOVGE 2, 302; ausführlich hierzu *Kleinlein* (Fn.3) S. 3,4; *Sellmann*, Entwicklung und Problematik der öffentlichen Nachbarklage im Baurecht, DVBl 1963, 273-286.

[13] PrOVGE 2, 351,354 f.

des Nachbarn zu schützen, stünden diese Interessen ebenso wie die in erster Linie geschützten Interessen der Gesamtheit lediglich unter dem Schutz einer geordneten Verwaltung. Der Nachbar habe kein vor den Verwaltungsgerichten einklagbares subjektives Recht auf Einhaltung der ihn schützenden Bestimmungen, dieser Schutz sei vielmehr nur ein Reflex aus dem Schutz öffentlicher Interessen. Für die Klage gegen seinen Nachbarn wurde er auf den Zivilrechtsweg verwiesen.[14]

Ein entscheidender Wandel ergab sich erst mit dem Bonner Grundgesetz. Rechtsprechung[15] und Lehre[16] entnahmen der Rechtswegsgarantie in Art. 19 Abs.4 eine verfassungsrechtliche Grundentscheidung zugunsten der Anerkennung subjektiv öffentlicher Rechte[17] und damit zugunsten der öffentlich-rechtlichen Nachbarklage, für die nach § 40 Abs.1 VwGO im Zweifel der Weg zu den Verwaltungsgerichten eröffnet ist. Dies setzt in allen Fällen ein subjektives öffentliches Recht des Klägers sowie unmittelbare Außenwirkung des Aktes der öffentlichen Gewalt voraus.[18] Ob eine Norm ein subjektives öffentliches Recht des Klägers begründen will, das sich gegebenenfalls im Klageweg durchsetzen läßt, kann nur ihr selbst entnommen werden. Dies bestimmen Rechtsprechung[19] und Lehre[20] übereinstimmend nach der "Schutznormtheorie": Die Norm muß den Kreis der Berechtigten und das zu schützende Privatinteresse hinreichend klarstellen. Damit war der Rechtsschutz gegen nachbarliche Störungen durch Immissionen zweigleisig geworden. Er teilt sich in einen *präventiven* öffentlichen Rechtsschutz, der sich gegen die Genehmigung störender Anlagen richtet und in einen *repressiven* privaten Rechtsschutz, durch den gegen die Immissionen selbst vorgangen und Ersatz für bereits eingetretene Schäden geltend gemacht werden kann.

---

[14] Das Preußische Oberverwaltungsgericht hielt an dieser Rechtsprechung Zeit seines Bestehens fest; vgl.z.B. PrOVGE 7, 332; 14, 278; 38, 376; 61, 175; 70, 377; 78, 357. Ihm folgten der Badische, der Württembergische Verwaltungsgerichtshof und das thüringische Oberverwaltungsgericht; Bad VGHE 1, Nr. 89 S. 69 f.; Nr. 877, S. 513; Nr. 878 S. 514; ThürOVGE 2.64.

[15] BVerwGE 1, 159; 15, 275, 281.

[16] Grundlegend *Bachof,* Reflexwirkungen und subjektive Rechte im öffentlichen Recht, Gedächtnisschrift für Jelinek, 287-308; *Sellmann* (Fn.12) DVBl 1963, 273, 278.

[17] Zum ganzen *Kleinlein* (Fn.3) S. 4ff.

[18] *Kopp,* § 40 VwGO Rz.8, zum Begriff der öffentlich rechtlichen Streitigkeit allgemein Rz.15-31; § 42 Rz.37 ff.; zur Außenwirkung bei der Anfechtungs- und Verpflichtungsklage Rz.41, 42, 42a, bei der Feststellungklage § 43 Rz.11, beim Normenkontrollantrag § 47 Rz.24, 6, 12-16; Zu den übrigen Voraussezungen der Anfechtungsklage vgl. *Kopp,* § 42 Rz.1-103.

[19] Grundlegend BVerwGE 27, 29, 31 ff.; 32, 173; 41, 58, 63; zusammenfassend BVerwGE 52, 122, 129.

[20] Grundlegend *Bühler,* Altes und Neues über Begriff und Bedeutung der subjektiven öffentlichen Rechte, Gedächtnisschrift für Jelinek S.269-286; *Bachof* (Fn.16) S.287 ff.

II. Der öffentlich-rechtliche Nachbarschutz

1. Der gerichtliche Nachbarschutz bei der Planung von Großvorhaben

a) Übersicht über die Planungsinstrumente

Die Genehmigung umweltbelastender Großvorhaben ist eingebettet in vorbereitende Planungsentscheidungen, in denen geeignete Standorte festgelegt werden oder die Standortentscheidung zumindest vorbereitet wird.[21] Hierbei ist zu unterscheiden zwischen der allgemeinen raumbezogenen Gesamtplanung und der raumbedeutsamen Projektplanung.[22]

Die Gesamtplanung will den Planungsraum vollständig erfassen und die strukturellen Gesamtverhältnisse eines Gebietes auf Bundes-[23], Landes-[24] und Gemeindeebene[25] überfachlich festlegen. Nicht die Verwirklichung eines bestimmten Zieles steht im Mittelpunkt, sondern die übergreifende Integration aller Planungsziele.[26]

Die Fachplanung ist raumbedeutsame Projektplanung. Sie gliedert sich in die Fachplanungen, die ausschließlich dem Umweltschutz dienen sollen, und in Fachplanungen mit eher umweltschädigendem Charakter, denen der Umweltschutz aber als konkretes Nebenziel zugeordnet ist. Zur ersten Gruppe gehören die Landschaftsplanung nach dem Bundesnaturschutzgesetz, die Festsetzung von Naturschutz- und Landschaftsschutzgebieten nach dessen §§ 13 bis 16 und die Festsetzung von Belastungsgebieten sowie die Erstellung von Luftreinhalteplänen nach den §§ 44 bis 47 Bundesimmissionschutzgesetz, die Entsorgungsplanung nach den §§ 6 bis 8 Abfallgesetz sowie die Wasserwirtschaftsplanung nach § 36 Wasserhaushaltsgesetz.[27] Zu den Plänen der zweiten Gruppe gehören

---

[21] Baden Württemberg und Nordrhein Westfalen haben auf der Grundlage des Landesplanungsrechts Standortpläne für Kernkraftwerke erlassen. *Peters* (Fn.1) DÖV 1988, 56-64 (57). Ein allgemeingültiger juristischer Planungsbegriff hat sich bis heute nicht herausgebildet; siehe *Burgi*, Die Planfeststellung umweltrelevanter Vorhaben im Schnittpunkt von Planung und Verhaltenssteuerung, JZ 1994, 654-662 (655).

[22] *Peters* (Fn.1) DÖV 1988, 56-64 (56).

[23] § 4 Raumordnungsgesetz (ROG).

[24] § 5 Raumordnungsgesetz schreibt die Aufstellung von Gesamtplänen (Abs.1) und Regionalplänen (Abs.3) durch die Länder vor.

[25] Flächennutzungsplan nach § 1 Abs.3, § 5 BBauG.

[26] Siehe die Zielkataloge in § 2 ROG und § 1 Abs.6, § 5 BBauG; *Peters* (Fn.1) DÖV 1988, 56-64 (57); *Ronellenfitsch*, Einführung in das Planungsrecht, S.5; *Hoppe*, Das Recht der Raumordnung und Landesplanung in der Bundesrepublik Deutschland, Rz. 24.

[27] Ausführlich *Peters* (Fn.1) DÖV 1988, 56-64 (57).

z.B. die Wegeplanung nach § 16 Bundesfernstraßengesetz[28] oder § 36 Bundesbahngesetz, die Standortfestlegung nach § 6 Luftverkehrsgesetz und die Flurbereinigung nach § 31 Flurbereinigungsgesetz.[29]

Die Planungen müssen im Verhältnis zueinander abgestimmt werden. Dieses materielle Abstimmungsgebot ist in zahlreichen Planungsnormen niedergelegt[30], es gilt aber als allgemeiner Rechtsgedanke auch ohne ausdrückliche Normierung.[31] Nachfolgende Genehmigungen von Einzelvorhaben sind an die vorbereitenden Planungsentscheidungen gebunden. Dies gilt besonders für die mehrstufigen Verwaltungsverfahren mit abgestufter Konfliktbewältigung.[32] Aber auch bei der Erteilung von Genehmigungen nach den Fachgesetzen ist die öffentliche Gewalt an die vorbereitenden, allgemeinen Planungsentscheidungen gebunden.[33]

b) Planung und individueller Rechtsschutz

Planungen ergehen in vielerlei Rechtsform. Sie können als formelles Gesetz, als Rechtsverordnung oder als Verwaltungsvorschrift ergehen.[34] Die genaue rechtliche Qualifikation ist landesrechtlich und daher meist unterschiedlich geregelt.[35] Inhaltlich binden sie grundsätzlich nur das Ermessen anderer Behörden,

---

[28] Zur Planung von Verkehrswegen siehe jetzt das Planungsvereinfachungsgesetz vom 17.12.1993, BGBl I 2123; ausführlich *Steiner*, Das Planungsvereinfachungsgesetz, NVwZ 1994, 313-318.

[29] Ausführlich *Peters* (Fn.1) DÖV 1988, 56-64 (58).

[30] § 6 Abs.1 ABfG und § 4 Abs.4,5 ROG enthalten Abstimmungsgebote auf Fachpläne anderer Länder, § 2 Abs.2 BBauG auf Bauleitplanungen anderer Gemeinden; §§ 1 Abs.4 (Gegenstromprinzip), nach 5 Abs.4 ROG dürfen nachrangige Planungen nicht im Widerspruch zu höherrangigen stehen; nach § 5 Abs.1 und § 6 Abs.3 BNatSchG müssen die Ziele der Raumordnung bei der Landschaftsplanung berücksichtigt werden; vgl. *Peters* (Fn.1) m. zahlr.Nachw.

[31] *Peters* (Fn.1) DÖV 1988, 56-64 (61); *Ronellenfitsch* (Fn.26) S.11.

[32] Z.B. §§ 16, 17 FStrG, 13,14 WaStrG, 6 LuftVG, 28 PBefG, 7 AbfG; zum Begriff *Wahl*, Der Regelungsgehalt von Teilentscheidungen in öffentlichen Planungsverfahren, DÖV 1975, 373, 375: mehrstufiges Planungsverfahren, in dem ein Problem stufenweise aufgearbeitet wird.

[33] *Bender / Sparwasser*, Umweltrecht Rz.751 zu § 36 WHG; § 6 Abs.2 LuftVG; § 8 Abs.3 AbfG, §§ 8 Abs.2, 30, 35 Abs.3 BBauG, § 6 WHG, § 7 Abs.2 Nr.6 AtG, undeutlich § 6 Nr.2 BImSchG "andere öffentlich-rechtliche Vorschriften"; die Frage nach dem Verhältnis der Bauleitplanung und immissionsschutzrechtlicher Genehmigung kann nur einzelfallbezogen beantwortet werden, *Sellner*, Immissionsschutzrecht und Industrieanlagen, Rz.71 S.73 bei Fn.287, mit zahlr. Nachw.

[34] *Peters* (Fn.1) DÖV 1988, 56-64 (59); *Kloepfer*, Umweltrecht, Rz.11 S.103; *Ibler*, Die Gerichtskontrolle mehrstufiger Fachplanungen, insbesondere bei der Abfallentsorgung, DVBl 1989, 639-647..

[35] Für Luftreinhaltepläne *Schmitt Glaeser / Meins*, Das Recht des Immissionsschutzes, S.96, Art. 8 BayImSchG; *Bender / Sparwasser* (Fn.33) Rz.175 für § 13 WaStrG, § 6 LuftVG, § 7 IV AtG, § 16 Abs.1 FStrG

auch wenn sie nach Landesrecht als verbindlich erklärt wurden. Bürger sind erst durch ihren Vollzug betroffen. Die Bindung der Verwaltung an Pläne hat daher keine drittschützende Wirkung und kann nicht auf dem Verwaltungsrechtsweg durchgesetzt werden.[36]

Eine neue Rechtslage zeichnet sich seit 1988 für verbindliche Standortentscheidungen ab. Bis 1987 wurde die Rechtswirkung von Standortentscheidungen, die der eigentlichen Anlagenzulassung vorausgehen, auf die Rechte von Bürgern mit der Begründung verneint, daß Privatinteressen nicht in die Abwägung miteinzubeziehen seien, da eine Festlegung in einem vorbereitenden Fachplan das Gewicht der rechtlich geschützten Nachbarinteressen nicht verkürze.[37] Die Vorschriften, wonach die Standortentscheidung für die spätere Genehmigung verbindlich sei, wolle nur das öffentliche Interesse an der Durchsetzung eines bestehenden Planungskonzeptes wahren und sei daher nicht drittschützend.[38]

Mit seiner Entscheidung vom 20.12.1988[39] hat der 7.Senat des Bundesverwaltungsgerichts diese bisherige Rechtsprechung im Falle der Abfallentsorgungspläne verworfen. Aus der eingeschränkten Verbindlichkeit eines Abfallentsorgungsplanes könne nicht der Schluß gezogen werden, daß andere Personen keinen Nachteil zu erwarten hätten. Das Gericht begründete dies mit dem planungsrechtlichen Abwägungsgebot.[40] Dieses bildet die Brücke zwischen dem Betroffensein eines Interesses und der Pflicht des Planers, dieses Interesse bei der Entscheidung für den Erlaß oder den Inhalt des Planes zu berücksichtigen. Zum Abwägungsmaterial gehören alle Belange, die nach der Lage der Dinge in die Planung miteingestellt werden müssen.[41] Der siebte Senat sah einen nach § 47 VwGO zur Normenkontrollklage berechtigenden Nachteil darin, wenn der Antragsteller durch die Planung oder deren Ausführung in einem eigenen Inter-

---

[36] *Bender / Sparwasser* (Fn.33) Rz. 682, 751 für wasserwirtschaftliche Rahmenpläne nach § 36 WHG und Reinhalteordnungen der Landesregierungen nach § 27 WHG; aaO Rz.741 für überörtliche Abwasserbeseitigungspläne nach § 18a Abs.3 WHG; aaO Rz. 1280 für Landschaftsplanung nach §§ 5 ff.BNatSchG; allgemein *Kloepfer,* Umweltrecht Rz.9-11; *Eberle,* Umweltschutz durch Landesplanung, in: *Thieme* u.a. S.145-163 (146 f).

[37] OVG Bremen NVwZ 1988, 1051; VGH München Beschl. v. 5.2.1987 - Nr. 20 N 86/01258, beide zur Normenkontrolle von Abfallentsorgungsplänen.

[38] OVG Münster v. 23.4.1987 - 20 A 293/85 und vom 24.11.1982 - 20 A 1606/80; offen gelassen BVerwG NVwZ 1986, 837, alle zu Abfallentsorgungsplänen.

[39] NVwZ 1989, 458.

[40] Zur beherrschenden Rolle des Abwägungsgebotes im Planungsrecht BVerwG v. 9.11.1979, NJW 1980, 1061; *Eberle* (Fn.36) S.152; *Bender / Sparwasser* (Fn.33) Rz.1275; Peters (Fn.1) DÖV 1988, 56-64 (61); *Ibler* (Fn.34) DVBl 1989, 639, 641.

[41] BVerwG v. 9.11.1979, NJW 1980, 1061, 1062 f. für das Abwägungsgebot bei der Bauleitplanung.

esse betroffen werden kann, das bei der Planung als abwägungserheblich zu berücksichtigen sei, und verwies mit dieser Begründung die Klage an das OVG Bremen zurück.

Die Konsequenz aus dieser Entscheidung für andere mehrstufige Planungsverfahren wie das Verfahren nach dem Luftverkehrsgesetz[42], nach dem Fernstraßengesetz und dem Wasserstraßengesetz und auf die Ausgestaltung der Verfahren im Hinblick auf die Notwendigkeit der Bürgerbeteiligung[43] bleibt abzuwarten.[44] Für die Ausdehnung spricht die Tatsache, daß das Abwägungsgebot für alle Fachplanungen gleichermaßen gilt. Gegen eine Anwendung dieser Grundsätze auf andere Planungsbereiche spricht jedoch die inhaltliche Verwandtschaft der abfallrechtlichen Planfeststellung mit Genehmigungen. Die für die Fachplanung sonst typische Prüfung von Standortalternativen unterbleibt.[45]

2. *Nachbarschutz im Genehmigungsverfahren*

Während die Berücksichtigung von Interessen Dritter in der Planung neueren Datums ist, sind das Planfeststellungsverfahren und das förmliche Genehmigungsverfahren, die für die meisten umweltbedeutsamen Großvorhaben vorgeschrieben sind, inzwischen auf die Berücksichtigung von Drittinteressen ausgerichtet.

Nach der Prüfung der Zulässigkeit des Antrags leitet die zuständige Behörde ein Anhörungsverfahren nach § 73 VwVfG ein. Erforderlich ist die Beteiligung der betroffenen Gebietskörperschaften[46], Behörden[47] und privaten Betroffenen.[48] Die Beteiligung Privater folgt letztlich aus Art.2 und Art.14 GG. Sie setzt

---

[42] Hierzu bereits *Wahl* (Fn.32) DÖV 1975, 373-380.

[43] Hierzu *Peine,* Zur verfassungskonformen Interpretation des § 215 I Nr.2 BBauG, NVwZ 1989, 637-639.

[44] Zur Feststellungsklage bei Plänen, die nicht als Rechtsverordnung für verbindlich erklärt wurden, vgl. *Ibler* (Fn.34) DVBl 1989, 639-647 (642).

[45] Dazu ausführlich *Burgi* (Fn.21) JZ 1994, 654-662 (659).

[46] § 73 Abs.3 VwVfG; auf deren Gebiet das Vorhaben belegen ist.

[47] Die in ihrem Zuständigkeitsbereich betroffenen sind; dies sind nicht nur die Behörden, deren an sich bestehende Entscheidungbsfugnis durch die Planfeststellung überflüssig wird, sondern auch die, die durch das Vorhaben Auswirkungen auf ihre Tätigkeit zu erwarten haben, etwa auch in Form von Immissionen; *Meyer / Borgs* § 73 VwVfG Rz.5; *Steinberg,* Das Nachbarrecht der öffentlichen Anlagen, III Rn.54.

[48] § 73 Abs.3 bis 9; die Vorschriften sind drittschützend; ihre Verletzung berechtigt zur Klage, sofern sich der Verwaltungsakt auf die materielle Rechtsstellung des Klägers ausgewirkt hat; *Steinberg* (Fn.47) III Rz.104; BVerwG 22.10.1980, BVerwGE 61, 256.

voraus, daß diese Nachbarn[49] und in ihren Rechten betroffen sind. Erforderlich ist ein dauerhafter räumlicher Bezug zur Anlage, der eine tatsächliche Beeinträchtigung durch die Anlage selbst oder deren Betrieb möglich erscheinen läßt. Um den privaten Beteiligten die Wahrnehmung ihrer Rechte zu ermöglichen, erfolgt nach § 73 Abs.3 Satz 1 VwVfG einen Monat lang die Auslegung des Planes mit den dazugehörigen Unterlagen in den Gemeinden, in denen sich das Vorhaben voraussichtlich auswirkt.[50] Dann haben die Betroffenen zwei Wochen Gelegenheit, Einwendungen zu erheben. Diese müssen hinreichend substantiiert[51] sein und in der durch § 73 Abs.4 Satz 1 VwVfG vorgeschriebenen Form erfolgen. Im auf die Planauslegung folgenden Erörterungstermin sind die Einwendungen mit den Betroffenen zu erörtern.[52] Der auf der Grundlage dieses Verfahrens erlassene Planfeststellungsbeschluß verdrängt alle anderen behördlichen Entscheidungen.

III. Der zivilrechtliche Nachbarschutz

Trotz der strukturellen Verbesserungen des Nachbarschutzes im öffentlichen Recht hält die zivilrechtliche Rechtsprechung weitestgehend an der Eigenständigkeit des Privatrechts zur Lösung des Nachbarkonfliktes fest und billigt allenfalls abstrakten öffentlich-rechtlichen Grenzwerten und Gebietsfestsetzungen eine allerdings in der Tendenz zunehmende Indizwirkung zu.[53] Dagegen geht ein Teil der öffentlich-rechtlichen[54] sowie der zivilrechtlichen Lehre vom Vorrang des öffentlichen Nachbarrechts aus.

Das zivile Umwelthaftungsrecht ist kein eigenständiges, dogmatisch durchstrukturiertes Gebiet. Die maßgeblichen Anspruchsnormen sind verstreut. Die wichtigsten Bestimmungen sind die §§ 906 Abs.1 und 2, 823 BGB, § 14 S.2 BImSchG und § 22 WHG. Seit dem 1.1.1991 ist das Umwelthaftungsgesetz

---

[49] Nach der Rechtsprechung des BVerwG ist der Begriff des Nachbarn gekennzeichnet durch ein "qualifiziertes Betroffensein, das sich deutlich abhebt von den Auswirkungen, die den einzelnen als Teil der Allgemeinheit treffen können; sie setzt im Interesse klarer und überschaubarer Konturen und damit der Rechtssicherheit ein besonderes Verhältnis zur Anlage im Sinne einer ... engeren räumlichen und zeitlichen Beziehung des Bürgers zur Genehmigung voraus." BVerwG v. 22.10.1982, DÖV 1983, 287.

[50] Einschränkend schreibt § 18 Abs.3 BFStrG die Auslegung nur in den Gemeinden vor, auf deren Gebiet die Bundesstraße gelegen ist; die Auslegung ist verzichtbar, wenn der Kreis der Betroffenen bekannt ist, § 73 Abs.3 VwVfG.

[51] Die Einwendungen müssen erkennen lassen, welches Rechtsgut der Einwender als gefährdet ansieht, er muß jedoch die Einwendungen nicht begründen. *Steinberg* (Fn.47) II Rz.75.

[52] Auch Betroffene, die keine Einwendungen erhoben haben, dürfen am Erörterungstermin teilnehmen.

[53] Vgl. u. 1. für den Unterlassungs- und 2. für den Schadensersatzanspruch; *Baur,* Die privatrechtlichen Auswirkungen des Bundesimmissionsschutzgesetzes, JZ 1974, 657-661.

[54] Vgl. unten 3.b) aa).

dazugekommen. Die nachfolgende Darstellung beschränkt sich auf diese Anspruchsnormen.[55]

1. Der nachbarrechtliche Unterlassungsanspruch

Obwohl § 906 BGB von seinem begrenzten Ansatz des privatrechtlichen Interessenausgleichs zwischen verschiedenen Grundstücknutzungen keine ausreichende Grundlage für einen umfassenden privatrechtlichen Umweltschutz bietet und diese Aufgabe eher dem öffentlichen Recht zugewiesen wird[56], ist die Vorschrift zur zentralen zivilrechtlichen Umweltschutznorm geworden.[57]

Die Vorschrift regelt mittelbar die Befugnisse des Eigentümers des störenden Grundstücks, indem sie die nach § 1004 BGB bestehenden Abwehrrechte des gestörten Nachbarn gegenüber Einwirkungen aus der Benutzung eines anderen Grundstückes einschränkt.[58] Die Vorschrift gehört mit den §§ 1004 und 903 BGB in den Systemzusammenhang der Inhaltsbestimmung des Eigentums. § 906 BGB gestaltet die positive Zuweisungskomponente des Eigentums an einem Grundstück aus zivilrechtlicher Sicht.

Nach § 1004 Abs.1 BGB kann der Eigentümer eines Grundstücks von einem Störer die Beseitigung einer Beeinträchtigung verlangen, die nicht in der Entziehung oder Vorenthaltung des Besitzes besteht. Das gleiche Recht steht nach § 862 BGB dem Besitzer eines Grundstücks zu. Die Ansprüche sind ausgeschlossen, wenn der Eigentümer oder Besitzer zur Duldung verpflichtet ist (§1004 Abs.2 BGB). Eine solche Duldungspflicht regelt § 906 BGB.[59]

Anknüpfungspunkt ist das Vorliegen einer Immission durch Zuführung unwägbarer Stoffe.[60] Diese Anforderung geht im Störerbegriff des § 1004 BGB

---

[55] Daneben existieren noch einige besondere Gefährdungshaftungstatbestände wie die §§ 25 ff.AtG, §§ 1, 2 HaftpflichtG, §§ 14 ff.BBegG, § 32 GenTG und die §§ 33, 53 LuftVG, denen auch umweltrechtliche Bedeutung zukommen kann. Sie sollen nachfolgend nicht behandelt werden.

[56] So *Rehbinder* (Fn.1) RabelsZ 40 (1973) 363; *Münchener Kommentar / Säcker* § 906 Rz.1 m.w.Nachw.

[57] *Baur* (Fn.53) JZ 1974, 657-661; Ansätze zur Regelung der Immissionsabwehr z.B. im Baurecht sind am Widerstand des Bundesjustizministeriums gescheitert.

[58] Zu den Eigentumskomponenten und zur Funktion des Abwehranspruches Mot. III, S. 258; *Münchener Kommentar /Säcker,* § 906 Rn.1; *Palandt / Bassenge* § 906 Rz.1; *Westermann,* Die Funktion des Nachbarrechts, Festschrift für Larenz S. 1006.

[59] Der Vorschrift kommt als Bestimmung von Inhalt und Schranken des Eigentums eine sehr weitgehende Bedeutung zu, da sie auch auf die Abwehransprüche lediglich schuldrechtlich Berechtigter sowie auf Schadenersatzansprüche angewandt wird; zu letzteren unten 2 a) aa).

[60] Sogenannte Imponderabilien: Gase, Dämpfe, Rauch, Ruß, Wärme, Erschütterungen, Geräusche; zum Begriff der Immission *Münchener Kommentar / Säcker,* § 906 Rn.19.; *Palandt / Bassenge,* § 906 Rz.4-21.

auf, ist aber in § 906 BGB näher definiert.[61] § 906 BGB begründet eine Pflicht zur Hinnahme *unwesentlicher* Immissionen. Wesentliche Immissionen sind nur zu dulden, wenn sie *ortsüblich* und nicht durch zumutbare Maßnahmen zu verhindern sind (§ 906 Abs.2 S.1 BGB). Hinsichtlich der Wesentlichkeit wird auf das beeinträchtigte[62], hinsichtlich der Ortsüblichkeit auf das emittierende Grundstück abgestellt[63]. Die Immission, die Beeinträchtigung und die Kausalität hat der Geschädigte, die Unwesentlichkeit und die Ortsüblichkeit hat der Schädiger zu beweisen.[64] Anspruchsberechtigt ist jeder Grundstückseigentümer oder Besitzer, der durch die Immission betroffen ist.

a) Die Wesentlichkeit von Beeinträchtigungen

Zur Feststellung der Wesentlichkeit einer Beeinträchtigung wird zum einen ein immissions- zum anderen ein gebietsbezogener Maßstab angewandt. In erster Linie ist das Ausmaß der vorhandenen Immissionen mit Hilfe objektiver Meßverfahren festzustellen. Daneben findet über einen Vergleich mit dem "mutmaßlichen Empfinden eines Durchschnittsbewohners des betroffenen Gebietes"[65] ein subjektiver, gebietsbezogener Maßstab Eingang in die Abwägung. Hierzu ist das Gepräge der betroffenen Gegend im Hinblick auf die tatsächliche Nutzung der dort gelegenen Grundstücke zu bestimmen. Maßgebend ist, inwieweit die Benutzung nach der tatsächlichen Zweckbestimmung des betroffenen Grundstücks gestört wird.[66] Durch dieses Begriffsverständnis wird Bewohnern von bereits industriell erschlossenen Gebieten besonders in Ballungsräumen eine weitergehende Duldungspflicht auferlegt.[67] Nach der neueren Rechtsprechung von BVerwG und BGH laufen die Begriffe der Wesentlichkeit nach § 906 BGB und der schädlichen Umwelteinwirkungen in § 3 Abs.1 BImSchG weitgehend parallel.[68] Auch das BVerwG geht bei der Bestimmung

---

[61] *Münchener Kommentar / Säcker,* § 906 Rz.4; *Westermann* (Fn.58) S. 1009.

[62] Die Grenzziehung erfolgt in Anlehnung an das mutmaßliche Empfinden eines Durchschnittsbewohners des von der Emission betroffenen Gebietes; vgl zuletzt BGH NJW 1990, 2456; berücksichtigt wird hierbei aber auch das veränderte Umweltbewußtsein, BGH NJW 1993, 925; *Münchener Kommentar / Säcker,* § 906 Rn.26; *Palandt / Bassenge,* § 906 Rn.17.

[63] BGHZ 15, 146; BGH LM Nr.12-13= BGHZ 30, 273; *Münchener Kommentar / Säcker,* § 906 Rn.78; *Palandt / Bassenge,* § 906 Rz.24 ff.

[64] *Palandt / Bassenge,* BGB, § 906 Rz.20.

[65] Hierzu BGH NJW 1958, 1393.

[66] BGHZ 46, 35 (42); *Münchener Kommentar / Säcker,* § 906 Rz. 26; *Palandt / Bassenge,* §906 Rz.17.

[67] *Münchener Kommentar / Säcker,* § 906 Rz.27.

[68] BGH vom 23.3.1990, NJW 1990, 2465, bestätigt in den Entscheidungen vom 20.11.1992 NJW 1993, 925 und vom 5.2.1993, JZ 1993, 1112 unter ausdrücklicher Berufung auf die Rechtsprechung des BVerwG, BVerwGE 79, 254.

der Schädlichkeit von Immissionen von einer umfassenden Güterabwägung und einer wertenden Gesamtbetrachtung aus, in die der soziale Nutzen der der Immission zugrundeliegenden Tätigkeit mit einfließt.[69]

Die Immissionswerte nach öffentlich-rechtlichen Gesetzen oder untergesetzlichen Normen[70] haben nach der Rechtsprechung der Zivilgerichte keine bindende, sondern nur Indizwirkung. Bei ihrer Überschreitung ist im Regelfall die Wesentlichkeit der Beeinträchtigung anzunehmen.[71] Werden sie unterschritten, so kann sich dennoch die Wesentlichkeit der Immission aus ihren tatsächlichen Auswirkungen auf die betroffenen Personen, Pflanzen und Tiere in der Nachbarschaft ergeben.[72] Dem liegt die Erwägung zugrunde, daß die Festsetzung der Immissionswerte auf Grund einer generalisierenden Abwägung über die Schädlichkeit der Immissionen vorgenommen wird, die im Einzelfall nicht für die Bewältigung nachbarlicher Konflikte zutreffen muß.[73] Nach der Verstärkung der Anbindung des Zivilrechts an die Wertungen des öffentlichen Rechts durch die neuere Rechtsprechung ist jedoch zu erwarten, daß eine Abkehr von öffentlich-rechtlichen Grenzwerten nur noch in Ausnahmefällen vorkommen wird.

b) Die Ortsüblichkeit von Beeinträchtigungen

Für die Beurteilung der Ortsüblichkeit einer Beeinträchtigung kommt es ebenfalls auf das Gepräge an, das sich aus der Betrachtung der aktuellen typischen Benutzung und des tatsächlichen Zustandes der Mehrheit der Grundstücke im Bezirk des störenden Grundstücks ergibt.[74] Der Ortsüblichkeit als ein die Duldungspflicht begründendes Kriterium lag ursprünglich die Überlegung zugrunde, das örtlich Hergebrachte sei ohne weiteres duldungspflichtig zumut-

---

[69] Kritisch m.E. zu Recht *Jarass*, Zum Kampf um Kirchturmuhren und nächtens betriebene Tankstellen, JZ 1993, 601-605 (603), der hier die Gefahr sieht, daß das Kriterium der Schädlichkeit einer Immission durch die Vielzahl der möglichen Abwägungskriterien an Kontur verliert.

[70] Z.B. die Technische Anweisung zur Reinhaltung der Luft und die Technische Anweisung zum Schutz gegen Lärm, die gem. § 51 BImSchG als Rechtsverordnung der Bundesregierung mit Zustimmung des Bundesrates erlassen werden.

[71] Da die bauplanerische Ausweisung eines Gebietes die Erheblichkeit von Umweltbeeinträchtigungen im Immissionsschutzrecht beeinflußt, dazu BVerwG NVwZ 1983, 155, ist es auch denkbar, daß auf diesem Wege die bauplanerische Ausweisung auch für die Wesentlichkeit einer Immission Bedeutung erlangen kann; hierzu *Jarass*, Verwaltungsrecht als Vorgabe für Zivil- und Strafrecht, VVDStRL 1991, 238-274 (266).

[72] BGH LM Nr.40 = MDR 1971, 912; BGH NJW 1983, 751; BGHZ 46, 35 (42); BGH v. 23.3.1990 LM Nr.83 = NJW 1990, 2465: zur Anwendung der Lärmschutzverordnung auf Lärm durch Volksfest; ebenso BVerwGE 79, 234.

[73] Grundlegend BGH NJW 1958, 1393 für Luftverunreinigung; BGHZ 46, 35 = NJW 1966, 1858 zu Lärmimmissionen durch einen Industriebetrieb; auch wenn die Richtwerte eingehalten sind, kann sich aus der besonderen Lästigkeit der Immission im Einzelfall eine Beeinträchtigung ergeben (S.37); BGHZ 69, 105; BGHZ 70,102 (107 ff.); *Münchener Kommentar / Säcker*, § 906 Rz.24, 35.

[74] *Münchener Kommentar / Säcker*, § 906 Rz.78, 79.

bar, da als erlaubt gelte, was nach der Ortsübung zu ertragen sei.[75] Auch einzelne, überragend große Anlagen können den Charakter einer Umgebung prägen, mit der Folge, daß von ihnen ausgehende Emissionen als ortsüblich anzusehen sind.[76] Die Feststellung der Ortsüblichkeit ist grundsätzlich tatsächlicher Natur.[77]

Die Festsetzung von Planbereichen in einem Bebauungsplan oder eine hoheitliche Genehmigung des Betriebes ist nach der Rechtsprechung der Zivilgerichte nur ein Indiz für die Ortsüblichkeit der von einer Anlage ausgehenden Beeinträchtigungen. Solange die tatsächliche Nutzung eines Gebietes der bauplanungsrechtlichen Festsetzung noch nicht entspricht, vermag die die zukünftigen Bauvorhaben betreffende öffentlich-rechtliche Gestaltung die nach 906 BGB bestehende zivilrechtliche Eigentumsordnung nicht ohne weiteres zu verdrängen.[78]

Allerdings zeichnet sich in jüngster Zeit eine neue Entwicklung ab. Im Zuge der Harmonisierung des privaten und öffentlichen Umweltrechts überträgt der BGH in einer neueren Entscheidung[79] die Rechtsprechung des Bundesverwaltungsgerichts zur Situationsgebundenheit eines Grundstückes auch auf den privatrechtlichen Abwehranspruch. Grunstückseigentümer in planerischen Grenzbereichen, in denen Gebiete von unterschiedlicher Zwecksbestimmung, Qualität und Schutzwürdigkeit zusammentreffen, sind auch zivilrechtlich mit der Pflicht zur Rücksichnahme auf die gebietsfremde Nutzung belastet und müssen daher Nachteile hinnehmen, die sie außerhalb eines derartigen Grenzgebietes nicht hinnehmen müßten. Diese Situationsgebundenheit des Eigentums trifft nicht nur an der Grenze zwischen zwei Planungsbereichen zu, sondern noch mehr innerhalb desselben Planbereichs.

---

[75] Vgl. *Mugdan* S. 147; *Gerlach* (Fn.7) S. 183.

[76] BGH LM Nr. 41 = BGHZ 59, 378 für Betriebe, die ihrem Wesen nach besonders weitreichende und eigenartige Störquellen darstellen (Militärflugplatz).

[77] RGZ 139, 29, 31; BGH v. 30.4.1958 LM Nr.6: Die Pläne der Verwaltungsbehörden sind für den gegenwärtigen Charakter eines Gebietes ohne Bedeutung, wenn sie sich noch nicht ausgewirkt haben; BGH LM Nr.16 = BGHZ 38, 61;

[78] BGH v. 17.12.1982 LM Nr.67 = NJW 1983, 751 ("Tennisplatzentscheidung"); 19.12.1976 LM § 906 Nr. 48 = NJW 1976, 1204; BGH v. 15.1.1971 LM Nr.39 = MDR 1971, 286 m. zahlr. Nachw.

[79] BGH vom 5.2.1993, JZ 1993, 1112.

2. *Der deliktische Schadensersatzanspruch*

a) Der Anspruch aus § 823 Abs.1 BGB

Ein auf Schadensersatz gerichteter Anspruch aus § 823 Abs.1 BGB besteht bei Verletzung eines der dort genannten Schutzgüter. Besonders wichtig sind im Rahmen der hier gegebenen Fragestellung die Schutzgüter Leben, Körper, Gesundheit[80] und Eigentum.[81] Der Anspruch hat neben dem Anspruch auf angemessenen Ausgleich in Geld aus § 906 Abs.2 Satz 2 selbständige Bedeutung, da er nicht nach Enteignungsgrundsätzen gewährt wird und daher den Ersatz des vollen Schadens sowie den Ersatz von Schäden an anderen Rechtsgütern als Grundstücken ermöglicht, wobei nicht vorausgesetzt wird, daß diese Schäden durch den Schaden an einem Grundstück vermittelt sind. Schwierigkeiten bereitet im Rahmen der deliktischen Haftung für Umweltschäden vor allem der Nachweis des Verschuldens und der Kausalität der Immission für die Rechtsgutsbeeinträchtigung. Diese Schwierigkeit konnte von der Rechtsprechung bisher nicht beseitigt werden.[82] Von zentraler Bedeutung für das Verhältnis des Ansprüchs aus § 823 Abs.1 BGB zu § 906 BGB ist der vom BGH entschiedene "Kupolofenfall".[83] Hier hat der BGH den zu § 906 BGB erarbeiteten Grundsätzen für den Anspruch aus § 823 Abs.1 BGB Bedeutung verliehen für die Rechswidrigkeits-[84] und Verschuldensprüfung[85] sowie für die haftungsbegründende Kausalität.[86]

Nach der Rechtsprechung ist der Anspruch aus § 823 Abs.1 BGB im Falle der Grundstücksbeeinträchtigungen durch Immissionen durch die nachbarrechtlichen Vorschriften abgegrenzt: Immissionen, die nach Nachbarrecht als unwesentlich oder ortsüblich hinzunehmen sind, stellen auch keine rechtswidrige

---

[80] Körperverletzung ist jeder nicht ganz unerhebliche Eingriff in die körperliche Unversehrtheit, *Münchener Kommentar / Mertens* § 823 BGB Rz. 54; Gesundheitsverletzung ist eine medizinisch erhebliche - also aus ärztlicher Sicht behandlungsbedürftige - Störung der körperlichen Lebensvorgänge eines Menschen, aaO Rz.55 ff., jeweils mit weiteren Nachweisen.

[81] Die Eigentumsverletzung kann durch Substanzverletzung oder Gebrauchsbeeinträchtigung geschehen. Beide lassen sich nicht scharf voneinander trennen. Deshalb wird teilweise empfohlen, Grundstücksbeeinträchtigungen in einer eigenen Gruppe zusammenzufassen; *Münchener Kommentar / Mertens,* § 823 Rz.67.

[82] Im nachfolgend besprochenen *Kupolofenfall* stand die Kausalität der Immissionen für Rechtsgutsverletzung und Schaden fest.

[83] BGHZ 92, 143.

[84] Siehe nachfolgend aa).

[85] Siehe nachfolgend bb).

[86] Siehe dazu unten cc).

Eigentumsbeeinträchtigung nach § 823 Abs.1 BGB dar.[87] In der Kausalitätsfrage, sind Beweiserleichterungen denkbar, sofern der Emittent die durch Verwaltungsvorschriften festgelegten Immissionsgrenzwerte überschritten hat.[88]

aa) Die Rechtswidrigkeit der Beeinträchtigung

In der *Kupolofenentscheidung* hat der BGH die Anwendung des § 906 BGB als Rechtfertigungsgrund auf die deliktische Haftung ausgedehnt.[89] Er sieht in § 906 eine allgemeine Aussage für die Pflichtenstellung des Emittenten, die auch für die Rechtsbeziehung aus § 823 Abs.1 BGB mit zu beachten sei. Der deliktische Schutz anderer Eigentümer könne nicht weiter gehen als der durch § 1004 und § 906 BGB gewährleistete Schutz des am nachhaltigsten betroffenen Eigentümers des Nachbargrundstücks.[90] Besteht nach § 906 BGB eine Duldungspflicht für den Eigentümer des Nachbargrundstücks, sind die Ersatzansprüche auf alle Fälle ausgeschlossen. Besteht jedoch keine Duldungspflicht, so ist auf der nächsten Prüfungsstufe zu fragen, ob der Unternehmer eine Verkehrssicherungspflicht verletzt hat.

Die Beweislast für das Vorliegen der Voraussetzungen des § 906 BGB trägt in Anlehnung an die Rechtsprechung des Bundesgerichtshofes zu § 906 BGB und zur Produzentenhaftung der beklagte Unternehmer.[91] Es ist seine Sache, darzutun, daß sich die von seinem Grundstück ausgehenden Emissionen im Rahmen einer ortsüblichen Benutzung des Grundstücks gehalten haben und daß er die notwendigen Vorkehrungen getroffen hat, um diese mit wirtschaftlich zumutbaren Maßnahmen zu verhindern.[92] Die Übertragung dieser Grundsätze setzt allerdings voraus, daß die Wesentlichkeit der Beeinträchtigung feststeht.[93]

---

[87] BGH v. 2.3.1984, BGHZ 90, 255 = NJW 1984, 2207 (Zuführung von chemischem Unkrautvernichtungsmittel durch wild abfließendes Niederschlagswasser).

[88] BGHZ 92, 143, 147.

[89] BGHZ 92, 143,258; mißverständlich insoweit *Münchener Kommentar / Mertens*, § 823 Rz.99, nach dem keine Beeinträchtigung des Eigentums selbst vorliegt; wie hier *J. Hager*, Der Kupolofenfall, Jura 1991, 303-308 (305); zu dieser Entscheidung siehe z.B. auch *Medicus*, Zivilrecht und Umweltschutz, JZ 1986, 778-785 (785); *G. Hager*, Umweltschäden - ein Prüfstein für die Wandlungs- und Leistungsfähigkeit des Deliktsrechts, NJW 1986, 1966; ders., Das neue Umwelthaftungsgesetz NJW 1991, 134-143 (135); *Baumgärtel*, Anmerkung zu der Entscheidung des BGH vom 18.4.1984 - "Kupolofenfall", JZ 1984, 1109; kritisch in letzter Zeit *Gerlach*, Die Grundstrukturen des privaten Umweltrechts im Spannungsverhältnis zum öffentlichen Recht, JZ 1988, 169; *Gmehling*, Die Beweislastverteilung bei Schäden aus Industrieimmissionen, S.175.

[90] BGHZ 92, 143,148; schon die frühere Rechtsprechung schloß die Haftung aus § 823 BGB bei einer Grundstücksbeeinträchtigung aus, wenn die Rechtfertigungsgründe nach § 906 BGB vorlagen: RGZ 159, 68, 74; BGHZ 44, 130, 134; BGHZ 90, 255, 258; BGH NJW 1980, 2580; BGH VersR 1983, 242. .

[91] BGHZ 92,143,147.

[92] BGH v. 4.12.1970, WM 1971, 278, 280.

[93] BGHZ 92, 143,149.

bb) Das Verschulden des Unternehmers

Der BGH trennt hier in der Prüfung nicht zwischen Rechtswidrigkeit und Verschulden, behandelt aber de facto Rechtswidrigkeit und Verschulden des Unternehmers nicht mehr als indiziert.[94] Im Anschluß an seine Rechtsprechung zur Produkthaftung und zu Fernwirkungsschäden fordert er, daß der Unternehmer zusätzlich gegen eine Verkehrssicherungspflicht verstoßen hat. Im Rahmen der Verschuldensprüfung werden die öffentlich-rechtlich festgesetzten Immissionswerte als Konkretisierung der Verkehrspflichten eingeführt:

Es gehört zu den Verkehrspflichten des Emittenten, die erforderlichen Kontrollen zur Einhaltung unschädlicher Emissionswerte zu schaffen. Einen Anhalt für die vom Verkehr hinzunehmenden Belastungswerte ergeben sich aus den öffentlich-rechtlich festgesetzten Immissionswerten, z.B. der TA Luft. Anlagenbetreiber dürfen ihren Betrieb an diesen Werten ausrichten, da der Zweck solcher Regelungen, schädliche Umwelteinwirkungen zu vermeiden, im Gleichklang mit der vom Haftungsrecht geforderten Pflichtenstellung des Betreibers steht.[95] Im Einzelfall können allerdings besondere Umstände weitergehende Vorkehrungen erfordern. Bei der Prüfung der Verkehrssicherungspflicht sind alle konkreten Interessen des Einzelfalles zu prüfen.[96] Besondere Möglichkeiten des Geschädigten, seine Sache abzuschirmen oder die geringere Anfälligkeit des Gutes können auch Abstriche an den dem emittierenden Grundstückseigentümer obliegenden Sicherheitsvorkehrungen rechtfertigen.

cc) Die haftungsbegründende Kausalität

Zusätzlich sind die Verkehrssicherungspflichten im Hinblick auf die Beweislast in der Kausalitätsfrage relevant: Grundsätzlich muß der Geschädigte beweisen, daß vom Anspruchsgegner ausgehende Immissionen die behauptete Rechtsgutsverletzung verursacht haben. Das Gericht mußte im Kupolofenfall nicht über die Kausaliätsfrage entscheiden, da die Kausalität feststand. So wurde lediglich ausgeführt, daß Beweiserleichterungen möglich seien, sofern die durch Verwaltungsvorschriften festgelegten Immissionswerte überschritten sind.[97] Im Einzelfall ist sogar eine Umkehr der Beweislast in der Kausalitätsfrage denkbar.[98] Auch die Maßstäbe des § 287 ZPO können Bedeutung erlangen.

---

[94] Wie hier *Medicus* (Fn.89) JZ 1986, 785; *J. Hager* (Fn.89) Jura 1991, 303 (304).

[95] BGHZ 92, 143,151 f.

[96] BGHZ 92, 143,150.

[97] So auch schon BGHZ 70, 102 m. Anm. *Walter*, NJW 1978, 1158-1159.

[98] BGHZ 92, 143,147; BGH VersR 1983, 441, 442.

Hinsichtlich der Einhaltung der öffentlichen Emissionsstandards im Rahmen der Verkehrssicherungspflicht trägt in Anlehnung an die Rechtsprechung zur Produkthaftung[99] der Emittent die Beweislast, da dem Geschädigten die Einsicht in die Verhältnisse entzogen ist, wie der Emittent sein Unternehmen betrieben hat.[100] Weist der Unternehmer allerdings die Einhaltung der maßgeblichen öffentlich rechtlichen Standards nach, so muß der Geschädigte besondere Umstände dartun, die belegen, warum solche Standards im Einzelfall für den Schutz seiner Rechtsgüter nicht genügt haben.[101]

dd) Würdigung

Die Kupolofenentscheidung wirkt zunächst auf Grund der dem Geschädigten eingeräumten Beweiserleichterungen bestechend.[102] Diese sind jedoch, betrachtet man die Rechtsprechung zur Produkthaftung, so neu nicht. Auch hier wurde bereits dem Schädiger die Beweislast für die Einhaltung der Betriebspflichten auferlegt.[103] Diese Verteilung der Beweislast ist außerdem bereits durch § 906 BGB vorgezeichnet: Auch hier hat der Schädiger die Unwesentlichkeit der Beeiträchtigung darzutun.[104]

In der Frage des Haftungsmaßstabes enthält die Entscheidung für den Unternehmer Erleichterungen gegenüber der allgemeinen Verschuldenshaftung: Im Rahmen des § 906 BGB muß er nur für die ortsübliche Sorgfalt, im allgemeinen Haftungsrecht nach § 276 BGB für jede Fahrlässigkeit einstehen.[105]

Die öffentlich-rechtlichen Grenzwerte werden in dreifacher Weise relevant, ohne daß klargestellt würde, wie sich deren Prüfung auf den verschiedenen Stufen unterscheidet. In der *Rechtswidrigkeitsprüfung* stellt die Einhaltung der Grenzwerte ein Indiz für die Unwesentlichkeit der Beeinträchtigung dar.[106] In der Frage der *haftungsbegründenden Kausalität* führt ihre Nichteinhaltung zur

---

[99] BGHZ 51, 91 (106 f.); 80, 186 (196 ff.).

[100] BGHZ 92, 143,151.

[101] BGHZ 92, 143,152.

[102] *Medicus* (Fn.89) JZ 1986, 785; *Marburger,* Ausbau des Individualrechtsschutzes gegen Umweltbelastungen, Verhandlungen des 56. Deutschen Juristentages, Band I, Gutachten C 111; *G.Hager* (Fn.89) NJW 1991, 135; *Baumgärtel* (Fn.89) JZ 1984, 1109 dessen Kritik sich nur gegen die Ausführungen des BGH zur haftungsbegründenden Kausalität richtet.

[103] Z.B. BGHZ 51, 91, 106; 80, 186, 196; 104, 323, 334; 99, 391; zur Kritik *J. Hager* (Fn.89) S.306.

[104] Vgl. o. III.1.

[105] *J. Hager* (Fn.89) Jura 1991, 305.

[106] Vgl.o. III.2.a)aa); ebenso *J. Hager* (Fn.89) Jura 1991, S.306.

Beweislastumkehr.[107] Im Rahmen der *Verschuldensprüfung* konkretisieren die öffentlich-rechtlichen Immissionswerte die Verkehrspflichten.[108] Die Verletzung öffentlich-rechtlicher Grenzwerte führt damit zur Haftung, es sei denn, der Unternehmer kann im Einzelfall dartun, seine Emissionen seien ortsüblich oder nicht kausal für den eingetretenen Schaden oder dem Geschädigten selbst seien Abwehrmaßnahmen möglich gewesen.[109] Hält jedoch der Unternehmer die Schutzpflichten ein und gelingt es dem Geschädigten, auf der Ebene der Rechtswidrigkeit darzutun, daß hier die Umstände des Einzelfalles weitergehende Schutzpflichten des Unternehmers begründen, so fragt sich, wie sich diese Tatsache bei der Verschuldensprüfung auswirken soll. Soll der Unternehmer von der Haftung gänzlich befreit sein, weil ihm nicht die Verletzung einer weiteren Verkehrspflicht zur Last gelegt werden kann oder soll er nur befreit sein, soweit ihm diese weitergehende Pflicht auch erkennbar war oder soll er grundsätzlich immer für Schäden im Rahmen des § 823 BGB haften, soweit er im Rahmen des § 906 BGB zur Unterlassung verpflichtet ist?

Die dreifache Berufung auf die Verkehrspflichten führt auch zu einem weiteren Widerspruch der Haftung für Umweltschäden zur Produkthaftung und der Haftung für Fernwirkungsschäden[110]. Dort wird die qualifizierte Prüfung der Rechtswidrigkeit und des Verschuldens[111] bzw. die über die Kausalität hinausgehende Prüfung der Zurechnung[112] mit dem Argument begründet, es handle sich im Grundsatz um die Haftung für eine rechtmäßige Tätigkeit. Gerade dies ist bei der Haftung für Immissionen nicht der Fall, wenn die Rechtswidrigkeit der Immission nach § 906 BGB geprüft wird.[113] Die Rechtsprechung führt durch die Verkehrspflichten eine doppelte Rechtfertigungsmöglichkeit zugunsten des Unternehmers ein.

b) Der Anspruch aus § 823 Abs.2 BGB

Ein weiterer Bezug des Zivilrechts zum öffentlichen Recht ergibt sich aus der übereinstimmenden Definition des Schutzgesetzes im Sinne des § 823 Abs.2

---

[107] Vgl. die Nachweise bei Fn.98.

[108] Vgl. oben bei Fn.95.

[109] Vgl. o. III.1.b).

[110] Die Handlung ist entfernte, wenn auch adäquate Ursache für den Erfolg; zur Definfition der Fernwirkungsschäden *Medicus,* Schuldrecht II, § 139 II 1c; *Larenz,* Schuldrecht Band II, Besonderer Teil, § 72 Ic.

[111] So *Larenz* bei Fn.110.

[112] So *Medicus* (Fn.89).

[113] Ebenso *Medicus* (Fn.89): Das Vorliegen von Rechtfertigungsgründen dürfte regelmäßig schon die Annahme von Verkehrspflichten ausschließen oder einschränken.

BGB mit der drittschützenden Norm im öffentlichen Nachbarrecht.[114] Die Verletzung subjektiver öffentlicher Rechte kann daher zivilrechtliche Schadensersatzansprüche begründen. Zahlreiche öffentlich-rechtliche Vorschriften sind als drittschützend anerkannt. Voraussetzung ist, daß sie gerade dazu dienen sollen, den einzelnen oder bestimmte Personenkreise gegen die Verletzung eines Rechtsgutes oder Rechtsinteresses zu schützen. Hierbei kommt es weniger auf die Wirkung als auf den Inhalt und Zweck der Rechtsnorm an. Es muß gerade der begehrte Rechtsschutz und gerade im Hinblick auf die behauptete Verletzung bezweckt sein. Es genügt, wenn der Gesetzgeber das Interesse des einzelnen neben dem primär gewollten Schutz der Allgemeinheit im Auge hat.[115] Die Verletzung eines solchen Schutzgesetzes kann allerdings nicht mehr schadensersatzbegründend gerügt werden, wenn nach öffentlichem Recht wirksam eine Befreiung erteilt wurde. Der Nachbarschutz wird nur unter diesem Vorbehalt gewährt.[116]

3. Der Einfluß des öffentlichen Rechts auf die zivilrechtlichen Abwehransprüche

a) Das Verhältnis der öffentlich-rechtlichen Regelungen zum Zivilrecht - die gesetzliche Grundlage

Trotz der inzwischen anerkannten Zweigleisigkeit des Rechtsschutzes fehlt weitgehend eine gesetzliche Regelung über das Verhältnis öffentlich-rechtlicher Regelungen zum privaten Rechtsschutz. Ausdrücklich gesetzlich geregelt ist nur die Wirkung öffentlich-rechtlicher Genehmigungen auf die zivilrechtlichen Abwehransprüche. Man kann hier vier Gruppen von Genehmigungen unterscheiden[117]:

- Die *erste Gruppe* geht von einer strikten Trennung der privatrechtlichen Ansprüche von der öffentlich-rechtlichen Kontrolle aus. Die öffentlich-rechtliche Genehmigung erhält damit den Charakter einer bloßen Unbedenklichkeitsbescheinigung. Zu dieser Gruppe gehört die wasserwirtschaftliche Erlaubnis nach § 7 WHG, die lediglich eine widerrufliche Befugnis zur Gewässerbenutzung verleiht und die Rechte der Betroffenen unberührt

---

[114] Wie hier *Hoppe / Beckmann* (Fn.1) S.29; *Picker,* Der privatrechtliche Rechtsschutz gegen baurechtswidrige Bauten als Besipiel für die Realisierung von "Schutzgesetzen", AcP 976 (1976) 29-79.

[115] BGH v. 27.11.1963 BGHZ 40,306 für gegen § 45 Abs.3 Reichsgaragenordnung verstoßende Immissionen; BGH v.30.4.1976, BGHZ 66, 355 für § 7 Abs.1 und 2 BauO Nordrhein-Westfalen (Grenzabstand zum Nachbarn).

[116] BGHZ 66, 354, 357.

[117] Die Unterscheidung folgt *Breuer*, Umweltschutz, in: *Badura* u.a., besonders Verwaltungsrecht S.601-697, S.649 ff.

läßt. Sie sind darauf verwiesen, ihre Ansprüche im Zivilrechtsweg geltend zu machen.

- In der *zweiten Gruppe*[118] wird die genehmigte Anlage auch im Falle ihrer Rechtswidrigkeit durch den formell-rechtlichen Bestandsschutz gegen privatrechtliche Abwehransprüche gesichert, soweit sich die Abwehransprüche auf den Regelungsgegenstand der Genehmigung beziehen. Hierzu gehört die Baugenehmigung: Auf dem Zivilrechtsweg kann - auch soweit wirksam ein Dispens von baurechtlichen Vorschriften erteilt wurde - nicht die Beseitigung des Bauwerks verlangt werden, solange die Genehmigung existiert.[119] Im übrigen wird die Genehmigung "unbeschadet der privaten Rechte Dritter" erteilt. Andere Ansprüche aus dem privaten Nachbarrecht, etwa Abwehransprüche gegen Immissionen, deren Störungsintensität unterhalb der in § 25 Abs.2 BImSchG[120] liegt, sind durch die bestandskräftige Genehmigung nicht ausgeschlossen.[121]

- Die Genehmigungen der *dritten Gruppe* sind ausdrücklich privatrechtsgestaltend. Sind sie unanfechtbar, so kann auf Grund privatrechtlicher, nicht auf besonderen Titeln beruhender Ansprüche, nicht mehr die Einstellung eines genehmigten Betriebes verlangt werden. Ein Nachbar muß daher ein auf die Verhinderung der Errichtung oder die Einstellung des Betriebes gerichtetes Begehren bereits im Verwaltungsverfahren geltend machen. Nach Unanfechtbarkeit der Genehmigung ist der Nachbar auf Ansprüche auf Schutzvorkehrungen und Schadensersatz beschränkt. Zu dieser Gruppe gehören die Genehmigung nach dem BImSchG (§ 14) und die ihrem Vorbild folgenden Regelungen.[122]

- Die Genehmigungen der *vierten Gruppe* schließen über die in § 14 BImSchG getroffene Regelung hinaus auch zivilrechtliche Schadensersatzansprüche und Ansprüche auf Schutzvorkehrungen aus. Hierzu gehört die wasserwirtschaftliche Bewilligung nach § 8 WHG, deren in

---

[118] Genehmigungen mit beschränktem Prüfungsgegenstand.

[119] So *Friauf*, "Latente Störung", Rechtswirkung der Bauerlaubnis und vorbeugende Nachbarklage, DVBl 1971, 718; *Schrödter*, Bundesbaugesetz § 31 Rz.24;38 *Breuer*, Baurechtlicher Nachbarschutz, DVBl 1983, 438; a.A. *Schwerdtfeger*, Baurechtlicher Drittschutz und Parlamentsvorbehalt, NVwZ 1983, 199-201 (201); ausführlich *Marburger* (Fn.102) C 38-51.

[120] Die Vorschrift regelt die Voraussetzungen einer Betriebsuntersagungsverfügung nicht nach dem BImSchG genehmigungsbedürftiger Anlagen. Sie lautet: "Wenn die von einer Anlage hervorgerufenen Umwelteinwirkungen das Leben oder die Gesundheit von Menschen oder bedeutende Sachwerte gefährden, soll die zuständige Behörde die Errichtung oder den Betrieb der Anlage ganz oder teilweise untersagen, soweit die Allgemeinheit oder die Nachbarschaft nicht auf andere Weise ausreichend geschützt werden kann."

[121] *Marburger* (Fn.102) C 51.

[122] Oben bei Fn.8.

§ 11 WHG festgelegte privatrechtsgestaltende Wirkung durch die Landeswassergesetze teilweise auf die wasserwirtschaftliche Erlaubnis übertragen worden sind.[123] Eine ähnliche materiell-rechtliche, anspruchausschließende Gestaltungswirkung üben Planfeststellungen nach den Verwaltungsverfahrensgesetzen der Länder[124] oder nach dem Bundesfernstraßengesetz (§ 17 Abs.6) aus: Nach Unanfechtbarkeit des Planfeststellungsbeschlusses sind Ansprüche auf Unterlassung des Vorhabens, auf Beseitigung oder Änderung der Anlagen oder auf Unterlassung ihrer Benutzung ausgeschlossen, soweit nicht unvorhersehbare Wirkungen erst nach Unanfechtbarkeit des Planes auftreten.[125]

b) Der Meinungsstand der Diskussion

Seit objektives Anlagenaufsichtsrecht und subjektiver öffentlich-rechtlicher Nachbarschutz verstärkt zum Umweltschutz wirken[126], wird vor allem aus der Sicht des öffentlichen Rechts versucht, eine stärkere Bindung des Zivilrechts an seine Vorgaben durchzusetzen. In Frage kommt eine Beeinflussung des Zivilrechts durch Immissionsstandards und Grenzwerte, durch hoheitliche Genehmigungen und durch planerische Festsetzungen. Die Meinungen reichen von einem grundsätzlichen Vorrang des öffentlichen Umweltschutzrechts kraft seiner Spezialität über eine auch das Privatrecht bindende Geltung von Genehmigungen bis zur Verbindlichkeit der Planungsentscheidungen des öffentlichen Rechts für den zivilrechtlichen Schutz.[127]

aa) Das Verhältnis von öffentlichem Umweltschutzrecht und zivilrechtlichem Nachbarrecht aus der Sicht des öffentlichen Rechts

Die ausschließliche Geltung des öffentlichen Umweltschutzrechts wird mit dessen Spezialität[128], mit der Unanwendbarkeit des privaten Nachbarrechts im Raumordnungskonflikt[129], der Ausschlußwirkung öffentlich-rechtlicher Geneh-

---

[123] § 16 Abs.1 BlnWG; § 11 Abs.1 WG S-H; eingeschränkt auf Art. 16 Abs.3 BayWG; § 17a Abs.3 HessWG; § 11 Abs.2 BremWG; § 11 Abs.2 NdsWG; § 27 Abs.2 RhPfWG; § 14 SaarlWG.

[124] § 75 Abs.2 VwVfG; Art.75 Abs.2 BayVwVfG.

[125] Auf die Verfahrensgesetze der Länder verweist § 7 AbfG.

[126] Oben Seite 20 ff.

[127] Überblick über die Meinungen bei *Gerlach* (Fn.7) S.46 bei Fn.101.

[128] *Bartlsperger,* Das Dilemma des baurechtlichen Nachbarrechts, VerwArch 60 (1969) 35ff.; *Breuer* (Fn.119) DVBl 1983, 431 ff.

[129] *Schapp,* Das Verhältnis von privatem und öffentlichen Nachbarrecht.

migungen[130] und der Verbindlichkeit der planerischen Abwägung für die Inhaltsbestimmung des Eigentums begründet.[131] Die meisten Autoren gehen letztlich von der Annahme aus, daß nach der Entdeckung der subjektiv öffentlichen Rechte und der darauf folgenden Zulassung der öffentlich-rechtlichen Nachbarklage der zivilrechtliche Nachbarschutz seine Berechtigung verloren habe.[132] Vermittelnd will Jarass den Vorrang öffentlich-rechtlicher Genehmigungen auf die Fälle begrenzen, in denen dies über die Präklusionswirkung gesetzlich vorgeschrieben ist, und die Ausstrahlungsiwrkung "einfacher" Genehmigungen sowie untergesetzlicher Normen auf den zivilrechtlichen Nachbarschutz auf eine indizielle Wirkung beschränken.[133]

(1) Die generelle Unanwendbarkeit des privaten Nachbarrechts

Die "öffentlich-rechtliche Nachbarrechtstheorie" gelangt mit verschiedenen Begründungen zum Ausschluß des zivilrechtlichen Nachbarschutzes. Bartlsperger geht zutreffend von einem nicht systematisierten Nebeneinander öffentlich-rechtlichen und privaten Nachbarrechts aus.[134] Er gelangt aber zu einer gesetzgeberischen Grundentscheidung zugunsten des öffentlichen Nachbarrechts.[135] Dies schließt er nach einem Vergleich der nachbarrechtlichen Regelungen des öffentlichen und privaten Rechts, aus der Tatsache, daß alle wesentlichen Normen des Baunachbarrechts heute dem öffentlichen Recht angehören, während das private Nachbarrecht auf einem vergleichsweise "primitiven" Stand stehengeblieben sei. Das öffentliche Nachbarrecht habe daher die Funktion des Privatrechts mitübernommen.

Nach Schapp läßt sich das Verhältnis von privatem und öffentlichen Nachbarrecht anhand der von beiden Rechtsgebieten geregelten Konflikte bestimmen und abgrenzen.[136] Der Raumordnungskonflikt über die künftige Entwicklung eines Gebietes werde unter Berücksichtigung der nachbarlichen Interessen durch die Vorschriften des öffentlichen Planungs- und Immissionsschutzrechtes abschließend geregelt. Der von § 906 BGB vorausgesetzte Begriff der Ortsüblichkeit werde daher heute nicht mehr von den tatsächlichen Verhältnissen,

---

[130] *Schrödter*, BBauG § 31 Rn.23.

[131] *Kleinlein* (Fn.3) S. 121, 135, 149.

[132] *Bartlsperger* (Fn.128) S.35, 40 ff.

[133] *Jarass* (Fn.71) näher unten (4).

[134] Oben bei Fn.128, S. 36.

[135] AaO S. 35, 59.

[136] *Schapp* (Fn.129) S. 30 ff., 92, 164.

sondern durch die raumgestaltenden Entscheidungen nach dem Bauplanungsrecht und von den Fachplanungsgesetzen bestimmt. Der privatrechtliche Zulässigkeitsmaßstab der Ortsüblichkeit könne daher einer planerischen Entscheidung, nicht entgegengesetzt werden.[137] Bauleitplanung und Baugenehmigung fügten sich zu einer "Entscheidungskette" zusammen, die in der planerischen Abwägung die nachbarlichen Erhaltungs- und Schonungsinteressen zum Ausgleich bringe. Innerhalb des planerischen Abwägungsgebots würden die nachbarlichen Interessen in einer Weise berücksichtigt, die den Ausschluß privatrechtlicher Abwehransprüche kompensiere. Die §§ 1004, 906 und 823 BGB regelten im Grunde einen Raumordnungkonflikt und seien daher inzwischen durch das insoweit spezielle öffentliche Recht verdrängt.[138]

Auf Schapps Erwägungen zur Konfliktbewältigung in der öffentlichen Planung baut die Ansicht von Kleinlein auf, der zusätzlich verfassungsrechtliche Argumente ins Feld führt. Durch einen gültigen Bebauungsplan, der ja als Satzung (§ 10 BBauG) eine gesetzliche Norm ist, würden Inhalt und Schranken des Eigentums nach Art. 14 Abs. 1 Satz 3 GG bestimmt. Diese Bestimmung reiche so weit wie das Abwägungsgebot in § 1 Abs. 7 BBauG. Da dies auch die privaten Interessen mit umfasse, bestimme der Bebauungsplan den Inhalt des Eigentums auch nach § 906 BGB.[139] Das gleiche müsse für die ihn dispensierende Abweichungserlaubnis gelten. Die Baugenehmigung, die über die so verstandene Plankonformität abschließend und bestandskräftig entscheide, präkludiere den späteren Nachbarschutz nach § 1004 BGB.[140] Das gleiche soll für die mit dem Bebauungsplan "ihrer Struktur nach übereinstimmende" Fachplanung mit dem planerischen Abwägungsgebot gelten.[141]

Nach Papier[142] entfaltet der wirksame Bebauungsplan eine Konzentrations- und Präklusionswirkung, durch die dem Nachbarn bei plankonformer Nutzung eine Duldungspflicht auferlegt wird, die Beseitigungs- und Unterlassungsansprüche nach § 1004 Abs.2 BGB ausschließt. Mit dem Unterlassungsanspruch aus § 1004 BGB könne nichts verlangt werden, was im Widerspruch zu einer plankonformen Nutzung steht. Voraussetzung ist jedoch, daß der Plan konkrete Festsetzungen über Art und Ausmaß der potentiell störenden Nutzung enthält.

---

[137] Oben bei Fn.129 65, 93, 165.

[138] Oben bei Fn.129, S.92 f., 244.

[139] *Kleinlein* (Fn.3) S.121.

[140] Oben bei Fn.3, S.135, 139.

[141] Oben bei Fn.3, S.127ff.

[142] *Papier*, Wirkungen des öffentlichen Planungsrechts auf das private Immissionsschutzrecht, in *Pikart/ Gelzer / Papier,* Umwelteinwirkungen durch Sportanlagen, S. 110, 118 ff.; ihm folgend *Pikart* ebenda S.30 ff.

(2) Die Ausschlußwirkung der öffentlich-rechtlichen Genehmigung

Breuer sieht ähnlich wie Schapp im öffentlichen Planungsrecht eine umfassende und geschlossene Regelung der Bodennutzungskonflikte. Trotz der zugestandenen Zweigleisigkeit gelangt er daher zur Führungsrolle des öffentlichen Nachbarrechts. Das private Nachbarrecht könne daneben nur nach Maßgabe des öffentlichen Rechts gelten. Er unterscheidet zwischen "originärem" und "derivativem" privatem Nachbarrecht. Zum letzteren gehören die inhaltsbestimmenden Schutzgesetze des öffentlichen Rechts, die in Verbindung mit §1004 und § 823 Abs.2 BGB auch zivilrechtliche Bedeutung haben. Sie sollen nicht nur im Fall des rechtsgestaltenden Dispenses, sondern generell auf Grund ihrer feststellenden Wirkung, der Entscheidung der Bauaufsichstsbehörde unterliegen. Liegt eine bestandskräftige Genehmigung vor, so ist der Anspruch ausgeschlossen. Dagegen haben nach Breuer die Ansprüche aus dem "originären Nachbarrecht" selbständige Bedeutung, müssen jedoch mit dem insoweit speziellen öffentlichen Baunachbarrecht im Wege der Auslegung harmonisiert werden. Deshalb sei der Anspruch aus § 1004 BGB bei Vorliegen einer öffentlich-rechtlichen Genehmigung ausgeschlossen.[143] Der zentrale Bewertungsmaßstab des § 906 BGB, der Begriff der Ortsüblichkeit, werde durch das öffentliche Recht ausgefüllt. Der wirksame Bebauungsplan prägt die Ortsüblichkeit. Eine nach dem Bebauungsplan oder nach § 35 BBauG zulässige Grundstücksnutzung sei daher stets als ortsüblich anzusehen.[144]

(3) Die funktionale Lösung Marburgers

Marburger[145] will an der von der Rechtsprechung praktizierten Zweigleisigkeit des öffentlichen und privaten Nachbarrechts festhalten. Ihm kommt es darauf an, nach dem geltenden Recht Lösungen zu entwickeln, die unter Vermeidung von Wertungswidersprüchen und Systembrüchen einerseits das Individualschutzinteresse des Nachbarn ausreichend wahren, andererseits aber auf überflüssige Rechtsschutzkumulierungen mit der Gefahr widersprechender Entscheidungen so weit wie möglich verzichten. Im Anschluß an Konrad[146] geht Marburger vom Rechtsschutzziel des Nachbarn aus. Der zivilrechtliche Rechtsschutz sei systemgerechter, soweit es um spezifisch baurechtliche Nutzungskonflikte oder um Immissionen unterhalb der Störungsschwelle des § 25 Abs.2 BImSchG gehe. Hier sei in erster Linie die Durchsetzung subjektiver Individualinteressen im Spiel. Gegenstand des öffentlichen Rechts sei dagegen die Wahrnehmung öffentlicher Belange. Anders als Konrad geht Marburger jedoch

---

[143] DVBl 1983, 431, 437 f.

[144] Ders. S.438.

[145] Oben bei Fn.102, Gutachten C 42-48.

[146] *Konrad,* Verwaltungsrechtsschutz im Nachbarschaftsverhältnis, BayVBl 1984, 33-37 (70).

von der Gleichwertigkeit der Rechtswege aus, soweit die Störung die Grenze des § 25 Abs.2 BImSchG überschreitet. Hier habe der Nachbar[147] in der Regel einen Anspruch auf behördliches Einschreiten, den er auch im Verwaltungsrechtswege durchsetzen kann.

Der Bebauungsplan hat nach Marburger[148] keine privatrechtsgestaltende Wirkung. Zum einen sehe das BBauG im Unterschied zu anderen Planfeststellungen eine solche gerade nicht vor. Zum anderen könne der Bebauungsplan nicht einmal öffentlich-rechtliche, hier vor allem immissionsschutzrechtliche Sperren, überwinden. Es sei daher nicht einzusehen, warum ihm privatrechtsgestaltende Kraft zuzugestehen sei. Die "normative Anreicherung" des Begriffs der Ortsüblichkeit durch die Festsetzungen des Bebauungsplanes sei allenfalls zulässig, soweit der Bebauungsplan in die planerische Abwägung konkrete bauplanungsrechtliche Zulässigkeitserfordernisse bezüglich der konkreten Nutzungen einbezogen habe.[149]

(4) Das Verwaltungsrecht als "indizielle" Vorgabe für das Privatrecht

Ähnlich will Jarass die Bindungswirkung von Genehmigungen für den zivilrechtlichen Nachbarkonflikt auf die Fälle beschränken, in denen das Gesetz sie über die Präklusionswirkung ausdrücklich anordnet und die verfassungsrechtlichen Vorgaben der Eigentumseinschränkung[150] eingehalten sind.[151] Der Konformität der zivilrechtlichen Vorgaben mit einer Verwaltungsnorm - etwa mit einem Bebauungsplan - mißt er lediglich indizielle Bedeutung bei, da die bauplanerische Abwägung trotz des planungsrechtlichen Grundsatzes der Konfliktbewältigung zu generell sei und nicht alle denkbaren Nachbarkonflikte zu lösen vermöge.[152] Jarass geht aber davon aus, daß den Zivilgerichten die Harmonisierung des Umweltrechts aufgegeben sei. Dies möchte er über eine stärkere Beachtung der indiziellen Wirkung von Verwaltungsakten und öffentlich-rechtlichen Normen im Zivilrechtsstreit erreichen.[153]

Jarass begründet seine einschränkende Betrachtungsweise, mit der er sich weitgehend in Widerspruch zur öffentlich-rechtlichen Literatur stellt, mit methodischen und systemtheoretischen Erwägungen. Echte Normwidersprüche

---

[147] § 25 Abs.2 BImSchG ist eine "Sollvorschrift".

[148] Oben bei Fn.102, Gutachten C 105 f.

[149] So auch *Birk*, Umwelteinwirkungen durch Sportanlagen, NVwZ 1985, 697.

[150] Kompensation und rechtliches Gehör.

[151] *Jarass* (Fn.71) S.263.

[152] *Jarass* (Fn.71) S.265.

[153] *Jarass* (Fn.71) S.264, 267.

und damit einen Widerspruch zu dem von anderen Autoren[154] stets als Argument angeführten Postulat der Einheit der Rechtsordnung sieht er zwischen Verwaltungsrecht und Privatrecht nicht. Die verwaltungsrechtliche Genehmigung gestatte lediglich ein bestimmtes Verhalten, ordne dies aber nicht an. Eine spätere Untersagung aus zivilrechtlicher Sicht stehe daher zu der Gestattung nicht im Widerspruch.[155] Da die Folgen der Rechtsnormen übereinstimmten und lediglich die zugrundeliegenden Wertungen widersprüchlich seien, liege ein reiner Wertungswiderspruch vor, der nicht notwendig aufgelöst werden müsse. Im Falle der von ihm als "einfache" Genehmigung definierten Genehmigung ohne ausdrücklich angeordnete Präklusionswirkung sprächen verfassungsrechtliche Bedenken gegen die Annahme einer pauschalen Bindungswirkung. Die Genehmigung böte für die Verkürzung privatrechtlicher Rechtspositionen weder eine Kompensation noch sähe das Verfahren die Anhörung des Drittbetroffenen vor.[156] Eine Bindung sei daher nur insoweit zu rechtfertigen, als sie ausdrücklich gesetzlich geregelt sei und die verfassungsrechtlichen Vorgaben eingehalten seien. Trotz des Grundsatzes der Konfliktbewältigung lösten Bebauungspläne nicht alle nachbarlichen Konflikte.

Jarass sieht auch in der Auslegung von verwaltungsrechtlichen Normen durch die Zivilgerichte, die bei einer stärkeren Bindung des Zivilrechts an das Verwaltungsrecht notwendig würde, auf Grund der entstehenden Wertungswidersprüche in den verschiedenen Rechtswegen und der unterschiedlichen Sachkompetenz der Gerichte keinen unbedingten Vorteil für das Verwaltungsrecht.[157] Der durch seine Betrachtungsweise entstehenden Gefahr von Wertungswidersprüchen will Jarass durch eine Verstärkung der indiziellen Wirkung des Zivilrechts für das Verwaltungsrecht entgegenwirken.

(5) Die Verbindlichkeit öffentlicher Standards und Grenzwerte nach der Rechtsprechung des Bundesverwaltungsgerichts

Nach der Rechtsprechung des Bundesverwaltungsgerichts hat die Festsetzungen von Grenzwerten auf Grund des Bundesimmissionschutzgesetzes die Bedeutung eines antizipierten Sachverständigengutachtens.[158] Ist eine immissionsschutzrechtlich genehmigungsbedürftige Anlage planungsrechtlich zulässig

[154] Siehe etwa *Diederichsen* unten bei bb) (1).

[155] *Jarass* (Fn.71) S.261, 262.

[156] *Jarass* (Fn.71) S.264.

[157] *Jarass* (Fn.71) S.266, 258.

[158] BVerwGE 50, 49; BVerwGE 55, 250; BVerwG NVwZ 1986, 208.

hält sie die entsprechend den öffentlich-rechtlichen Vorgaben die Immissionswerte von TA Luft und TA Lärm ein, so ist eine öffentlich-rechtliche Nachbarklage nicht mehr erfolgreich. Allerdings reicht die Bindung nur so weit wie die Festsetzung der Grenzwerte auch atypischen Sachverhalten und der besonderen Auswirkung der Immission auf einzelne, besonders gefährdete Pflanzen Rechnung trägt.[159] Der öffentliche Nachbarschutz ist grundsätzlich aus den Rechtsnormen abzuleiten, die der Behörde den Schutz bestimmter nachbarlicher Belange auferlegen.[160]

Sellner schließt aus dieser Auswirkung der Standards auf den Verwaltungsprozeß auch auf den Zivilprozeß: Für eine andere Beurteilung im Einzelfall sei kein Raum mehr, da die öffentlich-rechtlichen Vorschriften nur in dem Maße bindend seien, wie sie auch atypischen Sachverhalten und der besonderen Auswirkung auf einzelne, besonders gefährdete Pflanzen und Tiere Rechnung trügen.[161]

bb) Die Sicht der zivilrechtlichen Literatur

In der privatrechtlichen Literatur ist man einem derart weitgehenden Geltungsanspruch des öffentlichen Rechts gegenüber eher kritisch eingestellt.

(1) Die Anerkennung der öffentlich-rechtlichen Genehmigung als Rechtfertigungsgrund

Diederichsen geht davon aus, daß in ein und derselben Rechtsordnung privatrechtlich nicht rechtswidrig sein kann, was öffentlich-rechtlich genehmigt und rechtmäßig sei.[162] Zur Begründung bezieht er sich auf die Einheit der Rechtsordnung[163] und die Wechselwirkung zwischen Verkehrssicherungspflichten und dem Rechtswidrigkeitsurteil. Wenn die Rechtsprechung die Einhaltung der öffentlich-rechtlichen Vorschriften und ihre innerbetriebliche Überwachung im Rahmen des § 823 BGB zu einer haftungsbegründenden Verkehrssicherungs-

---

159 BVerwG NVwZ 1986, 208 (Wyhl); vgl. auch *Jarass*, Der rechtliche Stellenwert technischer und wissenschaftlicher Standards, NJW 1987, 1225-1231 (1228,1230).

160 BVerwG vom 15.7.1987, NJW 1988, 434.

161 Oben bei Fn.8 Referat L 27 für nach dem BImSchG festgesetzte Werte, L 36 für Strahlenschutzwerte, L 39 für wasserrechtliche Grenzwerte, zusammenfassend L 41.

162 *Diederichsen*, Die Verantwortlichkeit für Altlasten im Zivilrecht, BB 1986, 1724 ff; ders. auf seinem Referat vor dem 56. deutschen Juristentag, L 65 ff.

163 Anders *Sellner*, Privates Umwelthaftungsrecht und öffentliches Gefahrenabwehrrecht, S.13, der die Einheit der Rechtsordnung lediglich als offenes "Annäherungsprinzip" sieht.

pflicht mache, deren Verletzung die Haftung auch für Distanzschäden auslöse[164], dann müsse sich andererseits der Betriebsinhaber auch auf die Einhaltung seiner Pflichten in haftungsausschließender Weise berufen können. In seinem neueren Referat schränkt Diederichsen dieses "Prinzip der Rechtfertigungsparallelität"[165] jedoch ein: Die Genehmigung könne trotz ihrer Bestandskraft nicht rechtfertigend wirken, wenn der Emittent sie sich durch unvollständige Tatsachenbehauptungen verschafft habe oder wenn die Behörde an einer zulänglichen Überprüfung der Genehmigungsunterlagen gehindert gewesen sei.[166]

Bereits vor der Diskussion im öffentlichen Recht beanstandeten Westermann[167] und F. Baur[168] aus der Sicht des Zivilrechts den von der Zivilrechtsprechung zugrundegelegten rein tatsächlichen Maßstab der Ortsüblichkeit und forderten seine Anpassung an das öffentliche Raumplanungsrecht. Eine mit der öffentlich-rechtlichen Planung übereinstimmende Nutzung müsse ortsüblich sein. Baur fordert die Zusammenfassung des nachbarlichen Rechtsschutzes in einer Gerichtsbarkeit "egal in welcher".

(2) Unabhängigkeit von öffentlichem Recht und Zivilrecht

Der überwiegende Teil der Literatur hat sich jedoch der Auffassung der Rechtsprechung von der grundsätzlichen Eigenständigkeit des Privatrechts angeschlossen.[169] Canaris[170] tritt mit juristisch methodischen Argumenten für die Selbständigkeit des Zivilrechts gegenüber dem öffentlichen Recht ein. Öffentlich-rechtliche Pflichten bildeten nur den Mindeststandard, der im Rahmen der zivilrechtlichen Haftung auf alle Fälle verlangt werden könne. Öffentliches Recht und Zivilrecht bestünden nach der Konzeption des Gesetzgebers nebeneinander. Das öffentliche Recht derogiere das Zivilrecht nur dort, wo dies ausdrücklich vorgeschrieben sei und dann nur nach der Einräumung verfahrensrechtlicher Mitwirkungslasten.

---

164 So der BGH in der Kupolofenentscheidung BGHZ 92, 143; ihm folgend LG Münster NJW RR 1986, 947, 952.

165 Oben bei Fn.162, L 102.

166 Ders. (Fn.162) L 69 ff, L 103.

167 Die Funktion des Nachbarrechts, Festschrift für Larenz, S. 1003 ff.

168 Anmerkung zur Entscheidung des BGH v.7.3.1969, JZ 1969, 432.

169 *Pfeiffer,* Die Bedeutung des privatrechtlichen Immissionsschutzes, S.142 ff., 168 ff., 261 ff.; *Gerlach* (Fn.89) JZ 1988, 161 (163) m.zahlr.Nachw. bei Fußnote 14; *Marburger*, Gutachten C 102 ff.; so auch später *F. Baur*, Zur Entstehung des Umweltrechts aus dem Sachenrecht des BGB, JZ 1987, 317 (322); ders. (Fn.53) JZ 1974, 657.

170 Schutzgesetze - Verkehrspflichten - Schutzpflichten, in 2. Festschrift für Larenz 1983, S. 27-110 (54, 56).

cc) Die Vorgabewirkung des Verwaltungsrechts aus der Sicht des Strafrechts

Über den Bereich des Strafrechts hinausgehend versucht Schröder[171] eine typologische Aufbereitung des von ihm als "Vorgabewirkung des Verwaltungsrechts"[172] bezeichneten Verhältnisses des Verwaltungsrechts zum Straf- und Zivilrecht. Er sieht den eigentlichen Grund für diese Vorgabewirkung nicht in den Geboten der Einheit und Widerspruchsfreiheit der Rechtsordnung und der Systemgerechtigkeit. Auf Grund der unterschiedlichen Zielrichtungen der verschiedenen Regelungsbereiche trete keine rechtsstaatlich mißbilligenswerte Desorientierung der Bürger ein und die aus dem Gebot der Systemgerechtigkeit folgende Verpflichtung der staatlichen Instanzen, eine einmal statuierte gesetzliche Ordnung folgerichtig weiterzuführen, sei infolge der Eigengesetzlichkeit der Teilrechtsordnungen schwächer ausgeprägt.[173] Eigentlicher Grund für die Vorgabewirkung sind für ihn der Vertrauensschutz des Betroffenen in die Legalisierungswirkung einer behördlichen Gestattung und der Schutz der Kompetenz der Verwaltung in ihrem Beurteilungs- und Entscheidungsvorrang.[174] Der administrative Kompetenzschutz soll dann eingreifen, wenn die Zusammenschau zivil- und strafrechtlicher Normen mit dem Verwaltungsrecht einen Beurteilungsspielraum der Verwaltung ergibt. Der daraus entstehende Vorrang des Verwaltungsrechts kann nach Schröder über die Bindung der Verwaltung an eine wirksame behördliche Festlegung dadurch hinausgehen, daß die straf- oder zivilrechtliche Bewertung eines Sachverhalts nicht ohne eine vorrangige Bewertung durch die Verwaltung vorgenommen werden darf.[175] Der Vorrang soll Ausdruck der spezifischen Qualifikation und Verantwortung der Exekutive in der Ausführung und Konkretisierung der Gesetze sein. Folgerichtig sieht Schröder das eigentliche Problem in der funktionsgerechten Abgrenzung der Verantwortungsbereiche der Verwaltung und der Organe der Strafjustiz. Die Abgrenzung habe auch zum Ziel, die rechtsstaatliche Aufgabe einer widerspruchsfreien Rechtsordnung zu erfüllen.[176]

Allein dem Verwaltungsgesetzgeber kommt die spezifische Sachverantwortung zu, verhaltensbestimmende Grenzwerte zu erlassen, die von der Verwal-

---

[171] Oben bei Fn.2.

[172] Den Begriff zieht *Schröder* m.E. zu Recht vor, da er neutraler ist als der vielfach verwendete Begriff der Akzessorietät, der das Bestehen einer prinzipiellen Abhängigkeit der anderen gleichsam zu "Nebenrechtsordnungen" degradierten Rechtsbereiche zum Verwaltungsrecht impliziert; siehe oben bei Fn.2 S.202.

[173] *Schröder* (Fn.2) S.205f; ähnlich auch *Jarass* oben bei Fn.155.

[174] *Schröder* (Fn.2) S.207. Ebenso *Frisch*, Verwaltungsakzessorietät und Tatbestandsverständnis im Umweltstrafrecht, der die Vorgabewirkung vor allem auf den Vertrauensschutz des Begünstigten gründet.

[175] *Schröder* (Fn.2) S.207; dies wird vor allem für das Steuerstrafrecht diskutiert.

[176] *Schröder* (Fn.2) S.230.

tung näher zu konkretisieren sind.[177] Diese sind nach der Auffassung Schröders auch von den Strafverfolgungsorganen hinzunehmen.[178] Andere Instanzen seien zum Erlaß derartiger Vorschriften weder befugt noch in der Lage. Eine die Strafbarkeit ausschließende Vorgabewirkung komme danach gesetzesvertretenden und normkonkretisierenden Verwaltungsvorschriften vor allem im Hinblick auf den Vertrauensschutz des betroffenen Bürgers zu: Dieser müsse sich darauf verlassen können, daß sein durch die normkonkretisierenden Vorschriften mitgeprägter Pflichtenumfang auch strafrechtlich respektiert werde.[179] In strafbegründener Hinsicht sieht Schröder den Zusammmenhang als weniger eng an. Aus dem Vorbehalt des formellen Gesetzes in Art.103 GG ergebe sich eine rechtsstaatliche Grenze für die strafbegründende Berücksichtigung öffentlich-rechtlicher Normen und Grenzwerte. Die Verletzung öffentlich-rechtlicher Grenzwerte sei auch bei prinzipieller Bindung der Strafjustiz an normkonkretisierende Verwaltungsvorschriften nicht alleiniger Maßstab für den strafrechtlichen Pflichtverstoß, vielmehr bleibe möglicherweise eine weitergehende Prüfung des Pflichtenverstoßes an strafrechtsspezifischen Maßstäben erforderlich.[180] Da das Strafrecht sich zudem erst als ultima ratio sozialschädlichen Verhaltens begreift[181], ergebe sich eine strafrechtsimmanente Grenze für die strafbegründende Wirkung öffentlich-rechtlicher Normen und Grenzwerte. Das öffentliche Recht stelle hier einen zusätzlichen grundrechtlichen Verfahrensschutz dar. Sein zusätzlicher Sanktionsmechanismus könne strafrechtliche Maßnahmen entbehrlich machen.[182]

Einen strengen Kompetenzschutz nimmt Schröder dagegen auf Grund der Tatbestandswirkung von Verwaltungsakten vor allem in den Fällen an, in denen sich die Meinungsbildung der Verwaltung bereits in einem Verwaltungsakt konkretisiert hat. In den Fällen, in denen die Strafbarkeit eines Verhaltens an das Vorliegen oder Nichtvorliegen eines Verwaltungsaktes anknüpft, gebietet seiner Auffassung nach die Vorgabewirkung des Verwaltungsrechts die Bindung allein an den Verwaltungsakt und verbietet den Rückgriff auf diesem zugrundeliegende Befugnisnormen.[183] Die Prüfung der Rechtmäßigkeit des Verwaltungs-

---

[177] BVerwGE 72, 300 (316).

[178] Vgl. *Schröder* (Fn.2) S.218.

[179] *Schröder* (Fn.2) S.218; ebenso für behördliche Gestattungen S.225.

[180] *Schröder* (Fn.2) S.219 f. für das Wasserrecht mit Verweis auf zustimmendes verwaltungsrechtliches Schrifftum.

[181] Siehe z.B. BVerfGE 6, 389 (433); 39, 1 (47)

[182] *Schröder* (Fn.2) S.208.

[183] Vgl. *Schröder* (Fn.2) S.220. Kritisch hierzu *Faure / Oudijk*, JZ 1994, 86-91, die auf die belgische und niederländische Rechtslage verweisen. Sie bejahen eine Prüfungsbefugnis des Strafrichters, möchten diese aber inhaltlich auf die Kriterien des Verwaltungsrechts beschränken. Sie sehen die Einheit der Rechtsordnung als verletzt an, wenn eine strafrechtliche Verurteilung auf einen rechtswidrigen Verwaltungsakt gestützt wird.

aktes obliege nicht den Strafverfolgunsbehörden sondern allein der Verwaltungsgerichtsbarkeit. Allerdings lasse die spätere Aufhebung eines Verwaltungsaktes die Strafbarkeit nicht in jedem Fall unberührt.[184] Das Prinzip der Verhältnismäßigkeit gebiete die Berücksichtigung der Aufhebung in den Fällen, in denen die Strafbarkeit an die Verletzung anderer hinter dem Verwaltungsakt stehenden Schutzinteressen verwaltungsrechtlicher Art anknüpfe.

4. Zusammenfassung und Grundlage der eigenen Lösung

Privates und öffentliches Recht konkurrieren um die vorrangige Zuständigkeit zur Regelung nachbarlicher Interessenkonflikte.[185] Regelungsansatz und Regelungsmittel sind jedoch verschieden.

Die öffentlich-rechtliche Regelung des Interessenkonflikts ist geprägt von der Bindung der Behörden an das öffentliche Wohl als Gesamtheit der gebündelten Interessen Privater und der Öffentlichkeit. Ihr Zweck ist die Regelung des abstrakten *Raumordnungkonfliktes* durch generalisierend-planende Entscheidungen. Zur Förderung des öffentlichen Wohls im weitesten Sinne gehört auch der Schutz der industriellen Entwicklung. In diesem Rahmen ist das öffentliche Recht auch von seinem Charakter als Gefahrenzulassungsrecht geprägt. Im Interessenkonflikt zwischen dem Störer und der gestörten Allgemeinheit befindet sich das öffentliche Recht daher im Zweifel auf der Seite des Störers.[186] Dies zeigt sich in der Sicherung des unternehmerischen Investitionsaufwandes durch die Bestandskraft der Genehmigung und im Anspruch des Unternehmers auf die Genehmigung. Beides zusammengenommen bewirkt, daß die Beweislast bei Unaufklärbarkeit des Risikos zulasten der Allgemeinheit wirkt. Spätere Änderungen sind nur durch Rücknahme der einmal erteilten Genehmigung und unter erschwerten Voraussetzungen und größeren Anforderungen an die Beweislast zulässig. Die Vorschriften des öffentlichen Rechts, die die Voraussetzungen der Genehmigung normieren, sind auf ein Restrisiko programmiert: Der Gefahrenschutz ist bei den gleichzeitig vorgegebenen technisch industriellen Verhältnissen nur "möglichst" einzuhalten und auf das nach dem "Stand der Technik" oder "Stand von Wissenschaft und Technik" Durchführbare beschränkt und hinkt damit den Gefahren und Schadensrealitäten programmiert hinterher.[187] Die öffentlich-rechtlichen Grenzwerte legen die generelle, auch für Industriege-

---

[184] Die Entscheidung in BGHSt 23, 86, wonach die spätere Aufhebung eines Verkehrszeichens die Strafbarkeit eines früheren Verstoßes gegen dieses unberührt läßt sieht *Schröder* m.E. zu Recht nicht als verallgemeinerungsfähig an; oben bei Fn.2 S.234.

[185] *Gerlach* (Fn.7) S.49 ff; ders., Die Grundstrukturen des privaten Umweltrechts im Spannungsverhältnis zum öffentlichen Recht, JZ 1988, 161 ff; *Breuer,* (Fn.119) DVBl 1983, 431, 437; *Bartlsperger* (Fn.128) VerwArch 60 (1969) 35, 40 ff.; *Marburger*, Gutachten C 42-48.

[186] So auch *Gerlach* (Fn.7) S.59.

[187] §§ 1, 5 BImSchG, §§ 1a, 6 WHG, §§ 1,4 ChemG, §§ 5, 8, 25 ff. AMG, §§ 1a ff. AbfG; *Gerlach* (Fn.7) S.51.

biete geltenden Höchstbelastungen für Schadstoffe auf Grund einer generalisierenden Abwägung fest.

Der privatrechtliche Immissionsschutz regelt dagegen im Wege der Einzelfallentscheidung den privaten *konkreten Nutzungskonflikt*, der durch das Zusammenleben im Raum entsteht und beschränkt sich auf den Schutz individueller Rechtsgüter.[188]

Schon von der Zielrichtung her ist die generalisierende Lösung des öffentlichen Rechts daher nicht auf das Privatrecht übertragbar. Die Anbindung der Wertungen des Privatrechts an öffentlich-rechtliche Vorgaben fordern weder die Einheit und Widerspruchsfreiheit der Rechtsordnung noch die Systemgerechtigkeit. Die Bindung der Zivilgerichte an öffentlich-rechtliche Vorentscheidungen sowie generelle technische Normen und Grenzwerte über einen weit verstandenen Begriff der Einheit der Rechtsordnung würde diesen die inzidente Überprüfung des öffentlich-rechtlichen Abwägungsvorganges, der in die Entscheidung eingestellten Belange und für die wissenschaftliche Aktualität der Grenzwerte auferlegen. Auch im öffentlichen Recht ist anerkannt, daß die Bindung an Vorentscheidungen nur so weit reichen kann, wie die entsprechenden Interessen in die Prüfung eingestellt wurden.[189] Technische Normen und Grenzwerte verlieren ihre Bedeutung, sobald ersichtlich ist, daß sie wissenschaftlich überholt sind.[190] Auch die von den Befürwortern der Rechtfertigungslösung[191] vorgeschlagene Einschränkung der Rechtfertigung auf rechtmäßig erlangte Genehmigungen bedeutet eine inzidente Rechtmäßigkeitskontrolle durch die Zivilgerichte. Beides widerspricht der verwaltungsrechtlichen Beurteilungs- und Entscheidungskompetenz und begründet die Gefahr widersprüchlicher Entscheidungen in den verschiedenen Rechtswegen.[192] Auf Grund der unterschiedlichen Ausgangspunkte und Zielrichtungen und der Eigenständigkeit der Teilrechtsordnungen ist auch die Verpflichtung der rechtsanwendenden Gewalt schwächer, eine einmal statuierte gesetzliche Ordnung folgerichtig weiterzuführen.[193]

Der Vertrauensschutz des Betroffenen, der sich darauf verlassen können soll, daß sein durch normkonkretisierende Verwaltungsvorschriften und Verwal-

---

[188] Wie hier *Gerlach* (Fn.7) S.173; *Diederichsen* (Fn.162) L 48; *Konrad* BayVBl 1984, 33ff.; anders *Schapp* (Fn.129) S.124, für den beide Rechtsgebiete den Raumordnungkonflikt lösen.

[189] BVerwG NVwZ 1986 (Whyl); *Sellner* (Fn.8); ders., Referat L 27, 41; *Jarass* (Fn.71) S.263, 266.

[190] *Jarass* (Fn.159) S.1228.

[191] Oben III.3.b) bb).

[192] Siehe dazu *Schröder* (Fn.2) S.207 ff.

[193] So auch *Schröder* (Fn.2) S.206.

tungsakte definierter Pflichtenumfang auch von anderen Hoheitsträgern respektiert wird,[194] kann im Zivilrecht keine derart weitgehende Berücksichtigung erfahren wie im Strafrecht. Dort ist wie im öffentlichen Recht das Verhältnis des einzelnen zum Staat betroffen, der freilich in unterschiedlicher Funktion auftritt. Staatliche Strafverfolgungsorgane müssen sich daher an den von staatlichen Verwaltungsorganen gezogenen Rahmen als Eingriffsgrenze halten, dies umso mehr, als das Strafrecht ja nur die ultima ratio staatlicher Sanktionen auf sozialschädliches Verhalten darstellen soll.[195] Im Verhältnis zum Zivilrecht stellt sich dagegen die Frage, ob sich der einzelne auch im vom Zivilrecht geprägten Verhältnis zu seinen Nachbarn auf seine öffentlich-rechtliche Stellung gegenüber dem Hoheitsträger berufen kann. Das Vertrauen des Gestattungsempfängers in seine durch die Genehmigung oder öffentlich-rechtliche Vorschriften geprägte Rechtsstellung wird hier auf sein Rechtsverhältnis zu einer anderen Person übertragen. In diesem Rechtsverhältnis ist es jedoch nicht entstanden. Die Ausstrahlungswirkung ähnelt hier eher dem Problem der Drittwirkung von Grundrechten.[196] Die Austrahlungswirkung der Grundrechte auf private Rechtsverhältnisse ist jedoch nur mittelbar. Soweit in den Grundrechten eine objektive Wertordnung zum Ausdruck kommt, beansprucht sie für alle Bereiche des Rechts Geltung und erfaßt damit auch das Privatrecht in seinen auslegungsbedürftigen Begriffen und Generalklauseln.[197] Eine unmittelbare Verpflichtung der Privatrechtssubjekte wird jedoch nicht begründet.[198] Anders als die Grundrechte sind zudem die öffentlich-rechtliche Gestattung und die Normen, auf denen sie beruht, kein höherrangiges Recht. Die in ihnen enthaltenen Wertungen erfordern daher keine zwingende Beachtung im zivilrechtlichen Nachbarkonflikt. Die Gerichte sind daher nur dort an öffentlich-rechtliche Genehmigungen gebunden, wo dies ausdrücklich im Gesetz bestimmt ist und nur insoweit, wie die Tatbestandswirkung der Genehmigung reicht. Im übrigen haben Genehmigungen nur Indizwirkung. Öffentlich-rechtliche Gesetze und untergesetzliche Normen regeln anders als die Genehmigung nicht einmal die Zulässigkeit eines konkreten Vorhabens, sondern legen nur allgemeine Standards fest, die erst durch Einzelfallentscheidungen konkretisiert werden müssen. Die generalisierenden öffentlich-rechtlichen Normen und Verkehrssicherungspflichten können daher im Zivilrechtsstreit nur den Charakter von Mindeststandards haben, die eine widerlegliche Vermutung begründen.[199]

---

[194] Hierzu *Schröder* (Fn.2) S.218, 222.

[195] Siehe dazu oben III.3.b) cc).

[196] So auch *Jarass* (Fn.71).

[197] BVerfGE 73, 261.

[198] Ausführlich *J.Hager*, Grundrechte im Privatrecht, JZ 1994, 373-383 (374).

[199] So auch das neue Umwelthaftungsgesetz, unten V..; *Canaris* (Fn.170); *Gerlach* (Fn.7) 74.

Eine Ausnahme muß für Bebauungspläne und andere planerische Gebeiets-festssetzungen gelten. Bebauungspläne haben als Satzung nach § 10 BBauG Gesetzeskraft. Sie bestimmen Inhalt und Schranken des Eigentums. Das planerische Abwägungsgebot umfaßt nach § 1 Abs.7 BBauG auch private Belange. Hier erscheint die Erstreckung der zivilrechtlichen Duldungspflicht auf planentsprechende Nutzungen sowohl sachgerecht wie geboten.[200] Die Eigentümer von Grundstücken sind mit der Pflicht zur Hinnahme plankonformer Nutzungen innerhalb desselben Planbereiches belastet. In verschiedenen Planbereichen folgt ihre Duldungspflicht gegenüber plankonformen Nutzungen in anderen Bereichen aus der Situationsgebundenheit des Grundstückseigentums.[201] Die zivilrechtliche Verbindlichkeit öffentlich-rechtlicher Planungen ermöglicht auch die Berücksichtigung künftiger bereits planerisch vorgegebener Entwicklungen.[202]

Ob die indizielle Wirkung öffentlich-rechtlicher Genehmigungen ohne Präklusionswirkung und untergesetzlicher Normen wie die bisherige Rechtsprechung der Zivilgerichte und die ihr weitgehend folgende zivilrechtliche Literatur auf eine Vermutungswirkung zulasten des Emittenten, der die vorgeschriebenen Grenzwerte überschreitet, beschränkt bleiben soll oder ob sich die Einhaltung von durch öffentlich-rechtliche Normen und Entscheidungen gezogenen Grenzen auch zu seinen Gunsten auswirken soll, kann nicht generell, sondern nur differenziert nach dem Regelungsgehalt der einzelnen Fachgesetze entschieden werden. Dafür sprechen die Einheit der Rechtsordnung, die innere Harmonisierung des Umweltrechts,[203] der Schutz der verwaltungsrechtlichen Beurteilungs- und Entscheidungskompetenz und die funktionsgerechte Abgrenzung der Verantwortungsbereiche zwischen Zivilrecht und Verwaltungsrecht[204]. Eine stärkere Beachtung der öffentlich-rechtlichen Vorgaben auch unter dem Vorzeichen der Indizwirkung würde den Zivilgerichten die Prüfung von deren Regelungsgegenstand und Gerechtigkeitsgehalt auferlegen und erfordert daher im Hinblick auf die Einhaltung der Organisations- und Kompetenzgrenzen die Bereitstellung geeigneter Abstimmungsmechanismen.[205]

---

200 So auch *Papier* in *Pikart / Gelzer / Papier* (Fn.142), S.130; *Kleinlein* (Fn.3) S.127.

201 Siehe BGH vom 5.2.1993, JZ 1993, 1113.

202 So auch *Gerlach* (Fn.7) S.84; *Kleinlein* (Fn.3) S.127; *Papier* (Fn.142) S.108.

203 So offenbar auch *Kloepfer*, Umweltrecht § 4 Rz.20 und *Jarass* (Fn.71) S.257.

204 Dazu *Schröder* (Fn.2) S.237.

205 *Jarass* (Fn.71) S.254 weist zu Recht darauf hin, daß es im Verhältnis zwischen Zivil- und Verwaltungsgerichtsbarkeit derzeit noch an Abstimmungsmechanismen fehlt.

IV. Die wasserrechtliche Gefährdungshaftung

Nach § 22 WHG ist jeder, der durch Einwirkung auf ein Gewässer dessen physikalische[206], chemische oder biologische Beschaffenheit verändert, zum Ersatz des einem anderen daraus entstehenden Schadens verpflichtet. Voraussetzung ist eine zielgerichtete Handlung.[207] Ein Haftungsausschluß ist nach Absatz 2 nur vorgesehen, wenn ohne den Willen eines Anlagenbetreibers durch höhere Gewalt Stoffe in ein Gewässer gelangen. Die Berufung auf höhere Gewalt ist ausgeschlossen, wenn dem Anlagenbetreiber ein Mitverschulden zur Last fällt, etwa durch Vernachlässigung von Verkehrssicherungspflichten oder durch Verwirklichung einer typischen Betriebsgefahr.[208] Wasserrechtliche Gestattungen schließen die Haftung grundsätzlich nicht aus, da sie nur den Charakter einer Unbedenklichkeitsbescheinigung haben. Einzig die wasserrechtliche Bewilligung, die aber seit dem 1.10.1976 nicht mehr für das Einleiten von Stoffen in ein Gewässer erteilt werden darf, schließt nach § 8 Abs.1 WHG jegliche privatrechtliche Ansprüche einschließlich der zivilrechtlichen Haftung aus.

V. Die Haftung nach dem Umwelthaftungsgesetz

Das Umwelthaftungsgesetz vom 10. Dezember 1990[209] hat die Ankoppelung des privaten Haftungsrechts an das öffentliche Recht in zweifacher Hinsicht verstärkt:

- Es begründet durch seinen § 1 die von Verschulden und Rechtswidrigkeit unabhängige Kausalhaftung für alle durch eine Umwelteinwirkung entstandenen[210] Rechtsgutsverletzungen[211]. Die Haftung ist als Anlagenhaf-

---

[206] Z.B. durch Erwärmen.

[207] *Gieseke / Wiedemann / Czychowski*, Wasserhaushaltsgesetz, § 22 Rz.7, 16.

[208] BGHZ 62, 354 definiert den Begriff der höheren Gewalt als ein außergewöhnliches, betriebsfremdes, durch Naturereignisse oder Handlungen Dritter herbeigeführtes Ereignis, das nach menschlicher Einsicht und Erfahrung nicht vorhersehbar war und auch durch die äußerste, vernünftigerweise zu erwartende Sorgfalt nicht hätte verhindert werden können; typische Betriebsgefahren fallen nicht darunter, auch wenn der Schadenseintritt nach dem Stand der Technik nicht vorhersehbar war.

[209] BGBl 1990 I, 2364.

[210] Eine nähere Definition hierzu enthält § 3 UHG: Ersetzt werden auf dem "Umweltpfad", d.h. über die Medien Boden, Wasser und Luft vermittelte Schäden. *Reuter*, Das neue Gesetz über die Umwelthaftung, BB 1991, 145, 147; *G. Hager* (Fn.89) NJW 1991, 134 135. Das Tatbestandsmerkmal dient der Abgrenzung der Umwelthaftung von einer allgemeinen Anlagenhaftung.

tung[212] ausgestaltet: Sie knüpft an den Betrieb einer im Anhang 1 enumerativ aufgezählten Anlage als gegenständlichen Risikobereich und trifft den für diesen Risikobereich verantwortlichen Anlageninhaber. Die Liste der Anlagen ist der Vierten Durchführungsverordnung zum Bundesimmissionsschutzgesetz entnommen. Da die Vierte Durchführungsverordnung auch nach Leistungsgrenzen differenziert, ergibt sich hieraus eine haftungsrechtliche Differenzierung nicht nur nach dem Typ der Anlage, sondern auch nach deren Größe und Kapazität.[213] Für die spezifischen mit dem Betrieb der Anlage einhergehenden Gefahren greift die Haftung auch schon vor Fertigstellung (§ 2 Abs.1 UHG) und noch nach Stillegung (§ 2 Abs.2 UHG) der Anlage ein.

- Die Haftung besteht dem Grunde nach unabhängig von der Einhaltung öffentlich-rechtlicher Vorgaben. Störfall und Normalbetrieb sind als Haftungsgrund gleichgestellt.[214] Erfaßt sind neben dem bestimmungsgemäßen Normalbetrieb auch Langzeit- und nach dem Stand der Technik nicht erkennbare Schadensverläufe. Verstärkt ist die Anbindung an das öffentliche Recht aber im Hinblick auf den Kausalitätsnachweis. Die Vermutung der Kausalität des Anlagenbetriebes für die Rechtsgutsverletzung nach § 6 UHG greift nach dessen Absatz 2 nicht ein, wenn der Anlagenbetreiber nachweisen kann, daß er die besonderen öffentlichen Betriebspflichten eingehalten und keine Betriebsstörung vorgelegen hat.

Das Gesetz enthält eine dreifache Beschränkung der Haftung auf die genehmigungsbedürftigen Anlagen, auf die durch Umwelteinwirkungen[215] und auf durch eine Rechtsgutsverletzung[216] vermittelten Schäden. Der Ersatz mittelbarer

---

[212] Anders § 22 WHG, der als Handlungshaftung an jede gewässergefährdende Handlung anknüpft.

[213] Kritisch zu dieser haftungsrechtlichen Benachteiligung von Großbetrieben *Schmidt-Salzer*, § 1 Rn.135; ihme zustimmend *Diederichsen / Wagner*, Das UmweltHG zwischen gesetzgeberischer Interpretation und interpretatorischer Phantasie, VersR 1993, 641-652 (644).

[214] *G. Hager*, Umwelthaftung und Produkthaftung, JZ 1990, 397, 400; ders. (Fn.89) NJW 1991, 134, 136; ob eine solche Gleichstellung gerechtfertigt ist, ist umstritten. Teilweise wird dies verneint mit der Begründung, so fehle dem Betreiber der Anreiz, die Betriebspflichten einzuhalten, so *Marburger* (Fn.102), C 125; mit dieser Begründung und mit dem Hinweis auf die fehlende Versicherbarkeit hatte sich vor allem die Industrie gegen die strikte Haftung für den Regelbetrieb gewehrt; *Landsberg / Lülling*, Das neue Umwelthaftungsgesetz, DB 1990, 2205, 2206; *Taupitz*, Das neue Umwelthaftungsgesetz, Jura 1992, 113-120, bei Fn.28; die Gleichstellung rechtfertigt sich aber aus einem Verständnis der Gefährdungshaftung als Haftung für das erlaubte Risiko des Anlagenbetriebes und treibt den Anlagenbetreiber zum Einsatz des optimalen Sicherungsaufwandes; so auch die allgemeine Meinung *Reuter* (Fn.210) BB 1991, 145, 147; *Gerlach* (Fn.7) S.335ff.; *Rehbinder* NuR 1989, 149, 155. Dagegen hatte die Literatur vorgeschlagen, die Haftung auf Stör- und Unfälle zu beschränken; *Diederichsen*, Referat L 94;

[215] Kritisch *Salje*, Deutsche Umwelthaftung versus europäische Abfallhaftung, ZRP 1989, 412, der die Lösung als "Minimallösung" bezeichnet; *Landsberg / Lülling* (Fn.214) DB 1990, 2205: "Prinzip der geschlossenen Liste".

[216] Körper- und Gesundheits- sowie Eigentumsschäden.

Drittschäden, von reinen Vermögensschäden und ökologischen Schäden sowie durch höhere Gewalt vermittelten Schäden bleibt außer im Fall des § 16 UHG ausgeschlossen.[217]

1. Kausalität

a) Der Kausalitätsnachweis im Störungsfall

Der Hauptschwierigkeit des bisherigen Rechts, die Kausalität des Anlagenbetriebes für die Rechtsgutsverletzung nachzuweisen, wird zumindest teilweise begegnet. § 6 des Gesetzes vermutet widerlegbar die Kausalität des Anlagenbetriebes für die Rechtsgutsverletzung, sofern "eine Anlage nach den Gegebenheiten des Einzelfalles geeignet [ist], den entstandenen Schaden zu verursachen." Es genügt auch die Eignung zur bloßen Mitverursachung.[218] Der Geschädigte ist damit aber noch nicht von seiner Nachweispflicht befreit: Neben der Verletzung eines seiner durch § 1 UHG geschützten Rechtsgüter muß er noch, unterstützt durch Auskunftsansprüche nach § 8 und 9 UHG, den dreifachen Nachweis führen, daß mit dem Betrieb der Anlage die Freisetzung bestimmter Schadstoffe verbunden ist, daß zwischen dem freigesetzten Schadstoff und dem erlittenen Schaden ein räumlich-zeitlicher Zusammenhang besteht und daß die Schadstoffe, die die Anlage emittiert und denen er ausgesetzt war, geeignet sind, den Schaden zu verursachen.[219] Abzustellen ist auf den Betriebsablauf, die verwendeten Einrichtungen, Art und Konzentration der freigesetzten Stoffe sowie die meteorologischen Gegebenheiten. Schadensbild und zurechenbare Immissionen müssen übereinstimmen.[220]

Bereits durch diese notwendige Verknüpfung von Schadstoffquelle und erlittenem Schaden ist dem privaten Haftungsrecht eine enge Grenze gesetzt. Das Umwelthaftungsgesetz verzichtet nicht auf die "konkrete Zweierbeziehung" zwischen dem Geschädigten und dem Anlagenbetreiber.[221] Die Kausalitätsvermutung rückt durch die Vielzahl der nachzuweisenden Tatsachen in die Nähe eines Anscheinsbeweises. Der Ersatz von ökologischen Schäden und großräumig vermittelten Summations- und Langzeitschäden bleibt ausgeklammert.[222] Der

---

[217] Hierzu *G. Hager* (Fn.89) NJW 1991, 133, 135 f.; *Taupitz* (Fn.214) Jura 1992,118; der Ausschluß von Drittschäden entspricht der bisherigen Rechtsprechung zur Gefährdungshaftung im Abfallrecht; vgl. z.B. BGH NJW 76, 46.

[218] *Schmidt / Salzer* § 1 Rn.125 ff.; *Diederichsen / Wagner* (Fn.213) 645.

[219] *G. Hager* (Fn.89) NJW 1991, 134, 137.

[220] *Steffen*, Verschuldenshaftung und Gefährdungshaftung für Umweltschäden, NJW 1990, 1817-1822; zu den Anforderungen an die Glaubhaftmachung und an das Schadensprofil *Landsberg / Lülling* (Fn.214) DB 1990, 2205, 2208.

[221] *Taupitz* (Fn.214) Jura 1992, 118 ; *Reuter* (Fn.210) BB 1991, 145, 146.

[222] So auch *G. Hager* (Fn.89) NJW 1991, 133.

Gesetzgeber will die Lösung dieser Fragen dem öffentlichen Recht überlassen und verzichtet damit auf den Vorteil des Zivilrechts, über marktwirtschaftliche Funktionsmechanismen Verhaltensanreize zu geben.[223]

b) Die beweisrechtliche Privilegierung des Normalbetriebs

Die Ursachenvermutung des Absatz 1 gilt nach § 6 Abs. 2 UHG nicht, wenn der Anlagenbetreiber nachweisen kann, daß die besonderen öffentlich-rechtlichen Betriebspflichten eingehalten wurden und keine Betriebsstörung vorlag.[224] Diese Privilegierung des Normalbetriebes soll der sozialen Nützlichkeit eines Betriebes in einer Industriegesellschaft Rechnung tragen.[225]

Die Privilegierung des Normalbetriebes ist als Einwendung des Anlagenbetreibers ausgestaltet. Er muß nachweisen, daß er im Schädigungszeitraum die erforderlichen Kontrollen durchgeführt hat und ihre Ergebnisse vorweisen.[226] Diese muß dann wiederum das Opfer substantiiert bestreiten. Der beweisbelastete Anlagenbetreiber genügt daraufhin seiner Beweislast, wenn er die gegnerischen Tatsachenbehauptungenzumindest durch Indizien- oder Anscheinsbe-weis widerlegt oder ernstlich in Frage stellt.[227] Gelingt dem Betreiber der Nachweis des Normalbetriebes, so wird es auf Grund der Schwierigkeiten des Kausalitätsnachweises[228] nur in Ausnahmefällen zu seiner Haftung kommen.[229]

c) Die Widerlegung der Ursachenvermutung

Die Ursachenvermutung ist außer durch den bereits nach § 292 ZPO zulässigen Beweis des Gegenteils nach § 7 widerlegbar, wenn eine alternative Ursache in Frage kommt. Dies darf nach § 7 Abs.1 nicht der Betrieb einer anderen

---

223 So die Gesetzesbegründung der Bundesregierung BT Drs. 11/7104 S. 15 und 16; *Reuter* (Fn.210) BB 1991, 145; *Taupitz* (Fn.214) Jura 1992,118; *Salje* (Fn.215) ZRP 1989, 408; *J. Hager* (Fn.214) JZ 1990, 397, 401; zur Frage der Ersatzfähigkeit ökologischer Schäden *Rehbinder* (Fn.214) NuR 1988, 105; *Schulte*, Zivilrechtsdogmatische Probleme im Hinblick auf den Ersatz "ökologischer Schäden", JZ 1988, 278; *Ladeur*, Schadenersatzansprüche des Bundes für die durch den Sandoz-Brand entstandenen "ökologischen Schäden", NJW 1987, 1236.

224 Daneben ist bei Normalbetrieb die Haftung für Bagatellansprüche ausgeschlossen (§ 5).

225 *Taupitz* (Fn.214) Jura 1992, 116.

226 *Taupitz* (Fn.214) Jura 1992, 117; zur Ausgestaltung der Dokumentation *Reuter* (Fn.210) BB 1991, 145, 148.

227 *Taupitz* (Fn.214) Jura 1992,118, "negative Tatsachen"; dagegen scheint *Schmidt-Salzer*, Umwelthaftungsrecht, die Möglichkeit des Indizienbeweises auf den ordnungsgemäßen Anlagenbetrieb zu beziehen § 6 Rz.226; allgemein zu den Anforderungen des Bestreitens BGH VersR 1966, 1021, 1022; BGH NJW 1958, 1188, 1189.

228 Der Geschädigte hat den Nachweis der Kausalität nach § 286 ZPO zur Überzeugung des Gerichts zu führen.

229 Kritisch zu dieser Regelung *G. Hager* (Fn.89) NJW 1991, 134, 138; *Salje* (Fn.215) ZRP 1989, 408, 410.

Anlage im Sinne des § 1 UHG sein. Hier versucht das Gesetz durch eine komplizierte Ausdrucksweise sicherzustellen, daß mehrere Betreiber sich nicht darauf berufen, daß eine andere Anlage ebenfalls den konkreten Schaden verursacht haben könnte und das Opfer dann leer ausgeht. Eine Lücke entsteht durch den Bezug ausschließlich auf Anlagen im Sinne des § 1 UHG. Soll sich der Betreiber einer Anlage darauf berufen können, daß der Schaden auch von einer nicht unter § 1 UHG fallenden Anlage verursacht sein kann[230] oder ist ausschließlich die Berufung auf neutrale, haftungsrechtlich irrelevante Umstände zulässig?[231] Eine Lücke verbleibt auch im Hinblick auf die Frage summierter Immissionen: Die Kausalitätsvermutung liefe leer, wenn man genügen ließe, daß der Schädiger irgend eine Belastung als möglichen Kausalitätsfaktor anführen und sich dadurch exkulpieren könnte. Die Literatur verlangt deshalb zu Recht, daß die Kausalitätsvermutung nur dann widerlegt sein darf, wenn die neutralen Ursachen geeignet sind, den Schaden ohne Rücksicht auf die durch die Anlage bedingten Immissionen zu verursachen.[232]

2. Das Verhältnis mehrerer Schädiger

Für die Beteiligung mehrerer Schädiger enthält das Gesetz keine Regelung. Die noch im Regierungsentwurf enthaltene Beschränkung auf eine anteilige Haftung[233] ist auf Grund ihrer Undeutlichkeit der Einigung im Vermittlungsausschuß zum Opfer gefallen.[234] Die entstandene Unklarheit, ob die Beteiligten als Gesamt-[235] oder als Teilschuldner haften, wird indessen auf einen einzigen Fall reduziert, wenn man die bisherigen, von der Rechtsprechung und Literatur im Umweltrecht entwickelten Haftungsgrundsätze anwendet: Kann kein Schädiger den Schaden ohne den anderen verursacht haben (kumulative Kausalität), haften die Schädiger gesamtschuldnerisch, jeder auf Ersatz des vollen Schadens nach § 830 Abs.1 S.1 BGB.[236] Im Falle alternativer Kausalität - mehrere Anlagen können den Schaden verursacht haben, eine hat ihn sicher verursacht, aber der Verursacher kann nicht identifiziert werden - greift § 830 Abs.1 S.2 BGB mit der Folge der gesamtschuldnerischen Haftung nach der bisherigen Rechtsprechung dann ein, wenn die Ersatzberechtigung des Opfers außer Zwei-

---

230 So *Schmidt-Salzer*, § 7 Rz.71 ff.

231 So unter Berufung auf den Gesetzeszweck *Diederichsen / Wagner* (Fn.213) 548; *Hager* (Fn.89) 134.

232 *G. Hager* (Fn.89) NJW 1991, 134, 139; *Steffen* (Fn.220) NJW 1990, 1817, 1822.

233 § 8 E-UmweltHG, BT Drs. 11/7104 S.28.

234 Kritisch hierzu in der Literatur *Taupitz* (Fn.214) Jura 1992, 118.

235 Hierfür *Landsberg / Lülling* (Fn.214) BB 1990, 2205, 2208.

236 *Gmehling* (Fn.89) S. 213 ff.; im Hinblick auf die Haftung nach § 906 Abs.2 S.2 BGB BGHZ 66, 70 (77)= NJW 1976, 797; BGHZ 72, 289 (297)= NJW 1979, 164.

fel steht[237] und die Gefährdungsakte der beteiligten Anlagen vergleichbar sind.[238] Im übrigen soll der Grundsatz der Anteilshaftung gelten. Beide Fälle werden bei Anwendung des Umwelthaftungsgesetzes wegen der Ursachenvermutung in § 6 UHG nur bei der Haftung für den Regelbetrieb praktisch.

Schwierigkeiten wird lediglich der Fall der unklaren Anteilsverursachung machen. Die Rechtsprechung behilft sich daher mit der Schätzung der Anteilsverursachung nach § 287 ZPO, stößt aber auch mit dieser Lösung auf erhebliche Schwierigkeiten.[239] § 287 ZPO bietet keine Lösung für unaufklärbare Verursachungsanteile, namentlich bei synergetischen Effekten und summierter Kausalität. Die gesamtschuldnerische Haftung nach § 830 Abs.1 S.2 BGB scheidet aus, da die Vorschrift voraussetzt, daß die Handlung jedes Beteiligten wenigestens geeignet gewesen sein muß, den gesamten Schaden zu verursachen.[240] In der Literatur wird im Interesse des Opferschutzes vorgeschlagen, die gesamtschuldnerische Haftung nach § 830 BGB auf die Fälle auszudehnen, in denen der einzelne Tatbeitrag so gefährlich war, daß er den gesamten Schaden verursacht haben könnte oder der Kreis der Geschädigten so bekannt ist, daß zumindest der Innenausgleich gesichert ist.[241] Noch weitergehend will Marburger die gesamtschuldnerische Haftung auf die Fälle summierter und synergetischer Kausalität ausdehnen.[242]

Hat die Anlage mit neutralen Ursachen wie der allgemeinen Umweltbelastung zusammengewirkt, so sollen beide Kausalfaktoren berücksichtigt werden. Hier wird allerdings eine Schadensteilung vorgeschlagen, da ein voller Ersatz das Opfer überkompensieren, die Verneinung der Haftung den Schädiger ungerecht begünstigen würde.[243] Haben mehrere Anlagen mit natürlichen Ursachen zusammengewirkt, so gilt zwischen den Anlagen für ihren Verursachungsanteil je nach der Eignung ihres Beitrages entweder Anteilshaftung oder gesamtschuldnerische Haftung.[244]

---

[237] BGHZ 60, 177 (181) = NJW 1987, 2810.

[238] BGHZ 101, 106 (112) = NJW 1977, 2810.

[239] BGHZ 66, 70 (76)=NJW 1976, 797; BGHZ 83, 375 (383)=NJW 1983, 872; BGHZ 101, 106 (113)= NJW 1987, 2810.

[240] Statt aller *Münchener Kommentar / Mertens*, § 830 Rz. 21; *Medicus* (Fn.89) JZ 1886, 778 (785).

[241] *Steffen* (Fn.220) NJW 1990, 1821; *G. Hager* (Fn.89) NJW 1991, 134, 140 mit zahlreichen Nachweisen bei Fn. 72; *Schmidt-Salzer* § 7 Rz.65; *Diederichsen / Wagner* (Fn.213) VersR 1993, 641-652 (648).

[242] *Marburger,* Grundregeln des Haftungsrechts AcP 192 (1992) 1-34 (20) mit weiteren Nachweisen.

[243] *G. Hager* (Fn.89) NJW 1991, 134 (140); *Rehbinder*, NuR 1989, 149 (161).

[244] *Schmidt-Salzer*, § 7 Rz.66; zustimmend *Diederichsen / Wagner* (Fn.213) 648.

3. *Der Umfang des Ersatzanspruches*

Für den Umfang des zu ersetzenden Schadens gelten die allgemeinen Regeln mit dem Grundsatz der Naturalrestitution. Nach § 16 UHG ist allerdings in Ausnahme vom Grundsatz des § 251 Abs.2 BGB, der Wiederherstellungananspruch nicht deshalb ausgeschlossen, weil die Wiederherstellung des vorherigen Zustandes den Wert der Sache übersteigen würde.[245] Dennoch wird auch dieser Anspruch nicht unbegrenzt zu geben sein. Die Grenze soll zu ziehen sein, wenn unter Mitberücksichtigung des Allgemeininteresses an der Wiederherstellung des ursprünglichen Zustandes die finanzielle Belastung des Schädigers die Zumutbarkeitsgrenze übersteigt.[246] Die Regelung ermöglicht damit den Ersatz ökologischer Schäden, ist aber insoweit abhängig von der Disposition des Geschädigten, der auch Geldersatz verlangen kann.

4. *Zur Kritik des Gesetzes*

Das Umwelthaftungsgesetz hat den Wertungswiderspruch in der Behandlung von grundstücksvermittelten und sonstigen Schäden beseitigt.[247] Es fügt sich mit der Einführung der Gefährdungshaftung in die Tendenz ein, den Schutz der Umwelt nicht allein dem Ordnungsrecht zu überlassen, sondern marktwirtschaftliche Steuerungsmechanismen einzusetzen.[248] Seiner rechtspolitischen Aufgabenstellung, einerseits den Schutz der Geschädigten zu verbessern und indirekt durch verhaltenssteuernde Wirkungen zur Schadensprävention beizutragen[249], wird das Gesetz jedoch nicht voll gerecht. Das Ziel des Gesetzgebungsvorhabens, eine systematisch geschlossene Regelung für alle Umweltschäden herzustellen, ist nicht erreicht.[250] Vielmehr hat das Gesetz die Rechtszersplitterung im Umwelthaftungsrecht noch vergrößert: Nach § 18 UHG tritt die neue Haftung neben bisherige Ansprüche. Für nicht im Anhang genannte Anlagen und für Altschäden bleibt es nach § 3 bei der bisherigen Regelung.[251] Die haftungsrechtlich schwierigen Fragen der ökologischen und der Langzeitschäden

---

[245] Damit schreibt das neue Umwelthaftungsgesetz die bisherige Rechtsprechung zu Körperschäden auch im Umweltbereich fest.

[246] BT Drs. 11/7104, S.21; *G. Hager*, (Fn.89) NJW 1991, 134, 141; *Landsberg / Lülling* (Fn.214) DB 1990, 2205, 2210; *Taupitz* (Fn.214) Jura 1992,119.

[247] Dazu oben S.54.

[248] *G. Hager* (Fn.89) NJW 1991, 134, 135; allgemein zur Eignung marktwirtschaftlicher Steuerungsmechanismen im Umweltschutz *Wagner*, JZ 1991, 175 (176); zu den Einwänden *Reuter* (Fn.210) BB 1991, 145 (146).

[249] Zur rechtspolitischen Aufgabenstellung *Selmer*, Privates Umwelthaftungs- und öffentliches Gefahrenabwehrrecht S.25.

[250] Hierzu *Reuter* (Fn.210) BB 1991, 145; *Salje* (Fn.215) ZRP 1989, 408.

[251] Kritisch *Landsberg / Lülling* (Fn.214) BB 1990, 2205 (2211).

bleiben ausgeklammert und sollen durch öffentlich-rechtliche Regelungen erfolgen.[252] Der Kausalitätsnachweis bleibt daher schwierig. Das Gesetz verzichtet nach wie vor nicht auf eine konkrete Zweierbeziehung zwischen Schädiger und Geschädigtem. Fraglich bleibt daher, ob letztlich mehr erreicht ist als durch die Einführung der Gefährdungshaftung bisher bereits erreicht war[253] oder durch die Ausdehnung der Haftung nach § 906 Abs.2.Satz 2 BGB auf nicht grundstücksvermittelte Schäden zu erreichen wäre[254].

Das Umwelthaftungsgesetz hat die Ankoppelung des privaten Haftungsrechts an das öffentliche Recht verstärkt. Durch die haftungsrechtliche Gleichstellung des rechtmäßigen und des rechtswidrigen Anlagenbetriebes sind für die betroffenen Anlagen systematische Spannungen zwischen öffentlichem und privatem Recht nicht völlig beseitigt, sondern auf die Ebene der Kausalität und die Beweisebene verlagert. Hier sind sie auf Grund von Vermutungen und Gegenvermutungen leichter handhabbar. Der Streit um die Ausstrahlungswirkungen öffentlich-rechtlicher Genehmigungen ist damit entschärft, aber nicht beseitigt.

---

[252] *Taupitz* (Fn.214) Jura 1992, 118; *Reuter* (Fn.210) BB 1991, 146; *J. Hager* (Fn.214) JZ 1990, 401;

[253] Zweifelnd *Salje* (Fn.215) ZRP 1989, 408, 412.

[254] So *Marburger* (Fn.242) 27.

Kapitel 2
Das Recht Frankreichs

Auch im französischen Umweltrecht steht ein System öffentlichen, medien- und anlagenbezogenen Aufsichtsrechts einem historisch gewachsenen zivilen Haftungsrecht gegenüber. Privaten ist der Weg zu den Verwaltungsgerichten eröffnet. Vom deutschen Recht unterscheidet sich das französische jedoch dadurch, daß der Rechtsschutz vor den Verwaltungsgerichten nicht als Individualrechtsschutz, sondern allein als objektive Rechtmäßigkeitskontrolle aufgefaßt wird.[1] Um die Ausführungen zu den Überlagerungen des zivilen Haftungsrechts durch das öffentliche Umweltrecht verständlich zu gestalten, soll nachfolgend das System des französischen öffentlichem Umweltrechts kurz dargelegt werden.

I. Das öffentliche Umweltrecht

Rechtsschutz gegen Planungsentscheidungen wird im französischen Recht nicht gewährt. Das Planungsinstrumentarium ist stärker zentralisiert als in der Bundesrepublik und über das System der "Planification" in den Gesamtzusammenhang der wirtschaftlichen und sozialen Planung eingebettet.[2] Die Einhaltung der Pläne wird nur mittelbar im Wege der Inzidentkontrolle reflektiert.[3] Die Flächennutzungspläne haben keine Außenwirkung.[4] Jedoch binden die auf Gemeindeebene aufgestellten Bebauungspläne nach Art. R 123-31 des Code de l'urbanisme die Behörden bei der Erteilung nachfolgender Baugenehmigungen. Die Errichtung eines störenden Betriebes ist nur in einer der hierfür vorgesehenen Zonen zulässig. Die planerische Einordnung eines Gebietes kann daher Auswirkungen auf die zivilen Abwehransprüche haben.[5]

1. Überblick über die Zulassungsvoraussetzungen der Anlagen nach den öffentlichen Umweltgesetzen

Das öffentliche Aufsichtsrecht Frankreichs ist unübersichtlich gestaltet, da nach verschiedenen Gesetzen Anforderungen an Anlagen und ihre Emissionen gestellt werden können.

---

[1] Vgl. u. 3.

[2] Zum System der "Planification" und der Hierarchie der Fünf-Jahres-Pläne, Regionalpläne und vertraglichen Vereinbarungen zwischen Zentralstaat und Regionen vgl. *Randelzhofer / Harndt*, Grenzüberschreitende Zusammenarbeit bei der Umweltverträglichkeitsprüfung, S.152 ff.

[3] *Kloepfer / Mast*, Zum Umweltrecht in Frankreich, RIW 1992 5-12 (9).

[4] *Randelzhofer / Harndt* (Fn.2) S.156 m.w.Nachw.

[5] vgl.u. III.2.

a) Das Gesetz über die klassifizierten Anlagen

Das querschnittartig angelegte "Gesetz über die klassifizierten Anlagen" vom 19.7.1976[6] erfaßt circa 500 000 Anlagen und unterwirft ein Zehntel von ihnen einer Genehmigungspflicht.[7] Nach Art.3 des Gesetzes bedürfen diejenigen Anlagen einer Genehmigung, deren Betrieb schwere Gefahren oder Beeinträchtigungen für die Annehmlichkeiten der Nachbarschaft, das öffentliche Wohl, die öffentliche Sicherheit oder Gesundheit, die Landwirtschaft, den Schutz der Natur und Umwelt sowie für die Erhaltung von Natur und Denkmälern darstellen.[8] Die im Ausführungsdekret vom 20.5.1953 enthaltene Nomenklatur[9] unterscheidet wie die 4.BImSchV zwischen genehmigungs- und nur anzeigepflichtigen Anlagen.[10] Die inhaltlichen Anforderungen an die Genehmigung werden bis auf die in Art.3 genannten Ausnahmen ausfüllenden Anordnungen der Verwaltung überlassen.[11] Art.3 legt lediglich fest, daß die Genehmigung nur erteilt werden darf, wenn die Gefahren oder Beeinträchtigungen durch in der Genehmigung genannte Maßnahmen unterbunden werden können.[12] Nach Art. 3 Abs.3 kann die Erteilung einer Genehmigung abhängig gemacht werden von ihrem Abstand zur Wohnbebauung oder gewöhnlich von Menschen benutzten sowie öffentlichen Gebäuden, Wasserläufen, Verkehrswegen, stehenden Gewässern oder in verbindlichen Plänen für die Wohnbebauung vorgesehenen Gebieten.[13]

---

[6] Loi no. 76-663 du 19 juillet 1976 relative aux installations classées pour la protection de l'environnement, Gaz.Pal. II 1976 no.44586. Das Gesetz hat das alte Gesetz über gefährliche, gesundheitsschädigende oder lästige Betriebe ("établissements dangéreux, insalubres ou incommodes") vom 19.12.1917 abgelöst. Den alten Vorschriften kommt jedoch durch das principe de l'antériorité noch Bedeutung für die unter seiner Geltung genehmigten Anlagen zu.

[7] *Kloepfer / Mast* (Fn.3) RIW 1992, 5-12 (9); die Genehmigungen nach dem Gesetz haben keine Konzentrationswirkung. Eine Baugenehmigung bleibt daneben erforderlich; *Rengeling*, Der Stand der Technik bei der Genehmigung umweltgefährdender Anlagen, S.117.

[8] Art.1: "Sont soumis aux dispositions de la présente loi les usines, les ateliers, dépots, chantiers, carrières et d'une manière génerale les installations exploitées ou détenues par toute personne physique ou morale, publique ou privée, qui peuvent présenter des dangers ou des inconvénients soit pour la commodité du voisinage, soit pour la santé, la sécurité, la salubrité publique, soit pour l'agriculture, soit pour la protection de la nature et de l'environnement, soit pour la conservation des sites et des monuments." vgl. auch *Randelzhofer / Harndt* (Fn.2) S.164.

[9] Code Permanent Environnement et Nuisances (Loseblattsammlung, Stand 15.11.1991), Paris 1991, 2e vol, S.4823 ff.

[10] Zum Verfahrensablauf vgl. *Rengeling* (Fn.7) S.117-125. Folge substantieller Verfahrensfehler ist die Nichtigkeit der getroffenen Entscheidung; siehe *Igl*, Die rechtliche Behandlung der industriellen Luftverunreinigung in Frankreich und der Bundesrepublik Deutschland, S.34 ff.

[11] Art.7, 11 "arrêtes".

[12] Art.3 des Gesetzes: "L'autorisation ne peut etre accordée que si ces dangers ou inconvénients peuvent etre prévenus par des mésures que spécifie l'arrêt préfectoral."

[13] Art.3 Abs.3: "La délivrance de l'autorisation, pour ces installations [gemeint sind die genehmigungspflichtigen Anlagen] peut être subordonnée notamment à leur éloignement des habitations, immeubles habituellement occupés par des tiers, établissements recevant du public, cours d'eau, voies de communication, captages d'eau, ou des zones destinées à l'habitation par des documents d'urbanisme opposables aux tiers."

Die technischen Auflagen und Grenzwerte bedürfen in der Regel einer Konkretisierung durch die Genehmigung selbst, die damit das wichtigste Instrument des französischen Umweltrechts darstellt.[14] Ziel ist der in Art.17 des Dekretes Nr.77-1133 vorgeschriebene Ausgleich zwischen den Umweltbelangen einerseits und den verfügbaren Techniken und deren Kosten andererseits.[15] Hier folgt das französische Recht dem Prinzip der dem Einzelfall angepaßten Anforderung. Die Auflagen sind das Ergebnis von Aushandlungsprozessen zwischen dem Betreiber der Anlage und der Genehmigungsbehörde im Genehmigungsverfahren.[16] Sie müssen einerseits die von einer geplanten Anlage ausgehenden Beeinträchtigungen und Gefahren bis auf ein normales Maß an Unannehmlichkeiten reduzieren und müssen andererseits technisch gerechtfertigt sein. Sie dürfen nicht derart festgesetzt werden, daß eine Beachtung praktisch unmöglich würde.[17] Der *Commissaire de la Republique* ist nicht an die in ministeriellen Runderlassen festgelegten Werte gebunden, sofern diese nach seiner Einschätzung im konkreten Fall nicht ausreichen.[18] Die Genehmigung enthält aber - soweit dies möglich ist und nicht nur ein einziges Mittel zur Verfügung steht - nur das anvisierte Ziel und überläßt die Auswahl der Mittel dem Betreiber.[19]

b) Das Gesetz betreffend die Bekämpfung der Luftverschmutzung

Eine Auffangregelung für nach dem Gesetz über die klassifizierten Anlagen lediglich anzeigepflichtige Anlagen enthält das "Gesetz betreffend die Bekämpfung der Luftverschmutzung" vom 2.August 1961.[20] Es regelt die Luftverschmutzung im allgemeinen, gleichgültig, auf welcher Quelle sie beruht, enthält aber als Rahmengesetz wenige umweltmedienbezogene Qualitätsziele.[21] Diese

[14] Durch Runderlasse und Leitlinien wird den für die Erteilung der Genehmigungen zuständigen Commissaires de la République z.B. nahegelegt, in ihren Genehmigungsbescheiden ähnliche Auflagen und Bestimmungen festzusetzen wie sie die Branchenverträge vorsehen. *Rengeling* (Fn.7) S.117-125, zum Genehmigungsverfahren vgl. Décret 77-1133, S.J. 1977, III no.46314.

[15] *Rengeling* (Fn.7) S.119.

[16] *Kloepfer / Mast* (Fn.3) RIW 1992, 5-12 (9, 10).

[17] Conseil d'État vom 14.5.1919, "Compagnie industrielle", zitiert nach *Rengeling* (Fn.7) S.119.

[18] Er muß sich Abweichungen allerdings genehmigen lassen; *Rengeling* (Fn.7) S.122.

[19] Dies entspricht dem im französischen Verwaltungsrecht niedergelegten Grundsatz der "libre choix des moyens", *Rengeling* (Fn.7) S.124 f.

[20] Loi No.61-842 du 2 août 1961 relative à la lutte contre les pollutions atmosphériques et les odeurs, J.O. 3 août 1961, Gaz.Pal II 120.

[21] *Kloepfer / Mast* (Fn.3) RIW 1992, 5-12 (10).

werden entweder in Verordnungen[22] oder in internen Verwaltungsvorschriften[23] festgelegt. Art.2 und 3 der Verordnung von 1974 ermöglichen die Errichtung von Schutzzonen, für die durch interministerielle Verordnung Höchstwerte für Feststoffe und Schwefeldioxid festgesetzt werden. Zusätzlich können die Bedingungen vorgeschrieben werden, um diese Voraussetzungen zu erfüllen.[24] Für bereits genehmigte Betriebe[25] können nur die auf seiner Grundlage erlassenen allgemeinen Maßnahmen Bedeutung erlangen, wenn die Betriebe in einer entsprechend einem Ausfüllungsdekret festgelegten Schutzzone liegen.[26] Im übrigen erfaßt die Ermächtigung zum Erlaß von Durchführungsverordnungen nur Anlagen, die nicht als genehmigungspflichtig eingestuft sind.[27]

Weitere Qualitätsziele, Emissionswerte und technische Maßnahmen enthalten die Branchenverträge ("contrats de branches"), die zwischen dem Umweltminister und dem Vertreter des jeweiligen Industriezweiges geschlossen werden. Sie binden jedoch nur die beteiligten Industrien als Vertragspartner.[28]

c) Andere Umweltgesetze

Das Gesetz über Wasserhaushalt, Wasserverteilung und Bekämpfung der Wasserverschmutzung von 1964[29] unterwirft alle in seinem Art.1 aufgezählten Formen der Gewässernutzung einer strikten Genehmigunspflicht. Das Genehmigungsverfahren ist in einem eigenen Dekret vom 23.2.1973 geregelt.[30]

---

[22] In Ausfüllung der in Art.2 des Gesetzes enthaltenen Ermächtigung sind zwei Dekrete ergangen, das Dekret No. 63-693 v. 17.9.1963, abgelöst durch das Dekret No. 74-415 v. 13.5.1974, J.O. 15 mai 1974 p.5178, Gaz.pal. II 200.

[23] Circulaires.

[24] Art.3 nennt die berufliche Qualifikation des Heizpersonals.

[25] Für sie gilt das aus dem Eigentumsrecht abgeleitete "droit de l'antériorité", nachdem für sie der status quo erat ante erhalten bleibt; sie müssen nur unerläßliche Vorschriften einhalten, die die finanzielle Substanz des Betriebes nicht gefährden dürfen; vgl. *Igl* (Fn.10) S. 42; hierzu unten S.65.

[26] Die Regelung der Überschneidungen bleibt den arrêtes interministerielles überlassen; *Igl* (Fn.10) S.53 f.

[27] *Randelzhofer / Harndt* (Fn.2) S.170.

[28] Die Verträge werden in der Regel von staatlichen Investitionsbeihilfen begleitet; *Rengeling* (Fn.7) S.123 f.; *Kloepfer / Mast* (Fn.3) RIW 1992, 5-12 (9).

[29] Loi no.64-1245 au régime et à la participation des eaux et à la lutte contre leur pollution; Regierungsentwurf eines Gesetzes über die Bewirtschaftung und den Schutz des Wassers sowie die Wasserpolizei, der zusammen mit seiner Begründung im Code Permanent abgedruckt ist.

[30] Décret no.73-218 du 23 février 1973 portant application des articles 40 et 57 de la loi no.64-1245. Näher zum französischen Wasserrecht vgl. *Randelzhofer / Harndt* (Fn.2) S.170-172.

Allgemeine Verfahrensvorschriften für die im Ausführungsdekret Nr. 85-453 aufgezählten Anlagen enthält das "Gesetz betreffend die Demokratisierung der öffentlichen Anhörungen" vom 12.Juli 1983.[31] Für dort nicht erwähnte, aber zulassungspflichtige private und öffentliche Anlagen verlangt Art.2 des Naturschutzgesetzes von 1976[32] die Durchführung einer Umweltverträglichkeitsstudie durch den Vorhabenträger. Das Ausführungsdekret zu dem Gesetz unterscheidet zwischen der einfachen Umweltverträglichkeitserklärung (*notice d'impact*) und der Umweltverträglichkeitsprüfung (*étude d'impact*). Die Umweltverträglichkeitsprüfung ist jedoch anders als in Deutschland eine reine Genehmigungsvoraussetzung. Auf die materielle Berücksichtigung ihrer Ergebnisse in der Genehmigung kommt es nicht an.[33]

2. Die Stellung eines genehmigten Betriebes gegenüber nachträglichen Rechtsänderungen

Durch eine hoheitliche Genehmigung ist der Betreiber einer Anlage gegen eine Untersagung seiner Tätigkeit geschützt. Aus dem Eigentumsrecht wird ein *droit de l'antériorité* abgeleitet.[34] Haben Anlagen vor dem Inkrafttreten des Gesetzes No.76-663 bereits bestanden und waren sie nicht nach dem Gesetz vom 19.12.1917 einer Genehmigungspflicht unterworfen, dürfen sie ohne Genehmigung oder Anzeige fortbestehen.[35] Nach diesem Gesetz anzeigepflichtige Betriebe, denen eine Ausnahmebewilligung erteilt worden war, bleiben im Genuß dieser Vergünstigung.[36] Allerdings können an beide Arten von Betrieben durch eine Verordnung des Präfekten nach Art.11 des Gesetzes No.76-663 nachträgliche Anforderungen gestellt werden. Auch ein nach Genehmigung des Betriebes verabschiedeter Bebauungsplan rechtfertigt nicht die Schließung des Betriebes.[37] Der öffentlich-rechtliche Bestandsschutz sichert den Betreiber auch gegenüber der Klage eines Dritten, der erst nach der Errichtung des genehmigten Betriebes in das fragliche Gebiet gezogen ist.[38]

---

[31] Loi No. 83-630 du 12 juillet 1983 relative à la democratisation des enquêtes publiques.

[32] Loi no.76-629 du 10 juillet 1976 relative à la protection de la nature.

[33] *Kloepfer / Mast* (Fn.3) RIW 1992 5-12 m.w.Nachw.

[34] Zur Rechtslage beim Gesetz von 1917 vgl. *Igl* (Fn.10) S.26, 42ff.

[35] Art.16 des Gesetzes.

[36] Art. 12.

[37] Art R 123-26,31 Code de l'urbanisme.

[38] Nach Art.14 no.2 des Gesetzes no.76-663 können Genehmigungen durch Dritte bis zu 4 Jahren nach ihrer Veröffentlichung der verwaltungsgerichtlichen Kontrolle unterbreitet werden. Diese Frist kann erforderlichenfalls auf bis zu zwei Jahre nach der Errichtung des Betriebes verlängert werden.

3. Die Beteiligung Privater am Genehmigungsverfahren und die Klage vor den Verwaltungsgerichten

Die Beteiligung am Verwaltungsverfahren und die Klage zu den Verwaltungsgerichten sind jedermann offen. Ein besonderer privilegierter Status für einzelne, besonders betroffene Personen wird nicht anerkannnt.[39] Zweck des Genehmigungsverfahrens und der Verfahrensbeteiligung von Bürgern ist allein die Information der Verwaltung und die Gewährleistung der objektiven Richtigkeit der Entscheidung.[40] Die Verwaltung nimmt von Individualinteressen nur insoweit Kenntnis, als sie gleichzeitig einen Ausschnitt aus dem öffentlichen Interesse bedeuten, das auch die Summe von Privatinteressen umfaßt. Die Genehmigungen haben einen rein objektiven Charakter und werden unbeschadet der Rechte Dritter erteilt.[41]

Entsprechend hat das verwaltungsgerichtliche Verfahren ausschließlich die Funktion, die Einhaltung des objektiven Rechts sicherzustellen.[42] Die Beteiligung am Verfahren steht deshalb allen Personen offen, die sich in irgend einer Weise durch die Entscheidung betroffen fühlen. Die Kläger können nicht nur die Verletzung in eigenen Rechten, sondern jedwede Rechtswidrigkeit der angegriffenen Verwaltungsmaßnahme rügen. Aus diesem Verständnis der Funktion des verwaltungsgerichtlichen Verfahrens folgt auch seine ungehinderte Zugänglichkeit für Ausländer, da es nicht darauf ankommt, ob die inländische Rechtsordnung nicht im Inland ansässigen Personen subjektive Rechte einräumt.

Das französische Recht kennt zwei Klagearten: den *"recours pour excès de pouvoir"*, der auf die Aufhebung der angegriffenen Entscheidung oder gesetzlichen Regelung zielt und innerhalb von zwei Monaten nach ihrer Bekanntgabe erhoben werden muß. Der *"recours"* dient ausschließlich der Kontrolle der Rechtmäßigkeit. Das Gericht prüft die Vereinbarkeit der Maßnahme mit dem französischen Recht und hebt diese bei Feststellung der Rechtswidrigkeit auf.[43] Daneben besteht der grundsätzlich unbefristete *"recours de pleine juridiction"* mit den Untergruppen des *"recours en responsabilité"* und der *"contentieux des*

---

[39] Aus diesem Grund wird die grenzüberschreitende Beteiligung Privater am Genehmigungsverfahren auch nicht als Problem angesehen; *Woehrling*, Grenzüberschreitende Beteiligung im Verwaltungsverfahren - Frankreich, in *Bothe / Prieur / Ress,* Rechtsfragen grenzüberschreitender Umweltverschmutzung 101-109 (102).

[40] *Woehrling* (Fn.39) S. 101; *Kloepfer / Mast* (Fn.3) RIW 1992, 5-12 (8).

[41] Art.8 des Gesetzes Nr. 76-663 über klassifizierte Anlagen: "Les autorisations sont accordées sous réserve des droits des tiers."

[42] *Woehrling,* Grenzüberschreitende Klagebefugnisse im verwaltungsgerichtlichen Verfahren in: *Bothe / Prieur / Ress,* Rechtsfragen grenzüberschreitender Umweltverschmutzungen, S.129-142, S.129.

[43] *Woehrling* (Fn.42) S.130.

installations classées". Ersterer bereitet meist einen Entschädigungsprozeß vor. Er dient der Feststellung einer "*faute*" bei einem wie auch immer gearteten Verwaltungshandeln, das nicht einmal Entscheidungscharakter haben muß. Die Rechtswidrigkeit der Verwaltungsmaßnahme muß darauf beruhen, daß die Behörde bei ihrem Erlaß eine wie auch immer geartete Pflicht verletzt oder eine Verkehrssicherungspflicht in vorwerfbarer Weise mißachtet hat.[44] Die Klage hat vor allem Bedeutung für die Fälle, in denen der *recours en responsabilité* verfristet ist, und für Akte, die keine Entscheidung darstellen. Der französische Verwaltungsrichter verfügt theoretisch über alle Gestaltungsmöglichkeiten. Bei Streitverfahren bezüglich klassifizierter Anlagen[45], die innerhalb von vier Jahren nach Erteilung der Genehmigung erhoben werden müssen, kann er eine erteilte Genehmigung aufheben oder abändern.[46] Auch er ist jedoch an den Gewaltenteilungsgrundsatz gebunden[47] und kann nicht durch eine Untersagungsverfügung der Verwaltungsentscheidung widersprechen.[48]

II. Das zivile Haftungsrecht

Im französischen privaten Haftungsrecht kommen als Anspruchsgrundlagen einerseits die Sachhalterhaftung aus *fait de la chose*[49], andererseits die zum zivilrechtlichen Immissionsschutz entwickelten Regeln in Frage. Beide können kumulativ angewandt werden. Die Unterscheidung ist aber insofern erheblich, als die Entlastungsmöglichkeit der *force majeure* bei der Sachhalterhaftung ein anderes Gewicht gewinnt.[50]

Die Grundlagen des zivilrechtlichen Immissionsschutzes sind in Frankreich umstritten. Teilweise wird unter Berufung auf Art. 651 und 1370 Abs.3 C.c. ein nachbarliches Pflichtenverhältnis angenommen, aus dem für eine über das gewöhnliche Maß hinausgehende Beeinträchtigung (*trouble anormal*) gehaftet wird.[51] Teilweise wird die Haftung für nachbarliche Störungen aus dem all-

---

[44] Der Begriff der "*faute*" entspricht hier der im zivilen Haftungsrecht entwickelten zivilrechtlichen Verantwortlichkeit "*pour faute*" und "*pour risque*"; hierzu unten II.1. und 3.

[45] "Contentieux des installations classées".

[46] *Woehrling* (Fn.42) S.134.

[47] Hierzu unten II.3.b).

[48] Ausführlich *Randelzhofer / Harndt* (Fn.2) S.167.

[49] Auf diese Grundlage wurden alle Entscheidungen gestützt, in denen ein deutsches Gericht französisches Recht anwendete, vgl.u.Teil 2, Kapitel 2, II.2.b).

[50] *Despax*, Note, D.J. 1973, 312 (314).

[51] *Caille*, J.C. Responsabilité civile Art. 1382-1386 Fasc.365-1 Ziff.47; *Gaertner*, Verschuldensprinzip und objektive Haftung bei nachbarlichen Störungen (troubles de voisinage) nach französischem Recht verglichen mit dem deutschen Recht, S.66-71; *Schreiber*, Die Sachhalterhaftung des Art.1384 Abs.1 Code Civil verglichen mit dem deutschen Recht, S.8-10 unter Berufung

gemeinen Deliktsrecht hergeleitet.[52] Die Cour de Cassation scheint der ersteren Meinung zu folgen. Sie erkennt das Prinzip an, daß niemand einem anderen eine über die allgemeine nachbarliche Duldungspflicht hinausgehende Beeinträchtigung zufügen darf.[53] Diesem Prinzip folgend hob sie eine Entscheidung auf, die wegen Fehlens der *faute* die Klage abgewiesen hatte, nachdem sowohl ein Schaden als auch ein *trouble anormal de voisinage* festgestellt worden war.[54]

Diesen Meinungsstreit zu erörtern, ist hier nicht der Raum.[55] Die Grenze ist fließend. Für den gegebenen Zusammenhang genügt die Feststellung, daß beide Auffassungen entweder über die Annahme einer objektiven Haftung oder über die Gleichsetzung der *faute* bei Immissionsfällen mit dem *trouble anormal*[56] zu den selben Ergebnissen führen. *Faute* liegt aber immer vor bei der Verletzung gesetzlicher Vorschriften und soll daher im folgenden kurz erörtert werden.

1. Die deliktische Haftung

Das französische Recht sieht den Beseitigungs- und den Unterlassungsanspruch als Formen der Naturalrestitution[57] in der deliktischen Haftung an. Deliktische Haftung kommt im Bereich der Schädigung durch emittierende Anlagen vor allem bei Verletzung einer öffentlich-rechtlichen Betriebspflicht in Frage. Nach Art. 1382 C.c. verpflichtet jedes menschliche Verhalten, das auf einer "faute" beruht und einem anderen Schaden zufügt, den Handelnden zum

---

auf die französische Rechtsprechung und Literatur (Plancqueel). Die Haftung für solche, das normale Maß übersteigende Schäden sei eine objektive Haftung in der Weise, daß sie von Rechtswidrigkeit und Verschulden unabhängig sei, und eine autonome Haftung, da sie von jeder anderen Anspruchsgrundlage, besonders denen aus Art. 1384 und 1386 C.c. unabhängig sei.

[52] Z.B. *Mazeaud / Tunc*, Traité théoretique et pratique de la responsabilité civile délictuelle et contractuelle, Nr. 594-608; *Caille*, J.C. Responsabilité civile, 1382-1386, Fasc 365-1 Ziff.5; in der Rechtsprechung finden sich Nachweise für beide Auffassungen, vgl. J.C. aaO Fasc.265 Ziff.7; *Gaertner* (Fn.51) S.86,87 mit Nachweisen für die deliktische Haftung; für die von den Art.1382 unabhängige Haftung Nachweise bei *Schreiber* (Fn.51) S.8-10.

[53] Entscheidung des 2. Senats vom 19.11.1986, Bull Civ. II 1986 No.172.

[54] Cass.civ. II vom 24.4.1989, J.C. Responsabilité civile, Fasc.265 No.6.

[55] Zu den Schwierigkeiten, einen dogmatisch brauchbaren Zusammenhang auszumachen *Igl* (Fn.10) S.68 mit Nachweisen aus der französischen Literatur.

[56] *Ferid / Sonnenberger*, Das französische Zivilrecht, Band 2, Einzelne Schuldverhältnisse, 3 C 191; *Caille*, J.C. Responsabilité civile, Art. 1382-1386 Fasc.365-1 Ziff.47: "En effet, bien que les arrêtes visent généralement l'article 1382 du Code civil, il est admis que la preuve d'une faute n'est pas nécessaire pour que cette responsabilité soit engagée. Il faut seulement que le trouble excède les inconvénients normaux de voisinage..."; s.a. *Agostini*, J.C. Responsabilité Civile, Art.1382-1386 Fasc.265 Ziff.20.

[57] *Réparation en nature*, *Gaertner* (Fn.51) S.42, 45, 47; zu den Einschränkungen der Naturalrestitution nach Erteilung einer öffentlich-rechtlichen Genehmigung vgl.u.III.

Schadensersatz.[58] Die Elemente Handlung und Kausalzusammenhang, auf die es nach französischem wie nach deutschem Recht ankommt, sollen hier nicht vertieft werden.[59] Entscheidend sind der Schaden und der Begriff der *faute*. Obwohl eine einheitliche Definition des Begriffes noch nicht gelungen ist[60], besteht Einigkeit darüber, daß der Begriff der *faute* sowohl ein objektives als auch ein subjektives Unwerturteil über das schädigende Verhalten umfaßt. Die Literatur bildet Fallgruppen.

Im Falle nicht vorsätzlich zugefügter Schäden bedarf es einer Pflichtverletzung.[61] Diese wird ipso facto durch Verstöße gegen geschriebene Rechtssätze begründet[62], gleich ob es sich um Gesetze im formellen oder nur im materiellen Sinn[63] und Verwaltungsvorschriften[64] handelt. Zum Schadensersatz verpflichtet auch die Verletzung von im Genehmigungsverfahren speziell ausgehandelten Betriebsauflagen.[65] Auf den Normzweck der verletzten Vorschriften kommt es nicht an. Es ist daher unerheblich, ob die verletzte Vorschrift zumindest auch das Interesse des Geschädigten schützen wollte.[66] Allerdings muß zwischen der Gesetzesverletzungund dem Schaden Kausalität bestehen.[67] Die Rechtsprechung hat bisher eine Einschränkung der Haftung auf die Fälle abgelehnt, in denen der

---

[58] "Tout fait quelconque de l'homme, qui cause à autrui un dommage, oblige celui celui par la faute duquel il est arrivé, à le reparer."

[59] Vgl. dazu *Ferid / Sonnenberger* (Fn.56) 2 E § 2 A (Schaden), E § 3 (Kausalität), 2 O 107 Rz.107 (Handlung und Unterlassung).

[60] Zur Auseinandersetzung in der französischen Literatur um eine abstrakte Definition des Begriffes vgl. *Ferid / Sonnenberger* (Fn.56) 2 O 105 m. zahlr. Nachw.

[61] Bei *vorsätzlicher* Schädigung kommt es auf eine Pflichtverletzung nicht mehr an. Die Rechtsprechung nahm Schädigungsabsicht in den Fällen an, in denen die schädigende Handlung für den Handelnden kein eigenes Interesse hatte. Tr.civ Compiègne D.P. 1913, 2.181; Tr.gr.inst Marseille J.C.P. 1968 II 15600. Teilweise werden diese Fälle aber auch unter den "abus de droit" subsummiert, der aber eine Verschuldensform darstellt, *Gaertner* (Fn.51) S.83 ff. Bei *fahrlässiger* Schädigung kommt es dagegen auf eine Pflichtverletzung an.

[62] *Caille*, J.C. Responsabilité civile Art. 1382-1386 Fasc 365-1, Ziff.36; *Ferid / Sonnenberger* (Fn.56) 2 O 116; *Gaertner* (Fn.51) S.80 mit Nachweisen bei Fn.218.

[63] Décrets.

[64] Ordonnances, arrêtes.

[65] Montpellier 9.2.1984, zitiert nach J.C. Resp.civ. Not.Rep. Fasc.265-1 Ziff.39: Eine Weindistillerie hatte die Grenzwerte eines ministeriellen circulaire nicht eingehalten; Cass.civ. 28.4.1975 Bull.Civ II n.123; Cass.civ. v.25.2.1978 Bull.civ. II no.220 (eine Baugenehmigung kann nicht eingewendet werden, wenn die ausgeübte Aktivität den Festsetzungen eines Bebauungsplanes widerspricht).

[66] *Ferid / Sonnenberger* (Fn.56) 2 O 116.

[67] Die Cour de Cassation, Chambre criminelle wies die Klage eines Nachbarn ab, der Schadensersatz wegen Geruchsbelästigungen durch einen benachbarten Schweinestall mit der Begründung begehrte, dessen Inhaber habe Art. R 26-6 des Code rural verletzt, der das Aufstellen von durch ihre mangelnde Hygiene gesundheitsgefährlichen Gegenständen vor Bauwerken verbiete. Entscheidung vom 11.2.1987, Gaz.Pal 1987, 2 Somm.p.293.

Verstoß gegen geschriebenes Verwaltungsrecht dem Schädiger auch subjektiv vorwerfbar war.

Die Einhaltung öffentlich-rechtlicher Vorschriften bewirkt aber noch nicht die Rechtmäßigkeit einer Schadenszufügung.[68] In diesen Fällen kann sich die Haftung auch aus der Verletzung ungeschriebener Rechtspflichten im Rahmen der *troubles de voisinage* ergeben.[69] Allerdings müssen dann die Einschränkungen des Anspruchs durch die öffentlich-rechtliche Genehmigung beachtet werden.[70]

2. *Die ungeschriebenen Regeln der troubles de voisinage*

Geht man von der Erforderlichkeit einer *faute* aus, so wird im Falle der Nachbarklage gegen Immissionen die Fahrlässigkeit des Unternehmers durch Verletzung der aus dem Nachbarschaftsverhältnis entstehenden Pflichten begründet. Der Unternehmer muß alle gebotenen Vorsichtsmaßnahmen ergreifen, um Störungen seiner Nachbarn zu verhindern. Diese Verpflichtung folgt aus der sozialen Gebundenheit des Eigentums.[71] Welche Vorsichtsmaßnahmen der Unternehmer treffen muß, ergibt sich aus der Störung, die der Nachbar gerade noch hinnehmen muß.[72] Die konkrete Abwägung zwischen den verschiedenen störenden und nicht störenden Nutzungen entsprechen den nach deutschem Recht zu § 906 BGB anzustellenden Erwägungen. Die Beeinträchtigung muß über die unvermeidbare Belästigung, die eine Nachbarschaft mit sich bringt, hinausgehen und eine gewisse Schwere und Gewichtigkeit aufweisen. Hierbei kommt es auf die konkreten Umstände am Ort der Beeinträchtigung ("préoccupation collective") und auf den Verwendungszweck des durch die nachbarliche Störung beeinträchtigten Grundstücks an.[73] Der Richter hat auf den Ortsgebrauch zurückzugreifen, um festzustellen, was eine "normale" und was eine

---

[68] Conseil d'État v.9.11.1984, J.C. Fasc 265-1 no.2; Cass.civ. v. 8.3.1978 Bull.civ. III no.51 (Lärm von Baumaschinen); Colmar v. 19.10. 1983 JC. aaO No.81 (Lärm durch genehmigte Bauarbeiten); Bordeaux v. 18.3.1985 J.C. aaO no.94 (Schweinestall).

[69] J.C. Fasc 265-1 Ziff.37; *Ferid / Sonnenberger* (Fn.56) 2 O 117.

[70] Vgl.u. III.1.

[71] *Gaertner* (Fn.51) S.86, 87, eine Entscheidung der Chambre de requête zitierend: Der Inhaber einer Zementfabrik handelt schuldhaft, wenn er ungenügende Entstaubungsgeräte verwendet und der sich ausbreitende Staub bei Dritten schwere Sachschäden verursacht.

[72] *Ferid / Sonnenberger* (Fn.56) 3 C 191.

[73] Sehr anschaulich ist eine Entscheidung des Tribunal de Bordeaux vom 5.3.1983: Wer sich in derjenigen Gasse in Bordeaux niederläßt, in der herkömmlich Kabeljau zubereitet und verkauft wird, darf sich über den Geruch nicht beklagen, J.C. Resp.civ. 1382-1384, Fasc.265 Ziff.18; s.a. *Gaertner* (Fn.51) S.75.

"unnormale" Beeinträchtigung darstellt.[74] Es muß ein wirklicher Schaden im Sinne einer objektiven Beeinträchtigung entstanden sein.[75] Die Gerichte berufen sich in Fällen der Lärmbeeinträchtigungen auch auf von der Lärmkommission oder durch ministerielle circulaires festgesetzte (nicht unmittelbar verbindliche) Höchstwerte, um die Unzumutbarkeit der Beeinträchtigung festzustellen.[76] Besondere Empfindlichkeiten des Anspruchstellers haben nur insoweit Gewicht, als sie den Anspruchsteller als Angehörigen einer Gruppe betreffen.[77]

3. Die Haftung für fait de la chose nach Art.1384 C.c.

Art.1384 C.c. wurde von der Rechtsprechung zur Sachhaftungsgeneralklausel ausgebaut und teilweise auch auf typische Nachbarschaftsbeeinträchtigungen angewandt.[78] Sie unterscheidet sich von der Haftung für *troubles anormales de voisinage* durch die Entlastungsmöglichkeit des Sachhalters. Nach Art.1384 C.c.[79] haftet derjenige, der im Zeitpunkt des Schadenseintrittes die tatsächliche Gewalt über eine Sache ausübt, der *gardien*, für alle Schäden, die durch Sachen verursacht werden, die er in seiner Obhut hat.

Entscheidend für die Haftung sind damit die Begriffe der *Obhut* - *garde de la chose* - und der *Kausalität*. Der Schaden muß durch die Sache verursacht sein. *Gardien* ist nach der Definition der Vereinigten Senate der Cour de Cassation derjenige, der die tatsächliche Gewalt über eine Sache ausübt, der sie gebrauchen und über sie bestimmen darf.[80] Eigentum begründet eine tatsächliche Vermutung der *garde*. Ausreichend sind aber auch der Besitz oder die Benutzungsbefugnis. Hiernach ist ein Unternehmen verantwortlich für alle Schäden, die durch Einrichtungen, Rohprodukte oder Produkte verursacht werden, die der tatsächlichen Sachherrschaft des Betriebes unterstehen. Übt ein Dritter die tatsächliche Sachherrschaft aus, so kommt es darauf an, ob das Unternehmen

---

[74] *Agostini*, J.C. Resp.civ 1382-1384 Fasc.265 Ziff.19.

[75] *Gaertner* (Fn.51) S.72.

[76] Gr.inst.Paris v.24.3.1971 Gaz.Pal 1971.2.477.

[77] *Gaertner* (Fn.51) S.76.

[78] Cass.civ.I 6.4.1965, J.C.p. 1965 II 14244; Cass.civ.II 15.6.1972, D.1973 J.312. Die Abgrenzung von den *troubles de voisinage* wird nicht weiter begründet.

[79] Art.1384 Abs.1 lautet: "On est responsable non seulement du dommage que l'on cause par son propre fait mais encore de celui qui est causé par le fait des personnes dont on doit répondre, ou des choses que l'on a sous sa garde."
(Man ist verantwortlich nicht nur für den Schaden, den man durch eigene Handlungen verursacht, sondern auch für den, den Personen verursachen, für die man verantwortlich ist oder Sachen, die man in seiner Obhut hat.)

[80] Ausführlich zum Begriff der *garde*, *Schreiber* (Fn.51) S.51-69.

die Weisungsbefugnis oder die Kontrolle über den Gegenstand behalten hat. Setzt der Unternehmer eine Aufsichtsperson ein, so bleibt er *gardien*, da er seine Kontrolle über die Sache über seine Weisungsbefugnis gegenüber der Aufsichtsperson noch ausübt. Auf die Freiwilligkeit oder Unfreiwilligkeit des Besitzverlustes kommt es nicht an.

Für die *Kausalität* ist nach der aktuell gültigen Terminologie der Cour de Cassation erforderlich, daß die Sache ein "Instrument des Schadens" gewesen ist. Hierbei ist nach der Rechtsprechung von entscheidender Bedeutung, ob sich eine Sache in Bewegung befand. In diesem Fall begründet bereits der bloße Kontakt zwischen der Sache und den verletzten Rechtsgütern die Kausalität.[81] Bei unbeweglichen Sachen obliegt dem Opfer der Nachweis einer Besonderheit in der Beschaffenheit oder in den Umständen der konkreten Sache, die sie von anderen vergleichbaren Sachen unterscheidet und zum Schaden geführt hat.[82] Der Sachhalter kann sich wie generell im französischen Haftungsrecht entlasten durch den Nachweis einer *cause étrangère*. Diese kann in höherer Gewalt, im Dazwischentreten eines Dritten, das die Charakteristika höherer Gewalt aufweist, oder im Eigenverschulden des Opfers bestehen. In beiden ersteren Fällen darf aber keinerlei Verbindung zum Betrieb bestehen.[83]

III. Das Verhältnis der privatrechtlichen Ansprüche zu den öffentlich-rechtlichen Regelungen

1. Der Einfluß der öffentlich-rechtlichen Genehmigungen auf private Rechte

Vom gesetzlichen Leitbild her hat die Genehmigung keinen Einfluß auf die Rechtsposition von Privaten.[84] Im Gegenteil, die Privaten werden für die Geltendmachung ihrer Rechte auf den Zivilrechtsweg verwiesen.[85] Von der

[81] Cass.civ.II, 10.3.1983 Bull.civ.II n.76. Die Rechtsprechung hat Art. 1384 Abs.1 C.c. zur Gefährdungshaftung im Straßenverkehr ausgebaut, näher *Caille*, J.C. Resp.civ. Art.1382 à 1386 Fasc.365-1 Ziff.21-25.

[82] *Caille*, J.C. Resp.civ., Art.1382 à 1386 Fasc.365-1 Ziff.19.

[83] Im einzelnen vgl. *Caille*, J.C. Resp.Civ. Art.1382 à 1386, Fasc.365-1 Ziff.30-33.

[84] Art.8 des Gesetzes No.76-663 vom 19.7.1976: "Les autorisations sont accordées sous réserve des droits des tiers."

[85] *Ferid / Sonnenberger* (Fn.56) 2 O 363.

zivilrechtlichen Rechtsprechung[86] wird gegenüber zivilrechtlichen Abwehransprüchen kein *droit de l'antériorité*[87] zugunsten eines bereits bestehenden Betriebes anerkannt.[88] Anders als im deutschen Recht prägt ein neuer Betrieb nicht die Umgebung, sondern verpflichtet im Gegenteil zum Schadensersatz, wenn er die Umgebung nachhaltig verändert.[89] Allerdings kann eine préoccupation individuelle den Richter geneigt machen, von einem geringeren Schaden auszugehen.[90]

Dieser Grundsatz ist jedoch durch die folgenden weitreichenden Ausnahmen durchbrochen: Nach der Rechtsprechung der Verwaltungsgerichte[91] kann ein Eigentümer gegenüber einem Betrieb der öffentlichen Hand keine Schäden geltend machen, wenn der Betrieb bereits bestanden hatte, bevor er sich in dessen Nachbarschaft niederließ.[92] Das Prinzip der Unantastbarkeit von Betrieben der öffentlichen Hand und das Verbot für den Verwaltungsrichter, Verwaltungsmaßnahmen zu treffen, untersagen jede Naturalrestitution.[93] Die Tatsache, daß der öffentliche Betrieb im Verhältnis zum Gestörten früher bestanden hatte, geht dem Recht des Gestörten auf Unversehrtheit vor.[94]

Eine ähnliche Regelung besteht seit 1980 nach Art.L 122-16 des Code d'orientation agricole[95] für landwirtschaftliche, industrielle, handwerkliche und

---

[86] Anders teilweise die Literatur: so schon *Delomombe*, Cours de Code Napoléon, 4 éd., Paris 1870, t 12 n.659 et 659 bis; im 20.Jahrhundert wurde dieser Schluß aus einer Theorie der Risikoübernahme gezogen, *Honorat*, L'idée d'acceptation des risques dans la responsabilité civile, Paris 1969.

[87] Gegenüber Änderungen des öffentlichen Rechts vgl. dagegen unter I.2.

[88] Teilweise wird dieses Problem auch unter dem Stichwort der "préoccupation individuelle" geführt.

[89] Angers, 19.5.1981 J.C. Resp.Civ. Fasc.265-1 no.7; eine andere Lösung würde auch die Annahme einer privaten Dienstbarkeit ("quasi servitude de l'urbanisme") zugunsten des Betreibers einer genehmigten Anlage bedeuten; dies stünde im Widerspruch zu Art.691 C.c., *Agostini*, J.C.Resp.civ. 1382-1386 Fasc.265 Ziff.22.

[90] *Agostini*, J.C. resp.civ. Art.1382 à 1386 Fasc.265 Ziff.36,38. In der Praxis lehnen französische Gerichte es auch ab, eine Untersagungsverfügung zu treffen, wenn der soziale Nutzen der störenden Tätigkeit den individuellen Schaden übersteigt; Cass.civ. II 30.1.1985 Bull.civ.no.24.

[91] Die Schäden die durch Betriebe der öffentlichen Hand entstehen, gehören zur Zuständigkeit der Verwaltungsgerichte, *Théron*, Responsabilité pour trouble anormal de voisinage en droit public et en droit privé, S.J.1976 G I, 2802.

[92] Conseil d'État vom 9.2.1983, Zitiert nach *Agostini*, J.C. Resp.civ., Fasc 265 Ziff.27.

[93] *Agostini*, J.C. Art.1382 à 1386 Fasc.265 Ziff.37.

[94] Conseil d'État (Fn.92): "...l'antériorité de l'existence de l'ouvrage public par rapport à l'installation de la victime dans le voisinage est de nature à supprimer le droit de celle-ci à l'indemnité."

[95] Loi No.80-502 vom 4.Juli 1980, J.O. 5.Juli 1980, Gaz.Pal.1980 III 395 (409). Die Vorschrift hat Art.L 421-9 des Code de l'urbanisme abgelöst und die Regelung auf den nachfolgenden Erwerb oder die spätere Anmietung des gestörten Grundstücks ausgedehnt.

wirtschaftliche Aktivitäten. Personen, die sich nach der Genehmigung einer derartigen Anlage in deren Nachbarschaft ansiedeln, sind mit ihren primären Abwehransprüchen präkludiert.[96] Wird die störende Tätigkeit im Einklang mit den gesetzlichen Vorschriften ausgeübt, so kann der spätere Erwerber, Mieter oder Bauherr auf dem gestörten Grundstück keinen Schadensersatzanspruch mehr geltend machen.[97] Diese Verpflichtung wird als Dienstbarkeit des gestörten zugunsten des störenden Grundstücks angesehen.[98] Dem in Kenntnis der Beeinträchtigung bauenden oder anmietenden Nachbarn wird ein Verzicht auf die Geltendmachung der Schadensersatzhaftung unterstellt.[99] Allerdings gilt dieser Prioritätsanspruch nur insoweit als die öffentlichen Erlaubnisse und Auflagen eingehalten werden.[100] Er beansprucht auch keine Geltung für nachträgliche Änderungen einer bestehenden störenden Anlage, die zu einer Zunahme der störenden Aktivitäten geführt haben.[101]

2. Die Anordnungen der Zivilgerichte und der Gewaltenteilungsgrundsatz

Das französische Recht sieht das Verhältnis der öffentlich-rechtlichen Genehmigungen zu zivilrechtlichen Abwehransprüchen als Problem der Gewaltenteilung und damit letztlich als Zuständigkeitsproblem an. In der Abgrenzung der zivilrechtlichen von der Verwaltungszuständigkeit geht man vom Vorrang der Verwaltungsanordnung aus. Der Gewaltenteilungsgrundsatz besagt, daß kein Zivilrichter Maßnahmen anordnen darf, die Verwaltungsanordnungen in der gleichen Sache widersprechen.[102] Er hindert nach dem französischen Verständnis die Zivilgerichte, die Schließung einer genehmigten Betriebsstätte anzuord-

---

[96] *Rest*, Luftverschmutzung und Haftung in Europa, S.64; *Ferid / Sonnenberger* (Fn.56) 3 C 186; Cass.civ. vom 5.11.1963 D 1964 J 178.

[97] "Les dommages causés aux occupants d'un bâtiment par des nuisances dues à des activités agricoles industrielles, artisanales ou commerciales, n'entrainent pas le droit à réparation lorsque le permis de construire afférent au batiment exposé aux nuisances a été demandé *ou l'acte authentique constatant l'aliénation ou la prise de bail établi postérieurement à l'existence des activités* les occasionnant *dès lors que les activités s'exercent en conformité avec les dispositions législatives ou réglementaires en vigueur* et qu'elles se sont poursuivies dans les memes conditions." (Die Hervorhebungen durch die Verfasserin zeigen die Änderung gegenüber der Vorfassung an.)

[98] Vgl. Art.14 No.2 Abs.3 des Gesetzes No.76-663; danach müssen die durch Art. L 421-7 des Code de l'urbanisme (jetzt L.122-16 des Code d'orientation agricole) begründeten Dienstbarkeiten ("les servitudes afférentes instituées en application de ..") ausdrücklich in Baugenehmigungen, Miet- und Kaufverträgen erwähnt werden.

[99] Cass.Civ. III 20.2.1973, Bull.civ. III No.138; *Schreiber* (Fn.51) S.10.

[100] Ergibt sich an sich schon aus dem Gesetzeswortlaut, siehe aber auch Cass.civ. III v.10.10.1984, Bull.civ.III no.165, Gaz.Pal 1985,1 panoramique p.47.

[101] Cass.civ. II v.20.7.1987, J.C.Fasc.265 (1990) No.23.; erst die Änderung der störenden Anlage hat im Fall Stracel zur Klagemöglichkeit geführt.

[102] Cass.civ. I v.18.4.1989, Bull.civ.I No.158.

nen.[103] Die ausschließliche Zuständigkeit der Verwaltung für ihr unterstellte Betriebe gilt auch für Betriebe, die nach dem Gesetz Nr. 76-663[104] über klassifizierte Anlagen und dem Gesetz vom 19.12.1917 über gefährliche, gesundheitsschädigende oder lästige Betriebe lediglich deklarationspflichtig sind, da auch sie der vorrangigen Verwaltungsaufsicht unterstellt sind.[105] Die Zivilgerichte sollen nicht in das diffizile öffentliche Regelungssystem eingreifen oder einer Verwaltungsanordnung vorgreifen.[106] Das Gericht kann jedoch eine bestehende Verwaltungsanordnung auslegen und Sachanordnungen erlassen, die nicht hierzu im Widerspruch stehen.[107]

Im übrigen darf der Richter neben der Gewährung von Schadensersatz in Geld alle Maßnahmen anordnen, die ihm erforderlich scheinen, um eine unerlaubte, wesentliche Beeinträchtigung der Nachbarschaft zu unterbinden, solange er dadurch nicht in die Zuständigkeit der Verwaltung eingreift.[108]

Kann sich der Kläger allerdings auf einen besonderen schuldrechtlichen Titel oder ein dingliches Recht berufen, so entfällt grundsätzlich der Bestandsschutz der öffentlich-rechtlichen Genehmigung. Da eine Genehmigung immer unbeschadet der privaten Rechte Dritter erteilt wird, sind die Zivilgerichte dann berufen, den verletzten dinglichen Rechten gegenüber der behördlichen Genehmigung Geltung zu verschaffen.[109] Die Gerichte scheinen jedoch auch hier geneigt, der Bestandskraft der öffentlich-rechtlichen Genehmigung nach Kräften Geltung zu verschaffen. Der Kassationshof lehnte es in seiner Entscheidung vom 22.11.1984 im Hinblick auf den Gewaltenteilungsgrundsatz ab, anzuordnen, daß der Betreiber einer Tischlerei, die sich in einem Industriegebiet befand

---

[103] *Gaertner* (Fn.51) S.50 mit zahlreichen Nachweisen aus der Rechtsprechung.

[104] Nachweise vgl.o. bei Fn.3. Das Gesetz hat das alte Gesetz über gefährliche, gesundheitsschädigenden oder lästige Betriebe (établissemnts dangéreux, insalubres ou incommodes) vom 19.12.1917 abgelöst.

[105] Cass.civ.II v.17.11.1971, Bull.civ.II No.566; die zweite Kammer der Cour de Cassation entschied, es überschreite die Grenzen der richterlichen Befugnis der Zivilgerichte und verletze den Grundsatz der Gewaltenteilung, wenn ein Zivilgericht über Schadensersatz in Geld hinausgehend die endgültige Schließung eines nach dem Gesetz vom 19.12.1917 als Betrieb dritter Klasse deklarationspflichtigen Steinbruches anordnen könne.

[106] Cass.civ.II v.17.11.1971, Bull.civ.II No.566; das Urteil dehnt die Geltung des Grundsatzes auf lediglich anzeigepflichtige Betriebe aus. Anders noch *Gaertner* (Fn.51) S.50,51 mit Nachweisen; das Gericht sei in seinen Anordnungen frei, der Betreiber einer Anlage müsse allerdings vor der Erfüllung der Auflagen eine Genehmigung einholen.

[107] Cass.civ. I v.18.4.1989, Bull.civ.I No.158: Das Gericht darf den störenden Beklagten verpflichten, sich mit seinem Tierasyl an einer anderen Stelle einer Gemeinde niederzulassen, wenn dieser dort ausreichende Grundstücke besitzt und die gemeindliche Erlaubnis sich auf das gesamte Gemeindegebiet erstreckt.

[108] Cass.civ. II v.21.2.1987, Bull.civ.II No.22: Das Gericht ordnete an, daß ein Vorplatz, von dem Lärm- und Geruchsbelästigungen ausgingen, geteert werden sollte. Cass.civ.II v.26.2.1986, zitiert nach J.C. Resp.civ. Art. 1382 à 1386, Fasc.365-1, Ziff.31.

[109] *Gaertner* (Fn.51) S.51.

und deren Emissionen über solche der dritten Kategorie hinausgingen, die an diese Kategorie gestellten Erfordernisse einhielte, obwohl sich die Bewohner des Gebietes vertraglich verpflichtet hatten, dort nur Betriebe der dritten Kategorie zu errichten. Die Einordnung eines Betriebes in die vom Gesetz vorgesehenen Klassen falle ausschließlich in die Kompetenz der Verwaltung. Zivilgerichte könnten daher im Hinblick auf den Gewaltenteilungsgrundsatz nicht prüfen, ob ein Betrieb die für seine Klasse erforderlichen Anforderungen erfülle noch den Beklagten ohne eine Verwaltungsanordnung verpflichten, seine Einrichtungen einer anderen Klasse anzupassen.[110]

IV. Ergebnis

Auch das französische Umweltrecht erweist sich als ein kompliziertes System privat- und öffentlich-rechtlicher Regelungen, das die Geltendmachung privater Abwehransprüche beeinflußt. Sowohl die öffentlich-rechtlichen Genehmigungen der störenden Anlagen als auch in der Genehmigung und in den Gesetzen, Verordnungen und Verwaltungsanordnungen festgelegte Emissionsstandards beeinflussen Unterlassungs- und Schadensersatzansprüche gestörter Dritter.

Der Grundsatz, daß Genehmigungen formell unbeschadet der Rechte Dritter zu erteilen sind und keine ausdrückliche Präklusionswirkung haben, ist durch zahlreiche Ausnahmen und Überlagerungen ausgehöhlt. Zunächst gilt er nicht für die Betriebe der öffentlichen Hand, die bereits vor der Ansiedlung Betroffener in dem entsprechenden Gebiet bestanden hatten. Seit 1980 ist dieser Grundsatz ausgedehnt auf landwirtschaftliche, industrielle und handwerkliche Betriebe. Anlieger sind mit *allen* Ansprüchen präkludiert, sofern sich der andere Teil an den Rahmen der Genehmigung gehalten hatte.

In allen übrigen Fällen kann das Gericht nach der Erteilung der Genehmigung auf Grund des Gewaltenteilungsgrundsatzes nicht mehr die Untersagung des genehmigten Betriebes anordnen. Es darf sich nicht zu Anordnungen der Behörden in Widerspruch setzen. Kann der geschädigte Anspruchsteller sich nicht auf einen Titel oder ein qualifiziertes dingliches Recht berufen, so ergibt sich letztlich eine dem § 14 BImSchG entsprechende Rechtslage: Nachbarn können nicht die Untersagung einer genehmigten Anlage verlangen, sondern sind auf Schadensersatz in Geld beschränkt.

Im Rahmen des Schadensersatzanspruches begründet die Verletzung öffentlich-rechtlicher Grenzwerte und in der Genehmigung ausgehandelter Auflagen über den Begriff der *faute* bzw. der *trouble anormal de voisinage* einen Schadensersatzanspruch.

[110] Cass.Civ.II v.22.11.1984 Bull.civ.II No.176.

Kapitel 3

Das österreichische Recht

I. Überblick über das öffentliche Umweltschutzrecht

Das österreichische Recht kennt kein einheitliches Immissionsschutzrecht. Auf Grund der verfassungsrechtlichen Kompetenzenverteilung verbleibt der Gebietsschutz in der Zuständigkeit der Länder. Dem Bund ist die sektorale Kompetenz zur Regelung des Gewerberechts, der Industrie, des Kraftfahr-, Verkehrs- und Forstwesens, der Luft- und Schiffahrt sowie des Wasserrechts zugewiesen.[1] Auch diese sektoralen Materiengesetze weisen zumindest teilweise ökologische Zielsetzungen auf, wobei aber der Naturschutz in Konflikt tritt mit konkreten Projektinteressen.

1. Die regionalen und sektoralen Umweltschutzgesetze

a) Das Recht der Luftreinhaltung

Das Recht der Luftreinhaltung ist anlagenbezogen in der Gewerbeordnung des Bundes geregelt. § 74 GewO unterwirft Einrichtungen der Genehmigungspflicht, wenn sie geeignet sind, die Nachbarschaft durch Rauch, Staub und Erschütterungen zu belästigen. Anders als das deutsche Immissionsschutzgesetz zählt die österreichische Gewerbeordnung die gefährlichen Anlagen nicht auf, sondern erfordert eine Prognoseentscheidung des Antragstellers und der Behörde. Die Genehmigung ist erforderlich, wenn von vornherein nicht auszuschließen ist, daß es zu der angesprochenen nachteiligen Auswirkung kommt.[2] Auf Antrag des Inhabers der Anlage kann nach § 358 GewO über die Frage der Genehmigungspflicht ein Feststellungsbescheid ergehen.[3]

Das Dampfkessel-Emissionsgesetz von 1980[4] regelt die Errichtung und den Betrieb von kalorischen Kraftwerken[5] im Hinblick auf luftverunreinigende

---

[1] *Raschauer*, Umweltschutzrecht S.209.

[2] VerwGH ZfV 816, 824/1982.

[3] Einen mittelbaren Anreiz zur Einholung einer Genehmigung bietet der Einwendungsausschluß nach § 364 a ABGB, vgl.u. III.2.

[4] DKEG BGBl 559 /1980.

[5] Der Grund für diese komplizierte Bezeichnung liegt in der Tatsache, daß einerseits keine Verfassungsbestimmung den Bund ermächtigte, Regelungen über die Emissionen kalorischer Kraftwerke zu erlassen, andererseits eine solche Regelung auf Länderebene fehlte. Durch Verwendung eines Begriffes aus seinem Zuständigkeitsbereich versuchte der Bundesgesetzgeber daher, sich die entsprechende Kompetenz zu verschaffen; *Raschauer* (Fn.1) S.224 ff..

Emissionen und den Mindestwirkungsgrad.[6] Es begründet allgemeine Betriebs- und Überwachungspflichten für alle Anlagen[7] und unterstellt bestimmte Anlagen der Genehmigungspflicht.[8] Kalorische Kraftwerke sind so zu errichten und zu betreiben, daß nach dem Stand der Technik[9] vermeidbare Emissionen unterbleiben und unvermeidbare Emissionen rasch und wirksam so verteilt werden, daß die Immissionsbelastung der zu schützenden Güter (Leben, Gesundheit, Eigentum oder dingliche Rechte) möglichst gering ist und Gefährdungen oder Belästigungen unterbleiben. Für verschiedene Arten von Emissionen sind nach § 3 Abs.1 des Gesetzes oberste Grenzwerte durch Verordnung festzulegen.[10] Bestehen solche Grenzwerte, so legen diese während der Dauer ihrer Geltung verbindlich fest, was als Stand der Technik anzusehen ist.[11] In ihrem Geltungsbereich ist die Festsetzung strengerer Grenzwerte nur zulässig, soweit dies zur Abwehr von Gesundheitsbeeinträchtigungenerforderlich ist, §2 Abs.1c DKEG.[12]

Fragen der Vermeidung von Lärm, Strahlen, Erschütterungen oder Gewässerverunreinigung sind nicht Gegenstand des Gesetzes.[13] Auf diese Fragen erstreckt sich daher auch die Genehmigung nicht.

Luftreinhalterecht enthält schließlich auch das Forstgesetz[14], das in seinem § 48 eine Ermächtigung zum Erlaß von Rechtsverordnungen über forstschädliche Stoffe und Immissionsgrenzwerte für solche Stoffe sowie die erfaßten Anlagen vorsieht.[15] Die Verordnungen unterstellen Schwefeloxide, Fluorwasserstoff, Siliziumtetraflorid, Kieselfluorwasserstoffsäure, Chlor, Chlorwasserstoff,

---

[6] Dies ist das Verhältnis zwischen Energieeinsatz und Energieausbeutung (Wärmegewinn).

[7] § 2 DKEG.

[8] Nach § 4 Abs.1 DKEG sind Anlagen genehmigungspflichtig, deren Brennstoffleistung 50 kWh übersteigt.

[9] Der Stand der Technik ist nach § 2 Abs.2 DKEG definiert als der Entwicklungsstand fortschrittlicher technologischer Verfahren, Einrichtungen, Betriebsweisen und Reinigungsverfahren, deren Funktionstüchtigkeit im Dauerbetrieb erwiesen ist.

[10] Solche Grenzwerte existieren nach der zweiten DV-DKEG für Staube, Stickstoffoxide und Schwefeldioxid.

[11] *Raschauer* (Fn.1) S.233.

[12] *Raschauer* (Fn.1) S.233.

[13] *Raschauer* (Fn.1) S.227.

[14] Die Bundeskompetenz zum Erlaß des Forstgesetzes ist allerdings zweifelhaft. Raschauer (Fn.1) S.218 f. m.w.Nachw. schlägt eine verfasssungskonforme Auslegung der Vorschriften in der Weise vor, daß nur Anlagen erfaßt sein sollen, die ohnehin der Regelung durch den Bundegesetzgeber unterliegen.

[15] Vgl. die Erste Verordnung BGBl 494/1982 und die Zweite Verordnung gegen forstschädliche Luftverunreinigungen BGBl 199/1984.

Schwefelsäure, Ammoniak und Staub der Aufsicht des Gesetzes und statuieren Immissionsgrenzwerte für diese Stoffe. § 9 der Ersten Verordnung bestimmt die Anlagen, deren Errichtung und Änderung gem. §§ 49 und 50 ForstG bewilligungspflichtig ist.

Daneben setzen die Länder in Luftreinhaltegesetzen und -verordnungen Immissionshöchstwerte fest. Eine Vereinheitlichung der Grenzwerte ist nur über Vereinbarungen zwischen den Ländern möglich.[16]

b) Das Recht des Gewässerschutzes

§ 5 des Wasserrechtsgesetzes (WRG) unterwirft jede über den Gemeingebrauch hinausgehende Sondernutzung ebenso wie potentiell gewässergefährdende Unternehmungen wie Mineralöl-, Sand- und Kiesgewinnungsanlagen der behördlichen Bewilligung. Im Bewilligungsbescheid hat die Behörde nach § 13 WRG das Maß und die Art der zu bewilligenden Wassernutzung in Abhängigkeit vom natürlichen Wasserangebot, dem Bedarf des Bewerbers und der natürlichen Regenerationsfähigkeit des Gewässers festzusetzen. Einwirkungen, die die Wassergüte oder die natürliche Regenerationsfähigkeit des Gewässers beeinträchtigen, dürfen nach § 30 und § 32 WRG nicht bewilligt werden. Nach § 33 Abs.4 WRG sind Grenzwerte aufzustellen, die bei der Erteilung von Genehmigungen zu beachten sind.[17]

c) Das Naturschutzrecht

Das Naturschutzrecht im engeren Sinne fällt in die Zuständigkeit der Landesgesetzgeber. Die Naturschutzgesetze haben einen umfassenden Geltungsbereich hinsichtlich aller raumrelevanten Maßnahmen. Hierzu gehören traditionell die Institutionen des Pflanzen- und Tierschutzes, der Schutz von Naturdenkmälern, der Grünlandschutz, der Landschafts- und Naturgebietsschutz. Ihr Ziel ist die Erhaltung des ökologischen Gleichgewichtes und der Natur in allen Erscheinungsformen sowie die Einschränkung von Eingriffen. Hierzu können Grünlandbestimmungen neben dem Baurecht, das die Bebauung des Außenbereichs nicht uneingeschränkt verbietet, zusätzliche Verbote, Anzeige- und Bewilligungspflichten enthalten.[18]

---

[16] Vgl. z.B. § 4 Abs.1 des salzburgischen Luftreinhaltegesetzes: "Bei der Erlassung solcher Verordnungen ist, allenfalls durch Abschluß von Vereinbarungen gem. Art.15 a B-VG, die Übereinstimmung mit anderen Vorschriften des Bundes und der anderen Länder auf dem Gebiet der Luftreinhaltung anzustreben." zitiert nach *Raschauer* (Fn.1) S.215; soweit in diesen Vereinbarungen Grenzwerte fixiert werden, kann die Gesetzgebungs- und Vollziehungszuständigkeit auf den Bund übergehen. Art. 10 Abs.1 B-VG i.V.m. Art.II der Novelle BGBl 175/1983.

[17] *Raschauer* (Fn.1) S.128.

[18] *Raschauer* (Fn.1) S.287.

Bereits bestehende Anlagen werden allerdings durch die Naturschutzgesetze nicht behindert, sondern bilden bei der Feststellung der Erhaltungswürdigkeit zu beachtende Vorgegebenheiten.[19] Im Hinblick auf überschneidende Zuständigkeiten des Bundes enthalten die Gesetze vielfach sog."salvatorische Klauseln", wonach Zuständigkeiten des Bundes unberührt bleiben.[20] In der Regel werden solche Klauseln als Hinweis zu verstehen sein, daß Maßnahmen nach den Landesgesetzen keinen Eingriff in die Zuständigkeit des Bundes bewirken sollen.[21]

2. Das Verhältnis der Genehmigungen zueinander

Parallel zur Rechtszersplitterung im österreichischen Recht verläuft die Kompetenzspaltung zwischen den Behörden. Jede Behörde ist in der Rechtsanwendung auf ihren eigenen Zuständigkeitsbereich beschränkt.[22] Das Verhältnis der Genehmigungen untereinander[23] ist nur geklärt für die forstrechtliche Bewilligung, die neben einer gewerbe-, berg- oder eisenbahnrechtlichen entfällt, aber neben anderen Bewilligungen erforderlich bleibt. Der wasserrechtliche Bewilligungsbescheid ersetzt nach § 114 Abs.3 WRG alle sonst nach Bundesrecht erforderlichen behördlichen Bewilligungen.[24] Nicht ersetzt werden dagegen die nach Landesrecht erforderlichen Bewilligungen wie die elektrizitäts-, bau- oder naturschutzrechtliche.[25] Gewerbe- und baurechtliche Bewilligung bleiben nebeneinander erforderlich.[26]

---

[19] *Raschauer* (Fn.1) S.285 unter Hinweis auf die entsprechenden Vorschriften der steiermärkischen und vorarlbergischen Naturschutzgesetze.

[20] Z.B. § Abs.1 des niederösterreichischen Naturschutzgesetzes: "Zuständigkeiten des Bundes werden nicht berührt, dies gilt insbesondere für Maßnahmen ... in Angelegenheiten ... des Wasserrechts gem. Art.10 Abs.1 Z 10 B-VG ..."

[21] *Raschauer* (Fn.1) S.291.

[22] *Raschauer* (Fn.1) S.71

[23] In Frage kommen Kumulation, mit der Folge, daß beide Bewilligungen nebeneinander erforderlich bleiben, oder Konzentration, wobei das Verfahrensrecht durch andere Gesetze verdrängt wird und eine Bewilligung in der anderen aufgeht. Im letzteren Fall sind jedoch die materiellen Bewilligungsvoraussetzungen weiter zu beachten. Auch die Parteistellung Dritter im Verfahren, die sich auf den Schutz subjektiver öffentlicher Rechte gründet, bleibt erhalten; *Raschauer* (Fn.1) S.220 ff.,228.

[24] Die Beschränkung auf Genehmigungen, deren Erteilung in die Vollziehungszuständigkeit des Bundes fällt, folgt aus der verfassungskonformen Auslegung der Bestimmung; *Raschauer* (Fn.1) S.280 mit Zitat des Verfassungsgerichtshofes, VfSlg 9451/1982.

[25] *Raschauer* (Fn.1) S.280, 285.

[26] Der Verwaltungsgerichtshof hat zu dieser Frage seine "Betriebstypen-Judikatur" entwickelt. Gegenstand der baurechtlichen Beurteilung ist nur die allgemeine Immissionssituation des "Typus" der in Frage stehenden Anlage. Berücksichtigt werden Vergleichsbetriebe. Dagegen wird die spezifische Immissionssituation der konkret in Frage stehenden Anlage im gewerberechtlichen

II. Der öffentlich-rechtliche Rechtsschutz Privater

Das österreichische Recht begreift wie das deutsche die Beteiligung Dritter im Verwaltungsverfahren sowohl als Möglichkeit der Behördeninformation als auch als Möglichkeit des subjektiven Rechtsschutzes. Nachbarschützend sind Vorschriften, die im Unterschied zu bloßen öffentlichen Ordnungsvorschriften erkennbar auf konkrete Nachbarn bezogen sind.[27] Die Verfahrensbeteiligung setzt die Rüge drittschützender Normen voraus. Lediglich § 19 Abs.4 ForstG verknüpft die Parteistellung nicht mit der Frage der Beeinträchtigung in subjektiven öffentlichen Rechten. Grundnachbarn sind daher nach Forstrecht ausnahmsweise zur Geltendmachung von "öffentlichen Interessen" befugt. Die Naturschutzgesetze begründen dagegen keinen subjektiv öffentlichen Nachbarschutz.[28]

Weitergehend als das deutsche Recht stellt das österreichische Recht den Anspruch der Konfliktbewältigung schon an das öffentliche Verfahren vor den Genehmigungsbehörden. Stehen einem Projekt dingliche oder schuldrechtliche Einwendungen entgegen, so ist entweder eine von der Behörde zu beurkundende Einigung über diese Einwendungen anzustreben oder die Parteien sind auf den Zivilrechtsweg zu verweisen. Dieser Regelung liegt der Gedanke zugrunde, daß die zivilrechtliche Unzulässigkeit eines Vorhabens die Erteilung der öffentlich-rechtlichen Genehmigung nicht hindern soll. Allerdings kann die Genehmigung ins Leere gehen, wenn das folgende zivilrechtliche Verfahren die Unzulässigkeit der Errichtung oder des Betriebs der Anlage ergibt.[29] Der Konfliktbewältigungsanspruch an das öffentliche Verfahren kommt auch im letzten Halbsatz in § 364 a ABGB zum Ausdruck. Die Vorschrift dehnt die Ausschlußwirkung der behördlichen Genehmigung auch auf solche Auswirkungen aus, die im Genehmigungsverfahren nicht erörtert worden waren.

Verfahren überprüft; grundlegend VwGH VwSlg 9382 A/1977; VwGH ZfV 1580/1977; VwGH ZfV 1919/1984; *Raschauer* (Fn.1) S.93.

[27] VwSlg 8713 A /1974, ZfV 3258/1984; Nachbarn können sich auch nur auf die Verletzung drittschützender Verfahrensvorschriften berufen; *Raschauer* (Fn.1) S.61

[28] *Raschauer* (Fn.1) S.196.

[29] Ein anschauliches Beispiel einer solchen Vereinbarung findet sich in der Entscheidung des OGH vom 31.3.1965 SZ 56/80: Die Parteien hatten sich hier gleichzeitig über zivilrechtliche Ansprüche und öffentlich rechtliche Abstandsflächen geeinigt; vgl. auch *Raschauer* (Fn.1) S.100 (für das Gewerberecht) und 128 (für das Wasserrecht); sowie *Jabornegg / Rummel / Strasser*, Privatrecht und Umweltschutz, S.106.

1. Öffentliches Baurecht

Schutzobjekt des öffentlichen Baurechts sind das Liegenschaftseigentum sowie die Bebaubarkeit und der Baubestand der benachbarten Grundstücke. Entsprechend werden als Nachbarn nur die Eigentümer der benachbarten Grundstücke angesehen, nicht die tatsächlich dort lebenden Personen wie Mieter oder Pächter.[30] Der Nachbarbegriff ist jedoch nicht starr auf die Anrainer begrenzt, sondern geht auch im Baurecht so weit, wie die schädlichen Einflüsse wirken können, zu deren Abwehr eine konkrete Bestimmung in der Bauordnung enthalten ist.[31] Die Personen, die möglicherweise in ihren Rechten berührt werden können, genießen im Genehmigungsverfahren Parteistellung.

2. Gewerberecht

Nach § 75 Abs.2,3 GewO sind am gewerberechtlichen Bewilligungsverfahren alle Personen zu beteiligen, deren Rechte durch die bewilligte Tätigkeit möglicherweise beeinträchtigt sein könnten. Sachlich zulässig sind aber nur solche Einwendungen, die sich auf den Regelungsgegenstand des Gewerberechts beziehen.[32] Der Antragsteller hat nach § 353 GewO in seinem Antrag den Kreis der möglicherweise Betroffenen einzugrenzen. Zur Augenscheinsverhandlung sind diese dann persönlich nach § 356 Abs.1 GewO zu laden. Hier haben sie auch spätestens ihre Einwendungen vorzubringen.[33] Wer keine Einwendungen vorgebracht hat, ist nicht Partei. Er hat kein Recht, später die Genehmigung mit Rechtsmitteln anzugreifen. Ihm ist auch keine Ausfertigung des Bescheides zuzustellen.[34]

3. Wasserrecht

Das Bewilligungsverfahren im Wasserrecht dient mit seiner Verpflichtung zur Bekanntmachung und öffentlichen Erörterung nach § 107 WRG[35] in einer mündlichen Verhandlung auch dem privaten Rechtsschutz. Im Hinblick auf den

---

[30] *Raschauer* (Fn.1) 59; soweit allerdings durch das Baurecht Immissionschutz bewirkt werden sollen befürwortet Raschauer aaO S.60 die entsprechende Ausdehnung des Drittschutzes.

[31] So der Verwaltungsgerichtshof in seiner "Zwentendorf-Entscheidung", VwSlg 9485 A/1978; *Liehr*, ZfV (1978) 45; ZfV 532/1986.

[32] Geruchs- und Lärmbeeinträchtigungen, *Raschauer* (Fn.1) S.101.

[33] § 42 AVG.

[34] § 359 GewO, *Raschauer* (Fn.1) S.99.

[35] "Mündliche Verhandlung".

privaten Rechtsschutz ist jedoch zwischen Verfahrensbeteiligten und Verfahrensparteien zu unterscheiden. Alle Personen, deren Rechte durch Verpflichtung zu einer Leistung, Duldung oder Unterlassung oder in sonstiger Weise beeinträchtigt werden sollen, können sich an dem Verfahren beteiligen. Der Parteibegriff ist jedoch wesentlich enger als im öffentlichen Baurecht. Die bloße Nachbarschaft zu einem Projekt begründet noch keine Parteistellung. Die betroffenen Rechte Dritter sind auf rechtmäßig ausgeübte Wassernutzungen, Nutzungsbefugnisse nach § 5 Abs.2 WRG und das Grundeigentum beschränkt.[36] Die demgegenüber weite Ausgestaltung des Beteiligtenbegriffes dient lediglich der Sachverhaltsaufklärung im Hinblick auf die vielfältigen öffentlichen Interessen.

Sachlich ist die Einwendungsbefugnis der Betroffenen auf wasserrechtliche Einwendungen beschränkt. Kommt über privatrechtliche Einwendungen keine gütliche Einigung zustande[37], so führt dies nicht etwa zur Verweigerung der Genehmigung, sondern solche Einwendungen sind auf den Zivilrechtsweg zu verweisen.[38] Stehen einer Bewilligung private Interessen entgegen, so können diese durch entschädigungspflichtige Zwangsrechte nach den §§ 60 ff WRG abgelöst werden oder durch Projektänderungen, Bedingungen und Auflagen ausgeglichen werden. In den Genehmigungsbescheid ist aufzunehmen, in welchem Umfang mit negativen Einwirkungen des Projektes auf die privaten, in § 12 Abs.2 WRG genannten Rechte Dritter[39] gerechnet wird. Nur auf diese in dem Bescheid genannten Rechte erstreckt sich die Präklusion. Der Betreiber haftet nach § 26 Abs.2 WRG ohne Verschulden für alle nicht in dem Bescheid aufgeführten Folgen. Die Vorhersehbarkeit der Folgen ist für die Haftung ohne Belang. Die Betroffenen können verlangen, daß solche Kontrolleinrichtungen errichtet und betrieben werden, daß es ihnen möglich ist, jederzeit die Verletzung ihrer Rechte zu erkennen.[40]

---

[36] § 12 Abs.2 WRG.

[37] § 111 WRG: Projektswerber und Projektsgegner können auch öffentlich rechtliche Übereinkommen schließen, die von der Behörde im Bescheid zu beurkunden sind.

[38] § 113 WRG; *Raschauer* (Fn.1) S.127.

[39] Grundeigentum, Nutzungsbefugnisse nach § 5 Abs.2 und sonstige rechtmäßig ausgeübte Wassernutzungen.

[40] VwGH ZfV 748/1985.

III. Der private Rechtsschutz und der Einfluß des öffentlichen Rechts

Das private Nachbarrecht hat den Zweck, einen angemessenen Ausgleich zwischen den verschiedenen Nutzungsinteressen der Liegenschaftsnachbarn sicherzustellen.[41] Es gilt wie seine Spezialregelungen in Sondergesetzen auch dann, wenn das Grundstück, von dem die Emissionen ausgehen, im Eigentum einer Gebietskörperschaft oder der öffentlichen Hand steht, soweit die Beeinträchtigung nicht von hoheitlichen Tätigkeiten ausgeht.[42] Eine öffentliche Straße gilt als behördlich genehmigte Anlage im Sinne des § 364 a ABGB.[43] Ein Hoheitsträger, der auf einem Grundstück eine Einrichtung der öffentlichen Daseinsvorsorge betreibt, wird nicht von den Verpflichtungen befreit, die jedem Grundeigentümer obliegen.[44]

1. Der nachbarrechtliche Abwehranspruch nach § 364 Abs.2 ABGB

a) Der Tatbestand

Nach § 364 Abs.2 ABGB[45] kann der Eigentümer eines Grundstücks seinem Nachbarn von dessen Grund ausgehende Einwirkungen untersagen. Das österreichische Recht unterscheidet zwischen unmittelbaren Einwirkungen, auch durch eine unmittelbare Zuleitung, die in jedem Fall unzulässig sind, und mittelbaren Einwirkungen. Für letztere wird eine Duldungspflicht begründet, sofern sie das nach den örtlichen Verhältnissen gewöhnliche Maß nicht überschreiten und die ortsübliche Benutzung des gestörten Grundstücks nicht wesentlich beeinträchtigen. Wie im deutschen Recht können ideelle[46] und

---

41 *Jabornegg*, Privates Nachbarrecht und Umweltschutz, ÖJZ 1983, 365; *Dittrich / Tades*, ABGB E 5.

42 OGH 13.4.1988, JBl 1988, 594 (595).

43 Ständige Rechtsprechung; z.B. OGH v.21.4.1982 SZ 55/55 (Immissionsschäden infolge des Betriebes einer Bundesstraße auf dem Nachbargrundstück); v.7.7.1982 SZ 55 /105 (Ausgleichsansprüche infolge der Beschädigung eines Hauskanals bei der Errichtung und Instandhaltung einer Gasleitung auf öffentlichem Gelände); OGH 8.7.1986, JBl 1987, 381 (Mauerschäden infolge der Schneeräumarbeiten an einer öffentlichen Straße); OGH v.11.7.1990, JBl 1990, 789.

44 OGH 15.1.1986 SZ 59/5 für Schäden, die auf Grund eines Rohrbruches im Wiener Wasserversorgungsnetz entstanden waren.

45 Die Vorschrift lautet: "Der Eigentümer eines Grundstücks kann dem Nachbarn die von dessen Grund ausgehenden Einwirkungen durch Abwässer, Rauch, Gase, Wärme, Geruch, Geräusch, Erschütterung und ähnliche insoweit untersagen, als sie das nach den örtlichen Verhältnissen gewöhnliche Maß überschreiten und die ortsübliche Benutzung des Grundstücks wesentlich beeinträchtigen. Unmittelbare Zuleitung ist ohne besonderen Rechtstitel unter allen Umständen unzulässig." Die Vorschrift erhielt ihre derzeit gültige Fassung durch die dritte Teilnovelle im Jahre 1916; *Jabornegg* (Fn.41) ÖJZ 1983, 365.

46 Durch Erregen von Grausen, Schauder und Angst oder durch Verletzung des ästhetischen Empfindens.

negative[47] Immissionen[48] nicht untersagt werden.[49] Grobkörperliche Immissionen sind von vornherein unzulässig. Erforderlich ist aber ein gewisser Zusammenhang zwischen der Sachherrschaft über das Grundstück und der Emission. Die bloße Tatsache, daß eine von einem Dritten verursachte Immission vom Grundstück des Nachbarn ausgeht, macht diesen nicht verantwortlich.[50]

b) Die Ortsüblichkeit

Bei der Frage, ob eine gerügte Beeinträchtigung ortsüblich ist, kommt es nicht auf die politischen Gemeindegrenzen an, sondern auf die faktischen Verhältnisse in einem Gebiet mit einheitlicher Prägung.[51] Innerhalb derselben politischen Gemeinde kann es wirtschaftlich und bautechnisch verschiedenartig geprägte Viertel geben. Ebenso kann der ein Gebiet prägende Charakter über Gemeindegrenzen hinausgehen.[52] Allerdings kann wie auch im deutschen Recht ein einziger Großbetrieb ein Gebiet prägen.[53] Industrieemissionen werden nach der neueren Rechtsprechung jedoch erst nach 30 Jahren ortsüblich.[54]

Die Ortsüblichkeit der Immissionen ist nach österreichischem Recht doppelt zu prüfen. Zum einen kommt es auf sie an bei der Beurteilung der Intensität der Emission, zum anderen bei der Frage der Beachtlichkeit oder Wesentlichkeit der Beeinträchtigung des Nachbargrundstücks[55]. Abzustellen ist auf die Lage des beeinträchtigten Grundstückes zu demjenigen, von dem die Störung ausgeht, sowie auf die örtlichen Verhältnisse im unmittelbaren Zusammenhang beider Liegenschaften.[56] Liegen beide Grundstücke in Gebieten unterschiedlicher

---

[47] Entzug von Licht, Luft und Sonne.

[48] Hierzu zählen auch die von einer Starkstromleitung ausgehenden elektrischen und elektromagnetischen Felder OGH 28.2.1990 JBl 1990, 786.

[49] *Jabornegg* (Fn.41) ÖJZ 1983, 367 m. zahlr. weiteren Nachw., der sich aber kritisch zu dieser Einschränkung aus begrifflichen Erwägungen stellt.

[50] OGH v.5.3.1986 SZ 59/47.

[51] Die Bewohner einer Villengegend in einem Weinbaugebiet haben den mit Lärm verbundenen Betrieb einer neuen Buschenschenke zu dulden; OGH SZ 25 /221; *Jabornegg / Rummel / Strasser* (Fn.29) S.98.

[52] *Reischauer*, Die Zulässigkeit landwirtschaftlicher Immissionen, JBl 1990, 217-222; *Klang*, Kommentar zum Allgemeinen Bürgerlichen Gesetzbuch, II 172; *Jabornegg*, Bürgerliches Recht und Umweltschutz S.16; *Rummel / Spielbüchler*, § 364 Rz.14.

[53] OGH EvBl 1982/50: ein Bahnhofsbetrieb prägt die Bahnhofsgegend; zitiert nach *Reischauer* (Fn.52) JBl 1990, 219.

[54] OGH JBl 1989, 578; einschränkend OGH JBl 1990, 789.

[55] Hierzu unten c).

[56] OGH 27.8.1952 SZ 25/221; 12.10.1955 SZ 28/222; 26.9.1972 SZ 45/98; 18.2.1975 SZ 48/15; 14.7.1977 SZ 50/107.

Prägung, so ist umstritten, ob in erster Linie das beeinträchtigende oder das beeinträchtigte Grundstück für die örtlichen Verhältnisse maßgibt. Teilweise wird darauf abgestellt, ob in einem Gebiet eine größere Anzahl von Grundstücken entsprechend dem emittierenden genutzt wird. Die Gegenmeinung will weniger auf die Vergleichbarkeit der Nutzung anderer störender Grundstücke als auf die vergleichbare Beeinträchtigung anderer gestörter Grundstücke abstellen.[57] Auf die Unüblichkeit einer Immission kann sich nicht berufen, wer sich erst nach deren Beginn in der fraglichen Gegend ansiedelt.[58]

aa) Der Einfluß öffentlich-rechtlicher Planungen

Die Rechtsprechung versteht den Begriff der Ortsüblichkeit ausschließlich im Sinne der faktischen Verhältnisse. Öffentlich-rechtliche Planungen und Flächenwidmungen bleiben außer Betracht, da sie nur die zukünftige Entwicklung eines Gebietes festlegen, aber keine Aussagekraft über die dort vorgefundenen tatsächlichen Verhältnisse hätten.[59] Öffentlich-rechtliche Genehmigungen der vorgefundenen Anlagen werden aber vom OGH als Argumente zur Begründung von deren Ortsüblichkeit herangezogen.[60] Dies wirkt sich in einer Erhaltung und Verschlechterung des status quo aus.[61]

Ein Teil der Literatur wendet sich auch in Österreich neuerdings gegen die ausschließliche Berücksichtigung der tatsächlichen Verhältnisse und möchte die vom öffentlich-rechtlichen Normgeber für verbindlich erklärten raumpolitischen Zielvorstellungen ausschlaggebend bei der Beurteilung des gegenwärtigen Zustandes eines Gebietes mit heranziehen, sofern sich das Gebiet auf Grund der

---

[57] *Jabornegg* (Fn.41) ÖJZ 1983, 369.

[58] *Steiner*, Zur Auslegung des Begriffes der Ortsüblichkeit, JBl 1978, 133-142 (139); *Koziol*, Haftpflichtrecht II, 323

[59] *Steiner* (Fn.58) JBl 1978, 138; eine andere Lösung würde bedeuten, das Sein am Sollen zu messen.

[60] Vgl. die Entscheidung des OGH in der nächsten Fußnote. Gegen diese Berücksichtigung der Genehmigung wendet sich - m.E. zu Recht *Steiner* (Fn.58) JBl 1978, 138 mit dem Argument aus § 364 a ABGB: Die Vorschrift, die für den Fall der behördlichen Genehmigung eine Entschädigungspflicht vorsieht, liefe leer, wenn das Vorliegen der Genehmigung bereits die Ortsüblichkeit begründete.

[61] Vgl. z.B. OGH 28.3.1979 SZ 52/53 betreffend die Klage von Anwohnern gegen die Sportanlage in Salzburg / Lehen. Der OGH wies die Klage ab mit der Begründung, die bereits vor der Wohnanlage der Kläger bestehende Sportanlage habe alle behördlichen Genehmigungen erhalten und präge das Gebiet. Dies führe zu der Schlußfolgerung, daß die Beklagte berechtigt sei, die Anlage bestimmungsgemäß zu benutzen. Daher komme es nur auf die dortigen tatsächlichen Verhältnisse, nicht aber auf die Festsetzungen im gemeindlichen Flächenwidmungsplan an, der das Gebiet als Wohngebiet ausweise. Dieser Rechtsprechung schließen sich Teile der Literatur an: *Steiner* (Fn.58) JBl 1978, 137 f.; *Koziol* (Fn.58) 322.

dort herrschenden tatsächlichen Verhältnisse nicht einordnen läßt.[62] Gerade in Mischgebieten, in denen noch keine bestimmte Nutzung verfestigt sei, könne der Flächenwidmungsplan eine entscheidende Indizfunktion für die Ortsüblichkeit einer bestimmten Nutzung entfalten. Der Nutzungswidmung in Raumplänen gingen in der Regel räumliche Strukturuntersuchungen voraus, durch die der planerische Status Quo über das pflichtgemäße Planungsermessen in die Entscheidung miteinfließe. Diese ermöglichten eine genauere Beurteilung der räumlichen Lage als sie dem Richter bei der Einnahme eines Augenscheines möglich sei. Allerdings sollen Flächenwidmungspläne nicht berücksichtigt werden, wenn sie in ihren raumpolitischen Zielsetzungen ganz bewußt von der bisherigen Landschaftspflege abweichen.[63] In diesem Fall soll die nachbarrechtliche Beurteilung hauptsächlich auf den Status Quo abstellen und die Rechtsquellen der Raumordnung allenfalls als Auslegungshilfe begreifen.

bb) Öffentlich-rechtliche Grenzwerte

Eindeutig geklärt ist das Verhältnis öffentlich-rechtlicher Grenzwerte zum zivilrechtlichen Eigentumsschutz nur im Forstrecht. Hier wird nach § 56 Abs.2 ForstG[64] eine forstschädliche Luftverunreinigung kraft Gesetzes als ortsunüblich definiert und löst Entschädigungspflichten auch nach § 364 a ABGB aus.[65] Forstschädliche Luftverunreinigungen sind nach § 47 ForstG solche, die meßbare Schäden am Waldboden oder Bewuchs verursachen.

Für das übrige Umweltrecht ist die Ortsüblichkeit nach der Rechtsprechung völlig unabhängig von öffentlich-rechtlich festgesetzen Grenzwerten.[66] In der

---

[62] *Jabornegg* (Fn.41) ÖJZ 1983, 369; *Jabornegg / Rummel / Strasser* (Fn.29) S.99; *Aicher*, Umweltschutz und Privatrecht, JBl 1979, 235-239 (237); für die Berücksichtigung über die in der öffentlichen Planung zum Ausdruck kommenden öffentlichen Interessen *Reischauer* (Fn.52) JBl 1990, 217 (221), unten (3).

[63] Anders weitgehend die deutsche Literatur oben I.2.b.

[64] "§ 56 (1) Unberührt bleiben die Vorschriften des ABGB und andere Vorschriften, nach denen der Inhaber einer Anlage für den durch forstschädliche Luftverunreinigungen verursachten Schaden über die Bestimmungen der §§ 53 und 54 hinaus haftet oder nach denen ein anderer für den Schaden verantwortlich ist. Soweit eine Pflicht zur Entschädigung nach § 364 a ABGB gegeben ist, finden die §§ 53 Abs.2 und 54 sinngemäß Anwendung; als forstschädliche Luftverunreinigungen im Sinne des § 47 gelten jedenfalls solche, die das ortsübliche Ausmaß im Sinne des § 364 Abs.2 ABGB übersteigen."

[65] *Jabornegg / Rummel / Strasser* (Fn.29) S.99; daneben besteht ohnehin schon eine forstrechtliche Haftung für vermutetes Verschulden nach § 53 ForstG für unbewilligte Anlagen oder solche, deren Immissionen das in der Bewilligung festgelegte Ausmaß übersteigen.

[66] Die Rechtsprechung erkennt dem öffentlichen Nachbarrecht im Baurecht keinerlei zivilrechtliche Wirksamkeit zu; OGH v.31.3.1965 SZ 38/50: In der hier zitierten Entscheidung lehnte es der OGH ab, aus der Beurkundung eines Vergleiches über privatrechtliche baunachbarliche Verpflichtungen und öffentlich- rechtliche Auflagen in ein und derselben Urkunde nach § 5 der oöBauO auf eine zivilrechtliche Verpflichtung des beklagten Bauherrn auch hinsichtlich der öffentlich-rechtlichen Auflagen zu schließen.

Literatur ist die Frage umstritten. Im wesentlichen findet sich ein ähnliches Meinungsbild wie in der Bundesrepublik: Teilweise werden die öffentlich-rechtlich festgesetzten Grenzwerte auch als Zulässigkeitsschranke auf die privaten Abwehransprüche übertragen.[67] Die Gegenansicht[68] möchte unter Berufung auf den Drittschutzgedanken im öffentlichen Nachbarrecht die drittschützenden Grenzwerte als Teil des Eigentumsrechts definieren und wie im Forstrecht ihre Überschreitung per se als unzulässig ansehen. Durch die nachbarschützenden Normen werde das Zivilrechtseigentum neu definiert.[69] Deren Verletzung müsse daher nach § 364 Abs.2 ABGB untersagungsfähig sein.

Die vermittelnde Meinung hält sich mit der Rechtsprechung an die Trennung von privatem und öffentlich-rechtlichem Immissionsschutz. Dies folgert sie daraus, daß sich die Zwecke beider Rechtsgebiete wesentlich unterscheiden. Ziel der öffentlich-rechtlich festgelegten Grenzwerte sind der Schutz und die Verbesserung der Umwelt im Interesse der Allgemeinheit. Sie betreffen in erster Linie das Verhältnis zwischen Staat und Bürger. Um hieraus private Rechte abzuleiten, bedürften diese Vorschriften der Transformation in privatrechtliche Nachbarschutzvorschriften. Ein Rechtssatz, wonach bei Überschreitung der öffentlich-rechtlichen Umweltschutzvorschriften zugleich auch in die Rechte der Grundstücknachbarn eingegriffen wird, kann aber aus § 364 ABGB nicht abgeleitet werden.[70] Öffentlich-rechtliche Umweltschutzvorschriften seien deshalb allenfalls als Auslegungshilfe für die unbestimmten Rechtsbegriffe des Privatrechts zu berücksichtigen. Emissionsgrenzwerten, die bereits auf Gebiete mit einem bestimmten Nutzungscharakter zugeschnitten sind, kommt dabei für die Konkretisierung des Begriffes der Ortsüblichkeit und Wesentlichkeit einer Beeinträchtigung erhöhte Bedeutung zu.[71]

---

[67] *Moser*, Umweltschutz als Aufgabe des Zivilrechts, ÖJZ 1974, 375-385 (376) tritt für den Vorrang der öffentlich-rechtlichen Grenzwerte mit dem Argument ein, daß in Gesetzen angeführte Gewohnheiten wie der in § 364 Abs.2 erwähnte Ortsgebrauch nur dort Geltung beanspruchen könnten, wo sie nicht der öffentlichen Ordnung, zwingenden Gesetzen oder den guten Sitten widersprechen.

[68] *Aicher* (Fn.62) JBL 1979, 237.

[69] Vgl. auch *Picker*, Der privatrechtliche Rechtsschutz gegen baurechtswidrige Bauten als Beispiel für die Realisierung von Schutzgesetzen, AcP 176 (1976), 29-79; der den Anspruchsinhalt - Unterlassung oder Schadensersatz - der auf die Verletzung von Schutzgesetzen folgenden Haftung auf den Inhalt der Schutzgesetze abstimmen will. Die rechtszuweisende Funktion des Gesetzes, d.h. ob das Gesetz auf Rechtsverwirklichung oder Kompensation gerichtet ist, soll die Folge seiner Verletzung, negatorische Haftung oder Schadensersatz, bestimmen (S.78).

[70] *Jabornegg / Rummel / Strasser* (Fn.29) S.105 f.; der Gesetzgeber habe sich gerade durch die vom Standpunkt des Umweltschutzes nicht günstige Lage genötigt gesehen, in § 57 Abs.1 ForstG eine derartige Regelung ausdrücklich zu schaffen.

[71] *Jabornegg* (Fn.41) ÖJZ 1983, 370; *Jabornegg / Rummel / Strasser* (Fn.29) 103 ff.(107).

cc) Der Einfluß öffentlicher Interessen

Nach der Rechtsprechung des OGH ist bezüglich der Zulässigkeit von Einwirkungen auch das öffentliche Interesse zu berücksichtigen.[72] Besteht ein solches an der störenden Nutzung[73], so entfällt faktisch die Ortsüblichkeitsprüfung. Wegen des Allgemeininteresses an der Erhaltung einer solchen Anlage prüft die Rechtsprechung für die Ortsüblichkeit nicht mehr die tatsächliche Prägung des Gebietes, sondern stellt Vergleiche darüber an, welchen Störungen Anrainer der fraglichen Anlagen - im Beispielsfall eines von der Gemeinde betriebenen Kinderspielplatzes - üblicherweise ausgesetzt sind.

Eine Sonderstellung nehmen hier Immissionen durch Verkehrssicherungsmaßnahmen an öffentlichen Straßen ein, da hier nachbarrechtliche und verkehrssicherungstechnische Pflichten in Kollision geraten. Nach § 7 Abs.1 BStG[74] sind Bundesstraßen so zu erhalten, daß sie unter Bedachtnahme auf die durch die Witterungsverhältnisse bestimmten Umstände ohne Gefahr benutzbar sind. Eine i.S. der §§ 364, 364 a ABGB unzulässige Immission liegt nur dann vor, wenn der Straßenhalter mit der Salzstreuung das im Interesse der Sicherheit des Verkehrs erforderliche Maß überschreitet. Wird eine öffentliche Straße nur in einer dem öffentlichen Verkehrssicherungsinteresse dienenden Weise angelegt, instandgehalten und betreut, so liegt keine nach § 364 Abs.2 unzulässige Immission vor.[75]

Nach Reischauer[76] manifestiert sich das öffentliche Interesse an der Schaffung und Erhaltung bestimmter Anlagen in der öffentlichen Planung. Ist eine Fläche z.B. als Dorfgebiet ausgewiesen worden, so komme darin das öffentliche Interesse an vornehmlicher landwirtschaftlicher Nutzung dieses Gebietes zum Ausdruck. Anrainer müßten sich mit ihren Erwartungen an diese Festsetzungen halten.

c) Die Wesentlichkeit

Steht fest, daß eine Immission das ortsübliche Maß übersteigt und die ortsübliche Benutzung der benachbarten Liegenschaft beeinträchtigt, so ist

---

[72] OGH EvBL 1970/18.

[73] Dies wird vom OGH in der o.g.Entscheidung bejaht für Kinderspielplätze; *Reischauer* (Fn.52) JBl 1990, 217 (220) befürwortet eine Ausdehnung auf die Landwirtschaft.

[74] Novelle BGBl 83/63.

[75] OGH 11.7.1990, JBl 1990, 789 (790).

[76] Oben bei Fn.52, JBL 1990, 217 (221).

weiter zu prüfen, ob die konkrete Nutzungsart erheblich d.h. in nicht ganz unbedeutender Weise erschwert wird.[77] Hierbei ist wie im deutschen Recht auf das Empfinden eines Durchschnittsbewohners in dem von der Immission betroffenen Gebiet abzustellen.

2. Der nachbarrechtliche Entschädigungsanspruch nach § 364 a ABGB

a) Der Tatbestand der Eingriffshaftung

§ 364 a ABGB begründet, auf dem Begriff der nach § 364 ABGB unzulässigen Immission aufbauend, einen verschuldensunabhängigen Entschädigungsanspruch zugunsten des Eigentümers eines einer behördlich genehmigten Anlage benachbarten Grundstücks und schließt gleichzeitig für diesen Fall die unmittelbaren negatorischen Abwehrrechte aus.[78] Der Anspruch wird als Fall der Eingriffshaftung angesehen, der dem Nachbarn als Ersatz für den Entzug des Unterlassungsanspruches gewährt wird.[79] Die Vorschrift wurde im Jahre 1916 in das ABGB eingefügt "zur Gewährung der notwendigen Bewegungsfreiheit industrieller Unternehmungen"[80]. Ihm liegt der Gedanke zugrunde, daß der Betrieb einer genehmigten Anlage wegen aller von der Genehmigung erfaßten Beeinträchtigungen und Gefährdungen nicht untersagt werden kann, daß aber dann, wenn durch damit verbundene Eingriffe in das Eigentum von Nachbarn Schäden entstehen, ein schadensersatzrechtlicher Ausgleich ohne Rücksicht auf das Verschulden stattzufinden hat.[81] In der öffentlich-rechtlichen Literatur vertritt man hierzu die Meinung, daß mit der Genehmigung das Geweberecht die Funktion des Nachbarschutzes übernommen habe, da hier im verstärkten Ausmaß auf Nachbarinteressen Rücksicht genommen werde.[82]

---

[77] *Jabornegg / Rummel / Strasser* (Fn.29) S.100; Raschauer (Fn.52) JBl 1990, 220.

[78] "§ 364 a. Wird jedoch die Beeinträchtigung durch eine Bergwerksanlage oder eine behördlich genehmigte Anlage auf dem nachbarlichen Grund in einer dieses Maß überschreitenden Weise verursacht, so ist der Grundbesitzer nur berechtigt, den Ersatz des zugefügten Schadens gerichtlich zu verlangen, auch wenn der Schaden durch Umstände verursacht wurde, auf die bei der behördlichen Verhandlung keine Rücksicht genommen wurde."

[79] *Jabornegg*, Gutachten S.61 mit zahlreichen weiteren Nachweisen; *Kerschner*, Zur Haftung nach § 26 Wasserrechtsgesetz und zum Deliktsstatut im IPR, JBl 1983, 338 (340). Zum Gefährdungshaftungstatbestand des § 364 a ABGB unten S.91, 94.

[80] Materialien zur III.Teilnovelle 40; zitiert nach *Kerschner*, Umwelthaftung im Nachbarrecht JBl 1993, 216-222 (217)

[81] *Jabornegg*, Gutachten S.75.

[82] *Kerschner* (Fn.80) m.w.Nachw.

Der Anspruch aus § 364 a ABGB richtet sich als echter Schadensersatzanspruch grundsätzlich auf das gesamte subjektiv berechnete Interesse einschließlich des entgangenen Gewinns.[83] Allerdings sind entsprechend dem Haftungsgrund nur solche Nachteile zu ersetzen, die gerade durch die Übermäßigkeit der Immission verursacht worden sind. Für die nach § 364 Abs.2 ABGB hinzunehmenden Immissionen fehlt es an einer die Haftung rechtfertigenden vorsätzlichen Beeinträchtigung fremder Rechtspositionen.[84] Die Ersatzpflicht umfaßt auch ideelle Schäden wie etwa die Kosten für besondere Erholungsmöglichkeiten.[85]

b) § 364 a ABGB als Gefährdungshaftungstatbestand

Umstritten ist, ob § 364 a ABGB zusätzlich auch noch einen Gefährdungshaftungstatbestand enthält.[86] Nach den Grundsätzen der Gefährdungshaftung haftet der Nutznießer eines erlaubten Risikos für die aus der Verwirklichung des Risikos entstehenden Schäden. Im Unterschied zur Eingriffshaftung ist nur die abstrakte Gefährdung gestattet, nicht aber der Eingriff in konkrete Rechtspositionen.[87] Kerschners Ablehnung der Gefährdungshaftung aus § 364a ABGB fußt auf der Unterscheidung zwischen abstrakter und konkreter Gefährdung. Die Eingriffshaftung gleiche auch die konkrete Gefährdung aus, begründe die Haftung also auch für betriebstypische Unfälle, die auch bei rechtmäßiger Betriebsführung unvermeidbar sind. Dagegen erfasse die Gefährdungshaftung nur die abstrakte Gefährdung. Wirkt sich die Gefahr der Genehmigung zuwider konkret aus, so verbleibt es nach seiner Ansicht bei dem Abwehranspruch aus § 364 Abs.2 ABGB.

Die Unterscheidung zwischen abstrakter und konkreter Gefährdung ist indessen nur schwer faßbar. Eine Haftung kommt ohnehin nur in Frage, wenn sich die Gefahr in einer Rechtsgutsverletzung verwirklicht hat. Im Grunde scheint es um die Abgrenzung zwischen dem Abwehranspruch aus § 364 Abs.2 ABGB und dem Schadensersatzanspruch aus § 364 a ABGB zu gehen.

---

[83] *Jabornegg*, Gutachten S.68.

[84] Zum Charakter des Anspruches als Eingriffshafung vgl. *Jabornegg*, Gutachten S.68; ders. ÖJZ 1983, 372 f.; *Rummel / Spielbüchler*, Kommentar zum ABGB, § 364 a Rz.9.

[85] *Rummel / Spielbüchler* (Fn.84) § 364 a ABGB Rz.9; *Jabornegg*, Gutachten S.70.

[86] Nur für Eingriffshaftung: *Jabornegg*, JBl 1983, 337 (341); dafür, daß § 364 a ABGB sowohl die Eingriffs- wie auch die Gefährdungshaftung normiert: *Jabornegg*, Gutachten S.76; ders. JBl 1983, 365 (373f.); *Rummel / Spielbüchler* (Fn.84) § 364a Rz.6.

[87] Zur Unterscheidung zwischen Eingriffs- und Gefährdungshaftung siehe *Koziol* (Fn.58) S.135 ff.

Abgrenzungskriterium muß daher die Reichweite der Genehmigung sein. Zu fragen ist, ob nur die mit dem Betrieb der Anlage verbundenen Regeleingriffe in geschützte Rechtspositionen Dritter genehmigt sind[88] oder auch allgemein das mit dem Betrieb der Anlage verbundene Risiko der Rechtsgutsverletzung.[89] Letzteres ist wohl in der Regel der Fall. Daher umfaßt die von § 364 a ABGB angeordnete Eingriffshaftung die Gefährdungshaftung mit.[90]

Ein allgemeiner nachbarrechtlicher Ausgleichsanspruch für alle nach § 364 Abs.2 und § 364 b ABGB rechtswidrigen Beeinträchtigungen wird dagegen heute von Rechtsprechung[91] und Lehre[92] eindeutig abgelehnt. Allerdings wird die Erweiterung der Gefährdungshaftung aus § 364 a ABGB auf z.B. mit einer Baugenehmigung verbundene besondere Gefährdungen befürwortet.[93]

c) Der Umfang der Duldungspflicht

Die Genehmigung ist der Rechtstitel für die privatrechtliche Duldungspflicht. Diese Wirkung kommt allen Genehmigungen zu, die auf Grund eines Verfah-

---

[88] So OGH v. 13.7.1978 SZ 51/114: Der Zweck des § 364 a ABGB liege letztlich darin, den Grundeigentümer im öffentlichen Interesse und im Interesse der Volkswirtschaft auch zur Duldung einer das ortsübliche Maß übersteigenden Immission zu verpflichten, wenn ein behördlich genehmigter Betrieb ohne eine solche Immission nicht geführt werden könnte; OGH SZ 48 /131: Bei dem Schadensersatzanspruch nach § 364 a ABGB handele es sich um einen am ehesten einem Entschädigungsanspruch aus Anlaß der Enteignung gleichzusetzenden Ausgleichsanspruch, der kein Verschulden voraussetze.

[89] So wohl OGH v.3.12.1975 SZ 48/131: Der ORF sollte auch für Blitzschäden haften, wenn er durch seine genehmigten Anlagen eine erhöhte Blitzschlagsgefahr geschaffen hatte; OGH v.10.11.1982 SZ 55/172: Der OGH begründete die Haftung aus § 364 a ABGB für Schäden, die durch infolge eines Rohrbruches aus einer Kunsteisbahn austretenden Ammoniak enstanden waren, mit dem Argument, daß die Zuleitung von Ammoniak aus einem Sammelbehälter durch eine Rohrleitung zu der Betonfläche einer Kunsteisbahn eine ständige Gefahrenquelle für die Nachbarn darstelle, gegen die ihnen wegen der behördlichen Genehmigung der Anlage ein Abwehrrecht genommen sei.

[90] Im Ansatz ähnlich *Jabornegg*, Gutachten S.76: Die besondere Gefährlichkeit der Anlage muß von der Genehmigung gedeckt sein; vgl. auch die Rechtsprechung des OGH zum Wasserrecht, S.91, 94.

[91] Zuletzt OGH v. 5.12.1972 SZ 45/132; allerdings hat der OGH in der umstrittenen "Moto-Cross-Entscheidung" v. 11.6.1981, JBl 1982, 595 (m.Anm. *Jabornegg*) § 364 a ABGB analog auf die Genehmigung einer Moto-Cross Veranstaltung angewandt, da durch die behördliche Bewilligung dem Kläger die Möglichkeit einer Untersagung in gleicher Weise genommen sei wie im Falle einer Bewilligung nach § 364 a ABGB.

[92] *Rummel / Spielbüchler* (Fn.84) § 364 ABGB Rz.18, § 364 b ABGB Rz.6; *Jabornegg / Rummel / Strasser* (Fn.29) S.112; *Jabornegg*, Gutachten S.72: Bei rechtswidrigen Immissionen besteht ein Untersagungsrecht. Deswegen kann der eine Pflicht zur Duldung übermäßiger Immissionen voraussetzende Abwehranspruch nicht analog angewandt werden. Allerdings wendet der OGH § 364 a ABGB analog an, wenn durch eine hoheitliche Genehmigung die Möglichkeit der Untersagung in der gleichen Weise genommen ist wie bei einer gewerberechtlichen Genehmigung; OGH 15.12.1981, 5 Ob 776/81.

[93] *Jabornegg*, Gutachten S.77.

rens ergangen sind, das die Interessen der Nachbarn allgemein und in ausreichendem Maße berücksichtigt.[94] Als Vergleichsmaßstab dient hierbei das gewerbebehördliche Verfahren. Für das Vorliegen einer behördlich genehmigten Anlage i.S. des § 364 a ABGB ist daher einerseits erforderlich, daß die in Frage stehende Anlage volkswirtschaftlich den Gewerbe- und Industrieanlagen zumindest gleichwertig ist, andererseits, daß das Verfahren eine ausreichende Berücksichtigung von Nachbarinteressen gewährleistet.[95] Die Duldungspflicht besteht grundsätzlich auch für Beeinträchtigungen, auf die im Genehmigungsverfahren keine Rücksicht genommen wurde. Dieses Verständnis der Duldungspflicht dient dem Bestandsschutz der Genehmigung: Im zivilrechtlichen Verfahren soll das Genehmigungsverfahren nicht erneut aufgerollt werden.[96] De lege ferenda will Kerschner dem betroffenen Nachbarn bei wesentlichen Immissionen trotz der Genehmigung einen Anspruch auf wirtschaftlich zumutbare Maßnahmen zu ihrer Verhinderung einräumen.[97]

Allerdings wird dieser Grundsatz in zweifacher Weise eingeschränkt, wenn kein Bedürfnis für den Bestandsschutz der öffentlich-rechtlichen Genehmigung besteht. Der Ausschluß des unmittelbaren Abwehranspruches durch eine hoheitliche Genehmigung geht nur so weit wie deren Regelungsbereich.[98] Trotz einer wasserrechtlichen Genehmigung können z.B. mit der Anlage verbundene Geruchsbelästigungen noch zur Untersagung führen.[99] Der Abwehranspruch bleibt auch bestehen, soweit das genehmigte Maß der Emissionen überschritten wird, da insoweit der Duldungspflicht kein Rechtstitel zugrundeliegt.[100] Die Literatur beschränkt die Ausschlußwirkung zusätzlich auf typische mit der Anlage verbundene Immissionen. Der Abwehranspruch soll auch dann bestehen, wenn die Auswirkungen im Zeitpunkt der Genehmigung nicht abstrakt vorher-

---

[94] Z.B.OGH 18.2.1975 SZ 48/15; 10.11.1982 SZ 55/172.

[95] Z.B. OGH v.5.3.1986 SZ 59/46 für die Genehmigung eines Abwässerkanals, *Jabornegg*, Gutachten S.63 ff.

[96] OGH v.18.1.1975 SZ 48/15; *Jabornegg* (Fn.41) ÖJZ 1983, 365 (373).

[97] Kerschner (Fn.80) JBl 1993, 216-222 (219); dagegen mit Hinweis auf den Grundsatz der Trennung von Justiz und Verwaltung *Hecht / Muzak*, Umwelthaftung im Nachbarrecht, JBl 1994, 159-165.

[98] Sie muß für den Betrieb der Anlage gelten. So begündet die baurechtliche Genehmigung keinerlei Duldungspflicht; str., anders *Schauer*, Verkehrsannalen 3 /1982, 7ff. Nach seiner Meinung genügt es, wenn in dem Genehmigungsverfahren die nachbarlichen Interessen "in mehr oder weniger intensiver Weise" zu berücksichtigen sind. Etwas anderes gilt auf Grund der Sonderregelung in § 24 Abs.5 Satz1 BStG nur für Bundesfernstraßen. Nach der Vorschrift können die beim Bau einer Bundesstraße von dieser ausgehenden Einwirkungen nicht untersagt werden, näher *Jabornegg*, Gutachten S.66

[99] OGH SZ 49/7; eine wasserrechtliche Genehmigung hindert nicht die Haftung für Geruchsbelästigungen.

[100] OGH v.8.6.1977 SZ 50/84.

sehbar waren oder wenn sich - etwa auf Grund neuer wissenschaftlicher Erkenntnisse - erst nachträglich die besondere Gefährlichkeit einer Auswirkung für die Gesundheit und das Leben von Menschen herausstellt. Die Genehmigung habe hier eine immanente Grenze.[101] Die Rechtsprechung hat hierzu noch nicht entschieden.

3. Die Haftung nach § 26 WRG

Nach § 26 Abs.2 WRG haftet der Betreiber einer Wasserbenutzungsanlage für alle Schäden, die durch den rechtmäßigen Bestand oder Betrieb dieser Anlage zugefügt werden und mit denen bei Erteilung der Bewilligung entweder überhaupt nicht oder nur in einem geringeren Umfang gerechnet wurde. Aus dieser Beschränkung auf Schäden, die durch den rechtmäßigen Betrieb der Anlage entstanden sind, schließt Koziol auf eine reine Eingriffshaftung. Daher sind nach seiner Meinung Schäden nicht erfaßt, die durch Unfälle entstehen.[102]

Dagegen wendet der OGH § 26 Abs.2 WRG auch auf Unfälle an, die eindeutig nicht von der Genehmigung erfaßt oder die durch Fahrlässigkeit außerhalb des rechtmäßigen Betriebes der Anlage entstanden sind.[103] Die Regeln des WRG sind abschließend gedacht. Bewilligungen dürfen nicht erteilt werden, wenn hierdurch Rechte Dritter beeinträchtigt werden. Voraussehbare Beeinträchtigungen der Rechte Dritter sind durch ein Zwangsrecht nach § 117 WRG auszugleichen. In diesem Zusammenhang hat § 26 Abs.2 WRG den Zweck, die Haftung für nicht voraussehbare Schäden zu ermöglichen und dadurch die durch eine behördliche Genehmigung erfolgten enteignungsgleichen Eingriffe zu entschädigen, gegen die sich der Betroffene nicht oder nicht rechtzeitig zur Wehr setzen kann. Der OGH geht davon aus, daß die Genehmigung auch die Risiken mitumfaßt, die sich daraus ergeben, daß im Rahmen eines bewilligungsgemäßen Betriebes und der damit verbundenen Betriebsgefahren einem Bediensteten ein schadensstiftendes Fehlverhalten unterlaufen kann.[104] § 26 WRG umfaßt daher eine Eingriffs- und eine Gefährdungshaftung, wobei aber im Falle der Gefährdungshaftung bei unmittelbar drohenden Eingriffen auch eine Abwehrklage möglich ist.[105]

---

[101] *Jabornegg* (Fn.41) ÖJZ 1983, 365 (373); zustimmend *Kerschner* (Fn.80), der dies auf den verfassungsrechtlichen Schutz des Lebens und der körperlichen Unversehrtheit stützt.

[102] (Fn.58) 331 f.

[103] OGH v.29.4.1981 JBl 1983, 380 (381): Wahrscheinlich fahrlässiges Verhalten eines Gehilfen, der eine Schleuse zu weit öffnete, führte zum Auslaufen eines Stausees.

[104] OGH aaO S.382; ihm folgend *Jabornegg*, Gutachten S.82.

[105] *Jabornegg*, Gutachten S.82.

4. Die Haftung nach § 53 ForstG

§ 53 ForstG begründet eine Gefährdungshaftung für alle forstschädlichen Luftverunreinigungen, die von einer ungenehmigten Anlage ausgehen oder die zwar von einer bewilligten Anlage ausgehen, aber das bewilligte Ausmaß überschreiten. Genehmigungspflichtig sind die "Anlagen gemäß § 48 lit.e". Nach § 48 lit.e ForstG hat der Bundesminister für Land- und Forstwirtschaft durch Verordnung die A nlagen zu bestimmen, die forstschädliche Luftverunreinigungen verursachen. Gehaftet wird für einen gesetzeswidrigen Vorgang, nämlich für den nicht bewilligten Betrieb einer an sich bewilligungspflichtigen Anlage, bzw. für das Überschreiten der bewilligten Emissionen.[106] Die Bewilligung reicht nur so weit wie ihr Gegenstand. Sie muß für den Betrieb der Anlage gelten. Die Abwehrklage bleibt daher zulässig neben bau- oder oder sicherheitspolizeilichen Genehmigungen.

5. Der Entwurf des Umwelthaftungsgesetzes von 1991

§ 2 des Entwurfs für ein österreichisches Umwelthaftungsgesetz[107] soll entsprechend dem deutschen Umwelthaftungsgesetz die verschuldensunabhängige Haftung für aus dem Anlagenbetrieb an Körper und Gesundheit entstandenen Schäden begründen. § 6 enthält die Vermutung der Ursächlichkeit des Anlagenbetriebes für den Schaden, sofern die Anlage geeignet war, den Schaden herbeizuführen. Allerding kann sich der Betreiber entlasten, indem er als wahrscheinlich dartut, daß der Schaden nicht von der Anlage verursacht ist. Im Rahmen dieses Anscheinsbeweises kann er die Einhaltung öffentlichrechtlicher Betriebsvorschriften vorbringen. Ein Haftungsausschluß ist nach § 5 Abs.1 Nr.3 nur vorgesehen, wenn der Schaden durch Befolgung einer behördlichen Anordnung entstanden ist.

---

[106] *Jabornegg*, Gutachten S.83.

[107] Text bei *Schmidt-Salzer*, Umwelthaftungsrecht S.69 ff.

Kapitel 4

Internationales Privatrecht und internationales öffentliches Recht

I. Privatrecht und öffentliches Recht im nationalen Umwelthaftungsrecht

Nach allen hier untersuchten Rechtsordnungen beeinflussen die Bestimmungen in sektoralen Umweltschutzgesetzen auch die zivilrechtliche Haftung. Die hoheitliche Genehmigung eines störenden Betriebes schließt privatrechtliche Unterlassungsansprüche der gestörten Nachbarn aus und verweist die Betroffenen allenfalls auf den Entschädigungsanspruch. Unterschiede bestehen jedoch in der Begründung dieses Ausschlusses. Das österreichische Recht versteht die Ausschlußwirkung, im Ergebnis privatrechtlich, als Rechtstitel für eine privatrechtliche Duldungspflicht der Nachbarn.[1] Das französische Recht begründet unter bestimmten Voraussetzungen ebenfalls eine Duldungspflicht in Form einer Dienstbarkeit nach dem Code d'Orientation Agricole[2] und leitet sonst den Ausschluß des privat-rechtlichen Abwehranspruches letztlich aus staatspolitischen Erwägungen ab.[3] Eine differenzierende Lösung vertritt das deutsche Recht, mit seinem abgestuften Genehmigungssystem.[4] Die Genehmigung nach § 14 BImSchG und die diesem Vorbild folgenden Regelungen in § 7 AtG und § 11 LuftVG begründen privatrechtsgestaltend ebenfalls einen Rechtstitel für die Duldungspflicht schädlicher Emissionen und beschränken den an sich bestehenden Abwehranspruch der Nachbarn auf Schutzvorkehrungen und Schadensersatz.

Auch öffentlich-rechtliche umweltmedienbezogene Qualitätsnormen haben Einfluß auf privatrechtliche Schadensersatzansprüche. Am weitesten geht hier das französische Recht: Der Verstoß gegen eine Rechtspflicht in gesetzlichen Bestimmungen wirkt über den Begriff der *faute* bzw. der *trouble anormal de voisinage* stets haftungsbegründend.[5] Nach deutschem Recht hat die Verletzung öffentlich-rechtlicher Pflichten beweisrechtliche Wirkung. Im Rahmen der deliktischen Haftung wird die Rechtswidrigkeit einer Beeinträchtigung indiziert, nach dem Umwelthaftungsgesetz wird die Kausalität vermutet. Am wenigsten

---

[1] Dies zeigt sich auch darin, daß diese Duldungspflicht letztlich in § 364 a ABGB geregelt ist.

[2] Hierzu oben Kapitel 2, III.1.

[3] Gewaltenteilungsgrundsatz, oben Kapitel 2, III.2.

[4] Hierzu oben Kapitel 1, III.3.a).

[5] Hierzu oben Kapitel 2, II.2.

ausgeprägt ist die Verbindung im österreichischen Recht. Hier haben öffentlich-rechtliche Normen nach der Rechtsprechung nur die Bedeutung einer Auslegungshilfe. Lediglich nach dem Forstgesetz von 1975 begründet die Überschreitung der bewilligten Emissionen die Haftung.[6]

In den modernen Umwelt- und Haftungsgesetzen ist die Tendenz feststellbar, das Privatrecht noch stärker an öffentlich-rechtliche Vorgaben anzubinden. Dies zeigt sich sowohl im österreichischen Forstgesetz wie auch im deutschen Umwelthaftungsgesetz. Im französischen Recht besteht bereits über die deliktische Haftung eine starke Verbindung zwischen privatem und öffentlichem Recht.[7] In der Literatur wird eine noch stärkere Verknüpfung befürwortet.[8] Verwaltungsvorschriften sollen auch im Haftungsrecht normkonkretisierend wirken.[9]

Während innerstaatlich das Umweltrecht zu einem einheitlichen Rechtsgebiet zusammenwächst, gehen internationales Privatrecht und internationales Verwaltungsrecht - so weit man überhaupt von einem solchen als einheitliches Rechtsgebiet sprechen kann[10] - von unterschiedlichen Ansatzpunkten aus.[11] Das Internationale Privatrecht ist grundsätzlich zweiseitig, das Internationale Verwaltungsrecht grundsätzlich einseitig ausgestaltet.[12] Die Normen des ersteren verweisen auch auf fremdes Privatrecht, während die Normen des letzteren nur den Anwendungsbereich des eigenen öffentlichen Rechts eines Staates interna-

---

[6] Hierzu oben Kapitel 3, III.4.

[7] Vgl. o. Kapitel 2, II.1.

[8] Vgl. für das deutsche Recht oben Kapitel 1, III.3.b); für das österreichische Recht oben Kapitel 3, III.1.

[9] Beschluß der umweltrechtlichen Abteilung des 53. Deutschen Juristentages, Band II, Ziff.23 Abs.2.

[10] Zweifelnd *Matscher*, Gibt es ein internationales Verwaltungsrecht? Festschrift für Beitzke (1978) 641-649.

[11] Internationales Verwaltungsrecht sei hier definiert als der Inbegriff derjenigen Normen eines Staates, die eine Bestimmung darüber enthalten, welches Recht von seinen Verwaltungsbehörden und Gerichten in internationalen Sachverhalten anzuwenden ist; *Neumeyer*, Internationales Verwaltungsrecht IV S.94 f; *Schlochauer*, Internationales Verwaltungsrecht S.1; *Steindorff*, WVR III S.581; *Hoffmann*, Internationales Verwaltungsrecht, in: v. Münch (Hrsg.) Besonderes Verwaltungsrecht, 854-870; ganz ähnlich *Matscher* (Fn.10) 643: Internationales Verwaltungsrecht ist die Gesamtheit der Normen, die Rechtsverhältnisse mit ausländischen Sachverhaltselementen regeln.. Hiervon zu unterscheiden ist die Frage, welche Wirkung ausländische Hoheitsakte auf dem Gebiet des Verwaltungsrechts im Inland haben; Unterscheidung im Anschluß an *Münchener Kommentar / Sonnenberger*, Einleitung Rz.262.

[12] "Introvertierte Unilateralität des Internationalen öffentlichen Rechts" *Siehr*, Ausländische Eingriffsnormen im inländischen Wirtschaftskollisionsrecht, RabelsZ 52 (1988) 41-103 (74); *Vogel*, Der räumliche Anwendungsbereich der Verwaltungsrechtsnorm, S.194 ff, 236; *Neumeyer* (Fn.11) S.114 f.

tional bestimmen.[13] Dieser Unterschied liegt in der engen Verknüpfung des öffentlichen Rechts mit der Ausübung staatlicher Hoheitsgewalt begründet. Für die Behörden und Verwaltungsgerichte eines Staates stellt sich die Rechtsanwendungsfrage nicht, da sie jeweils nur ihr eigenes Recht anwenden.[14]

II. Die Gerechtigkeitsidee des internationalen Privatrechts

Dem internationalen Privatrecht liegt die Idee der grundsätzlichen Gleichwertigkeit der in Betracht kommenden nationalen Regeln zugrunde.[15] Diese Gleichwertigkeit, was die Verwirklichung der materiellen Gerechtigkeitsidee zwischen einzelnen betrifft, und die daraus folgende Austauschbarkeit der Rechtsordnungen untereinander wird mit der Trennung von Staat und Gesellschaft begründet. Die Normen des Zivilrechts fördern die Gerechtigkeit zwischen den einzelnen, sind der Gesellschaft zugeordnet und damit dem Staat gewissermaßen vorgegeben.[16] Ziel des internationalen Privatrechts ist es daher, dasjenige Recht zu bestimmen, das die engste sachliche und persönliche Bindung zum Sachverhalt aufweist und ihn daher am angemessensten regeln kann. Diese Frage wird von den nationalen Rechtsanwendungsrechten weitgehend einheitlich so gestellt.[17] Bereits Savigny[18] hielt den "Sitz des Rechtsverhältnisses" für die angemessenste Anknüpfung privatrechtlicher Fragen. Hierbei wird nicht nach dem Ergebnis, also nach Gesichtspunkten der materiellen Gerechtigkeit, gefragt, sondern die Bestimmung des anwendbaren Rechts folgt in der Suche nach dem sachnächsten Recht Gesichtspunkten einer eigenen Idee der "inter-

---

[13] *Neumeyer* (Fn.11) S.120; *Vogel* (Fn.12) S.237, 313.

[14] *Vogel* (Fn.12) S.14 unterscheidet zwischen dem so definierten "intransitiven", die Anwendung staatlicher Normen durch Behörden und Gerichte betreffenden, und dem "transitiven Territorialitätsprinzip", die im Verwaltungsrecht implizit enthaltene Regel, daß es nur auf solche Gegenstände und Personen angewendet sein will, die sich auf dem Gebiet des betreffenden Staates aufhalten oder auf solche Sachverhalte, die sich auf dem Staatsgebiet verwirklicht haben; *Siehr*, Normen mit eigener Bestimmung ihres räumlich-persönlichen Anwendungsbereichs im Kollisionsrecht der Bundesrepublik Deutschland, RabelsZ 46 (1982) 357-383 (359), spricht von einer "ungeschriebenen einseitigen Verweisungsnorm des internationalen öffentlichen Rechts ..., die das inländische Recht für maßgeblich erklärt."

[15] *Kropholler*, Internationales Privatrecht § 4 I; § 3 I.

[16] *Vogel* (Fn.12) S.206, 215 ff.; ihm folgend *Sandrock*, Neuere Entwicklungen im internationalen Verwaltungsrecht, ZVerglRW 69 (1967) 1 (2,29); *Kropholler* IPR (Fn.15) § 3 I; ebenso *Kegel / Seidl-Hohenveldern*, Zum Territorialitätsprinzip im internationalen öffentlichen Recht; Festschrift für Ferid (1988) 233-277 (239).

[17] Vgl. z.B. § 1 Abs. 1 östIPRG; Art. 117 Schweizer IPRG; für England "the most real connection", *Dicey / Morris* II 1191 ff. (zu rule 180); für die USA "the most significant relationship" Rst 2nd §§ 145, 188; zur Geltung des "principe de proximité" in Europa *Lagarde*, Rec. des Cours 196 (1986) 9ff.

[18] System des heutigen römischen Rechts, Band 8, 23 ff., 108, 118.

nationalprivatrechtlichen Gerechtigkeit", die der "materiellprivat-rechtlichen" Gerechtigkeit vorgeht.[19] In der Konsequenz sind meist andere als territoriale Anknüpfungspunkte maßgeblich.[20] Im Vordergrund steht dabei der Gedanke, eine solche international einheitliche Anknüpfung zu wählen, äußeren Entscheidungseinklang zu erreichen und hinkende Rechtsverhältnisse zu vermeiden.[21] Internationales Privatrecht ist zwar staatliches Recht geblieben, hat sich aber mit diesem Ansatz weitgehend vom Gedanken der Territorialhoheit der Staaten und ihrer Beschränkung durch die Souveränität des Nachbarstaates gelöst.

III. Territorialitäts- und Wirkungsgrundsatz im internationalen öffentlichen Recht

Dagegen ist das internationale Verwaltungsrecht stärker dem völkerrechtlichen Denken von der Territorialität staatlicher Hoheitsäußerungen verhaftet.[22] Nach allgemeinem Völkerrecht ist einerseits jeder Staat frei, auf seinem Gebiet beliebige Regelungen zu treffen und beliebige Hoheitsakte vorzunehmen, andererseits ist deren Geltungsanspruch aber auf sein Herrschaftsgebiet beschränkt.[23] Dies folgt aus der Staatensouveränität. Andere Staaten haben die innere Ordnung eines Staates zu beachten und dürfen sich nicht in seine inneren Angelegenheiten einmischen. Das inländische öffentliche Recht ist daher grundsätzlich auf die Regelung inländischer Sachverhalte beschränkt und entfaltet keine Wirkungen außerhalb des staatlichen Hoheitsgebietes.[24] Inhalt des Territo-

---

[19] *Kegel* IPR § 2 I zu den Interessen der international privatrechtlichen Gerechtigkeit; *Vogel* (Fn.12) S.210 trennt die international privatrechtlichen Anwendungsinteressen in drei spezifisch kollisionsrechtliche ("materielle Harmonie", "stärkste Rechtsordnung" und "Konfliktsminimismus") und drei Interessen, die den sachrechtlichen Wertungen des Gerichtsstaates zum Durchbruch verhelfen wollen ("Zweck der Sachnorm", "ordre public" und "politisches Interesse"); kritisch *Schurig*, Kollisionsnorm und Sachrecht S.15 ff.

[20] *Rudolf*, Territoriale Grenzen der staatlichen Rechtssetzung, Berichte der deutschen Gesellschaft für Völkerrecht, Heft 11 (1973) 7-46, S.11.

[21] *Vogel* (Fn.12) S.208 mit zahlreichen weiteren Nachweisen.

[22] *G. Hoffmann* (Fn.11) S.862 m.w.Nachw.

[23] Vgl. StIGH A 10 (1927) S.18 (Lotus-Fall): "... la limitation primordiale qui impose le droit international à l'état est celle de exclure ... tout exercice de sa puissance sur le territoire d 'un autre état. Dans ce sens la juridiction est certainement territoriale: elle ne pourrait être exercée hors du territoire sinon en vertu d'une règle permissive découlant du droit international coutumier ou d'une convention". *G. Hoffmann* (Fn.11) S.862; *Beitzke*, WVR I S.404f; *König*, Die Anerkennung ausländischer Verwaltungsakte S.21 ff.; *Kegel* IPR § 23 I 2; ders. / *Seidl-Hohenveldern* (Fn.16) 234.

[24] BVerwG NJW 1987, 717; VG Oldenburg DVBl 1985, 82: der räumliche Geltungsbereich des Atomgesetzes ist auf die Bundesrepublik beschränkt; *Hoffmann* (Fn.11) 862.

rialitätsprinzips im internationalen öffentlichen Recht ist daher die gegenseitige Achtung der Staatsmacht, soweit sich der Staat in den Grenzen seines Gebietes hält.[25] Für die Rechtsanwendung bedeutet dies, daß von einer ungeschriebenen einseitigen Verweisungsnorm des internationalen öffentlichen Rechts auszugehen ist, die das inländische Recht für die Behörden eines Staates für maßgeblich erklärt.[26]

Die Beschränkung der öffentlich-rechtlichen Regeln auf das staatliche Territorium wird darauf zurückgeführt, daß das öffentliche Recht stärker an den Staat und die Verwirklichung der Staatsziele gebunden und jeder Staat grundsätzlich nur der Verwirklichung seiner eigenen Staatsziele verpflichtet ist und daher kein Interesse hat, fremde staatliche Belange zu fördern.[27] Im Verwaltungsrecht ist der Staat selbst als Handelnder, Fordernder oder Gewährender beteiligt. Er identifiziert sich mit den dort niedergelegten Regeln[28]. Die verschiedenen öffentlich-rechtlichen Rechtsnormen sind daher grundsätzlich nicht gegenseitig auswechselbar.[29] Ein Staat fördert als politische Wirkungseinheit nur die Interessen der eigenen Bürger und nicht die der Angehörigen fremder Staaten. Dennoch ist die Anwendung ausländischen öffentlichen Rechts nicht grundsätzlich ausgeschlossen. Es besteht weder eine supranationale Bindung, die die Anwendung ausländischen öffentlichen Rechts gebietet[30] noch eine solche, die seine Anwendung verbietet. Weder die staatliche Souveränität noch die Gebietshoheit stehen der Anwendung ausländischen öffentlichen Rechts entgegen.[31] Es kann sogar ein Interesse an der Anwendung bestehen, besonders wenn diese eigenen Staatsinteressen dient.[32]

---

[25] Definition nach *Kegel / Seid-Hohenveldern* (Fn.16) 239.

[26] *Siehr* (Fn.14) RabelsZ 46 (1982) 357-383 (359).

[27] *Münchener Kommentar / Sonnenberger*, Einleitung EGBGB Rz.255.; *Kegel / Seidl-Hohenveldern* (Fn.16) S.237; *Mosler*, Völkerrecht als Rechtsordnung, ZAuslöffRVR 36 (1976), 6 ff. (22ff.).

[28] *Vogel* (Fn.12) 238.

[29] *Küppers*, Grenzüberschreitende Immissionen und internationales Nachbarrecht, ZRP 1976, 260-265 (263).

[30] Allerdings sind solche aus dem EWG-Vertrag durchaus denkbar, da auf der Grundlage der vom Europäischen Gerichtshof entwickelten Freiheiten ein System der gegenseitigen Anwendung des Rechts der Mitgliedstaaten für möglich gehalten wird. Bezweifelt wird allerdings, ob dieses System so weit geht, daß die Durchsetzungsinteressen eines Mitgliedstaates zugleich als Eigeninteressen eines anderen zu gelten haben; so *Münchener Kommentar / Sonnenberger*, Einleitung Rz.265; ebenso für die Anerkennung ausländischer Verwaltungsakte, *König* (Fn.23) 20 f.

[31] *Nassr-Esfahani*, Grenzüberschreitender Bestandsschutz für unanfechtbar genehmigte Anlagen S.59.

[32] *Münchener Kommentar / Sonnenberger*, Einleitung Rz.265, 277; *Kegel* IPR § 23 I 3; BGHZ 34, 169 (Boraxfall); BAG NJW 1970, 104.

Der Terrritorialitätsgrundsatz wird korrigiert durch das Wirkungsprinzip.[33] Im internationalen Kartellrecht ist seit der ALCOA Entscheidung des U.S. Supreme Court im Jahre 1945 anerkannt, daß ein Staat sein nationales Wettbewerbsrecht auch auf wettbewerbsbeschränkende Vorgänge und Unternehmen außerhalb seines Staatsgebietes anwenden darf, wenn sich deren wettbewerbsbeschränkendes Verhalten auch auf das Inland auswirkt.[34] Allerdings werden zusätzliche Maßstäbe an die wettbewerbsbeschränkende Wirkung gestellt: Sie muß beträchtlich, unmittelbar und vorhersehbar sein.[35] Die amerikanischen Gerichte wenden ein Kriterium der "reasonableness" an, das durch eine Vielzahl von Gesichtspunkten aufgefüllt wird.[36]

Das Territorialitätsprinzip ist eine sehr allgemeine Aussage und zur Lösung von Rechtsfragen weitgehend ungeeignet.[37] Es muß daher durch einzelne räumliche Anknüpfungsmomente ausgefüllt werden, wird nach deren Entwicklung allerdings überflüssig.[38] Die Aussage, das öffentliche Recht sei dem Territorialitätsprinzip unterworfen, ist unrichtig, soweit sie zugleich impliziert, das private Recht sei dies nicht. Jeder Staat erläßt seine Gesetze grundsätzlich für sein eigenes Territorium und für seine eigenen Staatsbürger.[39] Auch ausländisches Privatrecht wird nur auf Grund eines Anwendungsbefehls der inländischen Rechtsordnung angewandt. Die Anwendung ausländischen Rechts ergibt sich

---

[33] *Hoffmann* (Fn.11) S.862; *Zweigert*, Internationales Privatrecht und internationales öffentliches Recht, Kieler Festschrift S.124-141; *F.A. Mann*, Conflict of Laws and Public Law, Rec. 1971, 107-196, (188).

[34] U.S. v. Aluminium Company of America 148 F 2d 416 (2d Cir.1945);§ 98 Abs.2 GWB; §4 des österreichischen Kartellgesetzes; EuGH 14.7.1972 Slg.1972 619 ff.; *Verdross / Simma*, Universelles Völkerrecht § 1188; *Meng* ZaöRV 41 (1981) 469 ff.

[35] *Meessen*, Völkerrechtliche Grundsätze des internationalen Kartellrechts, S.171; Art.5 der New Yorker Regeln der International Law Association 1972.

[36] Timberlane Lumber Co. v. Bank of America 549 F 2d 597 (9th Cir. 1976): Ausmaß des Konfliktes mit fremdem Recht und ordre public, Nationalität der Parteien, ihr Sitz und ihr Haupttätigkeitsgebiet, Vollstreckbarkeit der Entscheidungen, Auswirkungen des Effekts auf die Vereinigten Staaten im Vergleich zu anderen Staaten; Schädigungsabsicht gegenüber der amerikanischen Wirtschaft, Vorhersehbarkeit einer solchen Auswirkung, Vergleich der Wettbewerbsregeln in den Vereinigten Staaten und im Ausland.

[37] Der Geltungsgrund sei historisch verschwommen, *Vogel* (Fn.12) S.11; das Territorialitätsprinzip sei eine banale Leerformel, soweit es die Aussage treffe, daß das öffentliche Recht nur innerhalb des Hoheitsgbietes eines Staates gelte oder ein Staat nur seinen eigenen Organen die Durchsetzung öffentlich rechtlicher Normen befehlen könne, *Münchener Kommentar / Sonnenberger*, Einleitung Rn.273.

[38] *Münchener Kommentar / Sonnenberger*, Einleitung Rn.275; *Nassr-Esfahani* (Fn.31) 62 fordert die Entwicklung verfassungsrechtlicher Grenzkriterien.

[39] *F.A.Mann* (Fn.33) Rec. 1971, 188.

dann aus der Tatsache, daß dieser teilweise anderen als territorialen Gesichtspunkten folgt.[40]

IV. Die Wirkung ausländischer Verwaltungsakte im Inland

Mit der Frage der Anwendung ausländischen öffentlichen Rechts in engem Zusammenhang steht die Frage der Anerkennung ausländischer Verwaltungsakte bzw. der Anwendung ihrer privatrechtsgestaltenden Wirkungen im Inland. Anders als bei der Anwendung ausländischen öffentlichen Rechts liegt hier bereits eine hoheitliche Entscheidung vor, die ein Verwaltungsverfahren abschließt und feststellende oder gestaltende Wirkungen hat. Die Wirkung ausländischer Verwaltungsakte hat ihre Parallele im internationalen Zivilprozeßrecht und im internationalen Recht der freiwilligen Gerichtsbarkeit. Die Wirkung eines ausländischen Verwaltungsaktes ist grundsätzlich auf das Gebiet des erlassenden Staates beschränkt. Dies folgt aus der für das internationale Zivilprozeßrecht und das internationale Verwaltungsrecht gleichermaßen geltenden territorialen Wirkung staatlicher Hoheitsakte.[41] Die Wirkung von Verwaltungsakten außerhalb des Gebietes des erlassenden Staates beruht ausschließlich auf dem Willen des anerkennenden Staates.[42]

Rechtsprechung und Literatur sind mit dem Begriff der "Anerkennung" bei ausländischen Verwaltungsakten äußerst zurückhaltend.[43] Der BGH spricht in seiner Entscheidung zum Flughafen Salzburg davon, ob die österreichische Genehmigung im Inland "Geltung beanspruchen" könne.[44] Es hat sich jedoch weder eine einheitliche Terminologie noch eine einheitliche Auffassung über die Wirkung einer solchen "Geltung" herausgebildet.[45]

Über die Frage der internationalen Zuständigkeit für den Erlaß des Verwaltungsaktes und den materiellen Gegenstand der Verwaltungsakte ergeben sich Berührungspunkte zur Fragestellung des internationalen Verwaltungsrechts

---

[40] *Rudolf* (Fn.20) 11.

[41] Zum internationalen Verwaltungsrecht vgl. o.1; zum internationalen Prozeßrecht *Martiny*, IZPR III/1 Rz.409; *Zöller / Geimer*, IZPR Rz.809; *Firsching*, StAZ 1976, 153; ebenso *König* (Fn.23) S.23.

[42] *König* (Fn.23) S.24; *Neumeyer* (Fn.11) S.173, 299.

[43] *Nassr-Esfahani* (Fn.31) S.25.

[44] DVBl 1979, 226.

[45] Vgl. den Überblick über den Meinungsstand bei *Nassr-Esfahani* (Fn.31) S.25-29.

im engeren Sinn.[46] Inhaltlich gilt die oben angesprochene enge Verknüpfung der getroffenen Regelung mit den Interessen des regelnden Staates. Daher werden die für die Anwendung des ausländischen Verwaltungsrechts im Rahmen der Rechtsanwendungsfrage gewonnenen Kriterien auf ihre Übertragbarkeit auf die Anerkennungsfrage zu überprüfen sein.

V. Das Territorialitätsprinzip und die international privatrechtliche Gerechtigkeit im internationalen Umweltrecht

Für den grenzüberschreitenden Individualrechtsschutz gegen Umweltverschmutzungen bedeutet dies: Jeder Staat kann verbindlich öffentlich-rechtliche Normen über Emissionsgrenzwerte und Genehmigungsverfahren für die Anlagen auf seinem Staatsgebiet festschreiben.[47] Dies folgt aus seiner Gebietshoheit, die seine unumschränkte Kompetenz auf seinem Staatsgebiet einerseits begründet, andererseits aber auch beschränkt. Das öffentliche Recht eines Staates darf nur auf Tatbestände angewendet werden, die sich auf dem Hoheitsgebiet des erlassenden Staates ereignen oder eine räumliche Beziehung zu diesem haben.[48] Im Zweifel hat der nationale Gesetzgeber daher auch nicht die Absicht, subjektiv öffentliche Rechte außerhalb seiner Landesgrenzen zu begründen und muß Ausländer daher nicht am Genehmigungsverfahren beteiligen. Dies bedarf einer ausdrücklichen gesetzlichen Entscheidung.[49] Die Gerichte müssen bei Klagen weder eine ausländische Genehmigung berücksichtigen, noch die Frage prüfen, ob die störende Anlage die nach dem Recht am Standort geltenden öffentlich-rechtlichen Vorschriften einhält.[50]

Unter dem Gesichtspunkt des privaten Interessenausgleichs kann er aber auf die von einer Anlage im Ausland ausgehenden Immissionen sein eigenes Privatrecht anwenden. Hier ergeben sich auf Grund der engen Verflechtung von privatem und öffentlichem Recht im Umweltbereich Verwerfungen.

---

[46] *König* (Fn.23) S.14.

[47] *Fröhler / Zehetner*, Rechtsschutzprobleme bei grenzüberschreitenden Umweltbeeinträchtigungen, Band II, S.94; ablehnend *Jans*, Grenzüberschreitendes Umweltrecht, 163; *Woehrling*, Grenzüberschreitende Klageefugnisse im verwaltungsgerichtlichen Verfahren, in: Bothe / Prieur / Ress, Rechtsfragen grenzüberschreitender Umweltbelastungen, 129-142(137).

[48] *Nassr-Esfahani* (Fn.31) S.56 m.w. Nachw.

[49] VG Oldenburg DVBl 1985, 82.

[50] BGH DVBl 1979, 226; tatsächlich hat aber noch keine Unterlassungsklage gegen eine Anlage im Ausland Erfolg gehabt; hierzu unten Teil 2, Kapitel 2.

Im folgenden Zweiten Teil soll zunächst das internationale öffentliche Umweltrecht daraufhin untersucht werden, ob es diese Verwerfungen auflöst. Eine Auflösung wäre denkbar durch eine Staatsgrenzen übergreifende, völkerrechtliche Regelung der grenzüberschreitenden Haftung. Denkbar wäre auch die Regelung der grenzüberschreitenden Haftung durch in den betroffenen Staaten einheitliche völkerrechtliche Rechtsanwendungsregeln. Zumindest könnte das übernationale Recht die Staatsgrenzen übergreifende Grenzwerte über die höchste zulässige Belastung der Umweltmedien oder die zulässigen Emissionsstandards zur Verfügung stellen.

Zweiter Teil

Das übernationale Umweltrecht, das grenzüberschreitende Umweltrecht und die Praxis der Rechtsanwendung

Kapitel 1

Die Lösung des Problems im Verhältnis der Staaten untereinander: Das internationale Umweltrecht

I. Das Umweltvölkerrecht

1. Der Begriff des Umweltvölkerrechts

Von seinem Ansatz her wäre das internationale Umweltrecht geeignet, die Verwerfungen zwischen öffentlichem und privatem Umweltrecht in der internationalen Anknüpfung aufzulösen. Es hat zum Ziel, die umweltbezogenen Verantwortlichkeiten der Staaten im Hinblick auf einen wirksamen internationalen Schutz der Umwelt zu begründen und sicherzustellen sowie einen Ausgleich zu schaffen zwischen nationalen Nutzungsinteressen und nationalen Schutzinteressen.[1] Es steht im Schnittpunkt zwischen Umweltschutz im gemeinsamen Interesse der Staatengemeinschaftund dem Schutz individualstaatlich garantierter Rechte und Rechtsgüter gegen Beeinträchtigungen durch Quellen außerhalb des Staatsgebietes.[2] Hier soll - ungeachtet der Schwierigkeiten, den Begriff des internationalen Umweltrechts zu definieren[3] - von einer aufgabenbezogenen Definition des internationalen Umweltrechts ausgegangen werden. Internationales Umweltrecht ist das durch internationale Organisationen geschaffene oder durch die Staatenpraxis und die Entscheidungen internationaler Gerichte gesicherte Recht, das die Nutzung und den Schutz natürlicher Ressourcen sowie die um-

---

[1] *Rauschnig,* Umweltschutz als Problem des Völkerrechts, Europa-Archiv 16 (1972) 567-580 (568); *Randelzhofer / Simma,* Das Kernkraftwerk an der Staatsgrenze, FS Berber 389-431 (390); *Lagoni,* Umweltvölkerrecht, in Thieme, Umweltschutz im Recht 233-250 (239).

[2] *Randelzhofer / Simma* (Fn.1) FS Berber S.390.

[3] *Lagoni* (Fn.1) S.239, 240, weist auch darauf hin, daß eine positivistische Definition als der Inbegriff aller Normen, die den Schutz der Umwelt zum Gegenstand haben, schon auf Grund der Schwierigkeit, den Begriff der Umwelt zu definieren, scheitern muß; *Ipsen,* Völkerrecht, § 52 Rz.10, gelangt durch die Analyse der bi- und multilateralen Verträge zu einer völkerrechtlichen Eingrenzung des Begriffs: Umwelt umfaßt die Gesamtheit der physischen Lebensgrundlagen des Menschen, Wasser einschließlich der Meere, Atmosphäre, Boden, Flora und Fauna.

weltbezogenen Rechte und Pflichten der Staaten gegeneinander regelt.[4] Diese Definition schließt den Artenschutz[5] und das völkerrechtliche Nachbarrecht mit ein.[6]

Der internationale Schutz der Umwelt ist ein junger Bereich des besonderen Völkerrechts.[7] Der Anstoß, die Umwelt als solche zum Schutzziel des Völkerrechts zu machen, geht auf die Resolution der Vereinten Nationen Nr.2398 (XXIII) vom 3.12.1968[8] zurück, in der die Generalversammlung den Umweltschutz als eine internationale Zusammenarbeit erfordernde Aufgabe der Staatengemeinschaft erkannte. Wichtigstes Ergebnis dieser Resolution war die Stockholmer Konferenz über die Umwelt des Menschen vom 5. bis zum 16.6.1972. Diese verabschiedete die erste umfassende internationale Erklärung zum völkerrechtlichen Umweltschutz.[9] Die Deklaration legt in Prinzip 21 die Grundsätze des völkerrechtlichen Nachbarrechts nieder.

> "21. Die Staaten haben nach Maßgabe der Charta der Vereinten Nationen und der Grundsätze des Völkerrechts das souveräne Recht zur Ausbeutung ihrer eigenen Hilfsquellen nach Maßgabe ihrer eigenen Umweltpolitik, sowie die Pflicht, dafür zu sorgen, daß durch Tätigkeiten innerhalb ihres Hoheits- oder Kontrollbereichs der Umwelt in anderen Staaten oder in Gebieten außerhalb ihres nationalen Hoheitsbereichs kein Schaden zugefügt wird."[10]

---

[4] Vgl. Kiss, Droit international de l'environnement, S.18: Die staatliche Souveränität tritt hinter dem gemeinsamen Interesse am Umweltschutz zurück; anders *Ipsen*, Völkerrecht § 53 Rz.66; er zieht aus der Beschränkung vertraglicher Regelungen auf Einzelaspekte und bestimmte Regionen den Schluß, daß der Schutz der Umwelt noch nicht Bestandteil des Umweltvölkerrechts geworden sei.

[5] Sein Ziel ist der Schutz bestimmter Tierarten vor der Dezimierung und Ausrottung. Ausgangspunkt ist die Übereinkunft zum Schutz der für die Landwirtschaft nützlichen Vögel vom 19.3.1902, RGBL 1906, 89. Von besonderer Bedeutung ist das Washingtoner Artenschutzabkommen vom 3.3.1973; BGBl 1975 II 777 mit Zusatzprotokollen, das in nahezu 100 Staaten gilt; Überblick über den Artenschutz bei Randelzhofer, Umweltschutz im Völkerrecht, Jura 1992, 1-8 (3).

[6] Teilweise werden Artenschutz und internationales Nachbarrecht nicht zum internationalen Umweltschutzrecht gezählt, da nicht der Schutz der Umwelt allein im Vordergrund steht, sondern der Schutz wirtschaftlicher Interessen und der staatlichen Souveränität; vgl. Kiss (Fn.4) S.18, 67; mittelbar dienen beide Gebiete aber auch dem Umweltschutz. Für einen solchen weit gefaßten Begriff des internationalen Umweltschutzrechtes spricht auch dessen Entwicklung aus dem internationalen Nachbarrecht; zu dieser Auseinandersetzung siehe *Randelzhofer* (Fn.5) Jura 1992, S.3 m.w.Nachw.

[7] Randelzhofer (Fn.5) Jura 1992, 1; *Ipsen*, Völkerrecht § 52 Rz.1.

[8] Text bei Rüster / Simma, International Protection of the Environment, Vol.I S.99.

[9] Stockholmer Deklaration, Text bei Rüster / Simma (Fn.8) S.118.

[10] Deutscher Text im Europa Archiv 1972, S.D. 447.

In Prinzip 22 wird die Verpflichtung der Staaten begründet, bei der Entwicklung des Völkerrechts in Bezug auf die Haftung für Umweltschäden zusammenzuarbeiten.

Ein weiterer Schritt in der Entwicklung des Umweltvölkerrechts liegt in der Verabschiedung der "World Charter of Nature" durch die Resolution 37/7 der UN-Generalversammlung vom 28.10.1982[11] und die Empfehlungen der OECD zum grenzüberschreitenden Umweltschutz[12]. Die UN-Resolution legt in einem ersten Teil allgemeine Prinzipien des Umweltschutzes fest, für deren Verwirklichung sie im zweiten Teil Handlungsmaximen aufstellt. Im dritten Teil enthält die Charta Aussagen über die Implementierung der Prinzipien im Völkerrecht und im innerstaatlichen Recht. Die Resolution hat freilich nur den Charakter einer Empfehlung.

Den vorläufigen Höhepunkt der Entwicklung bildet die Umwelt-Konferenz der Vereinten Nationen in Rio vom 3. bis14. Juni 1992. In der abschließenden Erklärung verpflichten sich die Staaten zum Umweltschutz als integralem Bestandteil des Entwicklungsprozesses und versuchen in der Agenda 21 in 40 Kapiteln die in diesem Begriff des "sustainable development" angelegte Spannung zwischen wirtschaftlicher Entwicklung und Umweltschutz auszubalancieren. Bezüglich der internationalen Haftung für Umweltschäden ergibt sich aus den Ergebnissen der Konferenz wenig neues: In Prinzip 2 wird das Prinzip 21 der Stockholmer Erklärung, das als Prinzip der beschränkten territorialen Souveränität und Integrität bereits zum Gewohnheitsrecht erstarkt ist[13], vollinhaltlich bekräftigt.[14] In Prinzip 13 wird die Verpflichtung der Staaten begründet, nationales Haftungsrecht für Umweltschäden zu schaffen. Daneben verpflichten sich die Staaten - ebenfalls in Wiederholung der Stockholmer Erklärung - entschlossener als bisher bei der Erarbeitung eines internationalen Haftungsrechts für die aus Tätigkeiten auf ihrem Staatsgebiet entstandenen

---

[11] Text bei Rüster / Simma (Fn.8) Binder I, Nr.I/C/28-10-82.

[12] Etwa die Principles Concerning Transfrontier Pollution, C (74) 224, 14.11.1974; Equal Right of Access in Relation to Transfrontier Pollution, C (76)55, 11.5.1976; Implementation of a Regime of Equal Right of Access and Non-Discrimination in Relation to Transfrontier Pollution, C (77) 28, 17.5.1977; Strengthening International Cooperation on Environmental Protection in Transfrontier Regions, C (78) 77, 21.9.78; hier zitiert nach Beyerlin, Rio-Konfreenz 1992, ZaöRV 54 (1994) 124-149 (129).

[13] So z.B. Beyerlin (Fn.12) 54 ZaöRV (1994) 124-149 (133).

[14] Das Prinzip lautet: "States have in accordance with the charter of the United Nations and the principles of international law, the souvereign right to exploit their own environmental resources pursuant to their own environmental and developmental policies, and the responsibility to ensure that activities within their jurisdiction or control do not cause damage to the environment of other states or areas beyond the limits of their national jurisdiction." Text abgedruckt in EPL 1992, 268.

Umweltschäden zusammenzuarbeiten.[15] Die Schaffung ergänzender vertraglicher Rechtssysteme zur Ausfüllung der durch die Konferenz von Rio geschaffenen Rahmenerklärungen bleibt daher erforderlich.[16]

Es handelt sich jedoch bei allen hier zitierten Deklarationen, einschließlich der jüngsten, nur um Absichtserklärungen und, soweit die Erklärungen noch nicht bereits gewohnheitsrechtlich abgesichert sind, nicht um geltendes Völkerrecht.[17] Gewohnheitsrechtlich gesichert ist allenfalls die Verpflichtung der Staaten zur Zusammenarbeit gegen grenzüberschreitende Verschmutzungen.[18] Die Erklärungen können jedoch über eine Bindung der ihr beigetretenen Staaten an die von ihnen geschaffene Regelung und als Auslegungshilfe mittelbar Verbindlichkeit erlangen.[19] Dieses Ineinandergreifen von Instrumenten rechtlicher und außerrechtlicher Wirkung ist für den Prozeß der normativen Regelung internationaler Umweltprobleme in den beiden letzten Jahrzehnten charakteristisch gewesen.[20] Die eher vage Fassung der Rahmenabkommen erleichtert die Konsensbildung der Staaten im Hinblick auf das umweltpolitische Ziel, das nicht durch Differenzen über Detailregelungen gefährdet wird. In dieser Hinsicht bietet auch die Erklärung von Rio einen guten Rahmen für künftiges verbindliches Völkerrecht.

---

[15] Das Prinzip lautet: "States shall develop national law regarding liability and compensation for the victims of pollution and other environmental damage. States shall also cooperate in an expedious and more determined manner to develop further international law regarding liability and compensation of environmental damage caused by activities within their jurisdiction or control to areas beyond their jurisdiction." Text abgedruckt in EPL 1992, 268.

[16] Die Ergebnisse der Konferenz werden daher in der völkerrechtlichen Literatur uneinheitlich beurteilt. Ausgehend von einem strengen Rechtsquellenverständnis ist eher Skepsis angebracht. Neues Gewohnheitsrecht ist durch die Erklärung bisher noch nicht entstanden. So auch *Beyerlin* (Fn.12) ZaöRV 54 (1994) 124-149 (139); Dagegen gelangen andere zu einer weit positiveren Einstellung zu den Ergebnissen der Konferenz, da sie die Prinzipien der Rio Deklaration bereits als endgültig anerkanntes Völkergewohnheitsrecht ansehen. So etwa *Hohmann*, NVwZ 12 (1993) 311.

[17] *Dupuy*, International Liability for Transfrontier Pollution S. 372; *Randelzhofer* (Fn.5) Jura 1992 S.2; zur parallelen Probematik des "soft law" auch im internationalen Wirtschaftsrecht vgl. *Ehricke*, "Soft law" - Aspekte einer neuen Rechtsquelle, NJW 1989, 1906-1908.

[18] *Lammers*, The Present State of Research, in: Academie de Droit International de la Haye, La Pollution transfrontière et le droit intérnational, 89-126 (103 ff.).

[19] *Ehricke* (Fn.17) S.1907 f.. Selbst bei völkerrechtlichen Umweltverträgen werden bewußt "soft-law" Formulierungen gewählt, um eine möglichst breite Akzeptanz der Regeln bei den Staaten zu erzielen. Siehe die Beispiele bei *Rest*, Neue Mechanismen, NuR 1994, 271-277 (271).

[20] So auch *Beyerlin* (Fn.12) ZaöRV 54 (1994) 124-149 (129). Wie sehr derartige Empfehlungen die Verabschiedung verbindlicher Regeln beeinflußt haben, zeigt sich vor allem in Bezug auf die Regelungstätigkeit der EG: Siehe etwa die Richtlinie 90/313/EWG über den freien Zugang zu Informationen über die Umwelt vom 7.6.1990.

2. Die Regelungen in völkerrechtlichen Verträgen

Allgemeine und verbindliche Konventionen zum Schutz gegen grenzüberschreitende Umweltbelastungen existieren bisher nicht. Im Mittelpunkt des Interesses stand zunächst das Bestreben der Staaten, die höchstzulässige Nutzung für einzelne Umweltmedien und Regionen in bilateralen Verträgen festzusetzen.[21] Multilaterale Abkommen stellen meist nur einen groben Rahmen dar, der durch die Staaten auf internationaler Ebene durch den Abschluß von Vereinbarungen oder national durch den Erlaß von Rechtsvorschriften auszufüllen ist.[22] Einzig die nordische Konvention zum Schutz der Umwelt vom 19.2.1974[23] enthält einen umfassenden, umweltmedienübergreifenden Ansatz.[24] Die Abkommen enthalten, dies gilt auch für die nordische Konvention[25], in den wenigsten Fällen Haftungsvorschriften. Zusätzlich sind die meisten dieser Vorschriften auf die zivilrechtliche Haftung beschränkt[26] oder verweisen für die Haftung auf das allgemeine Völkerrecht.[27] Auch die jüngsten Konventionen der International Law Commission und die Entwürfe der Vereinten Nationen und der UN Wirtschaftskommission für Europa (ECE) sind auf die Regelung der zivilrechtlichen Haftung beschränkt.[28] Die UN-Konvention über die grenz-

---

[21] *Ipsen* , Völkerrecht § 52 Rz.2; § 53 Rz.66.

[22] *Ipsen,* Völkerrecht § 53 Rz.34 am Beispiel der UN Seerechtskonvention; vgl. auch Art. 2 und 4 des Abkommens über die weiträumige grenzüberschreitende Luftverunreinigung vom 13.11.1979, , unten bei Fn.37 und Art. Art.2 des Wiener Abkommens zum Schutz der Ozonschicht bei Fn.38.

[23] ILM 1974, 591; sie ist zwischen den Vertragsstaaten Dänemark, Finnland, Norwegen und Schweden am 5.10.1976 in Kraft getreten.

[24] Die folgenden Ausführungen konzentrieren sich auf den völkerrechtlichen Nachbarschutz. Internationale Abkommen zum Schutz der hohen See, der Atmosphäre und der Antarktis werden daher nicht behandelt.

[25] An der nordischen Konvention wird vielmehr eine Tendenz des internationalen Umweltrechts zur zivilrechtlichen Haftung und zur international verwaltungsrechtlichen Verfahrenskoordination deutlich.

[26] Vgl. auch *Rest,* Entwurf eines Abkommens über Schadensersatz bei grenzüberschreitenden Umweltschäden, 1976; man spricht von "civil law conventions", *Rest,* Ecological Damage in Public International Law EPL 22 (1992) 31-41 (31).

[27] Z.B. Art. 235 der Seerechtskonvention der Vereinten Nationen, ILM 1982, 1261; nach dieser Vorschrift sind die Staaten verantwortlich für die Erfüllung ihrer Verpflichtungen aus der Konvention und haften in Übereinstimmung mit dem Völkerrecht. Sie sind gehalten, in ihren nationalen Rechtsordnungen Vorkehrungen zu treffen, die dem Geschädigten eine umgehende und adäquate Entschädigung ermöglichen.

[28] Vgl. Europarat: Konvention über die zivilrechtliche Haftung für Schäden für umweltgefährdende Tätigkeiten vom 21.6.1993, European Treaty Series 1150 ; UN Economic Commission for Europe (ECE): Entwurf einer Konvention über die zivilrechtliche Haftung für Schäden durch Straße, Schiene und Binnenschiffahrt vom Oktober 1989 DOC ECE/TRANS/79; Verhaltenskodex über die Verschmutzung grenzüberschreitender Binnengewässer durch Unfälle vom November

überschreitenden Auswirkungen von Industrieunfällen vom 17.3.1992[29] enthä zwar einen umfangreichen Grenzwertkatalog und ausführliche Notifizierungsregeln, beschränkt sich in der Frage der Haftung in Art. 13 jedoch auf die Feststellung, daß sich die Vertragsparteien bei der Entwicklung von Kriterien unterstützen sollen.

a) Internationales Wasserrecht

Am weitesten entwickelt ist das internationale Wasserrecht. Hier wurden die Begrenztheit der natürlichen Ressourcen und die Notwendigkeit, die Nutzung dieser Ressourcen nach Billigkeitsgesichtspunkten unter den Anliegerstaaten aufzuteilen, am frühesten deutlich. Die zahlreichen bi- und multilateralen Verträge enthalten Regelungen über die Nutzung des Wassers durch Fischfang, Schiffahrt und sonstige wirtschaftliche Nutzungen einzelner Gewässer.[30] Ziel dieser Regelungen ist die gerechte Aufteilung der Nutzungsrechte unter den Anliegerstaaten.[31] Wenige Abkommen setzen jedoch selbst verbindliche Grenzwerte fest. Meist wird diese Aufgabe einer durch das Abkommen eingesetzten Kommission übertragen.[32] Sie regeln nicht sämtliche Aspekte des Gewässerschutzes, sondern beschränken sich auf einzelne Schadstoffgruppen.[33] Die Ab-

---

1990, DOC E/ECE/1225, ECE/NWV A/16; näher zu diesen Konventionen *Rest* (Fn.26) EPL 22 (1992) 31, 34 ff.

[29] ILM 1992, 1330.

[30] Vgl. für den europäischen Raum Konvention über die Schiffahrt auf der Donau vom 18.8.1948, UNTS Bd.33, 181; Konvention über die Fischerei auf der Donau vom 29.1.1958 UNTS Bd.339, 58; Übereinkommen zwischen Belgien und den Niederlanden über die Verbesserung des Gent-Terneuzen-Kanals vom 20.6.1960, UNTS Bd.423, 58; Übereinkommen zwischen Frankreich und der Schweiz über den Schutz des Genfer Sees vor Verschmutzung vom 16.11.1962, *Rüster / Simma* (Fn.8) Bd.X, 4872; Übereinkommen über die Regelung der Wasserentnahmen aus dem Bodensee vom 30.4.1966, BGBl.1967 II, 2313; Chemie- und Chloridübereinkommen zum Schutz des Rheins vom 3.12.1976, BGBl.1978 II, 1053, 1065.

[31] "Principle of equitable utilisation"; dieses Prinzip ist inzwischen zum Völkergewohnheitsrecht erstarkt.

[32] Vgl. für den europäischen Raum das Protokoll zischen Frankreich, Belgien und Luxemburg über die Errichtung eines Ausschusses für verschmutzte Gewässer vom 8.4.1950, UNTS Bd.66, 285; Protokoll über die Errichtung einer internationalen Kommission zum Schutz der Mosel gegen Verunreinigung vom 20.12.1961, BGBl 1962 II, 1102; Protokoll über die Errichtung einer internationalen Kommission zum Schutz der Saar gegen Verunreingung vom 20.12.1961, BGBl 1962 II, 1106; Vereinbarung über die internationale Kommission zum Schutz des Rheins gegen Verunreinigung vom 29.4.1963, BGBl 1965 II, 1432; die Kommissionen haben rein beratende Funktion; sie sollen die Verunreinigung der Gewässer untersuchen, Maßnahmen vorschlagen und Abmachungen vorbereiten; vgl. auch das Rheinchloridübereinkommen (Fn.30).

[33] Das Rheinchloridübereinkommen teilt die Schadstoffe in zwei Gruppen. Einleitungen von Schadstoffen beider Gruppen unterliegen einer Genehmigungspflicht durch die Behörden der Mitgliedstaaten. Für die Stoffe der ersten Gruppe existieren feste, von einer gemeinsamen Kommission (Art.5) festgesetzte Grenzwerte. Die Genehmigungen für Einleitungen von Stoffen der zweiten Gruppe sind lediglich an den von der Kommission festgesetzten Qualitätszielen auszurichten.

kommen begründen auch nur ein relatives Benutzungs- und Verschmutzungsverbot: Verboten sind nur Benutzungen, die den Lauf eines Flusses oder Qualität und Quantität des Wassers so beeinträchtigen, daß anderen Anliegern eine sinnvolle Nutzung nicht mehr möglich ist.[34] Multilaterale Abkommen mit einer eher generellen Ausrichtung lassen konkrete Qualitätsstandards oder Haftungsregeln gänzlich vermissen. Auch die Helsinki-Konvention vom 17.3.1992[35] sieht in ihrem Art.7 nur die Verpflichtung der Zeichnerstaaten vor, bei der Entwicklung von Haftungsregeln zusammenzuarbeiten und entsprechende internationale Aktivitäten zu unterstützen. Art.9 begründet eine Verpflichtung der Staaten zur Zusammenarbeit bei der Erarbeitung von Standards, Überwachungs- und Warnungsverfahren. Für deren Erarbeitung werden in Annex III der Konvention nur Richtlinien festgelegt.

Daneben finden sich zahlreiche Regelungen über das Verfahren bei der Gewässerbenutzung wie Konsultations- und Informationspflichten sowie Warnungspflichten im Falle außerplanmäßiger Großverschmutzungen.

b) Das internationale Recht der Luftreinhaltung

Die weiträumige Luftverschmutzung wurde erst 1975 durch die Einbeziehung in den "Korb 2" der KSZE Schlußakte von Helsinki zu einem internationalen Thema.[36] Bisher existieren erst zwei internationale Abkommen. Dies sind das Übereinkommen über die weiträumige grenzüberschreitende Luftverschmutzung vom 13.11.1979[37] und das Wiener Übereinkommen zum Schutz der Ozonschicht vom 22.3.1985 mit dem Montrealer Protokoll über Stoffe, die zum Abbau der Ozonschicht führen vom 16.9.1987[38].

An beiden Abkommen wird das Vollzugsdefizit multilateraler völkerrechtlicher Abkommen deutlich. Das Abkommen über die weiträumige grenzüberschreitende Luftverschmutzung von 1979 enthält keine verbindliche Festsetzung von Grenzwerten für Schadstoffe.[39] Vielmehr bekräftigen die Staaten in der Zentralnorm des Art.2 lediglich ihre Entschlossenheit, den Menschen und seine Umgebung *unter gebührender Berücksichtigung der jeweiligen Gegebenheiten* vor Luftverunreinigung zu schützen und verpflichten sich sachlich

---

[34] *Ipsen*, Völkerrecht § 53 Rz.6, *Rauschnig*, Allgemeine Völkerrechtsregeln zum Schutz gegen grenzüberschreitende Umweltbeeinträchtigungen, FS Schlochauer S.558-576 (562 ff.).

[35] ILM 1992, 1312.

[36] Zur Geschichte des Abkommens *Ipsen*, Völkerrecht § 53 Rz.35-37.

[37] BGBl 1982 II, 373.

[38] BGBl 1988 II, 901.

[39] Lediglich das Zusatzprotokoll vom 8.7.1985, dem die Bundesrepublik mit 18 anderen Staaten beigetreten ist, BGBl 1986 II, 1116, schreibt eine Verringerung der Schwefelemissionen oder ihres grenzüberschreitenden Flusses von 30 % vor.

nur zu dem *Bemühen*, die weiträumige grenzüberschreitende Luftverunreinigung einzudämmen und *so weit wie möglich* schrittweise zu verhindern. In Art. 6 verpflichtet sich jede Vertragspartei, die bestmöglichen Politiken und Strategien zu erarbeiten, *die mit einer ausgewogenen Entwicklung vereinbar sind*. Die im Text hervorgehobenen Stellen zeigen die Relativierung der vertraglichen Pflichten durch die Einführung von Zumutbarkeitsgrenzen. Hierüber können vor allem auch wirtschaftliche Belange der Staaten einfließen. Eine Haftungsnorm fehlt. Vielmehr schließt die Fußnote 1 zu Art.8 des Abkommens eine Interpretation der dort festgelegten Informationspflichten als Haftungsgrund ausdrücklich aus.[40] Der Vertrag ist daher im wesentlichen als Absichtserklärung zu werten.[41]

Das Wiener Übereinkommen zum Schutz der Ozonschicht[42] enthält zwar eine Schadstoffliste in Anlage I, sieht aber keine konkrete Pflicht zum Abbau der dort genannten Stoffe vor. Die Ziele des Abkommens sind nach Art.2 durch nationale Rechtsvorschriften umzusetzen. Erst durch das Montrealer Zusatzprotokoll[43] wurden konkrete Verpflichtungen zur Reduzierung von Schadstoffen festgelegt.

c) Internationale Haftungs- und Rechtsanwendungsregeln

Die Abkommen des internationalen Umweltrechts enthalten keine Regeln über die Staatenhaftung. Eine international einheitliche Haftungsregelung zulasten des Betreibers existiert in Art.3 der Pariser und Art.IV der Wiener Atomhaftungkonvention. Beide Vorschriften begründen eine summenmäßig begrenzte Gefährungshaftung für den Betrieb einer Nuklearanlage zur friedlichen Nutzung der Kernenergie.[44] Auch die Europarats-Konvention über die zivilrechtliche Haftung für umweltgefährdende Tätigkeiten vom 21.6.1993,[45] die von der Bundesrepublik bisher nicht ratifiziert wurde,[46] begründet in Art.2 lediglich eine Gefährdungshaftung des Betreibers bestimmter umweltgefährdender Anlagen. Der Haftungsumfang umfaßt auch vernünftige Wiederherstellungsmaßnahmen, sofern sie tatsächlich vorgenommen worden sind oder

---

[40] Die Fußnote lautet: "Dieses Übereinkommen enthält keine Bestimmung über die Haftung der Staaten im Zusammenhang mit Schäden."

[41] Wie hier *Ipsen*, Völkerrecht § 53 Rz.39.

[42] Nachweise oben Fn.38.

[43] Oben bei Fn.38.

[44] Pariser Atomhaftungskonvention vom 29.7.1960, Wiener Atomhaftungskonvention vom 21.5.1963.

[45] European Treaty Series 1150.

[46] Ratifiziert haben bisher Cypern, Finnland, Griechenland, Irland, Italien, Liechtenstein, die Niederlande und Luxemburg.

noch vorgenommen werden sollen. Ob von der Konvention die Auswirkungen auf die Vereinheitlichung des Haftungsrechts erwartet werden können, die ihr Titel verheißt, erscheint mehr als fragwürdig. Die Anwendung der Haftungsregeln steht unter dem Vorbehalt des Günstigkeitsprinzips und verlangt daher einen sorgfältigen Vergleich mit dem nationalen Haftungsrecht. Zudem verbleibt ein weiter Spielraum für national abweichendes Recht, was z.B. die Zuständigkeit für Wiederherstellungsmaßnahmen, die Versicherungspflicht der Anlagenbetreiber oder die Informationsansprüche gegen die Behörden betrifft. Die Verbandsklage wird zwar eingeführt, aber mit der Möglichkeit zahlreicher nationaler Einschränkungen wieder entkräftet.[47]

International verbindliche, einheitliche Rechtsanwendungsregeln enthalten nur die Nordische Konvention[48] und der Vertrag zwischen der Bundesrepublik und der Republik Österreich über Auswirkungen der Anlage und des Betriebes des Flughafens Salzburg auf das Hoheitsgebiet der Bundesrepublik Deutschland.[49] Beide gehen davon aus, daß grundsätzlich die Anwendung sowohl des Rechts am Standort der schädigenden Anlage in Frage kommt, als auch des Rechtes an dem Ort, an dem der Schaden eingetreten ist.[50] Nach der Nordischen Konvention darf das auf den Fall anwendbare Recht nicht ungünstiger sein als das Recht am Standort Anlage.[51] Kreuzer schließt hieraus, daß die Anwendung des Günstigkeitsprinzips völkervertraglich festgeschrieben ist.[52] Die Regelung enthält jedoch keine Verpflichtung zur Anwendung des sachlich günstigeren Rechts, das an dem Ort gilt, an dem der Schaden eingetreten ist. Diese besteht nur zur Anwendung des Rechts am Standort der Anlage als Minimalstandard. Daß am Ort des Schadenseintritts weniger strenge Maßstäbe gelten, soll den Schädiger nicht entlasten. Die entsprechende Regelung enthält der völkerrechtlich nicht verbindliche ECE Verhaltenskodex über die Verschmutzung grenzüberschreitender Gewässer durch Unfälle in Ziff.XV.7.

Die Anknüpfung verwaltungsrechtlicher Bestimmungen im Rahmen der Haftung wird in keinem Abkommen erwähnt. Hier bestimmt nur die Nordische

---

[47] Kritisch zum Abkommen auch *Bianchi*, The Harmonisation of Laws on Liability for Environmental Damage in Europe, European Journal of Environmental Law 6 (1994) 21-42 (34, 42).

[48] ILM 1974, 591.

[49] BGBl 1974 II 15 ff.

[50] Art.3 Abs.2 der Nordischen Konvention; Art.4 Abs.3 des Vertrages über den Flughafen Salzburg.

[51] Art.3 Abs.2: "The question of compensation shall not be judged by rules which are less favourable to the injured party than the rules of compensation of the State in which the activities are being carried out."

[52] *Kreuzer*, Gutachtliche Stellungnahme zum Referentenentwurf eines Gesetzes zur Ergänzung des Internationalen Privatrechts (Außervertragliche Schuldverhältnisse und Sachen) - sachenrechtliche Bestimmungen, in: *Henrich* (Hrsg.), Vorschläge und Gutachten, S.38-166 (143).

Konvention in Art.3 Abs.1 verbindlich, daß betroffene Privatpersonen im Nachbarstaat das Recht auf Beteiligung im Verwaltungsverfahren und auf Zugang zu den dortigen Gerichten in gleicher Weise haben sollen wie die Angehörigen des Staates, von dem die Störung ausgeht. Die entsprechende Regelung enthalten die Ziff.VII.1-3 des Verhaltenskodex über die Verschmutzung grenzüberschreitender Gewässer durch Unfälle.

Das im Genehmigungverfahren selbst anwendbare Recht wird nicht geregelt. Nach den Art.10, 11 und 12 der Nordischen Konvention und nach Ziff.X des Verhaltenskodex über die Verschmutzung grenzüberschreitender Gewässer durch Unfälle sind die Auswirkungen im Ausland zu berücksichtigen und inländischen Auswirkungen gleichzustellen. Allein der Vertrag über den Flughafen Salzburg sieht in Art.3 Abs.2 die Anwendung deutschen Rechts für die Auswirkungen auf deutschem Staatsgbiet vor.

Die Festsetzung von Grenzwerten in völkerrechtlichen Verträgen hat für Individualklagen gegen grenzüberschreitende Immisionen in der Regel wenig Aussagekraft, da hierdurch nur die Verpflichtung der Staaten zur Schadstoffreduzierung oder zur Aufteilung der zulässigen Höchstnutzung unter den Anliegern begründet wird.[53]

3. Das völkerrechtliche Nachbarrecht

a) Herleitung

Im Mittelpunkt des völkerrechtlichen Nachbarrechts stehen der Schutz der staatlichen Souveränität und der Gebietshoheit der Staaten[54] sowie die Regelung der Benutzung der natürlichen Ressourcen durch mehrere Staaten. Wie im privaten Nachbarrecht geht es auch im internationalen Nachbarrecht um die Abgrenzung der territorialen Souveränität mehrerer Staaten in Bezug auf Aktivitäten auf ihrem Staatsgebiet, die auch Auswirkungen außerhalb des Staatsgebietes haben können. Ausgangspunkt ist die unbegrenzte Territorialhoheit der Staaten: Jeder Staat hat auf seinem Gebiet unbeschränkte Gebiets- und Personalhoheit.[55] Andererseits hat er auch ein Recht auf die Achtung dieser seiner territorialen Souveränität durch seine Nachbarstaaten und damit auf territoriale Integrität. Wie der einzelne im nationalen Recht aber verpflichtet ist, in der Benutzung seines Grundstückes auf seine Nachbarn Rücksicht zu nehmen, so muß auch der Staat in der Benutzung des Staatsgebietes auf die

---

[53] Vgl. unten S.110, 116.

[54] Hier setzt auch die Kritik an, das völkerrechtliche Nachbarrecht ermögliche keinen effektiven Umweltschutz, da es nur Regional- und Staatsinteressen fördere.

[55] Territorialitätsprinzip, *Randelzhofer* (Fn.5) S.3;

Souveränität und Integrität seiner Nachbarstaaten Rücksicht nehmen.[56] Dies ist eine immanente Schranke der territorialen Souveränität.[57] Die Existenz eines völkerrechtlichen Nachbarrechts wird belegt durch die Staatenpraxis[58] sowie die Entscheidungen internationaler Gerichte[59] und Schiedsgerichte[60].

b) Inhalt und Sanktionen

Das völkerrechtliche Nachbarrecht ist gekennzeichnet durch das Gebot der Rücksichtnahme auf die Interessen des Nachbarstaates. Das Rücksichtnahmegebot gilt sowohl im Hinblick auf die Vermeidung wesentlicher Verschmutzungen als auch im Hinblick auf die Benutzung gemeinsamer Ressourcen.[61]

Kein Staat darf sein Gebiet so benutzen oder benutzen lassen, daß hiervon wesentliche nachteilige Einwirkungen auf das Gebiet des Nachbarstaates ausge-

---

[56] Zur Herleitung des internationalen Nachbarrechts aus dem Prinzip der territorialen Souveränität und Integrität vgl. *Darrell,* Killing the Rhine: Immoral, But Is It Illegal? Virginia Journal of International Law 421-472, 437-443; anders das Prinzip der absoluten territorialen Souveränität unter der heute als überwunden geltenden "Harmon Doctrine", nach der ein Staat z.B. die grenzüberschreitenden Flüsse auf seinem Staatsgebiet ohne Rücksicht auf die Auswirkungen auf das Gebiet des Nachbarstaates nutzen durfte; sie war bis in die 30er Jahre die Grundlage der amerikanischen Wasserpolitik; hierzu *Krakau,* Die Harmon Doktrin, 1966; *Randelzhofer / Simma* (Fn.1) FS Berber S.396; sie wurde auch von Frankreich im Lac Lanoux Fall vertreten; siehe *Darrell,* aaO Fn.17; ablehnend *Klein,*Umweltschutz im völkerrechtlichen Nachbarrecht S.120; *Peter,* Umweltschutz am Hochrhein, 186 ff.

[57] Prinzip der eingeschränkten territorialen Souveränität und Integrität; *Verdross / Simma,* § 1029; *Dahm / Delbrück / Wolfrum,* 445; die frühere Völkerrechtslehre leitete das völkerrechtliche Nachbarrecht aus dem völkerrechtlichen Verbot des Rechtsmißbrauchs nach dem Grundsatz *sic utere tuo ut alienum non laedas* ab; diese Ableitung überzeugt jedoch heute nicht mehr; Voraussetzung des Rechtsmißbrauchsverbots ist der bewußte und zweckgerichtete Mißbrauch, der im internationalen Umweltrecht schwer nachweisbar ist; *Rauschnig* (Fn.1) FS Schlochauer, S.561 m.w.Nachw.; ders. (Fn.34) Europa Archiv 16 (1972) 567-580 (560).

[58] *Randelzhofer / Simma* (Fn.1) FS Berber S. 397; *Randelzhofer* (Fn.5) Jura 1992, 1 (3); auch das Prinzip 21 der Stockholmer Deklaration über die Umwelt des Menschen legt letztlich den Umweltschutz durch das völkerrechtliche Nachbarrecht nieder.

[59] ICJ Reports 1949 S. 4ff (Korfu Kanal): Der IGH stützte seine Entscheidung für die Verantwortlichkeit Albaniens auf den Grundsatz, daß kein Staat wissentlich erlauben dürfte, daß sein Territorium für Akte genutzt werde, die den Rechten anderer Staaten widersprechen; Ständiger Internationaler Gerichtshof in seinem Urteil über die Oderkommission in Auslegung des Versailler Vertrages, PICJ Series A Nr.23 S.27, der die absolute Gleichheit aller Flußanliegerstaaten im Hinblick auf die Nutzung internationaler Flüsse statuierte; vgl. auch die Entscheidung des US Supreme Courts im Streit zwischen New York und New Jersey 256 U.S. 296, 65 Law.Ed.937 (1908).

[60] RIAA Vol.III S.1905 ff (Trail Smelter) 1963 ff: "Under the Principles of international law as well as under the law of the United States, no State has the right to use or permit the use of its territory in such a manner as to cause injuries by fumes in or on the territory of another or the property of persons therein, when the case is of serious consequence and the injury is established by clear and convincing evidence", 1965; RIAA Vol. XII S.281 (Lac Lanoux): Das Gericht legte seiner Entscheidung die Regel zugrunde, daß der Oberliegerstaat an einem quergeteilten Gewässer von seinem Nutzungsrecht nur so weit Gebrauch machen darf, als durch die Änderung des Wasserlaufs keine ernsthafte Schädigung des Unterstaates erfolge.

[61] *Dahm / Delbrück / Wolfrum,* Völkerrecht S.451.

hen.[62] Dies gilt auch dann, wenn die Emissionen nicht auf eine staatliche, sondern auf eine private Tätigkeit zurückzuführen sind.[63] Der Staat hat eine angemessene Überwachung zu gewährleisten und ausreichende Schutzmaßnahmen zu treffen.[64] Den Staat trifft auch eine völkergewohnheitsrechtliche Pflicht, wesentliche Schädigungen der Umwelt im Nachbarstaat zu verhüten.[65]

Das Gebot der Rücksichtnahme gilt auch für die Benutzung gemeinsamer Ressourcen durch mehrere Staaten. Im internationalen Gewässerrecht hat sich hierzu der Grundsatz der Einheit des Gewässerbeckens und der "equitable utilisation" entwickelt, der auch auf andere Bereiche ausgedehnt wird.[66] Kein Staat darf das Wasser eines gemeinsamen Flusses zum Nachteil eines Nachbarstaates umleiten oder benutzen, ohne auf Schäden außerhalb seines Staatsgebietes Rücksicht zu nehmen.[67] Das Prinzip ist niedergelegt in Art. VI der Helsinki Regeln über die Benutzung internationaler Wasserläufe der International Law Assotiation.[68] Die Staaten müssen, sofern internationale Grenzwerte existieren, die höchstzulässige Nutzung im Verhandlungswege untereinander aufteilen.[69] Unter diesem Blickwinkel wird die Herleitung des Prinzips der gemeisamen Ressourcenbenutzung aus dem Rücksichtnahmegebot besonders deutlich. Noch im Entstehen begriffen sind Normen des Völkergewohnheitsrechtes, wonach die Staaten verpflichtet sind, neue und zusätzliche grenzüberschreitende Umweltbelastungen mit "due diligence" auf das Mindestmaß zu begrenzen, das nach der ihnen zur Verfügung stehenden Technik erreichbar ist und die Belastung gemeinsamer Umweltmedien angemessen aufzuteilen.[70]

---

[62] Stockholmer UN-Deklaration von 1972 Prinzip 21; *Dupuy* (Fn.17) S.366; kritisch *Seidl-Hohenveldern*, Völkerrecht Rz.1525: Das Prinzip werde durch die häufigen Bezugnahmen auf die territoriale Souveränität verwässert.

[63] *Fröhler / Zehetner*, Rechtsschutzprobleme bei grenzüberschreitenden Umweltbeeinträchtigungen Band I S.126 ff.; *Peter*, Umweltschutz am Hochrhein S.189; *Dupuy* (Fn.17) S.371.

[64] *Dupuy* (Fn.17) S.370.

[65] *Gündling*, Verantwortlichkeit der Staaten für grenzüberschreitende Umweltbeeinträchtigungen, ZaöRV 45 (1985) 265-292 (280).

[66] *Dupuy* (Fn.17) 368; *Ipsen*, Völkerrecht § 53 Rz.7.

[67] *Dupuy* (Fn.17) S.367. In einem Streit zwischen Indien und Pakistan entschied die IRBD entsprechend diesem Grundsatz, daß die Wasser des Indusbeckens in der Weise auszubeuten seien, die am besten die Interessen des gesamten Flußbeckens fördere, 1960 Annuaire Francais des Droit Int. 669 ff.; in einem Streit zwischen den Bundesstaaten Colorado und Wyoming verbot der US Supreme Court dem Staat Colorado unter Anwendung dieses Grundsatzes, Teile des Laramie Rivers in Colrodao umzuleiten, 259 U.S. 419, 66 L.Ed. 999 (1922).

[68] ILA Helsinki Rules on the Uses of the Waters of International Rivers, ILA Reports on the 52 nd Conf. (1967) 484 (486); die Regel lautet:

> "Each basin State is entitled within its territory to a reasonable share in the beneficial uses of the waters in an international drainage basin."

hierzu auch *Rauschnig* (Fn.34) S.569.

[69] *Rauschnig* (Fn.34) S.570, der allerdings in seinem Beispielsfall die Regeln der TA Luft heranzieht.

[70] *Verdross / Simma* § 1030; *Rauschnig* (Fn.34) S.566 ff; dagegen bezeichnet *Lammers* (Fn.18) S. 91 ff., 94 ff. diese Pflichten bereits als geltendes Völkerrecht.

c) Ausgestaltung des internationalen Nachbarrechts

Das internationale Nachbarrecht ist inhaltlich nicht durch konkrete Einzelregelungen, sondern durch wenige Grundsätze geprägt.[71] Seine Kriterien sind eher vage.[72] Der Grundsatz der limitierten territorialen Souveränität und Integrität führt zu einem Abwägungsgebot.[73] Konkrete Standards oder gar Grenzwerte lassen sich aus ihm nicht ablesen.[74] Deswegen ist die Ausgestaltung des internationalen Nachbarrechts äußerst umstritten.

aa) Die Wesentlichkeit

Kein Staat darf auf seinem Staatsgebiet jede beliebige umweltgefährdende oder umweltbeeinträchtigende Maßnahme treffen und dadurch die Umwelt in anderen Staaten gefährden. Nicht jede umweltgefährdende Maßnahme ist jedoch völkerrechtswidrig.[75] Man stellt in der zwischenstaatlichen Praxis übereinstimmend auf die Erheblichkeit des zu erwartenden Schadens ab.[76] Das Völkergewohnheitsrecht kennt kein generelles Verbot, die Umwelt nicht zu belasten, solange dem Nachbarstaat kein Schaden entsteht.[77] Die Beschränkung der völkerrechtlichen Pflichten auf die Vermeidung erheblicher Schäden ergibt sich nicht ausdrücklich aus Prinzip 21 der Stockholm Deklaration, folgt aber aus der dort angelegten Interessenabwägung.[78] Der Begriff ist noch schwerer

---

[71] *Randelzhofer / Simma* (Fn.1) FS Berber S.407.

[72] So auch *Randelzhofer*, Transfrontier Pollution, Encyclopedia of Public International Law, S.380.

[73] *Rauschnig* (Fn.34) S.561; *Klein*, Umweltschutz im völkerrechtlichen Nachbarrecht S.120; *Fröhler / Zehetner* (Fn.63) S.69 ff.

[74] A.A. *Rauschnig* (Fn.1) Europa Archiv 16 (1972) 567-580 (574), er will aus Art. 3 der Stockholmer Erklärung - Erhaltung der Regenerationsfähigkeit der Erde - einen absoluten Grenzwert für die Verschmutzung ableiten.

[75] *Seidl-Hohenveldern*, Völkerrecht Rz.1523; *Darrell* (Fn.56) 444 ff: Der Geschädigte muß mehr beweisen als eine Verschlechterung des status quo.

[76] Aus dem Erfordernis in *Trail Smelter* , RIAA III S.1905 ff.; 1966 ff.;, "that the injury is established by clear and convincing evidence" wird auf das Verbot *erheblicher* Schäden geschlossen.

[77] *Rauschnig* (Fn.34) FS Schlochauer S.570; entsprechend existiert eine Kontrverse zwischen OECD und ILA über die Definition des Begriffes der "Pollution": Die ILA will den Begriff auf solche Aktivitäten beschränken, die einen Schaden zur Folge haben; *Gündling* (Fn.65) ZaöRV 45 (1985) 265-292 (280); nach der OECD genügen abträgliche Wirkungen wie die Gefährdung der menschlichen Gesundheit, Schädigung der Naturschätze, der Ökosysteme, Sachwerte oder die Beeinträchtigung von Annehmlichkeiten oder sonstiger rechtmäßiger Nutzungen der Umwelt; Recommendation of the Council C [77]28, ILM 1977, 977; die Definition wurde in Art.1 lit.a des Übereinkommens über die weiträumige grenzüberschreitende Luftverunreinigung und in Art.1 des UN Seerechtsübreinkommens übernommen.

[78] *Rauschnig* (Fn.34) FS Schlochauer S.563; *Dahm / Delbrück / Wolfrum*, Völkerrecht S.446. Die Begrenzung folgt aber aus der Resolution der Generalversammlung vom 15.12.1972 (XXVII), die die Haftung auf "signifikante" Schäden begrenzt, UN Doc. A/CONF.48/14.

greifbar als im nationalen Recht, da die Grenzwerte von Land zu Land verschieden sind und international anerkannte Grenzwerte fehlen.[79] Das Völkergewohnheitsrecht selbst ist nicht geeignet, die erheblichen von den gewöhnlichen Schäden abzugrenzen. Ohne internationale Grenzwerte werden daher nur verhältnismäßig klare Fälle unmittelbarer und erheblicher Schäden erfaßt.[80] Man wird zur Feststellung der Erheblichkeit auf den üblichen Verschmutzungsgrad, den Stand der Vermeidungstechnologien und den Grad der allgemeinen Schädigung abzustellen haben.[81]

Aus der Pflicht zur Vermeidung wesentlicher Emissionen wird gefolgert, daß die Staaten verpflichtet sind, Tätigkeiten zu unterlassen, die ein wesentliches Risiko für Schäden außerhalb des Staatsgebietes mit sich bringen. Auch die Gestattung einer solchen Anlage soll ein völkerrechtliches Delikt darstellen.[82] Die Wesentlichkeit des Risikos wird ermittelt, indem die Wahrscheinlichkeit und die Größe des zu erwartenden Schadens zueinander in Beziehung gesetzt werden.[83] Der Schadenseintritt muß hinreichend voraussehbar sein. Mit dieser Argumentation schließen Randelzhofer / Simma auf die Unzulässigkeit der Errichtung von Kernkraftwerken in Grenzgebieten.[84] Dieses an sich wünschenswerte Verbot entspricht aber wie die Praxis zeigt keineswegs dem Stand des Völkergewohnheitsrechts.[85]

bb) Verschuldens- oder Erfolgshaftung

Verletzt ein Staat seine Pflicht zu nachbarschaftlicher Rücksichtnahme, so ist er zum Ersatz des daraus entstehenden Schadens verpflichtet.[86] Der Schadens-

---

[79] Es ist ein Kennzeichen der Völkerrechtsgemeinschaft, daß sie keine international anerkannte Normsetzungsgewalt kennt, *Rauschnig* (Fn.34) FS Schlochauer S.563; zur internationalen Zurückhaltung, Grenzwerte in völkerrechtliche Verträge aufzunehmen, oben I.2.b).

[80] So auch *Rauschnig* (Fn.1)Europa Archiv 1972 S.569

[81] *Rauschnig* (Fn.34) FS Schlochauer S.564; *Dahm / Delbrück / Wolfrum*, Völkerrecht S.446.

[82] *Randelzhofer / Simma* (Fn.1) FS Berber S.425.

[83] *Lammers* (Fn.18) S.97.

[84] *Randelzhofer / Simma* (Fn.1) FS Berber S.414 ff.; siehe zur Zulässigkeit der Errichtung von Kernkraftwerken im Grenzbereich auch *Kloepfer / Kohler*, Kernkraftwerk und Staatsgrenze.

[85] So auch *Gündling* (Fn.65) ZaöRV 45 (1985) 265-292 (282) für die Ausbeutung von Erdöl aus dem Festlandsockel und den Transport gefährlicher Güter (Rohöl über 100.000t und Chemikalien); kritisch auch *Kloepfer*, Grenzüberschreitende Umweltbelastungen als Rechtsproblem, DVBl 1984, 245-255 (253).

[86] Vgl. Trail Smelter, Lac Lanoux, Korfu-Channell (Fn.59, 60).; Gut Dam ILM 8 (1969) 118 ff; Tribunal Administratif de Strasbourg v.27.7.1983 ZaöRV 44 (1984) S.342 m.Anm. *Beyerlin*; Arrondissementsbank Rotterdam v.8.1.1979 und 16.12.1983 RabelsZ 49 (1985) 741 m.Anm. *Nassr Esfahani / Wenckstern*; *Darrell* (Fn.56) S. 444 ff.; ILA Montreal Rules 1982, 60th Conf.Rep. S.1; *Lagoni* (Fn.1) 246.

ersatzanspruch richtet sich in erster Linie auf die Wiederherstellung des ursprünglichen Zustandes. Erst wenn dies nicht möglich ist, ist Schadensersatz in Geld zu leisten.[87] Daneben muß er auf Verlangen des geschädigten Staates die grenzüberschreitende Verschmutzung derart abbauen, daß keine erheblichen Schäden mehr entstehen.[88]

Schwierigkeiten bereitet die Frage, ob für die Haftung staatliches Verschulden erforderlich ist. Traditionell wird die gewohnheitsrechtliche Gefährdungshaftung außerhalb des Weltraumhaftungsvertrages und des Genfer Abkommens über die Hohe See abgelehnt.[89] Das internationale Nachbarrecht verpflichte alle Staaten nur, mit der erforderlichen Sorgfalt ("due diligence") Maßnahmen zu ergreifen, um wesentliche Beeinträchtigungen außerhalb des Staatsgebietes zu verhindern. Die geschuldete Sorgfalt ist hierbei die Sorgfalt eines Staates, der seine internationalen Verpflichtungen erfüllt.[90] Eine andere Auffassung würde nach Meinung der Vertreter einer Verschuldenshaftung zur Vermutung für die staatliche Haftung führen, die sich dem Völkergewohnheitsrecht noch nicht entnehmen lasse.[91]

Nach der Gegenansicht ist die umweltrechtliche Gefährdungshaftung bereits völkergewohnheitsrechtlich im Sinne des Art. 38 des Statuts des Internationalen Gerichtshofes gesichert.[92] Begründet wird dies mit Prinzip 21 und 22 der Stockholmer Deklaration[93] und mit der Tatsache, daß die Gefährdungshaftung inzwischen in zahlreichen nationalen Rechtsordnungen verankert ist.[94] Die Kombination der Prinzipien 21 und 22 zeige die Absicht vieler Staaten, eine Gefährdungshaftung zu begründen.[95]

Die vermittelnde Ansicht geht von einer reinen Rechtswidrigkeitshaftung aus. Dies entspricht auch den UNEP Guidelines über die völkerrechtliche

---

[87] *Randelzhofer* (Fn.5) Jura 1992, S.7; *ders. /Simma,* Kernkraftwerk S.409.

[88] Schiedssprüche im Fall *Trail Smelter* RIAA III S. 1905 ff.; 1966 ff..

[89] *Dupuy* (Fn.17) International Liability S.369 ff; ablehnend auch *Klein* (Fn.73) S.120; eine völkerrechtliche Haftung der Staaten sehen vor das Abkommen über die Haftung für Ölverschmutzungsschäden; Art. II Weltraumhaftungsabkommen; Art. 22 Abs.3 des Genfer Abkommens über die Hohe See; die anderen Abkommen, etwa das Abkommen über die friedliche Nutzung der Atomernergie begründen keine unmittelbare Gefährdungshaftung der Staaten, sondern nur eine Haftung für den privaten Betreiber.

[90] *Dupuy* (Fn.17) S.369.

[91] *Dupuy* (Fn.17) S.370.

[92] *Lammers* (Fn.18) S.100 ff; *Randelzhofer / Simma* (Fn.1) FS Berber S.430 f.

[93] Oben I.1.

[94] *Randelzhofer / Simma* (Fn.1) FS Berber S.430 f.; *Lammers* (Fn.18) S. 101 mit Nachweisen aus den nationalen Rechtsordnungen.

[95] *Lammers* (Fn.18) S.101.

Haftung für Umweltschäden, die als Basis für die Haftung die Verletzung einer völkerrechtlichen Primärpflicht ansehen.[96] Auch nach dem Entwurf der international Law Commission soll nur für völkerrechtswidrige Akte ("international wrongful acts") gehaftet werden. Diese werden in Art.3 definiert als zurechenbare Akte eines Staates, die gegen ein völkerrechtliches Verbot verstoßen.[97]

Gegen die gewohnheitsrechtliche Verankerung der Gefährdungshaftung spricht die uneinheitliche Staatenpraxis. Auch aus internationalen Abkommen läßt sich kein einheitlicher Gefährdungstatbestand, ja nicht einmal ein einheitlicher Grundgedanke über die Gefährlichkeit ablesen.[98] Die meisten begründen nur eine zivilrechtliche Haftung. Dagegen stößt die Verschuldenshaftung auf die Schwierigkeit, das Verschulden eines Staates zu begründen. Letztlich findet sich keine Definition der "due diligence", die über die Völkerrechtswidrigkeit des haftungsbegründenden Aktes hinaus auf ein weitergehendes subjektives Verschuldenserfordernis abstellen würde.[99] Die Einwände, den Staat treffe keine Garantiepflicht für alle Schäden, die von Dritten auf seinem Territorium verursacht werden[100] und eine reine Rechtswidrigkeitshaftung würde damit ihren Gerechtigkeitsaspekt verlieren und zur "Einbahnstraße zugunsten des Downstreamstaates" werden[101], treffen nicht zu: Der Umweltschutz ist eine originäre Staatsaufgabe. Gefragt wird daher nicht nach der Zurechenbarkeit des Verhaltens von Privaten, sondern nach dem Genügen der staatlichen Kontrolle.[102] Die Gegenansicht entkräftet auch die in internationalen Abkommen festgelegten Grenzwerte, indem sie sanktionslose Verstöße ermöglicht. Die Haftung für den bloßen Rechtsverstoß schafft in Verbindung mit der Festsetzung von international verbindlichen Grenzwerten flexible Lösungen und gleicht die in den Verträgen geübte Zurückhaltung aus, völkerrechtliche Haftungsnormen zu begründen.[103] Im Einzelfall kann die Haftung für völker-

---

[96] UNEP Draft Principles of Conduct in the field of the Environment for the Guidance of States in the Conservation and Harmonious Utilisation of Natural Ressources Shared by two or more States, 1978, 17 ILM 1978, 1097.

[97] *Gündling* (Fn.65) ZaöRV 45 (1985) 265-292 (277).

[98] So auch *Gündling* (Fn.65) ZaöRV 45 (1985) 265-292 (286); die Erfolgshaftung für extrem gefährliche Tätigkeiten könne daher nur als ein Trend oder "emerging standard" angesehen werden, aaO S.280.

[99] So auch *Gündling* (Fn.65) ZaöRV 45 (1985) 265-292 (279): Ein subjektives Verschuldenselement sei bei Staaten nicht feststellbar.

[100] *Dupuy* (Fn.17) S.371.

[101] *Dupuy* (Fn.17) 373.

[102] So auch *Gündling* (Fn.65) ZaöRV 45 (1985) 265-292 (289).

[103] Vgl. z.B. Art.8 der Konvention über die weiträumige grenzüberschreitende Luftverunreinigung: "The present Convention does not contain a State liability as to damage." 18 ILM 1979, 1442; *Gündling* (Fn.65) ZaöRV 45 (1985) 265-292 (275).

rechtswidrige Akte auch zu einer Fahrlässigkeitshaftung führen, wenn der Verstoß gegen die maßgebliche Primärnorm Fahrlässigkeit voraussetzt.[104] Geht man von einem Verbot extrem gefährlicher Tätigkeiten mit möglicherweise grenzüberschreitenden Auswirkungen aus, so verstößt bereits die Genehmigung einer solchen Aktivität gegen das völkerrechtliche Verbot. Dann wird auch unter dem Gesichtpunkt der Rechtswidrigkeitshaftung für alle Folgeschäden dieses Verstoßes gehaftet.[105]

Das Haftungsrecht ist noch auszubauen. Wünschenswert wäre ein durch internationale Abkommen gesichertes System internationaler Grenzwerte.[106] Die Festsetzung von Grenzwerten ermöglicht Beweiserleichertungen hinsichtlich der sonst äußerst schwierig nachzuweisenden Kausalität.[107] Völkerrechtlich ungeklärt ist auch die Haftung für summierte Immissionen, die jede für sich nach dem Recht des Ausgangsstaates zulässig waren.[108]

d) Verfahrenspflichten

Hinsichtlich der Verfahrenspflichten ist zu unterscheiden zwischen zwischenstaatlichen Verfahrenspflichten und völkerrechtlichen Anforderungen an das innerstaatliche Verwaltungs- und Gerichtsverfahren.

aa) Zwischenstaatliche Verfahrenspflichten

Ein potentiell betroffener Nachbarstaat ist über neue und zusätzliche Belastungen, besonders im Katastrophenfall, rechtzeitig zu informieren und zu warnen. Der Verursacherstaat hat andere Staaten rechtzeitig auf die zu erwartenden Beeinträchtigungen hinzuweisen, um ihnen die entsprechenden Abwehrmaßnahmen zu ermöglichen.[109] Diese Pflicht ist durch die Staatenpraxis und die Rechtsprechung völkergewohnheitsrechtlich gesichert[110] und setzt sich in einer Schadensminderungspflicht fort. Noch nicht allgemein völkergewohnheitsrechtlich abgesichert ist eine gegenüber dem Nachbarstaat bestehende Konsultations-

---

[104] *Gündling* (Fn.65) ZaöRV 45 (1985) 265-292 (277).

[105] So *Randelzhofer / Simma* (Fn.1) FS Berber S.420.

[106] *Dupuy* (Fn.17) 376.

[107] Zu den Beweisschwierigkeiten *Gündling* (Fn.65) ZaÖRV 45 (1985) 265-292 (290); *Dupuy* (Fn.17) 377, der bei Überschreitung der Grenzwerte Kausalität und Fahrlässigkeit vermuten will.

[108] *Seidl-Hohenveldern*, Völkerrecht Rz.1528.

[109] *Rauschnig* (Fn.34) FS Schlochauer S.573 f.

[110] Nicaragua Fälle des IGH, I.C.J. Reports 1986, S.14, 112; *Lagoni* (Fn.1) S.246; *Dahm / Delbrück / Wolfrum*, Völkerrecht S.451; *Rauschnig* (Fn.34) 573ff.

pflicht und eine Pflicht zur Umweltverträglichkeitsprüfung sowie eine Pflicht zur Sammlung und Auswertung von Daten, wenn ein Staat eine Quelle künftiger Verschmutzung im Grenzgebiet errichten oder genehmigen will.[111] Eine entsprechende Staatenpraxis findet sich nur im Zusammenhang mit der fairen Nutzungsaufteilung im internationalen Wasserrecht[112] und ist außerhalb dieses Gebietes noch nicht nachweisbar. Die bindende Informationspflicht wurde in Prinzip 20 der UN Deklaration auf eine nicht bindende reduziert[113] und findet sich lediglich in einzelnen Staatsverträgen.[114]

bb) Völkerrechtliche Anforderungen an das innerstaatliche Verfahren

Aus dem völkerrechtlichen Nachbarrecht folgt die Pflicht zur prozeduralen Gleichbehandlung der Angehörigen von Nachbarstaaten im Verwaltungs- und Gerichtsverfahren.[115] Gefordert wird darüber hinaus auch die nicht diskriminierende Anwendung der materiellen Umweltschutzregelungen des Verursacherstaates auch auf Schäden jenseits der Staatsgrenze.[116] Die Grundsätze der territorialen Integrität und Souveränität und das aus ihnen abgeleitete Rücksichtnahmegebot bedingen jedoch nach dem derzeitigen Entwicklungsstand des internationalen Umweltrechts nur eine *objektive Berücksichtigungspflicht*, aber kein subjektiv öffentliches Recht für Angehörige in Nachbarstaaten, das zu einer Klagebefugnis führen könnte.[117]

4. Defizite des Völkerrechts in der konkreten Rechtsanwendung

Das internationale Umweltrecht trifft im Ansatz das Problem grenzüberschreitender Umweltverschmutzungen. Die Schwierigkeiten beruhen letztlich

---

[111] *Verdross / Simma*, § 1031; *Seidl- Hohenveldern*, Völkerrecht Rz.1526; anders *Lammers* (Fn.18) S.109 ff., der hier bereits von geltendem Völkergewohnheitsrecht ausgeht.

[112] Zur Staatenpraxis im internationalen Wasserrecht *Rauschnig* (Fn.34) FS Schlochauer S.575.

[113] So auch *Randelzhofer* (Fn.72) S.380; vgl. auch OECD (77) 28; anders *Rauschnig* (Fn.34) FS Schlochauer S.572 ff, der aus Prinzip 20 eine bindende Verfahrenspflicht ableiten will.

[114] Skandinavische Umweltschutzkonvention, *Rüster / Simma* (Fn.8) I S. 70 ff.; Übereinkommen über die weiträumige grenzüberschreitende Luftverunreinigung vom 13.11.1979, Band 28 S 341 ff., BGBl 1982 II S. 373 ff.; Empfehlung des OECD Rates vom 14.11.1974 über die Grundsätze für grenzüberschreitende Umweltbelastung, Band 1 S. 316 ff..

[115] *Dahm / Delbrück / Wolfrum*, Völkerrecht S.451; *Rauschnig* (Fn.34) FS Schlochauer, S. 573 ff.

[116] *Seidl-Hohenveldern*, Völkerrecht Rz.1526.

[117] So zutreffend *Lukes*, Klagebefugnis und Verwaltungsverfahrensbeteiligung für ausländische Nachbarn am Beispiel des Atom- und Bundesimmissionschutzrechts, GewArch 86,1 (2); dem entsprechen auch die Regelungen in Richtlinien der EG, vgl.nur Art.7 der Richtlinie über die Umweltverträglichkeitsprüfung vom 27.6.1985, ABl L 175 S.40, und die zwischenstaatliche Praxis in der EG, vgl. in der Einleitung und in Kapitel 2, III. die Ausführungen zum Fall *Stracel*.

auf einem überzogenen Souveränitätsverständnis der Einzelstaaten und auf der fehlenden Berücksichtigung der Belange des Nachbarstaates und seiner Bewohner bei der Standortwahl und im Genehmigungsverfahren. Seine uneingeschränkte Souveränität erlaubt dem Emissionsstaat, allein über die Plazierung umweltbelastender Anlagen zu entscheiden. Umgekehrt erlaubt die ebenfalls aus der unbeschränkten Souveränität entspringende territoriale Integrität die gänzliche Abwehr nicht konsentierter Gebietsbeeinträchtigungen,[118] die sich in der Nichtanerkennung öffentlich-rechtlicher Genehmigungen des Nachbarstaates äußert. Das Völkerrecht bietet hier einen umfassenden Rahmen für Konsultationen und die Erörterung gemeinsamer Ziele und Wertvorstellungen. Der hierdurch entstehende politische Druck auf die Staaten, auf nationaler Ebene Umweltqualitätsnormen zu schaffen oder die Opfer grenzüberschreitender Verschmutzungen zu entschädigen, darf nicht unterschätzt werden.

Andererseits weist das Völkerrecht aber gerade auf dem Gebiet verbindlicher Sanktionen sowie der Entschädigung von Opfern entscheidende Defizite auf. Völkerrechtssubjekte sind nur die Staaten. Nur sie werden durch völkerrechtliche Normen und Gewohnheitsrechtssätze berechtigt und verpflichtet. Staaten haben jedoch die Tendenz, derartige Probleme in bilateralen diplomatischen Verhandlungen zu lösen und machen aus der Angst heraus, Gegenansprüchen ausgesetzt zu sein, nur in seltenen Fällen völkerrechtliche Ansprüche gegen andere Staaten gerichtlich geltend.[119] Den Privatpersonen, die letztlich den Schaden erleiden, bleibt nur der langwierige und umständliche Weg des diplomatischen Schutzes.[120] Die aus der Abwägung der territorialen Souveränität und Integrität der beteiligten Staaten gewonnenen Ergebnisse bleiben notwendig vage und eignen sich daher nicht für eine Lösung konkreter Rechtsstreitigkeiten.[121] Auch inhaltlich weist das Völkerrecht in der Frage der Haftung noch entscheidende Defizite auf. Die völkerrechtlichen Vereinbarungen enthalten neben den Verfahrenspflichten keinerlei Regelungen über die Sanktionen und die Haftung der Staaten für grenzüberschreitende Umweltbeeinträchtigungen. Das Genfer Übereinkommen über die weiträumige grenzüberschreitende Luftverunreinigung[122] schließt seine Interpretation als Haftungsgrundlage sogar

---

[118] So auch *Kloepfer*, Grenzüberschreitende Umweltbelastungen als Rechtsproblem, DVBl 1984, 245-255 (252).

[119] *Darrell* (Fn.56) 447.

[120] Aus diesem Grunde schlägt *Dupuy* für die Verbesserung des völkerrechtlichen Sanktionensystems im internationalen Recht auch eine flexiblere Gestaltung des diplomatischen Schutzes vor; zur Verbesserung der Rechtsstellung Privater gegenüber grenzüberschreitender Verschmutzung allgemein sucht der Autor bezeichnenderweise außerhalb des Völkerrechts, *Dupuy* (Fn.17) S.378.

[121] So auch *Kloepfer* (Fn.123) DVBl 1984, 245-255 (250,254).

[122] BGBl 1982 II 374, 378.

ausdrücklich aus.[123] Die Staaten erweisen sich letztlich nicht als willens, sich dem selbst geschaffenen Recht durch Sanktionen und Verpflichtungen wirklich zu unterwerfen.[124] In Umweltverträgen jüngeren Datums zeichnet sich jedoch die Bereitschaft der Staaten ab, Umweltqualitätsstandards verbindlich festzusetzen[125] und bei der Standortfrage Belange des Nachbarstaates zu berücksichtigen.[126]

Das internationale Nachbarrecht hat bisher wenig Einfluß auf Rechtsstreitigkeiten genommen.[127] Privatpersonen haben auf Grund der schwierigen Beweislage eher die Tendenz, Prozesse zu vermeiden und sich auf Vergleichszahlungen einzulassen oder auf dem Zivilrechtsweg gegen den ausländischen Schädiger vorzugehen.[128]

Auch für das Zivilverfahren stellt das Völkerrecht jedoch keine Regelungen zur Verfügung, um die dort bestehenden Brüche zwischen internationalem Privatrecht und internationalem öffentlichen Recht aufzulösen. International einheitliche Haftungsregeln sehen nur das Pariser und das Wiener Atomhaftungsüberienkommen vor. Eine international einheitliche Rechtsanwendungsregel existiert nur in der Nordischen Konvention. Das angewendete Recht muß für den Geschädigten mindestens so günstig sein wie das Recht des Staates, in dem die Anlage liegt.

II. Das Umweltrecht der Europäischen Gemeinschaften

Umweltschutzrecht ist als überregionale Angelegenheit auch eine Aufgabe der Europäischen Gemeinschaften.[129] Sie verfügen als einzige internationale Organi-

---

[123] Fußnote 1 zu Art.9: "Dieses Übereinkommen enthält keine Bestimmung über die Haftung der Staaten in Zusammenhang mit Schäden."

[124] Eine Ausnahme bilden die die bei *Rest* (Fn.26) EPL 22 (1992) 31, 32 zitierten Konventionsentwürfe über die zivilrechtliche Haftung für Straßenverkehrs-, Eisenbahn- und Schiffsunglücke und der Code of Conduct on Accidental Pollution of Transboundary Inland Waters.

[125] Siehe z.B.Art.9 der UN-Konvention über den Schutz und die Benutzung grenzüberschreitender Gewässer, ILM 1992, 1312.

[126] Art.7 der UN-Konvention über die grenzüberschreitenden Auswirkungen von Industrieunfällen, ILM 1992,1333ff.

[127] *Dupuy* (Fn.17) 368.

[128] *Darrell* (Fn.56) 455; zum Sandoz-Unfall vgl.auch Kapitel 2 bei Fn.1.

[129] Vgl. die Erklärung des Europäischen Rates in Dublin im Juni 1990: "...Die Gemeinschaft muß ihre Stellung als moralische, wirtschaftliche und politische Autorität umfassender nutzen, um internationale Anstrengungen zur Lösung weltweiter Fragen, zur Förderung einer dauerhaften Entwicklung und des schonenden Umgangs mit dem gemeinsamen natürlichen Besitzstand voranzubringen." und die Einleitung zum Fünften Umweltaktionsprogramm: "... die weltweit besorgniserrgenden Themen Klimaveränderung, Entwaldung und Energiekrise sowie das ernste und an-

sation im europäischen Raum durch die Übertragung von Hoheitsrechten und Zuständigkeiten der Mitgliedstaaten über die Möglichkeit überregionaler Rechtssetzung. Der Vertrag über eine Europäische Union, der am 7.2.1992 von allen Mitgliedstaaten unterzeichnet wurde, sieht in Art.3k eine Umweltpolitik der Europäischen Union vor.

Die EG hat seit 1970, bis 1987 ohne ausdrückliche Kompetenzen[130] ein weitreichendes Regelwerk verbindlicher Rechtssätze geschaffen[131] und in fünf Aktionsprogrammen[132] die Ziele und Grundsätze ihrer Umweltpolitik entwickelt.

1. Zuständigkeit der Europäischen Gemeinschaften und der Mitgliedstaaten im Bereich des Umweltschutzes

Die Verpflichtung der Gemeinschaft, umweltpolitische Belange zu berücksichtigen, wurde vor 1987 aus der Präambel abgelesen, die von einer stetigen Verbesserung der Lebens- und Wirtschaftsbedingungen als Gemeinschaftsziel ausgeht, und aus Art.2, der eine "harmonische Entwicklung des Wirtschaftslebens in der Gemeinschaft" und eine "ausgewogene Wirtschaftsausweitung" fordert. Beides, so wurde argumentiert, erfordere eine verantwortungsvolle Umweltpolitik.[133] Eine ausdrückliche Kompetenz der Europäischen Gemeinschaft für den Umweltschutz existiert erst seit der Änderung der römischen Verträge durch die Einheitliche Europäische Akte in den Artikeln 130r, 130s und 130t. Eine Ausweitung der umweltpolitischen Dimension der EG und die Aufnahme des Umweltschutzes als Zielsetzung der Gemeinschaft in Art.G des Vertrages von Maastricht werden bereits gefordert.[134]

---

haltende Problem der Unterentwicklung und das Fortschreiten der politischen und wirtschaftlichen Veränderungen in Mittel- und Osteuropa erhöhen noch die Verantwortung der Europäischen Gemeinschaft auf internationaler Ebene."

[130] Eine Kompetenz wurde erst eingeführt durch den Vertrag über die Einheitliche Europäische Akte vom 17.2. und 28.2.1986, Beilage 2/86 EG Bulletin, EuR 1986, 175, der in die römischen Verträge den neuen Titel "Umwelt" einfügte (Art. 130 r-t EWGV).

[131] Vgl. *Burhenne*, Umweltrecht der Europäischen Gemeinschaften, Loseblattsammlung, 5 Bände, Beiträge zur Umweltgestaltung A 54.

[132] Das 1. Aktionsprogramm von 1973 (Abl. 1973 C 112/ 1ff.) galt von 1973 bis 1976, das 2. Aktionsprogramm (ABl. 1977 C 139/ 1ff.) von 1977 galt von 1977 bis 1981, das 3. Aktionsprogramm von 1983 galt von 1983 bis 1986 (ABl. 1983, C 46/ 1ff.). Viertes Aktionsprogramm von 1987 (ABl 1987 C 328/ 5ff.).

[133] Erklärung des Rates und der im Rat vereinigten Regierungsvertreter v. 2.11.1973, Abl C 112/1 ff.; *Bleckmann*, Europarecht §28 Rz.1912; *Oppermann*, Europarecht, § 29 Rz.1996; *Nicolaysen*, Umweltschutz im Europäischen Gemeinschaftsrecht, in Thieme (Hrsg.) Umweltschutz im Recht 197-212, S.203 f.

[134] Siehe den Bericht des Arbeitskreises Europäische Umweltunion, NuR 1994, 346-351.

a) Rechtsgrundlagen der europäischen Umweltpolitik vor 1987

Vor 1987 leitete die EG ihre Kompetenz zum Erlaß von Umweltschutzvorschriften aus einem dreifachen Ansatz ab. Für den Erlaß der Aktionsprogramme, die nur Empfehlungscharakter haben, wurde die Argumentation, die Umweltschutz zum Vertragsziel erklärte, direkt herangezogen. Dieselbe Argumentation diente in Verbindung mit Art. 235 EWGV auch zum Erlaß verbindlicher Maßnahmen, nachdem der Europäische Gerichtshof eine extensive Auslegung des Art.235 EWGV zugelassen hatte.[135] Die wichtigste Kompetenz ergab sich jedoch aus der Rechtsangleichungszuständigkeit in Art. 100 EWGV. Unterschiedliche Umweltschutzanforderungen in den Mitgliedstaaten können sich als Wettbewerbsverzerrung und damit als Hindernisse für den freien Warenverkehr auswirken.[136] Im Mittelpunkt des gemeinschaftlichen Interesses stand aber nicht das Ziel, Umweltgefährdungen abzubauen, sondern die Gefährdung des gemeinsamen Marktes und des Warenverkehrs durch unterschiedliche Umweltstandards in den Herstellungsländern.[137] Ziel der Rechtsakte war daher die Angleichung der Ausgangslage der Unternehmen im Wettbewerb[138] durch die Harmonisierung der Rechtsvorschriften über Qualitätsnormen und Grenzwerte.[139] Die Zulässigkeit von konkreten Umweltschutzmaßnahmen hing von den befürchteten Auswirkungen einer uneinheitlichen Regelung auf das Funktionieren des Gemeinsamen Marktes ab. Einfuhrbeschränkungen auf Grund erhöhter Strahlungswerte nach Tschernobyl wurden auf außenhandels- und agrarpolitische Kompetenzen der Gemeinschaft gestützt.[140]

---

[135] EuGH Rs.8/73, Slg.1973, 897; Rs.240/83, Slg.1985,531 (zur Altölrichtlinie ABl.1975 L 194, 31); Maßnahmen zum Artenschutz wurden mit Hilfe einer extensiven Interpretation der Gemeinschaftziele in Art. 2 EWGV auf Art. 235 EWGV gestützt, indem unter die "stetige Verbesserung der Lebens- und Beschäftigungsbedingungen" auch die Erhaltung der ökologischen Grundlagen gezählt wurden.

[136] Die von Art. 100 EWGV geforderte *unmittelbare* Auswirkung von Rechts- und Verwaltungsvorschriften der Mitgliedstaaten auf die Errichtung und das Funktionieren des Gemeinsamen Marktes ist im Falle der Umweltschutzvorschriften für die Produktion nicht gegeben. Diese wirken sich über die Preise des Endproduktes lediglich mittelbar auf den gemeinsamen Markt aus. Der EuGH stellte jedoch an die Umittelbarkeit der Auswirkungen auf den Gemeinsamen Markt keine großen Anforderungen: Die Angleichung solcher Produktionsvorschriften sei zulässig, da diese den Wettbewerb ganz erheblich verfälschen und beeinträchtigen könnten. EuGH Rs.91/79 und 92/79, jeweils v. 18.3.1980, Kommission /Italien - Slg.1980, 1099 und 1115.

[137] *Pieper*, in *Bleckmann*, Europarecht § 28 Rz.1903.

[138] Richtlinie 88 / 609 / EWG vom 24.11.1988 über Großfeuerungsanlagen, ABl L 336, 1ff; vgl. näher *Offermann-Clas*, Das Luftreinhalterecht der Europäischen Gemeinschaften - Fortschritte seit dem Jahre 1983, NJW 1986, 1388-1397.

[139] Richtlinie über die Verschmutzung infolge der Ableitung bestimmter gefährlicher Stoffe in die Gewässer der Gemeinschaft, L 129 v. 18.5.1976, die Höchstwerte festlegt; Richtlinie zum Schutz des Grundwassers gegen bestimmte gefährliche Stoffe, ABl L 20 v. 26.1.1980; *Nicolaysen* (Fn.133) 203.

[140] *Grunwald*, Tschernobyl und das Gemeinschaftsrecht, EuR 1986, 315; Bericht der Kommission an den Rat KOM (86) 607 v. 7.11.1086.

b) Umweltschutz durch die Europäische Gemeinschaften auf der Grundlage der Einheitlichen Europäischen Akte

Seit der Änderung der Römischen Verträge durch die Einheitliche Europäische Akte vom 17.2. und 28.2.1986[141] existiert in Art. 130s EWGV eine ausdrückliche und umfassende Umweltkompetenz der EG sowohl für die Zielvorgaben der Umweltpolitik als auch für Einzelmaßnahmen im Umweltbereich. Nach der "Querschnittklausel" des Art.130r Abs.2 Satz 2 ist der Umweltschutz Bestandteil der anderen Politiken der Gemeinschaft.[142] Für keinen anderen Politikbereich sieht das Gemeinschaftsrecht eine derart weitgehende Einbeziehungspflicht vor.

aa) Die Kompetenz zum Erlaß von Umweltschutzmaßnahmen aus Art.130r und 130s EWGV

Die Kompetenz der Europäischen Gemeinschaft zum Erlaß von Zielvorgaben in der Form von Aktionsprogrammen ist jetzt in den Art. 130r Abs.1 und 2 EWGV auf eine ausdrückliche Grundlage gestellt. Die europäische Umweltpolitik soll die Umwelt erhalten, ihre Qualität verbessern, dem Schutz der menschlichen Gesundheit dienen und die umsichtige und rationelle Verwendung der natürlichen Ressourcen sicherstellen. Entsprechend dem Vorsorgeprinzip sollen Umweltbeeinträchtigungen an der Quelle bekämpft werden, möglichst durch Heranziehen des Verursachers. Diese Ziele waren bereits durch das erste Umweltaktionsprogramm erarbeitet und durch die folgenden fortgeschrieben worden.[143]

Die Umweltkompetenz der EG ist in Art.130 s EWGV als zweistufige Rahmenkompetenz ausgestaltet: Der Rat beschließt zunächst einstimmig auf Vorschlag der Kommission nach Anhörung des Wirtschafts- und Sozialausschusses über ein Tätigwerden der Gemeinschaft.[144] Hierbei legt er gleichzeitig fest, welche Durchführungsmaßnahmen mit qualifizierter Mehrheit gefaßt werden

---

[141] Beilage 2/86 EG Bulletin, EuR 1986, 175

[142] Die Bezeichnung geht zurück auf *Scheuing*, Umweltschutz auf der Grundlage der Einheitlichen Europäischen Akte, EuR 1989, 153-192 (176).

[143] Vgl. die im ersten Aktionsprogramm formulierten Ziele ABl. C 112/1ff.

[144] Bei der Festlegung des Einstimmigkeitserfordernisses handelt es sich um einen mitgliedstaatlichen Vorbehalt; die Tätigkeit der Gemeinschaft auf dem Gebiet des Umweltschutzes sollte einer möglichst weitgehenden Kontrolle durch die Mitgliedstaaten unterliegen. *Grabitz / Zacker*, Die neuen Umweltkompetenzen der EG, NVwZ 1989, 297-303 (299); *Pieper* in *Bleckmann*, Europarecht § 28 Rz.1923.

können.[145] Die Kompetenz in Art. 130 s ist nicht abschließend. Umweltmaßnahmen können daneben noch auf die Art. 100, 100 a oder 43 ff EWGV gestützt werden.

Die Gemeinschaftskompetenz in Art.130 r EWGV ist in dreifacher Hinsicht zugunsten der Mitgliedstaaten eingeschränkt. Zunächst darf die Gemeinschaft nach Art. 130 r Abs.4 EWGV nur tätig werden, soweit die Ziele des Umweltschutzes besser auf Gemeinschaftsebene erreicht werden können als auf der Ebene der Mitgliedstaaten. Auf die Streitfrage, ob hierdurch eine echte Subsidiarität der Gemeinschaftkompetenz begründet werden soll[146] oder ob dadurch nur der Grundsatz der geeigneten Aktionsebene festgelegt wird,[147] soll hier nicht vertieft eingegangen werden. Die Task Force Umwelt und Binnenmarkt und das Fünfte Aktionsprogramm gehen von echter Subsidiarität aus. Die Hauptverantwortung und die Entscheidungskompetenz sollten bei der Behörde liegen, die in der politischen Hierarchie an unterster Stelle steht.[148] Allerdings kommt der Gemeinschaft bei der Auslegung der Kompetenzgrundlagen ein Beurteilungsspielraum zu, der bisher großzügig ausgenutzt wurde.

Dieser Einschränkung wird auch durch die Literatur bisher keine signifikante Bedeutung zuerkannt.[149] In der praktischen Anwendung stellt sich vielmehr die Frage, welche Umweltbeeinträchtigungen regional derart beschränkt sind, daß sie besser durch die einzelnen Mitgliedstaaten geregelt werden können.[150]

---

[145] Die Gemeinschaftspraxis bewegt sich in Richtung eines zweiteiligen Umweltrechts mit grundsätzlich einstimmigen Beschlüssen und mit qualifizierter Mehrheit gefaßten Durchführungsregeln; *Oppermann*, Europarecht § 29 Rz. 2026; *Grabitz / Grabitz*, Art. 130 s Rz.34 ff. m.w.Nachw.

[146] Für eine echte Subsidiarität der Gemeinschaftskompetenz sprechen sich *Zuleeg*, Vorbehaltene Kompetenzen der Mitgliedstaaten der Europäischen Gemeinschaft auf dem Gebiet des Umweltschutzes, NVwZ 1988, 280-286 (281), und *Seidel*, Umweltrecht der Europäischen Gemeinschaft, Träger oder Hemmnis des Fortschritts, DVBl 1989, 441-448 (446) aus.

[147] So *Grabitz* Rz.71 ff.(73): Handlungsspielräume der Mitgliedstaaten zur Verbesserung des Umweltschutzes, RIW 1989, 623-636 (623); ders. *Grabitz / Grabitz* Art. 130 r Rz.23. Er sieht in der Vorschrift lediglich eine Aufgabenzuweisung im Umweltbereich. Es obliege der Einschätzung der Gemeinschaft, welche Aufgaben in der Umweltpolitik auf Gemeinschaftsebene zu erledigen seien. Die Kompetenz bestimme allein Art. 130 s.

[148] Vgl. die Schlußfolgerungen S.12. Der Bericht gibt jedoch nicht die Auffassung der Kommission wieder; auch Ziff.35 des Fünften Umweltaktionsprogrammes geht vom Subsidiaritätsprinzip aus; Wortlaut vgl. unten bei Fn.208.

[149] Unter Hinweis auf die Möglichkeit der Auslegung entsprechend der konkurrierenden Zuständigkeit im deutschen Grundgesetz, *Glaesner*, EuR 1986, 119 ff.(140); *Nicolaysen* (Fn.133) auf S.205; *Dannecker / Appel*, Auswirkungen der Vollendung des Europäischen Binnenmarktes auf den Schutz der Gesundheit und der Umwelt, ZVglRwiss 89 (1990) 127-165 (156).

[150] *Pieper*, in: *Bleckmann*, Europarecht § 28 Rz.1930 ff. unter Hinweis auf die Probleme der Abfallbeseitigung, die sich zwar zunächst regional stellen, durch den grenzüberschreitenden Abfallhandel jedoch überregionale Bedeutung erlangen können.

Größere Bedeutung hat die Einschränkung der Gemeinschaftskompetenz in Art. 130 t EWGV. Danach bleibt es den Mitgliedstaaten vorbehalten, strengere Schutzmaßnahmen zu ergreifen oder beizubehalten. Gemeinschaftsmaßnahmen auf dieser Grundlage haben den Charakter von Mindestnormen und können potentiell Handelshemmnisse begründen. Diese Möglichkeit zu strengeren Schutzmaßnahmen steht allerdings wiederum unter dem Vorbehalt der Vereinbarkeit mit dem Vertrag.[151] Soll der Kompetenzvorbehalt zugunsten der Mitgliedstaaten nicht seinen Sinn verlieren, so kann die Einschränkung nur bedeuten, daß die Schutzmaßnahmen der Mitgliedstaaten unter Berücksichtigung der Rechtsprechung des EuGH zu Art.36 EWGV nicht diskriminieren dürfen, tatsächlich dem Umweltschutz dienen und verhältnismäßig sein müssen.[152]

In der Schlußerklärung haben die Mitgliedstaaten klargestellt, daß die Energieversorgung und die "Einzelstaatlichkeit in der Energieversorgung" im Zweifel Vorrang vor dem Gemeinschaftsziel Umweltschutz haben sollen. Diese Protokollerklärung kann sich jedoch nicht gegenüber dem eindeutigen Vertragswortlaut durchsetzen. Allenfalls wird ihr daher bei der Auslegung einzelner Vorschriften Bedeutung zukommen.[153]

bb) Die Abgrenzung der Umweltschutz- und der Rechtsangleichungskompetenzen

Die unterschiedliche Ausgestaltung der Umwelt[154]- und Rechtsangleichungskompetenzen[155] und der unterschiedliche verbleibende Raum für nationale Maßnahmen der Mitgliedstaaten[156] macht eine Abgrenzung zwischen beiden Kompetenzbereichen erforderlich. Die Kompetenz ist auf objektive, gerichtlich nachprüfbare Umstände zu gründen.[157]

---

[151] Hierzu unten c).

[152] *Dannecker / Appel* (Fn.149) ZVglRWiss 89 (1990) 157.

[153] So auch *Dannecker / Appel* (Fn.149) ZVglRWiss 89 (1990) S.158.

[154] Die Umweltkompetenz erfordert grundsätzlich Einstimmigkeit.

[155] Art. 100a EWGV führt für die Rechtsangleichung das Verfahren der Zusammenarbeit mit dem Europäischen Parlament und die Möglichkeit der Mehrheitsentscheidung ein.

[156] Im Bereich der Rechtsharmonisierung behalten diese ihre Zuständigkeit nur insoweit als die Gemeinschaft entweder noch nicht tätig geworden ist oder ausdrücklich Regelungsbereiche für die Mitgliedstaaten offen läßt.

[157] EuGH vom 26.3.1987 Rs. 45/86; vom 23.2.1988 Rs.68/86 und Rs.131/86.

Der EuGH hat in seiner *Titandioxidentscheidung* vom 30.5.1991[158] den Vorrang der Rechtsangleichungskompetenzen vor den Umweltschutzkompetenzen klargestellt. Er sieht alle Richtlinien von Art.100a EWGV erfaßt, bei denen sich Binnenmarkt- und Umweltschutzanspekte mischen. Dies ist der Fall, wenn sich aus unterschiedlichen Umweltanforderungen in den Mitgliedstaaten die Gefahr einer Wettbewerbsverfälschung in einem bestimmten Wirtschaftssektor ergibt.[159] Aus dem Zusammenhang mit Art.130r Abs.2 Satz 2 EWGV[160], wonach Umweltschutz Bestandteil der anderen Gemeinschaftspolitiken ist und Art.100a Abs.3 EWGV, der die Gemeinschaft auf ein hohes Schutzniveau im Umweltbereich verpflichtet, schließt das Gericht darauf, daß eine Maßnahme nicht bereits deswegen unter Art.130s EWGV fällt, weil mit ihr Umweltschutzziele verfolgt werden. Die Ziele des Umweltschutzes können auch mit Harmonisierungsmaßnahmen wirksam verfolgt werden.[161] Richtlinien fallen daher schon dann in den Anwendungsbereich der spezielleren Regelung des Art.100a EWGV, wenn neben umweltrechtlichen Zielen auch Rechtsangleichung bezweckt ist.[162] Für das Verhältnis von Art.100a EWGV und Art.130s EWGV ist höchstrichterlich entschieden, daß einerseits die Wahl der Ermächtigungsgrundlage nicht im Ermessen des Richtliniengebers liegt und andererseits eine Maßnahme wegen der Unterschiede in den Mehrheitserfordernissen[163] und der Beteiligung des Europäischen Parlaments, entgegen einer früheren Entscheidung[164] nicht sowohl auf Art.100a EWGV als auch auf Art.130s EWGV gestützt werden kann.

Die Entscheidung hat Auswirkungen auf die Rechtsgrundlagen standort- und produktionsbezogener Vorschriften der Gemeinschaft und damit auf das Verhältnis des Gemeinschaftsrechts zum Kollisionsrecht. Standort- und produktionsbezogene Anforderungen an Anlagen beseitigen Wettbewerbsverfälschungen auf dem Gemeinsamen Markt und wurden deshalb vor Verabschiedung der

---

[158] Rs.300/89, EuZW 1991, 473. Das Gericht erklärte die Richtlinie 98/428/EWG über die Abfälle der Titandioxidindustrie für nichtig, da sie auf Art.130s und nicht auf Art.100a EWGV gestützt war.

[159] Rechtssache 300/89 bei Tz.23.

[160] "Querschnittklausel", wonach der Umweltschutz Bestandteil der anderen Politiken der Gemeinschaft ist; den Begriff geprägt hat *Scheuing* (Fn.142) EuR 1989, 153 (176); für keinen anderen Politikbereich sieht der Vertrag eine derart weitgehende Einbeziehungspflicht vor; zu dieser Klausel umfassend *Jans-Böhm / Breier,* Die umweltrechtliche Querschnittklausel des Art.130 r II2 EWGV, EuZW 1992, 49-55 (50).

[161] Rechtssache 300/89 bei Tz.24.

[162] So bereits *Scheuing* (Fn.142) EuR 1989, S.186.

[163] Einstimmigkeit bei Art.130s; Mehrheitsentscheidung im Rahmen des Art.100a; vgl. Tz.8 der bei Fn.158 angegebenen Entscheidung.

[164] EuGH v.27.9.1988, Slg.1988, 5545 Tz.11; nach dieser Entscheidung war ein Gemeinschaftsorgan verpflichtet, wenn seine Zuständigkeit auf zwei Vertragsbestimmungen beruhte, die entsprechenden Rechtsakte auf der Grundlage beider Bestimmungen zu erlassen.

Einheitlichen Europäischen Akte in erster Linie auf Art. 100 EWGV gestützt.[165] In der Literatur wurden die Rechtsbegriffe Binnenmarkt und Gemeinsamer Markt unterschieden. Der Gemeinsame Markt umfaßte nach dieser Begriffsdefinition Marktfreiheit, Marktgleichheit und ein System unverfälschten Wettbewerbs nach außen, der Binnenmarkt dagegen nach Art. 8a EWGV nur die Freiheit des Waren-, Personen- und Dienstleistungsverkehrs. Umweltrelevante Vorschriften betreffen wegen ihrer Auswirkungen auf die Wettbewerbsbedingungen zwischen den Industriestandorten das System unverfälschten Wettbewerbs und wurden daher Art. 100, nicht Art. 100a EWGV zugerechnet.[166] Der EuGH führt dagegen in seiner Entscheidung vom 11.6.1991[167] aus, daß auch die Beseitigung von Wettbewerbsverzerrungen durch umweltschutzrechtliche Vorschriften geeignet ist, zur Verwirklichung des Binnenmarktes beizutragen und diese Vorschriften deshalb in den Anwendungsbereich des Art. 100a EWGV fallen.[168]

Der Anwendungsbereich des Art. 130s ist durch diese Rechtsprechung weit zurückgedrängt.[169] Grundsätzlich bleibt hierfür nur die Angleichung rein umweltmedienbezogener Standards, die keinen Bezug zu Standortentscheidungen von Unternehmen haben. Selbst das Grünbuch der EG-Kommission über die Sanierung von Umweltschäden vom 14.5.1993 verfolgt einen wettbewerbspolitischen Ansatz und sieht die Unterschiede im Haftungsrecht der Mitgliedstaaten in erster Linie als Wettbewerbsverzerrung an.[170] Offen geblieben ist jedoch, welche Ermächtigungsgrundlage gelten soll, wenn die Richtlinie keine ausdrückliche Zielfestlegung trifft[171] oder allein den Umweltschutz als Ziel angibt.[172]

---

[165] EuGH Slg.1980, 1099, jeweils Tz.8; der EuGH stellte in diesen Entscheidungen fest, daß umweltschutzrechtliche Vorschriften die von ihnen betroffenen Unternehmen belasten können und daß ohne Angleichung der einschlägigen nationalen Bestimmungen der Wettbewerb spürbar verfälscht werden könnte.

[166] Vgl. *Grabitz*, Die Verfassung des Binnenmarktes, Festschrift für Steindorf, S.1229-1245 (1233); ders./ *Zacker*, NVwZ 89, 301; *Zacker*, RIW 1989, 489f.; *Grabitz / Grabitz*, Art.130s Rz.22.

[167] Titandioxid (Fn.158).

[168] Rechtssache 300/89 bei Tz.23.

[169] So früher bereits *Scheuing* (Fn.142) EuR 1989, 152 (180ff), der Art.130s als bloße Lückenfüllungsregel ansieht; anders früher *Oppermann*, Europarecht § 29 Rz. 2025; *Grabitz / Grabitz* Art.130 s Rz.15; *Nicolaysen*, Umweltschutz S.207.

[170] KOM (93) 47 endg. S.5.

[171] Hierbei wird vorgeschlagen, Produktstandards auf der Grundlage des Art.100a EWGV, umweltmedienbezogenen Standards auf der Grundlage des Art.130s EWGv zu erlassen; *Grabitz / Grabitz*, Art.130s Rdnr.22; kritisch *Jarass,* Binnenmarktrichtlinien und Umweltschutzrichtlinien, EzZW 1991, 530-533 (531f).

[172] Hierzu *Jarass* (Fn.171) S.531 mit weiteren Nachweisen.

c) Der verbleibende Raum für nationales Umweltrecht

Grundsätzlich sind die Mitgliedstaaten in den Bereichen, in denen die Gemeinschaft noch nicht gehandelt hat, kraft originärer Staatsgewalt frei, Maßnahmen zum Umweltschutz zu treffen. Die Artikel 130 r bis 130 t EWGV haben insoweit nur deklaratorischen Charakter.[173]

Die Maßnahmen der Mitgliedstaaten dürfen lediglich keine Handelshemmnisse oder Maßnahmen gleicher Wirkung i.S. des Art. 30 EWGV[174] darstellen. Diese Einschränkung betrifft primär umweltschutzbezogene Anforderungen an Produkte und erst sekundär die hier interessierenden Anforderungen an Anlagen und die Vorschriften über den Schadstoffgehalt von Wasser und Luft. Die Qualitätsstandards können sich lediglich mittelbar über die Verschiedenheit der Wettbewerbsbedingungen auf den freien Warenverkehr auswirken.[175] Der Umweltschutz gehört zu den Rechtsgütern, die als "zwingende Erfordernisse" des Gemeinschaftsrechts eine Beschränkung des freien Warenverkehrs rechtfertigen.[176] Das Verbot mengenmäßiger Einfuhrbeschränkungen in Art.30 EWGV steht daher einer Beschränkung des freien Warenverkehrs aus Gründen des Umweltschutzes nicht entgegen, sofern die Maßnahme dem Verhältnismäßigkeitsgrundsatz genügt. Bestehen keine verbindlichen Gemeinschaftsregeln über den Umweltschutz, so haben die Mitgliedstaaten einen weiten Beurteilugnsspielraum über das Niveau des Umweltschutzes, den sie anstreben wollen.[177] Die Maßnahme muß zur Erreichung dieses Niveaus geeignet sein und das von ihr verfolgte Schutzziel muß im konkreten Fall gegenüber den Interessen des freien Warenverkehrs überwiegen. Hat dagegen auf der Grundlage des Art. 100 EWGV bereits eine Harmonisierung stattgefunden, so können die Mitgliedstaaten nur noch insoweit handeln, als die Richtlinie ihnen Umsetzungsspielraum läßt. In diesem Rahmen sind sie allerdings an Art. 36 EWGV gebunden. Eine Abweichung von den Zielen der Richtlinie ist gemeinschaftswidrig[178] und kann auch nicht mehr über Art. 36 gerechtfertigt werden.

---

173 *Grabitz* (Fn.147) RIW 1989, S.624.

174 Nach der grundlegenden Entscheidung des EuGH ("Dassonville") ist eine Maßnahme gleicher Wirkung "jede Handelsregelung der Mitgliedstaaten, die geeignet ist, den innergemeinschaftlichen Handel unmittelbar oder mittelbar, tatsächlich oder potentiell zu behindern", Rs 8/74 Sammlung 1974, 837 (852).

175 *Montag*, Umweltschutz, Freier Warenverkehr und Einheitliche Europäische Akte, RIW 1987, 935-943 (936).

176 EuGH v. 20.9.1988, Rs. 302/86, Kommission gegen Dänemark, RIW 1989, 447.

177 Vgl. den EuGH Anhörungsbericht in Rs.302/86 S.19 f.

178 Vgl. statt vieler EuGH Rs 220 /81, Sammlung 1982, 2349; *Grabitz / Matthies*, Art. 30 Rz.29, 36, 51; *Montag* (Fn.175) RIW 1987, S.936.

Hat die Gemeinschaft auf der Grundlage der neuen Regelungen in den Art.100 a und Art. 130 s EWGV Maßnahmen zum Umweltschutz ergriffen, so heben Art. 100 a Abs.IV und die Schutzklausel des Art. 130 t EWGV diese an sich bestehende Sperre in einer Richtung wieder auf: Die Mitgliedstaaten können strengere Regelungen erlassen, sofern diese mit dem Vertrag, d.h. insbesondere mit den Art. 30 ff. EWGV vereinbar sind. Das bedeutet auch hier bei potentiell handelshemmenden Maßnahmen eine Bindung der Mitgliedstaaten an den Grundsatz der Verhältnismäßgkeit: Die Maßnahmen müssen zum Umweltschutz unbedingt erforderlich sein. Dies wird besonders dann in Frage kommen, wenn Mitgliedstaaten auf Grund ihrer speziellen Situation besonderen Umweltbelastungen ausgesetzt sind, die einschneidendere Maßnahmen erfordern als in den übrigen Mitgliedstaaten der Gemeinschaft.[179] Strengere Anforderungen an die von Anlagen ausgehenden Emissionen stellen keinen Wettbewerbsvorteil für die heimische Industrie dar, sondern benachteiligen diese infolge erhöhter Produktionskosten gegenüber ausländischen Wettbewerbern. Dies läßt das Gemeinschaftsrecht zu. Solche Maßnahmen verstoßen nicht gegen Art.30 EWGV und bleiben grundsätzlich zulässig.[180] Für nationale Umweltschutzmaßnahmen, die kein potentielles Handelshemmnis darstellen, wirkt sich die Beschränkung nicht aus.[181]

Soweit die Harmonisierung auf der Grundlage von Art.100 a EWGV erfolgte, ist die Anwendung strengerer nationaler Bestimmungen aus Gründen des Umweltschutzes nur möglich, sofern die Bestimmungen nach Art.100 a Abs.IV S.2 EWGV von der Kommission bestätigt worden sind. Nach Art.130 t EWGV ist kein Bestätigungsverfahren vorgesehen.

2. *Der Ansatz des Europäischen Umweltsekundärrechts*

a) Rechtsform und Regelungsadressaten

Im Bereich des Umweltrechts bedient sich die Gemeinschaft hauptsächlich der Form der Richtlinie. Richtlinien sind nach Art. 189 Abs.3 EWGV nur für die Mitgliedstaaten und nur hinsichtlich des Zieles verbindlich und überlassen ihnen die Wahl der Mittel zu ihrer Umsetzung. Das bedeutet, daß die Mitgliedstaaten, auch wenn die Richtlinie Genehmigungserfordernisse oder Anfor-

---

[179] *Montag* (Fn.175) RIW 1987, 935-943 (941).

[180] Wie hier *Grabitz*, Umweltrecht der Europäischen Gemeinschaft, DVBl 1989, 441-448 (448).

[181] Anders wohl *Montag* (Fn.175); die Vereinbarkeitsklausel verbietet aber auf Grund der originären Zuständigkeit der Mitgliedstaaten nur solche Maßnahmen, denen der EWGV oder sekundäres Gemeinschaftsrecht ausdrücklich entgegenstehen.

derungen an den Betrieb von Anlagen festlegt, hinsichtlich der Ausgestaltung der Verwaltungs- und Verwaltungsgerichtsverfahren grundsätzlich frei sind.[182] Nationale Unterschiede werden durch diese Form der Rechtsvereinheitlichung nicht aufgehoben. Bürger können sich nicht unmittelbar auf den Inhalt der Richtlinie berufen. Grundsätzlich bleibt die Umsetzung in nationales Recht erforderlich.[183]

b) Die bisher getroffenen Regelungen

Bisher sind im Umweltbereich hauptsächlich Regelungen ergangen, die mit dem Abbau von Handelshemmnissen im Hinblick auf das Ziel der Errichtung eines gemeinsamen Marktes in Zusammenhang stehen.[184] Die meisten Richtlinien enthalten daher umweltschutzbezogene Anforderungen an Produkte.[185] Unterschiede in den nationalen Umweltschutzstandards haben aber auch Auswirkungen auf die Standortsuche von Unternehmen und damit auf die Niederlassungsfreiheit. Einige Richtlinien setzen daher einheitliche Umweltschutzstandards zur Beseitigung von Wettbewerbsverzerrungen im Standortwettbewerb der Mitgliedstaaten fest.[186]

Diese umweltmedienbezogenen Rechtssätze schreiben Qualitätsanforderungen an Gewässer[187] sowie Emissionsgrenzwerte für bestimmte Industrien,[188] Anla-

---

[182] *Grabitz / Grabitz*, Art. 130 r Rz.43.

[183] Zur Ausnahme der unmittelbaren Anwendbarkeit von Richtlinien vgl. zusammenfassend *Zuleeg*, Umweltschutz in der Rechtsprechung des Europäischen Gerichtshofes, NJW 1993, 31-38.

[184] Art.2 EWGV.

[185] Produktbezogenes Umweltrecht der Europäischen Gemeinschaften; Richtlinie des Rates vom 22.11.1973 zur Angleichung der Rechtsvorschriften der Mitgliedstaaten über Detergentien, ABl. 1973 L 51; Richtlinie des Rates vom 20.3.1985 zur Angleichung der Rechtsvorschriften der Mitgliedstaaten über den Bleigehalt von Benzin, Abl.1985 L S.25; Richtlinie des Rates vom 22.12.1986 zur Begrenzung des Geräuschemissionspegels von Hydraulikbaggern, etc. ABl. 1986 L 1; und zahlreiche mehr, siehe Fundstellennachweis des geltenden Gemeinschaftsrechts, 741 ff..

[186] *Dannecker / Appel* (Fn.149) ZVglRWiss 89 (1990) 151.

[187] Vgl. die Richtlinie 75/440/EWG über die Qualitätsanforderungen an die Oberflächengewässer für die Trinkwassergewinnung in den Mitgliedstaaten, ABl L 194 S.26; Richtlinie 78/659/EWG über die Qualität von Süßwasser, das schutz- und verbesserungsbedürftig ist, um das Leben von Fischen zu erhalten, ABl L 222 S.1; Richtlinie 79/923/EWG über die Qualitätsanforderungen an Muschelgewässer, ABl L 281 S.47.

[188] Richtlinie 84/360/EWG zur Bekämpfung der Luftverunreinigung durch Industrieanlagen, ABl L 188 S.20; Richtlinie 78/176/EWG über Abfälle aus der Titandioxid-Produktion, ABl L 54 S.20; geändert durch Richtlinie 83/29/EWG über, ABl L 32 S.28; Richtlinie 89/428/EWG über die Modalitäten der Programme zur Verringerung und späteren Unterbindung der Verschmutzung durch Abfälle der Titandioxid-Industrie, ABl L 201 S.56.

gen[189] und Schadstoffe[190] fest. In den Fällen der grenzüberschreitenden Umweltbelastungen legt das Gemeinschaftsrecht bisher den Nachdruck auf die Einführung gemeinsamer Meß- und Überwachungssysteme und die Regelung der grenzüberschreitenden Konsultation und Zusammenarbeit der Behörden.[191] Auf Grund ihrer kompetenzrechtlichen und personellen Schwierigkeiten, die Einhaltung der gemeinschaftsrechtlichen Umweltschutzvorschriften zu überwachen, ist die Gemeinschaft dazu übergegangen, sich für die Verwirklichung des Vorsorgeprinzips das Informationsinteresse der Öffentlichkeit und marktwirtschaftliche Mechanismen zunutze zu machen. Zu diesem Zweck wurde 1990 die Richtlinie über den ungehinderten Zugang zu Informationen über die Umwelt[192] verabschiedet. Ihr folgte 1992 im Produktbereich das EG-Umweltzeichen[193]. Auf betrieblicher Ebene besteht ab 1995 ein freiwilliges Gemeinschaftssystem zum betrieblichen Umweltschutz[194]. Gemeinschaftliche Haftungsregelungen für Umweltschäden existieren bisher nur vereinzelt, sind jedoch in Vorbereitung.[195]

Auswirkungen des Binnenmarktes werden hauptsächlich beim grenzüberschreitenden Handel mit Abfällen befürchtet.[196] Die bisher einzige Haftungs-

---

[189] Richtlinie 88/609/EWG zur Begrenzung von Schadstoffemissionen durch Großfeuerungsanlagen in die Luft, ABl L 336 S.1; Richtlinie 89/369/EWG über die Verhütung der Luftverunreinigung durch neue Verbrennungsanlagen für Siedlungsmüll, ABl L 163 S.32.

[190] Luft: Richtlinie 80/779/EWG über Grenzwerte und Leitwerte der Luftqualität für Schwefeldioxid und Schwebestaub, ABl L 229 S.30; Richtlinie 82/884/EWG betreffend einen Grenzwert für den Bleigehalt der Luft, ABl L 378 S.15; Richtlinie 85/203/EWG über Luftqualitätsnormen für Stickstoffoxid, ABl L 372 S.36; Gewässer: Richtlinie 76/464/EWG betreffend die Verschmutzung infolge der Ableitung bestimmter gefährlicher Stoffe in die Gewässer der Gemeinschaft, ABl L 129 S.23; Richtlinie 82/176/EWG betreffend Grenzwerte und Qualitätsziele für Quecksilberableitungen aus dem Industriezweig Alkalichloridelektrolyse, ABl L 81 S.29; Richtlinie 83/514/EWG betreffend Grenzwerte und Qualitätsziele für Cadmiumableitungen, ABl L 291 S.1; Richtlinie 84/156/EWG betreffend Grenzwerte und Qualitätsziele für Quecksilberableitungen ABl L 74 S.49; Richtlinie 80/68/EWG über den Schutz des Grundwassers gegen Verschmutzung durch bestimmte gefährliche Stoffe, ABl L 20 S.43; Richtlinie 86/280/EWG betreffend Grenzwerte und Qualitätsziele für die Ableitung bestimmter gefährlicher Stoffe im Sinne der Liste I im Anhang der Richtlinie 76/464/EWG, ABl L 158 S.32.

[191] Richtlinie 85/337/EWG über die Umweltverträglichkeitsprüfung ABl L 175 vom 5.7.1985 S.40; teilweise enthalten auch Richtlinien über Qualitätsanforderungen Regelungen über die grenzüberschreitende Zusammenarbeit.

[192] Richtlinie 90/313/EWG über den freien Zugang zu Informationen über die Umwelt vom 7.Juni 1990. Die Richtlinie war bis zum 31.12.1992 umzusetzen. Die Bundesrepublik ist dieser Umsetzungspflicht jedoch bisher nicht nachgekommen. Für eine direkte Anwendung der Richtlinie im Inland VG Minden vom 5.3.1993, UPR 1994, 118; dagegen VG Stade vom 21.4.1993, UPR 1993, 456.

[193] Verordnung (EWG) Nr.880/92 v. 23.3.1992 des Rates betreffend ein gemeinschaftliches System zur Vergabe eines Umweltzeichens.

[194] Verordnung (EWG) Nr. 1836 / 93 über die freiwillige Beteiligung gewerblicher Unternehmen an einem Gemeinschaftssystem für das Umweltmanagement und die Umweltbetriebsprüfung; ausführlich *Wiebe*, Umweltschutz durch Wettbewerb, NJW 1994, 289-294.

[195] Siehe das Grünbuch der EG-Kommission vom 14.5.1993, KOM (93) 47 endg.

[196] Vgl. den Task Force Bericht, Schlußfolgerungen S.4.

regelung enthält daher der Enwurf einer Richtlinie über die zivilrechtliche Haftung für die durch Abfälle verursachten Schäden vom 1.9.1989[197], der in Art.3 eine verschuldensunabhängige Haftung des Erzeugers für durch Abfälle entstandene Schäden und Umweltbeeinträchtigungen begründet. Die Kontrolle der grenzüberschreitenden Verbringung von Abfällen wird über die Abfallverbringungs-Verordnung Nr.259/93/EWG vom 1.2.1993 sichergestellt. Die Verordnung unterwirft die grenzüberschreitende Verbringung von Abfällen innerhalb, in die und aus der Gemeinschaft einer Genehmigungspflicht durch die zuständige Behörde am Bestimmungsort der Abfälle. In dem der Genehmigung vorausgehenden Notifizierungsverfahren können die zuständigen Behörden am Versandort und die für die Durchfuhr zuständigen Behörden Einwendungen erheben.[198]

aa) Die Richtlinie 85/337/EWG über die Umweltverträglichkeitsprüfung[199]

Nach Art.7 der Richtlinie über die Umweltverträglichkeitsprüfung sind die Mitgliedstaaten verpflichtet, bei Projekten auf ihrem Staatsgebiet, die voraussichtlich erhebliche grenzüberschreitende Auswirkungen auf das Gebiet des Nachbarstaates haben werden, dem Nachbarstaat die notwendigen Informationen zur Verfügung zu stellen, sobald sie sie der eigenen Öffentlichkeit zugänglich machen. Die aus dieser Benachrichtigung gewonnenen Informationen müssen nach Art.8 der Richtlinie bei der Erteilung der Genehmigung berücksichtigt werden. Eine Bürgerbeteiligung im Nachbarstaat ist nicht vorgesehen. Die Konsultation dient allein der Information der entscheidenden Behörde. Eine Einigung ist nicht herbeizuführen. Der betroffene Staat hat kein Vetorecht.[200]

Die Richtlinie begründet eine materielle Berücksichtigungspflicht gegenüber Auswirkungen im benachbarten Ausland. Sie enthält aber keine Bestimmungen, wie der Begriff der Erheblichkeit in Art.7 auszufüllen ist. Auch in Anhang III, in dem die inhaltlichen Anforderungen an die Beteiligung des benachbarten Mitgliedstaates geregelt sind, werden nur unbestimmte Rechtsbegriffe verwendet.[201] Für die Auslegung der Begriffe gilt daher das Recht der Mitgliedstaa-

---

[197] Vorschlag für eine Richtlinie des Rates über die zivilrechtliche Haftung für die durch Abfälle verursachten Schäden vom 1.9.1989, KOM (89) 282 endg. - Syn 217; 89/C251/04; ABL C 251/3 vom 4.10.1989; s.a. EuZW 1990, 47.

[198] Ausführlich zu der Verordnung, die seit dem 6.5.1994 angewendet wird, *Winter*, Die neue Abfallverbringungs-Verordnung der EG, UPR 1994, 161-171.

[199] Oben bei Fn.191.

[200] Vgl die amtliche Begründung in der Bundesratsdrucksache 413/ 80; *Randelzhofer / Harndt*, Grenzüberschreitende Zusammenarbeit bei der Umweltverträglichkeitsprüfung, S.33,120.

[201] *Cupei*, Umweltverträglichkeitsprüfung, in: Rengeling, Europäisches Umweltrecht, S.27-55 (38) entnimmt diesen unbestimmten Rechtsbegriffen eine "Gelenkfunktion" mit dem Ziel einer Harmonisierung von Kriterien und Standards.

ten.[202] Aus Art. 100 b EWGV ergibt sich eine Vermutung für die Gleichwertigkeit nationaler wirkungsbezogener Grenzwerte. Sind in einem Mitgliedstaat national wirkungsbezogene Grenzwerte vorhanden, die dem Stand der Wissenschaft und dem Stand von Wissenschaft und Technik entsprechen, so geht die Richtlinie davon aus, daß bei Einhaltung dieser Grenzwerte erhebliche Auswirkungen auf die Umwelt im Nachbarstaat im Sinne der Richtlinie ausgeschlossen sind.[203] Allerdings kann auch der Nachbarstaat bei erheblichen Abweichungen seiner anlagenbezogenen Standards von den am Standort des Projekts geltenden selbst die Beteiligung verlangen.

bb) Der Richtlinienentwurf über die zivilrechtliche Haftung für durch Abfälle verursachte Schäden

Der Entwurf einer Richtlinie begründet in Art. 1 die verschuldensunabhängige zivilrechtliche Haftung für durch Abfälle verursachte Schäden. Erfaßt sind auch ökologische Schäden. Die Haftung ist nach Art. 3 nur für höhere Gewalt ausgeschlossen. Die Einhaltung einer Betriebsgenehmigung befreit nicht. Den Abfallbegriff übernimmt die Richtlinie aus der Richtlinie 75/442/EWG.[204] Brauchwasser und gasförmige Emissionen sind daher aus dem Anwendungsbereich der Richtlinie ausgenommen. Für den hier interessierenden Zusammenhang wird daher nur eine Haftung aus der Richtlinie in Frage kommen, wenn Abfälle offen gelagert werden und infolgedessen verwehen oder in ihnen enthaltene Schadstoffe versickern.

c) Die künftige Entwicklung

Auch das Umweltrecht der Europäischen Gemeinschaft enthält weder einheitliche Haftungsnormen für Umweltschäden in den Mitgliedstaaten noch unmittelbare Kollisionsnormen. Ob die Vereinheitlichung des Binnenmarktes zu einer Rechtsvereinheitlichung im Bereich der Umwelthaftung führen wird, bleibt abzuwarten. Die Kommission hat im März 1993 ihr "Grünbuch über die zivilrechtliche Umwelthaftung"[205] vorgelegt. Es enthält eine Bestandsaufnahme über die Systeme der Umwelthaftung in den Mitgliedstaaten und Diskussionsmaterial für die Ausgestaltung der zivilrechtlichen Haftung in der Gemeinschaft als Verschuldens- und Gefährdungshaftung, flankiert durch ein kollektives Haf-

---

[202] Wie hier *Cupei* (Fn.201) 39.

[203] Wie hier *Cupei* (Fn.201) 40.

[204] Entwurf der Abfallrichtlinie KOM (89) 282 endg. - Syn.217; ABl C 251/3 v.4.10.89; Richtlinie 75/442/EWG ABl L 194 vom 25.7.1975, S.47.

[205] KOM (93) 47 endg. vom 14.5.1993.

tungssystem für Allgemein- und Summationsschäden. Die zivilrechtliche Haftung, die eingreifen soll, sofern ein Schaden einem einzelnen Verursacher angelastet werden kann, soll sich an das Haftungsmodell der Europarats-Konvention über die zivilrechtliche Haftung für durch umweltgefährdende Tätigkeiten verursachte Schäden anlehnen. Gedacht ist sowohl an verschuldensabhängige Haftung, wobei sich der Fahrlässigkeitsmaßstab weitgehend an der Einhaltung öffentlich-rechtlicher Umweltschutzvorschriften orientiert, als auch an verschuldensunabhängige Haftung für bestimmte gefährliche Tätigkeiten. Die Anhörung der beteiligten Kreise wurde im November 1994 durchgeführt. Wegen der Komplexität der Materie werden konkrete Vorschläge in nächster Zeit noch nicht erwartet.[206]

Die Gemeinschaft verfolgt einen präventiven[207] und dezentralisierten Ansatz. Sie hält an den Prinzipien des Ursprungslandes und der geeigneten Aktionsebene fest.[208] Die Ausfüllung der Umweltschutzmaßnahmen bleibt weitgehend den Mitgliedstaaten überlassen. Das gemeinschaftliche Umweltrecht beschränkt sich daher auf die Festlegung von Zielen, die durch umweltmedienbezogene Qualitätsmindeststandards ausgefüllt werden[209], und auf öffentlichkeits- und wettbewerbsbezogene indirekte Steuerungsmechanismen.[210] Den Mitgliedstaaten steht es frei, die Instrumente und Maßnahmen zu wählen, mit denen sie diese

---

[206] *Schreyer*, UPR 1994, 96. Zum Grünbuch auch *Kiethe / Schwab*, EuZW 1993, 437-440.

[207] Vgl. Ziff.17 des Fünften Umweltaktionsprogrammes, die die folgenden vorrangigen Tätigkeitsfelder benennt:
* dauerhafte und umweltgerechte Bewirtschaftung der natürlichen Ressourcen: Boden, Wasser, Naturlandschaften und Küstengebiete
* integrierter Umweltschutz und Vermeidung von Abfällen
* Verringerung des Verbrauchs nicht erneuerbarer Energien
* Verbessertes Mobilitätsmanagement mit effizienteren und umweltgerechteren Standortbestimmungen und Transportarten
* Einheitliche Maßnahmenpakete zur Verbesserung der Umweltqualität in städtischen Gebieten
* Verbesserung von Gesundheit und Sicherheit der Bevölkerung unter besonderer Berücksichtigung von industrieller Risikoabschätzung bzw.industriellem Risikomanagement, nuklearer Sicherheit und Strahlenschutz.

[208] Vgl. Ziff.35 des Fünften Umweltaktionsprogrammes: "Die angestrebten Zielsetzungen und Vorgaben sowie das übergeordnete Ziel einer dauerhaften und umweltgerechten Entwicklung können nur durch gemeinsames Handeln aller beteiligten Akteure im Rahmen partnerschaftlicher Zusammenarbeit erreicht werden. Auf der Grundlage des Vertrages über die Europäische Union (Art.3b) wird die Gemeinschaft nach dem Subsidiaritätsprinzip nur tätig werden, sofern und soweit die Ziele der geplanten Maßnahmen nicht in ausreichender Weise von den Mitgliedstaaten erreicht werden können und daher aufgrund des Umfanges oder der Auswirkungen dieser Maßnahmen besser auf Gemeinschaftebene umgesetzt werden können."

[209] Vgl. Ziff.31 (i) des Fünften Umweltaktionsprogrammes "Rechtliche Instrumente zur Festlegung der Minimalvoraussetzungen für den Schutz von Gesundheit und Umwelt insbesondere in Gefahrsituationen, zur Einhaltung umfassender internationaler Verpflichtungen und zur Schaffung gemeinschaftsweiter Normen und Regelungen, die zur Erhaltung der Integrität des Binnenmarktes erforderlich sind."

[210] Siehe dazu oben S.135.

von der Gemeinschaft vorgegebenen Mindestziele erreichen wollen.[211] Erst wenn Umweltqualitätsnormen zur Eindämmung von Emissionen nicht ausreichen, soll auf die Harmonisierung der traditionellen ordnungspolitischen Konzepte wie Emissionsnormen und Anforderungen an die Produktionsprozesse zurückgegriffen werden.[212] Im Bereich der grenzüberschreitenden Verschmutzung sollen durch die Gemeinschaft oder durch bi- und multilaterale Verhandlungen zwischen den Anliegern Qualitätsstandards festgesetzt werden, deren Um- und Durchsetzung den regionalen Stellen in den Mitgliedstaaten vorbehalten bleibt.[213]

Daher wird auch im Verhältnis zwischen den europäischen Mitgliedstaaten ein weiter Raum für unterschiedliche nationale Umweltschutzmaßnahmen und damit auch das Bedürfnis für ein nationales Kollisionsrecht verbleiben. Dies schließt aber nicht aus, daß sich das Gemeinschaftsrecht und die in ihm verkörperten Ziele auf das nationale Kollisionsrecht und die Anwendung der nationalen Haftungsrechte auswirken können.[214]

Dem nationalen Kollisionsrecht kommt daher wie bisher die Aufgabe zu, in Fällen grenzüberschreitender Umweltbeeinträchtigung für die Anwendung geeigneter Kompensationsregeln zu sorgen. Im folgenden Kapitel soll gezeigt werden, wie die Gerichte und Behörden mit grenzüberschreitenden Umweltbeeinträchtigungen umgehen.

---

[211] Vgl. den Task Force Bericht 8.2.2.

[212] Task Force Bericht, Zusammenfassung 3.4., S.14.

[213] Task Force Bericht 8.4.1.

[214] Vgl. hierzu unten Teil 3.

Kapitel 2

Die Entscheidungen der Gerichte und Verwaltungsbehörden

Klagen gegen grenzüberschreitende Immissionen im Verwaltungsgerichtsweg oder vor den Zivilgerichten betreffen meist spektakuläre Großvorhaben oder Unfälle. Vollstreckungsprobleme wie im Fall Tschernobyl oder großzügige Vergleichsregelungen wie im Falle der Rheinverschmutzung durch den des Sandoz-Brand[1] verhindern oft eine gerichtliche Klärung der aufgeworfenen Rechtsfragen oder greifen ihr vor. Die Tatsachen, die in den eher seltenen, von den Gerichten entschiedenen Fällen zum Streit führten, sollen im folgenden kurz zur Illustration angesprochen werden (I). Der Nachdruck der Erörterungen liegt bei der Behandlung der Rechtsanwendungsprobleme durch die Gerichte (II). Immissionen aus Gebieten jenseits der Staatsgrenzen sind jedoch ein Alltagsproblem der betroffenen Gemeinden und Landkreise im Grenzgebiet (III). Erst in letzter Zeit richtet sich die Aufmerksamkeit von Behörden und Privatpersonen auf die regelmäßigen Immissionen, die von Anlagen jenseits der Staatsgrenzen ausgehen.

I. Die Prozesse

Fälle grenzüberschreitender Immissionen wurden zuerst vor die Zivilgerichte im Immissionsstaat gebracht, vor denen die Betroffenen die Einstellung des störenden Betriebes oder Schadensersatz begehrten. Auf Grund der Zwei-gleisigkeit des Rechtsschutzes im Umweltrecht suchten die Betroffenen später auch Schutz vor erwarteten grenzüberschreitenden Beeinträchtigungen im Verwaltungsverfahren vor den Behörden des Staates, in dessen Gebiet die störende Anlage geplant war. Fälle, in denen auch der zivilrechtliche Schutz bei den Gerichten am Standort der Anlage gesucht wurde, sind nicht bekannt.[2]

1. Verfahren vor deutschen Gerichten

a) Deutsche Zivilgerichte

Die folgende Darstellung differenziert der gesetzlichen Systematik entsprechend zwischen Unterlassungs- und Schadensersatzklagen. In allen Fällen gingen die Immissionen von einer nach dem öffentlichen Recht des Lageortes rechtmäßig betriebenen Anlage jenseits der Staatsgrenzen aus.

---

[1] Vgl. zu beiden Fällen *Dutoit / Knoepfler / Siehr*, Pollution transfrontière / Grenzüberschreitende Verschmutzung: Tschernobyl / Schweizerhalle; zum Hergang des Unfalls in Tschernobyl vgl. *Sands*, Chernobyl: Law and Communication S.1.

[2] Die gleiche Beobachtung macht *Nassr-Esfahani*, Grenzüberschreitender Bestandsschutz für unanfechtbar genehmigte Anlagen, S.93.

aa) Die Unterlassungsansprüche gegen Flughäfen an der Grenze

(1) Der Flughafen Zürich-Kloten

Der nördlich der Stadt Zürich gelegene Flughafen besteht seit 1948. Die beiden Landepisten beginnen nur rund elf Kilometer südlich des Rheins. In der Verlängerung der Landepisten liegen deutsche Gemeinden. Vor allem beim Instrumentenlandeverfahren wird deutsches Gebiet überflogen. Die Klagen von deutscher Seite über Lärmbelästigungen häuften sich seit der Inbetriebnahme der sogenannten V-Piste im Jahre 1976, deren Anflugschneise westlich an der deutschen Gemeinde Hohentengen vorbeiführt.[3] Zwei Grundeigentümer klagten vor dem Landgericht Waldshut-Tiengen gegen den Kanton Zürich als Unterhalter des Flughafens auf Unterlassung der Zuführung von Geräuschen beim Start- und Landebetrieb, hilfsweise darauf, während festgesetzter Zeiten einen maximalen Dauerschallpegel nicht zu überschreiten.

(2) Der Flughafen Salzburg

Die Sicherheitszone, die im Falle des Flughafens Salzburg nach dem Abkommen der ICAO vom 7.12.1944 über die internationale Zivilluftfahrt für den auf österreichischem Gebiet liegenden Flughafen einzuhalten war, reichte bis in die Bundesrepublik hinein. An dem österreichischen Verwaltungsverfahren, das zur Zivilluftfahrtbewilligung vom 31.5.1965 und zur Betriebsaufnahmebewilligung vom 30.6.1960 geführt hatte, waren die deutschen Anlieger nicht beteiligt worden. Wohngrundstücke in der deutschen Gemeinde Freilassing wurden von den auf dem Flughafen startenden und landenden Flugzeugen in nur 213 m Höhe überflogen. Die Grundstückseigentümer klagten vor dem Landgericht Traunstein auf Einhaltung der Mindestflughöhe nach § 6 LuftVO, hilfsweise auf Unterlassung von Überflügen, durch die auf den Grundstücken ein Luftschallpegel von mehr als 65 dB erreicht wurde.

(3) Der Ausgang der Prozesse

Beide Klagen hatten im Ergebnis keinen Erfolg.[4] Die Gerichte wendeten auf die geltend gemachten Abwehransprüche deutsches Recht als die *lex rei sitae* des beeinträchtigten Grundstücks an, gelangten aber in beiden Fällen zu einer Duldungspflicht der grenzüberschreitenden Immissionen.

---

[3] Sachverhaltsschilderung nach *Peter*, Umweltschutz am Hochrhein, S.11-13.

[4] Flughafen Zürich: LG Waldshut-Tiengen v.11.2.1982, UPR 1983, 14; Flughafen Salzburg: LG Traunstein 3 O 410/73, OLG München 1 U 2968/75, beide verkürzt abgedruckt in IPRspr. 1976 Nr.29 a und b; BGH v. 10.3.1978 DVBl 1979, 226; BVerfG 1 BvL 81/79, BVerfGE 72, 66 = UPR 1986, 258 = NJW 1986, 2188.

Im Falle des Flughafens Salzburg ergab sich die Duldungspflicht unmittelbar aus dem Einwendungsausschluß in § 11 LuftVG i.V.m. § 26 GewO (heute § 14 BImSchG). Die Vorschriften schließen privatrechtliche, nicht auf besonderen Titeln beruhende Ansprüche auf die Abwehr nachteiliger Einwirkungen von einem Grundstück auf ein benachbartes Grundstück nach Unanfechtbarkeit der Genehmigung aus. Diese Wirkung wurde durch Art.4 Abs.3 des Staatsvertrages zwischen der Bundesrepublik Deutschland und der Republik Österreich vom 19.12.1967[5] auf österreichische Genehmigungen erstreckt, sofern der Flughafenbetrieb nach den geltenden österreichischen Vorschriften im Rahmen des Vertrages betrieben wurde. Das Bundesverfassungsgericht erkannte auf die Vorlage des Bundesgerichtshofes, daß der Staatsvertrag mit dem Grundgesetz vereinbar sei.

Im Falle des Flughafens Zürich lehnte das Landgericht die Geltung des § 11 LuftVG für die Schweizer Genehmigung ab. Es gestand aber dem seit 1948 jenseits der Grenze bestehenden Flughafen eine auch das deutsche Gebiet prägende Wirkung zu. Diese begründete über den Begriff der Ortsüblichkeit in § 906 BGB den Einwendungsausschluß.

bb) Schadensersatzklagen vor deutschen Gerichten

Erfolgreicher waren Schadensersatzklagen gegen französische Anlagenbetreiber im Rheingebiet. Die Klage vor dem Landgericht Saarbrücken[6] richtete sich gegen eine nationalisierte Elektrizitätsgesellschaft französischen Rechts, die auf der französischen Seite der Saar ein Kohlekraftwerk betrieb. Der von dort ausgehende Rauch, Flugkoks und Kohlestaub vernichtete die Obst- und Gartenernte eines Gastwirtes auf der deutschen Seite und machte die Terrasse seines Restaurants für den Betrieb des Lokals unbrauchbar.

Im zweiten Fall wurden Kohle- und Bergschlamm enthaltende Abwässer aus einer Kalimine auf französischer Seite in die Roussel, einen Nebenfluß der Saar, eingeleitet. Sie gelangten in die Turbine eines auf deutscher Seite betriebenen Sägewerks, dessen Betreiber infolge der Schlammanlagerungen die Turbine stillegen mußte.[7]

Im dritten Fall betrieben die Kläger auf der deutschen Seite Milchwirtschaft. Auf französischer Seite produzierte ein Chemiekonzern das Insektizid Lindan. Die hier frei gewordenen giftigen Gase und Stäube wurden auf die Weiden der

[5] In Kraft seit dem 9.4.1974, BGBl 1974 II 13.

[6] NJW 1958, 752.

[7] LG Saarbrücken Urteil vom 4.7.1961 IPRspr. 1961/62 Nr.38; OLG Saarbrücken, Urteil vom 5.3.1963 IPRspr.1962/63 Nr.38.

Kläger geblasen. Als die deutsche zuständige Behörde in der Milch aus den Betrieben der Kläger giftige Rückstände feststellte, untersagte sie jede Verwertung und ordnete ihre Vernichtung an. Auf behördliche Anordnung mußten die Kläger im Oktober 1973 ihren gesamten Bestand an Milchvieh bis auf drei Tiere schlachten.[8]

In allen drei Fällen wandten die Gerichte französisches Recht an und sprachen den Klägern nach Art.1384 C.c., den Regeln der *fait de la chose*, Schadensersatz zu.

cc) Das Kernkraftwerksunglück in Tschernobyl

Nicht zu einer Entscheidung in der Sache geführt haben die Klagen deutscher Betroffener gegen die damalige Sowjetunion als Betreiberin des Kernkraftwerkes in Tschernobyl nach dem Unfall vom 26.4.1986. Die Klagen scheiterten an der fehlenden Zustellungsmöglichkeit[9] oder an der fehlenden Passivlegitimation der beklagten Sowjetunion.[10]

b) Die Prozesse um die Beteiligung ausländischer Kläger im deutschen Verwaltungsverfahren

Daß die Zweigleisigkeit des deutschen Rechtsschutzes im Umweltrecht inzwischen auch von ausländischen Grenznachbarn angenommen wird, zeigt sich an deren Klagen vor deutschen Verwaltungsgerichten. Niederländische und österreichische Grenznachbarn erhoben, jeweils bereits im Planungsverfahren, Klagen gegen das 25 km von der Staatsgrenze zu den Niederlanden entfernt geplante Kernkraftwerk Emsland und gegen die in der Oberpfalz 150 km von der österreichischen Grenze entfernt geplante Wiederaufarbeitungsanlage in Wackersdorf.

Den ausländischen Betroffenen war von den inländischen Behörden zwar Zugang zu den Verwaltungsverfahren gewährt worden. Ihre Einwendungen wurden jedoch als "weitere Äußerungen Dritter" und nicht als Einwendungen im Sinne des atomrechtlichen Verfahrens behandelt. Dies hatte zur Folge, daß die Betrof-

---

[8] OLG Karlsruhe, Urteil vom 4.8.1977 IPRspr1977 Nr.28 = MDR 1978,61.

[9] LG Bonn v. 11.2.1987 IPRax 1987, 231; das Gericht wies die Beschwerde gegen die Ablehnung der Zustellung der Klage an den Botschafter der damaligen Sowjetunion in der Bundesrepublik als unbegründet zurück; vgl. hierzu *Mansel*, Zustellung einer Klage in Sachen "Tschernobyl" IPRax 1987, 210-215.

[10] LG München Az 9 0 10 833/86, unveröffentlicht; das LG wies die Klage wegen fehlender Passivlegitimation der Sowjetunion ab, da die einzelnen Betriebe auch nach sowjetischem Recht rechtlich selbständige Einrichtungen waren, die für ihre Tätigkeit mit eigenem Vermögen hafteten; vgl.auch *Uschakow*, Tschernobyl und das sowjetische Recht, VersR 1986, 721-728 (723).

fenen nicht zum Erörterungstermin zugelassen und ihre Anfechtungsklagen als unzulässig abgewiesen wurden.[11] Die Kläger begehrten Zugang zum inländischen Verwaltungsverfahren und erhielten ihn. In der Sache Emsland entschied das BVerwG, daß auch EG-Ausländer Träger von subjektiven Rechten im deutschen Verwaltungsverfahren sein können.[12]

2. Der niederländisch-französische Rheinversalzungsprozeß

Im niederländisch / französischen Rheinversalzungsprozeß wurden erstmals zivilrechtliche und öffentlich-rechtliche Rechtsbehelfe nebeneinander geltend gemacht. Die französische Gesellschaft "Mines Domaniales de Potasse de l'Alsace S.A." (MDPA) entledigte sich ihrer Abraumsalze durch Einleitung als konzentrierte Salzlake in den Rhein. In den Niederlanden nutzten die klagenden Gärtnereibetriebe das "boezemwater" der Kanäle, Wasserläufe und Nebenarme im Rheinmündungsgebiet zur Bewässerung ihrer Pflanzen. Durch die Zunahme des Chloridgehaltes im Rheinwasser erlitten die Kläger Qualitätseinbußen an ihren Gewächsen und intensive Ertragsverluste. Sie begehrten auf dem Zivilrechtsweg in den Niederlanden vor der Rechtsbank Rotterdam die Feststellung der Rechtswidrigkeit der Salzeinleitungen und Schadensersatz.[13] Parallel dazu fochten sie vor dem Verwaltungsgericht in Straßburg die Einleitungsgenehmigung an.

Die Rechtsbank gab in Zwischenurteilen vom 8.1.1979, 28.4.1980 und dem Grundurteil vom 8.1.1979 unter Anwendung niederländischen Rechts der Klage statt. Die Einleitung der Salzlake in den Rhein sei rechtswidrig und verpflichte die beklagte MDPA zum Schadensersatz.[14] Der Hoge Raad bestätigte die Entscheidungen mit Urteil vom 23.9.1988 und wies die Kassationsbeschwerde der Kaliminen ab.[15] Im Verwaltungsprozeß hob das Tribunal Administratif de Stras-

---

[11] VG Oldenburg vom 15.7.1985, DVBl 1985, 802 (Emsland).

[12] Urteil vom 17.12.1986, NJW 1987, 1154.

[13] Dem Prozeß sind auch weitreichende Erkenntnisse über das europäische Zivilprozeßrecht und das internationale Deliktsrecht zu verdanken. Die Arrondissementsrechtsbank Rotterdam hatte sich zunächst für unzuständig erklärt. Auf die Berufung der Kläger hin legte der Hof den Haag dem Europäischen Gerichtshof die Frage zur Entscheidung vor, ob als "Ort, an dem das schädigende Ereignis eingetreten ist" (Art.5 Nr.3 EuGVÜ) auch der Ort des Schadenseintritts zu verstehen sei. Der Europäische Gerichtshof entschied, daß der Gerichtsstand der unerlaubten Handlung bei Distanzdelikten die Zuständigkeit der Gerichte sowohl am Ort der Schadensverursachung als auch am Ort des Schadenseintritts begründe; Urteil vom 30.6.1976, Rs 21/76 Slg.1976, 1735 = NJW 1977, 493.

[14] Die Entscheidungen sind in deutscher Übersetzung abgedruckt in RabelsZ 49 (1985) 740-763.

[15] Vgl. die Kurzinformation über das Berufungsurteil vom 10.9.1986, RabelsZ 51 (1987) 491 und die Anmerkung zum Kassationsurteil *Wenckstern*, Der Ausgang des niederländischen Rheinversalzungsprozesses, RabelsZ 53 (1989) 699-704.

bourg mit seinem Urteil vom 27.7.1983 die Genehmigungen zur Einleitung vom 22.12.1980 und vom 18.3.1981 auf.[16]

3. Österreichische Verfahren

Nach der österreichischen Rechtsprechung liegt der Schwerpunkt des subjektiven Rechtsschutzes auch dann im Verwaltungsverfahren, wenn die Immissionen von einer im Ausland gelegenen Anlage ausgehen und das Verwaltungsverfahren dort durchgeführt wird.

a) Die Zivilprozesse um die Wiederaufarbeitungsanlage in Wackersdorf

Der Eigentümer einer Liegenschaft im OLG Bezirk Linz befürchtete, daß durch den Betrieb der 150 km entfernt bei Wackersdorf auf bundesdeutschem Gebiet geplanten Wiederaufarbeitungsanlage über Grundwasserströme Immissionen auf sein Grundstück gelangen würden, die ihm den Betrieb seiner Landwirtschaft unmöglich machen oder wesentlich erschweren würden. Gleichzeitig hatte sich der Kläger im verwaltungsbehördlichen Genehmigungsverfahren beteiligt und Klage vor dem Bayerischen Verwaltungsgerichtshof erhoben. Die Klage vor den österreichischen Zivilgerichten scheiterte in erster und zweiter Instanz an der parallelen Durchführung des Verwaltungsverfahrens. Das OLG Linz wandte österreichisches Recht als *lex rei sitae* des beeinträchtigten Grundstückes an, sah aber keinen Grund, der deutschen Teilerrichtungsgenehmigung nicht die gleiche "Tatbestandswirkung" nach § 364a ABGB gegenüber privatrechtlichen Einwendungen zuzuerkennen wie einer österreichischen Genehmigung. Der subjektive Rechtsschutz im Verwaltungsverfahren sei in beiden Rechtsordnungen gewährleistet.[17]

Das Bezirksgericht Lembach wies eine parallele Klage gegen die Wiederaufarbeitungsanlage in Wackersdorf mit der Begründung ab, der Kläger habe sich trotz wiederholter Ladung nicht am deutschen Verwaltungsverfahren beteiligt

[16] TA 227/81-232/81, 700/81 und 1197/81, Rev.jur.env. 1983, 343; der Inhalt des Urteils ist bei *Rest*, Internationaler Umweltschutz vor Verwaltungs-, Zivil- und Strafgerichten, ÖZöffR 35 (1985) 225-234 mit anschließender Anmerkung wiedergegeben.

[17] OLG Linz v. 15.6.1987 JBl 1987, 577 (579). Allerdings muß offen bleiben, ob diese Begründung allein für tragfähig erachtet worden wäre, da das Gericht seine Klageabweisung daneben auf die fehlende Passivlegitimation der beklagten Baugesellschaft und das mangelnde Interesse am vorbeugenden Rechtsschutz stützen konnte.

und sei daher mit seinem zivilrechtlichen Unterlassungsanspruch präkludiert.[18] Das Gericht wendete seine eigene, prozeßrechtlich qualifizierte Präklusionsvorschrift[19] auf ein im Ausland durchgeführtes Verfahren an.

b) Zivilprozesse gegen Kernkraftwerke in der Tschechoslowakei

Österreichische Kläger begehrten mit vorbeugenden Unterlassungsklagen die Baueinstellung von Kernkraftwerken, die in der Tschechoslowakei in einer Entfernung von neunzig[20] und einhundertfünfzehn Kilometern[21] von den Grundstücken der Kläger errichtet werden sollten.

Das OLG Linz wies die Klage als unzulässig ab. Dem Kläger fehle das Rechtsschutzbedürfnis, da sich sein Anspruch auf eine im Ausland lokalisierte Erfüllungshandlung richte. Ein antragsgemäß ausgesprochenes Unterlassungsgebot könne in der Tschechoslowakei nicht vollstreckt werden. Dagegen geht der Oberste Gerichtshof trotz fehlender Vollstreckungsmöglichkeit davon aus, daß ein Rechtsschutzbedürfnis besteht. Geldstrafen zur Anspruchsdurchsetzung könnten auch im Inland eingetrieben werden. Handele die Tschechoslowakei einem rechtskräftigen Unterlassungsgebot zuwider, so könne dies Schadensersatzansprüche auslösen.

c) Schadensersatzansprüche

Eine deutsche Gesellschaft betrieb am Oberlauf der Saalach, einem Nebenfluß der Salzach ein Kraftwerk. Zu diesem Zweck war der Fluß aufgestaut. Der österreichische Kläger war Inhaber des Fischereirechtes auf der österreichischen Seite des Flusses. Infolge eines durch Unwetter im Einzugsgebiet des Flusses bedingten Wasserhochstandes war es zur Ansammlung von Treibholz im Stauraum des auf deutscher Seite zur Elektrizitätsgewinnung aufgestauten Flusses gekommen. Als der See über die Ufer zu treten drohte, öffneten die Angestell-

---

[18] Bezirksgericht Lembach vom 28.1.1987 - C 33/86 - zitiert nach *Streinz*, Materielle Präklusion und Verfahrensbeteiligung im Verwaltungsrecht, VerwArch 79 (1988) 272, 273.

[19] Art.37 des österreichischen Einführungsgesetzes zur ZPO: "Die dem Besitzer einer unbeweglichen Sache oder eines dinglichen Rechtes gemäß §§ 340 bis 342 ABGB zustehende Berechtigung, das Verbot einer beabsichtigten Bauführung vor Gericht zu fordern, hat nicht mehr statt, wenn der Bauführer nach Inhalt der für die Bauführung geltenden Vorschriften das Begehren um Erteilung der Baubewilligung gestellt hat, der angeblich gefährdete, zur Baukommission gehörige und rechtzeitig geladene Besitzer jedoch bei derselben nicht erschienen ist oder gegen die begehrte Baubewilligung keine Einwendungen erhoben hat."

[20] OLG Linz v. 13.4.1989, 6 Nd 503/89. Die Entscheidung betraf das Atomkraftwerk Temelin 1 in der Nähe von Budweis.

[21] OGH v. 23.2.1988, 5 Nd 509 /87, JBl 1988, 459.

ten des Kraftwerkes die Grundwasserschleuse versehentlich zu weit. Diese wurde aus ihrer Verankerung gerissen und der See lief aus. Dadurch erlitt der Inhaber des Fischereirechtes auf österreichischer Seite den Verlust seiner Fische und Nährtiere. Er obsiegte mit seinem auf österreichisches Recht gestützten Schadensersatzbegehren.[22]

II. Die Behandlung der aufgeworfenen Rechtsprobleme durch die Gerichte

1. Die Qualifikation der Abwehr- und Schadensersatzansprüche und das anwendbare Recht

Die Gerichte qualifizieren den Unterlassungsanspruch sachenrechtlich und den Schadensersatzanspruch deliktsrechtlich. Die sachenrechtliche Qualifikation des Schadensersatzanspruches führt zur Anwendung der *lex rei sitae* am Ort des beeinträchtigten Grundstückes.[23] Im Falle des Flughafens Salzburg war für die Frage des anwendbaren Rechts ausdrücklich im Staatsvertrag zwischen der Bundesrepublik Deutschland und der Republik Österreich vom 19.12.1967[24] vereinbart, daß sich Ansprüche auf Grund von Einwirkungen aus dem Flugverkehr sowohl auf deutsches wie auf österreichisches Recht stützen könnten.[25]

Die deliktsrechtliche Qualifikation des Schadensersatzanspruches führt zur Anwendung des Tatortrechtes. Bei grenzüberschreitenden Delikten läßt sich der Tatort nicht eindeutig feststellen, da Handlungs- und Erfolgsort auseinanderfallen. Die Tatortregel verweist auf beide Rechtsordnungen. Anzuwenden ist das dem Geschädigten günstigere Recht. Der Handelnde soll nicht dadurch begünstigt werden, daß die Verletzung im Ausland eingetreten. Andererseits soll der Rechtsschutz des Verletzten nicht dadurch erschwert werden, daß der Urheber nicht im Inland gehandelt hat.[26] Dies war nach Auffassung des OLG Saarbrücken und des OLG Karlsruhe nach einer Gesamtwürdigung beider Regelun-

---

[22] OGH v. 29.4.1981, 1 Ob 41/80, JBl 1983, 380 m. Anm. *Kerschner*, JBl 1983, 337.

[23] BGH v. 10.3.1978, DVBl 1979, 226 (Flughafen Salzburg); Das BVerfG ging in seinem Urteil vom 12.3.1986 1 BvL 81/79 ohne weitere Prüfung von der Maßgeblichkeit deutschen Sachenrechts aus; ebenso unter lapidarer Berufung auf die obige Entscheidung des BGH das LG Waldshut Tiengen vom 11.2.1982, UPR 1983, 14.

[24] BGBl 1974 II 13.

[25] Art.4 Abs.3: "Ansprüche wegen Einwirkungen des Flugplatzverkehrs oder des Betriebs des Flughafens auf Personen, Sachen oder Rechte im Hoheitsgebiet der Bundesrepublik Deutschland können sich auf das deutsche oder auf das österreichische Recht stützen..."

[26] OLG Saarbrücken NJW 1958, 752, 753.

gen dem Grunde und der Höhe nach das französische Recht mit seiner Haftung aus *fait de la chose* nach Art.1384 C.c.[27]

Im niederländisch französischen Rheinversalzungsprozeß ging die Arrondissementsrechtsbank auf Grund der nachträglichen Vereinbarung der Parteien von der Geltung niederländischen Rechts aus.[28]

2. Die Anwendung ausländischen öffentlichen Rechts vor den Gerichten im Immissionsstaat

a) Die Unterlassungsklagen

Bei Unterlassungsklagen wird der grenzüberschreitende Charakter der Beeinträchtigung nur noch bei der Frage berücksichtigt, ob diese rechtswidrig oder auf Grund der Anwendung öffentlich- rechtlicher Vorschriften am Standort der Anlage rechtmäßig war. Da die *lex rei sitae* des gestörten Grundstückes angewandt wird, geht es um die Anwendung der privatrechtsgestaltenden Wirkungen einer im Ausland erteilten Genehmigung.

aa) Deutsche Gerichte

Die Wirkung einer Genehmigung am Standort der Anlage ist nach Auffassung der deutschen Gerichte auf das Hoheitsgebiet des Staates beschränkt, der die Genehmigung erlassen hat.[29] Zur Begründung stützt sich der Bundesgerichtshof aber nicht nur auf den international verwaltungsrechtlichen Grundsatz der Territorialität staatlicher Hoheitsakte.[30] Um die Nichtanwendung der ausländischen Genehmigung zu begründen, wird zusätzlich ein Argument aus dem internationalen Privatrecht herangezogen. Die *lex rei sitae* enthalte keine Verweisung auf das Recht des Staates, dessen Recht die Immissionen rechtfertigt.[31]

---

[27] OLG Saarbrücken vom 22.10.1957, NJW 1958, 752; vom 5.3.1963, IPRspr.1963 Nr.38 S.95.

[28] Arrondissementsrechtsbank vom 8.1.1979, RabelsZ 49 (1985) 741, 745 und vom 16.12.1983, 753.

[29] BGH DVBl 1979, 227; LG Waldshut-Tiengen v. 11.2.1982, UPR 1983,14.

[30] Vgl. Teil 1 Kapitel 4; Die auf das Gebiet der Republik Österreich begrenzte territoriale Wirkung der Genehmigung ist das Hauptargument des BGH für die Verfassungswidrigkeit des völkerrechtlichen Vertrages zwischen der Bundesrepublik und Österreich über die Erweiterung des Flughafens Salzburg. Die österreichische Genehmigung habe grundsätzlich territoriale, das heißt auf das Gebiet der Republik Österreich beschränkte Wirkung. Die deutschen Kläger hätten daher nach Auffassung des BGH Erfolg gehabt und das Urteil hätte auch vollstreckt werden können, hätte die Bundesrepublik nicht der österreichischen Genehmigung durch Art. 4 Abs.3 des völkerrechtlichen Vertrages vom 19.12.1967 die gleiche, nicht auf besonderen Titeln beruhende Einwendungen ausschließende Wirkung zuerkannt wie einer deutschen Genehmigung.

[31] BGH DVBl 1979, 227.

Dies gilt besonders für mit der Genehmigung verbundene privatrechtsgestaltende und drittbelastende Wirkungen. Allerdings schließt die Ablehnung der Anwendung der privatrechtsgestaltenden Wirkungen nicht aus, daß über § 906 BGB eine Duldungspflicht ortsüblicher Immissionen im Inland begründet wird. Der ein Gebiet prägende Einfluß einer Anlage geht nicht an der politischen Grenze verloren.[32]

bb) Österreichische Gerichte

Das OLG Linz gesteht dagegen trotz der Anwendung österreichischen Rechts als der *lex rei sitae* des beeinträchtigten Grundstückes der Teilerrichtungsgenehmigung für die atomare Wiederaufarbeitungsanlagein WackersdorfTatbestandswirkung im Rahmen des § 364 a ABGB und des Art.37 des österreichischen EGZPO zu.

> "Der privatrechtliche Immissionsschutz in §§ 364, 364 a ABGB ist so konzipiert, daß die verwaltungsbehördliche Genehmigung einer emittierenden Anlage von einem gar nicht bestimmbaren Personenkreis zu respektieren ist und zum Verlust individueller Unterlassungsansprüche aus dem Titel des Grundeigentums führt. Die Genehmigung ist ein Faktum, das auf die privatrechtlichen Beziehung zwischen dem Emittenten und dem möglichen Immissionsgeschädigten einwirkt und im Rechtsstreit über Befugnisse der Immisionsabwehr zu beachten ist."[33]

Diese zivilrechtliche Tatbestandswirkung wird der deutschen Genehmigung unter einem formalen und einem inhaltlichen Kriterium zuerkannt. Der Einwendungsausschluß nach § 364 a ABGB sei dadurch gerechtfertigt, daß der Schutz individueller privater Rechte nunmehr durch das Genehmigungsverfahren geleistet werde.[34]

b) Die Anwendung ausländischen öffentlichen Rechts im internationalen Deliktsrecht

aa) Deutsche Gerichte

Im internationalen Deliktsrecht gehen die Gerichte im Rahmen des Ubiquitätsprinzips von einer umfassenden Verweisung der deutschen Kollisionsnormen

---

32 LG Waldshut-Tiengen (Fn.29).

33 OLG Linz vom 13.4.1989, 6 Nd 503/89 zum Kernkraftwerk Temelin.

34 OGH SZ 48/15; 55/172.

auf das ausländische Recht aus, die auch die Gestaltungswirkungen der ausländischen Genehmigung mit umfaßt.

Für das OLG Saarbrücken ergab sich die Frage der Geltung der französischen Genehmigung im Zusammenhang mit der Frage, ob das französische Recht auf das deutsche zurückverweise.[35] In seiner Entscheidung zum Kohlestaub an der Saar vom 22.10.1957[36] führte das OLG Saarbrücken hierzu aus:

> "Im vorliegenden Fall kann eine Verweisung auf deutsches Recht umso weniger angenommen werden, als die Handlung am Handlungsort, nämlich Frankreich behördlich genehmigt war, während am Erfolgsort nach deutschem Recht eine solche Genehmigung nicht erteilt worden ist und auch nicht erteilt werden kann. Nach deutschem Recht müßte die in Frankreich erteilte Genehmigung gänzlich unbeachtet bleiben ... Das französische internationale Privatrecht würde damit die eigenen französischen Verwaltungsakte und die ihnen zugrundeliegenden Rechtsnormen ihrer Wirksamkeit berauben und ihre Staatsbürger und Körperschaften einem fremden Recht unterwerfen..."

Auch fünf Jahre später in seiner Entscheidung zur Verschlammung der Roussel durch die französischen Kaligruben geht das Gericht davon aus, daß die Genehmigung ebenfalls für Ansprüche deutscher Kläger bei der Anwendung französischen Rechts gelte. Es nimmt ausdrücklich zum französischen Gesetz über die klassifizierten Anlagen und zur - damals noch bestehenden - Unabhängigkeit des zivilrechtlichen Anspruches von einer Genehmigung Stellung.[37]

bb) Österreichische und niederländische Gerichte

Dagegen gelangte der österreichische Oberste Gerichtshof in seiner Entscheidung vom 29.4.1981[38] zur Geltung der österreichischen wasserrechtlichen Gefährdungshaftung nach § 26 Abs.2 WRG für die nach deutschem Recht genehmigte Schleusenanlage. Das österreichische Recht des Erfolgsortes könne jeden-

---

[35] Damals war noch nicht geklärt, ob es sich bei der Verweisung auf das günstigere Recht nach dem Ubiquitätsprinzip um eine Gesamt- oder um eine Sachnormverweisung handelte; die Frage ist heute zugunsten der Annahme einer Sachnormverweisung geklärt; vgl. *Soergel / Kegel*, Art. 12 Rz.22,24; a.A. *Palandt / Heldrich*, Art. 38 EGBGB Rz.2.

[36] Urteil vom 5.3.1963 IPRspr 1962/63 Nr.38 S.95 (98).

[37] Urteil vom 5.3.1963, IPRspr 1962/63 Nr.38 S.95 (98); da Art.L 122-16 des Code d'Orientation Agricole noch nicht in Kraft war, kam es für die Haftung aus *fait de la chose* noch nicht darauf an, ob die in der Genehmigung festgesetzten Bedingungen eingehalten waren.

[38] JBL 1983, 380, 381.

falls dann angewendet werden, wenn der Schädiger objektiv damit rechnen mußte, daß sein Verhalten im Ausland Wirkungen zeitigen würde. Die deutsche Genehmigung wird lediglich als Faktum mit herangezogen, da die Genehmigung der Wasserbenutzung Voraussetzung für die Haftung nach § 26 Abs.2 WRG ist. Das Gericht behandelt sie wie eine Genehmigung nach österreichischem Recht und erwähnt ihre nur territoriale Wirkung nicht. Es prüft lediglich, ob der Sinn des § 26 Abs.2, den Wasserberechtigten für den Ersatz eines Schadens haften zu lassen, mit dessen Eintritt bei der Erteilung der Genehmigung nicht zu rechnen war[39], auch auf einen Schaden zutrifft, der durch leicht fahrlässiges Verhalten von Angestellten herbeigeführt wurde.

Auch der niederländische Hoge Rad ging in seiner Entscheidung vom 23.9.1988 im Fall MDPA[40] von der grundsätzlichen Geltung der französischen Genehmigung aus, auch wenn er auf Grund der Rechtswahl der Parteien zur Anwendung niederländischen Rechts gelangte. Der Feststellung, daß die französische Einleitungsgenehmigung, an die sich die MDPA hielten, nicht die Funktion habe, "die im Widerstreit stehenden Interessen so gegeneinander abzuwägen, daß dadurch der Genehmigungsinhaber von der Haftung für unerlaubte Handlung freigestellt werde", hätte es nicht bedurft, wäre das Gericht davon ausgegangen, daß die Genehmigung grundsätzlich keine Geltung für ausserhalb Frankreichs entstandene Schäden habe.

c) Voraussetzungen für die Anwendung der privatrechtsgestaltenden Wirkungen ausländischer Verwaltungsakte im Rahmen des internationalen Sachenrechts

Im internationalen Deliktsrecht berücksichtigen die Gerichte ausländische Genehmigungen als bloßes Faktum bei der Anwendung eigenen Rechts oder führen Gründe für deren Nichtbeachtung an. Im internationalen Sachenrecht stellen die deutschen Gerichte Geltungsvoraussetzungen auf, obwohl sie von der grundsätzlichen Nichtbeachtung der ausländischen Genehmigungen ausgehen.

Nach der Rechtsprechung des Bundesgerichtshofes setzt die Anwendung der privatrechtsgestaltenden Wirkungen der ausländischen Genehmigung die Gewährleistung des inländischen Grundrechtsschutzes in einer dem deutschen Verwaltungsrecht entsprechenden Weise voraus. Die Beteiligungsansprüche der Betroffenen müssen in einem Verwaltungsverfahren sichergestellt werden, das

---

[39] Und der deshalb nicht abgelöst wurde, vgl.o. Teil 1, Kapitel 3 III.

[40] Vgl. die Kurzinformation über das Berufungsurteil vom 10.9.1986, RabelsZ 51 (1987) 491 und die Anmerkung zum Kassationsurteil *Wenckstern* (Fn.15) RabelsZ 53 (1989) 699-704.

ihre Interessen auch nach deutschem Recht angemessen berücksichtigt.[41] Offen bleibt jedoch, ob die Anwendung der privatrechtsgestaltenden Wirkungen auf der Anerkennung der Genehmigung als Hoheitsakt oder auf einem kollisionsrechtlichen Verweisungsbefehl begründet sein soll.

Für das Bundesverfassungsgericht[42] stellte sich die Frage nach den formellen Geltungsvoraussetzungen der ausländischen Genehmigung nicht, da das Gericht die durch Art.4 Abs.3 des Staatsvertrages bewirkte Gleichstellung der ausländischen Genehmigung mit einer inländischen anerkannte.[43] Das Gericht unterscheidet zwischen formeller und materieller Illegalität der österreichischen Flughafenbewilligung und legt hierfür die Maßstäbe des deutschen Rechts an. Auch ohne formellen Grundrechtsschutz durch Teilnahme am österreichischen Verfahren, genügt es für die Anwendung der privatrechtsgestaltenden Wirkungen der österreichischen Flughafenbewilligung, wenn die inländischen materiellen Voraussetzungen einer Flughafengenehmigung nach dem Luftverkehrsgesetz eingehalten sind.

> "Die mittlere Flughäufigkeit beim Flughafen Salzburg hält sich in Grenzen. Sie dürfte kaum diejenige der Flughäfen Bremen oder Nürnberg übersteigen; dort beginnt die Schutzzone 2 etwa 2100 und 3000m nach dem Ende der Start- und Landebahn (vgl. die Anlage 2 zu den Verordnungen vom 28.Mai und 29.Juli 1974, BGBl I S.1201 und 1611). Die Bebauung von Freilassing beginnt in gut 3 km Entfernung von der Start- und Landebahn des Flughafens Salzburg, fiele also wahrscheinlich weder in die Schutzzone 2 noch gar in die Schutzzone 1 eines für diesen Flughafen festgesetzten Lärmschutzbereiches. In der Bundesrepublik Deutschland gibt es indessen eine Anzahl genehmigter Flughäfen, deren Lärmschutzbereiche in wesentlich größerem Ausmaß bebaut sind, als dies beim Flughafen Salzburg je der Fall sein könnte, würde für ihn ein Lärmschutzbereich festgesetzt. Dies läßt der These von der Völkerrechtswidrigkeit der österreichischen Zivilflugplatz-Bewilligung für den Flughafen Salzburg (Küppers DVBl 1979 S.228) keinen Raum; es kann nicht ohne weiteres angenommen werden, daß es das internationale Nachbarrecht dem Nachbarstaat verbiete, einen

---

[41] BGH DVBl 79, 226 (228).

[42] BVerfG 1 BvL 81/79, BVerfGE 72, 66 = UPR 1986, 258 = NJW 1986, 2188.

[43] BGBl 1974 II 15; "Die Ansprüche wegen Einwirkungen des Flugplatzverkehrs oder des Betriebes des Flughafens auf Personen, Sachen oder Rechte im Hoheitsgebiet der Bundesrepublik Deutschland können sich auf das deutsche oder auf das österreichische Recht stützen. Stützen sich dies Ansprüche auf das deutsche Recht, so findet § 11 des deutschen Luftverkehrsgesetzes in Verbindung mit § 26 der deutschen Gewerbeordnung sinngemäß Anwendung, soweit der Flughafen nach den geltenden österreichischen Vorschriften im Rahmen dieses Vertrages betrieben wird. Zur Entscheidung über solche Ansprüche sind ausschließlich die ordentlichen Gerichte der Bundesrepublik Deutschland zuständig."

Flughafen in Grenznähe zu genehmigen, der für die Bevölkerung des angrenzenden Staates weniger Lärmbelästigungen mit sich bringt als mancher inländische Flughafen für dessen einheimische Nachbarschaft."

Allein die formelle Illegalität der Genehmigung durch Versagung des effektiven Rechtsschutzes, die sich aus der Nichtbeteiligung der deutschen Anlieger am österreichischen Verfahren ergibt, begründe noch keine Grundrechts-verletzung. Der Flughafenbetrieb belaste die betroffene deutsche Nachbarschaft nicht so schwerwiegend, daß eine andere Lösung als das Hinwirken auf seine Einstellung von vornherein ausscheiden müßte. Aus Art.14 GG sei kein Anspruch auf Verschonung von störenden Anlagen ableitbar. Das Eigentum sei von vornherein der Gefahr ausgesetzt, daß eine störende Anlage errichtet werde und daß dann entsprechende Vorschriften des Nachbarrechts zum Tragen kämen. Das Güterabwägungsgebot in Art.14 GG erfordere, das Gebot einer sozialgerechten Eigentumsordnung und privat garantierte Rechtsstellungen in Ausgleich zu bringen. Der Vertrag und das Ausführungsgesetz führten dazu, daß der Anspruch auf Betriebseinstellung in einen Anspruch auf Schutzvorkehrungen umgewandelt werde. Dadurch wäre eine Rechtsunsicherheit beseitigt, da der Anspruch auf Betriebseinstellung wegen des österreichischen ordre public unter Umständen nicht durchsetzbar gewesen wäre. Die damit verbundene Einschränkung des Substanzschutzes des Eigentums sei durch öffentliche Interessen gerechtfertigt: Einmal diene der Vertrag der Erhaltung guter Beziehungen zur Republik Österreich, zum anderen nehme er auf die Bedürfnisse des internationalen Luftverkehrs Rücksicht und zum Dritten erfülle der Flughafen eine bedeutende Verkehrsfunktion auch im südostbayerischen Raum.

Das OLG Linz[44] verlangt dagegen für die Geltung einer ausländischen Genehmigung in Österreich deren formelle und materielle Legalität. Aus der Tatsache, daß der Schutz individueller privater Rechte nunmehr durch das Genehmigungsverfahren geleistet werde, ergibt sich das formelle Anerkennungskriterium, daß im ausländischen Verfahren ein gleichwertiger subjektiver Rechtsschutz gewährleistet gewesen und den österreichischen Betroffenen die Beteiligung an diesem Verfahren möglich gewesen sein muß. *Materiell* wird eine doppelte Rechtmäßigkeitskontrolle eingeführt: Die genehmigten Emissionen müssen sich im Rahmen der völkerrechtlich zulässigen Umweltbelastungen halten und dürfen nicht gegen den österreichischen ordre public verstoßen. Die Übereinstimmung mit allen österreichischen Gesetzen wird allerdings nicht erwartet. Das Gericht lehnte die Anwendung des österreichischen Atomsperrgesetzes auf die ausländische Anlage implizit ab, indem es ausführte, den Strahlenschutzbestimmungen des österreichischen Strahlenschutzgesetzes und der Strahlenschutzverordnung sei zu entnehmen, daß die Emission ionisierender Strahlen auch in Österreich nicht schlechthin verboten sei.

---

[44] 6 Nd 503/89 vom 13.4.1989.

3. Die Anwendung inländischen Verwaltungsrechts auf die Beteiligung ausländischer Betroffener im Verwaltungsverfahren

Die Verwaltungsgerichte gehen von der grundsätzlich nur territorialen Wirkung deutscher Verwaltungsgesetze und Verwaltungsakte aus. Dies hindert aber nicht die Berücksichtigung der Einwendungen ausländischer Betroffener und ihre Gleichstellung mit von Inländern erhobenen Einwendungen im inländischen Verwaltungsverfahren.[45]

Das Bundesverwaltungsgericht wendet deutsche drittschützende Vorschriften und die sich daran anschließende Präklusionswirkung auch auf holländische Betroffene an. Die atomrechtliche Genehmigung sei inhaltlich zu gliedern in einen feststellenden und einen gestattenden Teil. Der erstere richte sich begünstigend an Antragsteller und Anlagenbetreiber. Der zweite richte sich belastend an alle Drittbetroffenen und stelle fest, daß dem Vorhaben drittschutzgewährende Vorschriften nicht entgegenstünden. Die an diese Feststellung anschließende Präklusion nach § 7 Abs.6 AtG i.V.m. § 14 BImSchG sei auch bei Beteiligung ausländischer Grenznachbarn nicht völkerrechtswidrig, da sie sich auf diejenigen Ansprüche beschränke, die ein Ausländer nach deutschem Recht geltend machen könne. Sie erstrecke sich nicht auf die Fälle, in denen er vor den Gerichten des Staates klage, in denen sein Recht belegen sei, da dessen Rechtsvorschriften bei der Erteilung der Genehmigung nicht geprüft würden.

Ganz parallel in der Begründung geht die Entscheidung des Tribunal Administratif de Strasbourg[46] im Fall der französischen Kaligruben ebenfalls von der allerdings objektiv verstandenen Pflicht aus, grenzüberschreitende Auswirkungen einer emittierenden Anlage bei der Anwendung des französischen Rechts zu berücksichtigen.

4. Die Rolle des internationalen Umweltrechts im Individualprozeß

a) Zivilprozesse

Das Völkerrecht hat im Prozeß um den privaten Schadensausgleich und die Einstellung störender Betriebe keine Bedeutung. Die Möglichkeit von Privatpersonen, sich im Schadensersatzprozeß auf völkerrechtliche Verpflichtungen der

---

[45] BVerwG NVwZ 1987, 1154, 1155; Tribunal Administratif de Strasbourg, siehe bei *Rest*, (Fn.16) öZöffR 35 (1985) 225-264 (232-234).

[46] Siehe bei *Rest*, (Fn.16) öZöffR 35 (1985) 225-264 (232-234).

Staaten zu berufen, wird von den Gerichten fast[47] durchgehend abgelehnt. Dies gilt sowohl für die Anspruchsbegründung von Seiten des Klägers als auch für die Möglichkeit des Beklagten, sich durch Reinhalteverpflichtungen der Staaten von zivilrechtlichen Ansprüchen zu entlasten.

Nach den Entscheidungen des LG und des OLG Saarbrücken zur Rousselverschlammung konnte sich der Beklagte nicht auf den Saarvertrag zwischen der Bundesrepublik Deutschland und Frankreich berufen. Der Vertrag lasse die zivilrechtliche Haftung unberührt. Durch den Vertrag werde keine privatrechtliche Verpflichtung der Staaten begründet,[48] die Flüsse zu reinigen, die den Schädiger entlasten könne. Aus dieser völkerrechtlichen Vereinbarung könnten daher Einzelpersonen keine direkten Rechte für sich ableiten.[49]

Auch der Bonner Salzvertrag[50], durch den sich die dem Rhein anliegenden Vertragsstaaten verpflichtet hatten, die Qualität des Rheinwassers an der deutsch-niederländischen Grenze etappenweise auf 200 mg Chloridionen pro Liter zu vermindern, verpflichtet nur die Staaten und begründet weder die Haftung der MDPA bei ihrer Überschreitung, noch eine Entlastungsmöglichkeit für die Gesellschaft. Der Vertrag bezweckt nicht, das Verhalten der Staatsangehörigen zu regeln, auch nicht in der Weise, daß der Richter in einem der Vertragsstaaten gehalten ist, einen Streit zwischen Staatsangehörigen verschiedener Vertragsstaaten anhand des Vertrages zu entscheiden.[51]

Die Nichtanwendbarkeit des Völkerrechts im Verhältnis zwischen Privaten führt nach Auffassung des österreichischen OGH in seiner unveröffentlichten Entscheidung zum Kernkraftwerk Temelin zum Fehlen der österreichischen Gerichtsbarkeit.[52] Der österreichische Kläger kann sich mit seinem Unterlassungsanspruch gegen das in der Tschechoslowakei gelegene Kernkraftwerk nicht auf den Grundsatz der territorialen Integrität Österreichs berufen. Aus dem

[47] Die Ausnahme bildet die Arrondissementsrechtsbank Rotterdam im Zwischenurteil vom 8.1.1979 RabelsZ 49 (1985) 741 und im Urteil vom 16.12.1983 aaO S.747.

[48] Durch Art.8 der Anlage 8 des Vertrages verpflichteten sich beide Staaten, für die Reinhaltung der Gewässer auf ihrem Hoheitsgebiet durch geeignete Maßnahmen zu sorgen.

[49] LG Saarbrücken IPRspr 1961/61 Nr.38 S.125, 127; OLG Saarbrücken v.5.3.1963 IPRspr 1962/63 Nr.38, S.95 (100).

[50] Übereinkommen zum Schutz des Rheins gegen Verunreinigung durch Chloride vom 3.12.1976, BGBL 1978 II 165 117, 1985 II 1007.

[51] Entscheidung des niederländischen Hoge Raad vom 23.9.1988, zitiert nach *Wenckstern* (Fn.15) RabelsZ 53 (1989) 699-704 (701).

[52] OGH v. 13.4.1989, 6 Nd 503 /89.

Grundsatz der territorialen Souveränität, der hier zugunsten der Tschechoslowakei ins Feld geführt wird, schließt das Gericht auf die Unzulässigkeit der Klage in Österreich. Allerdings wird nicht ganz klar, ob die Unzulässigkeit der Klage auf das Fehlen der österreichischen Gerichtsbarkeit infolge des völkerrechtlichen Charakters des Anspruches zurückzuführen ist, oder ob dem Kläger infolge der voraussichtlich fehlenden Vollstreckbarkeit des Urteils in der Tschechoslowakei das Rechtsschutzbedürfnis fehlt.[53]

Die Arrondissementsrechtsbank Rotterdam wendet dagegen in ihren beiden Urteilen vom 8.1.1979 und vom 16.12.1983 die ungeschriebenen Regeln des Völkerrechts als Teil des niederländischen Rechts an.[54] Die zu entscheidende Rechtsfrage unterläge in erster Linie der Entscheidung durch einen internationalen Richter, der "selbstverständlich Völkerrecht anwenden würde, weil das ungeschriebene Völkerrecht ein Rechtssystem ist, das für die Einwohner der Niederlande und Frankreichs gleichermaßen gilt." Die durch das Völkerrecht und durch das nationale Recht geschützten Interessen seien nicht grundsätzlich, sondern nur graduell verschieden.[55]

b) Die Verwaltungsgerichte

Die Verwaltungsgerichte entnehmen dagegen die Kollisionsnorm für die Anwendung des eigenen Verwaltungsrechts auf Auswirkungen jenseits der Staatsgrenze ausdrücklich dem Völkerrecht.

Nach dem Bundesverwaltungsgericht[56] darf das inländische öffentliche Recht auf ausländische Grenznachbarn hinsichtlich der grenzüberschreitenden Wirkungen einer im Inland genehmigten Anlage angewandt werden, wenn nach allgemeinem Völkerrecht ein ausreichender inländischer Anknüpfungspunkt für eine gesetzliche Regelung gegeben ist.[57] Das Gericht bejaht dies mit doppelter Begründung. Zum einen habe die Genehmigung faktisch grenzüberschreitende Auswirkungen. Ein Staat sei aber völkerrechtlich verpflichtet, grenzüberschreitende Umweltbelastungen so weit zu verhüten, abzubauen und zu kontrollieren,

---

[53] Anders die Entscheidung des OGH vom 23.12.1988 Nd 509/87, JBl 1988, 459 die die österreichische Gerichtsbarkeit bejaht, da der Betrieb des Kernkraftwerkes, obgleich in der Tschechoslowakei zumindest damals hoheitlich durchgeführt, nach allgemeinem Völkerrecht als Akt iure gestionis zu qualifizieren ist.

[54] Siehe bei RabelsZ 49 (1985) 741, 747.

[55] AaO bei Ziff.15.

[56] NVwZ 1987, 1154 (Emsland).

[57] "Nach alledem kann unter völkerrechtlichen Gesichtspunkten nur gefragt werden, ob ein ausreichender inländischer Anknüpfungspunkt für eine gesetzliche Regelung gegeben ist, die im Ausland wohnenden Ausländern subjektive öffentliche Rechte im Zusammenhang mit einer nur im Inland wirksamen atomrechtlichen Genehmigung gewährt."

daß ein ernsthafter Schaden auf dem Gebiet eines anderen Staates nicht auftreten kann. Hieraus folge zwar nicht die Verpflichtung, Auslandsbewohneren subjektive öffentliche Rechte zu verleihen, wohl aber ergebe sich daraus, daß eine Erstreckung nationaler Schutzvorschriften auf Ausländer jedenfalls dann nicht völkerrechtswidrig sei, wenn auf diese Weise einem potentiell grenzüberschreitenden gefährlichen Tun begegnet werden soll.

Dem § 1 Nr.2 Atomgesetz lasse sich nicht entnehmen, daß die dort genannten Rechtsgüter nur in seinem Geltungsbereich geschützt werden sollten. Die Überwachungsvorschriften der §§ 3 ff. AtomG gewährleisteten daher einen Rechtsgüterschutz, der nicht auf die Belegenheit des Rechts im Inland abstelle. Dieses "unmittelbare Hineinwirken völkerrechtlicher Bindungen" in die Auslegung des Atomgesetzes trägt auch dem Umstand Rechnung, daß die friedliche Nutzung der Kernenergie für die Bundesrepublik Deutschland nur im Rahmen der europäischen Atomgemeinschaft möglich war.[58] Wenn der Staat völkerrechtlich verpflichtet sei, grenzüberschreitende Umweltbelastungen so weit wie möglich zu verhindern, dann sei auch die Erstreckung nationaler Schutzvorschriften auf das Ausland nicht völkerrechtswidrig.

> "Durch das Angebot an im Ausland lebende Personen, sich am inländischen Verwaltungsverfahren zu beteiligen, wird keine Hoheitsgewalt im Ausland ausgeübt, folglich auch das Territorialitätsprinzip nicht verletzt."

Nach dem Tribunal Administratif de Strasbourg[59] leitet sich aus den Prinzipien des internationalen Rechts und hier besonders aus der Verpflichtung, niemanden zu schädigen, die Verpflichtung ab, vor der Erteilung einer Erlaubnis zu erforschen, ob durch die genehmigten Akte schädigende Folgen schwerer und anomaler Art auch außerhalb des nationalen Territoriums eintreten können. Diese Verpflichtung bindet über die Verfassung auch die französischen Verwaltungsbehörden. Auch aus dem nationalen Recht, hier Art.3 des Dekrets vom 1973, folge eine Untersuchungspflicht für alle Einleitungen, die in erheblicher Weise die Wasserqualität jenseits der territorialen Grenzen beeinträchtigen könnten. Das Völkerrecht stünde allerdings auch der Anwendung materiell drittschützenden ausländischen Rechts nicht entgegen, da auch hierfür die faktischen Auswirkungen einen ausreichenden Anhalt böten.

III. Grenzüberschreitende Immissionen im Alltag

Trotz der erhöhten öffentlichen Aufmerksamkeit, die das Thema der grenzüberschreitenden Immissionen in der jüngeren Vergangenheit erhalten hat, sind die Behörden in der Praxis nicht gewillt, sich mit den Auswirkungen von im

---

[58] BVerwG NVwZ 1987, 1154, 1155.

[59] Siehe bei *Rest* (Fn.16) öZöffR 35 (1985) 225-264 (232-234).

Grenzbereich geplanten Anlagen zu befassen. Dies ist sogar der Fall, wenn die Behörden im übrigen bezüglich der Anlage zusammenarbeiten.

1. Müllverbrennung im Raum Straßburg / Kehl

Eine französische Städtegemeinschaft betreibt seit Oktober 1974 im am Rhein entlang der deutsch/französischen Grenze gelegenen Industriegebiet der Stadt Straßburg die Hausmüllverbrennungsanlage UIOM. Die Anlage ist nach französischem Recht genehmigt. Auf deutscher Seite wurde weder bei der ursprünglichen Genehmigung der Anlage noch bei ihrer Erweiterung im Jahre 1984 eine Bürgerbeteiligung durchgeführt. Die technische Ausstattung der Anlage ist unzureichend. Die Anlage verbreitet die entstehenden Abgase großflächig durch einen Hochschornstein. Hierdurch sind infolge der vorherrschenden Windrichtung (Westwind) vor allem die auf deutscher Seite gelegenen Anwesen betroffen. Die Anlage überschreitet derzeit sowohl die nach deutschem wie die nach französischem Recht bestehenden Grenzwerte. Schwermetalle, Dioxine und Furane enthaltende Filterstäube werden offen gelagert, dringen ins Grundwasser ein und verwehen, oder sie werden ungenehmigt in den Rhein eingeleitet. Auf deutscher Seite ist die Bodenbelastung an Dioxinen, Furanen und Quecksilber in der Hauptwindrichtung um das zehnfache bzw. um das fünffache oder dreifache angestiegen. Im Raum Kehl sind erhöhte Zahlen bei der Krebssterblichkeit und bei der Sterblichkeit an plötzlichem Kindstod sowie eine erhöhte Mißbildungsrate bei Neugeborenen festgestellt worden.[60]

2. Der Hafen Rotterdam

Nicht zu einem Prozeß geführt hat bisher die Verschlammung des Hafens der Stadt Rotterdam durch den Rhein, die zu enormen Kosten führt. Die vom Rhein mitgeführten Schwebestoffe würden ohne Ausbaggerungen zu einer Verlandung des Hafens führen. Sie bestehen teilweise aus natürlichem Felsabrieb, teilweise aber auch aus Schwermetallen, die aus industriellen Ableitungen stammen. Die im Flußschlamm enthaltenen Schwermetalle machen es der Stadt unmöglich, die Ausbaggerungen wie bisher im Meer abzulagern. Die Stadt hat daher bisher 200 Millionen Gulden für Bassins aufgewandt, in denen der kontaminierte Flußschlamm gelagert und gereinigt wird. Messungen auf fließender Welle haben ergeben, daß die Schadstoffbelastung zu 20 % von Einleitungen der deutschen Industrie ausgeht. Dennoch ist es bisher nicht zu einer Zivilklage gekommen.[61]

---

[60] Vgl. die Strafanzeige des umweltmedizinischen Arbeitskreises der Ortenauer Ärztinnen und Ärzte und der Ärzteinitiative Kehl gegen die Verantwortlichen des Ortenaukreises für die Abfallentsorgung, das Regierungspräsidium Freiburg, die Straßburger Städtegemeinschaft und die Préfecture Bas-Rhin vom 12.11.1992.

[61] Vortrag von Rechtsanwalt Fritz Kernkamp auf der Konferenz: "Grenzüberschreitende Umweltverschmutzung und Haftung: Der Fall Rhein" am 19.1.1990 in Rotterdam; zu dieser Konferenz *Wolf*, IPRax 1991, 136.

Kapitel 3

Der Standpunkt der Lehre in Fällen grenzüberschreitender Immissionen

I. Die Qualifikation der Abwehr- und Schadenersatzansprüche

Die von der Rechtsprechung vorgenommene zweispurige Anknüpfung von internationalem Delikts- und Sachenrecht in Fällen grenzüberschreitender Umweltverschmutzung hat in der Literatur anfangs weitgehende Zustimmung gefunden.[1] Meist wurde die getrennte Anknüpfung der deliktsrechtlich qualifizierten Schadenersatzansprücheund der sachenrechtlich qualifizierten Unterlassungsansprüche nicht weiter begründet. Dies mag mit der Tatsache zusammenhängen, daß sich die entsprechenden Untersuchungen jeweils auf den Unterlassungs-[2] oder den Schadenersatzanspruch[3] beschränken. In neuerer Zeit zeichnet sich jedoch eine einheitliche Qualifikation der delikts- und sachenrechtlichen Ansprüche im internationalen Umweltprivatrecht ab.[4]

Auch der Entwurf des Deutschen Rates für Internationales Privatrecht sieht in Art.43a im Anschluß an die Art.99 und 13 des schweizerischen IPR-Gesetzes vom 18.12.1978[5] vor, daß Immissionen dem Statut des internationalen Deliktsrechts unterstellt werden. Dieses folgt in Art.40 für die deliktische Haftung und die sachenrechtlichen Abwehransprüche einheitlich dem Günstigkeitsprinzip, sieht aber in Art.41 eine Auflockerung durch die wesentlich engere Verbindung der Beteiligten zu einer anderen Rechtsordnung sowie in Art.42 die Möglichkeit einer nachträglichen Rechtswahl durch die Parteien vor.

---

[1] *Küppers*, Grenzüberschreitende Immissionen und internationales Nachbarrecht, ZRP 1976, 260-265 (262); *Rossbach*, Die internationalprivatrechtlichen Probleme der grenzüberschreitenden Rheinverschmutzung, NJW 1988, 590; ders., Die internationalprivatrechtliche Anknüpfung des privaten Rechtsschutzes bei grenzüberschreitender Gewässerverunreinigung S.211, 260; *Gornig* , Schadenersatz bei grenzüberschreitenden Reaktorunfällen, JZ 86, 979-985 (981); *Rest*, Die Wahl des günstigeren Rechts im grenzüberschreitenden Umweltschutz, S.16; ders., Tschernobyl und die internationale Haftung, VersR 86, 933; *Jayme*, Haftung bei grenzüberschreitenden Umweltbelastungen, in: Prävention im Umweltrecht, Heidelberger Kolloquium Technologie und Recht, 205-219 (210); *Kühne*, Haftung bei grenzüberschreitenden Schäden aus Kernreaktorunfällen, NJW 1986, 2139-2147 (2139); *Kegel*, IPR § 18 1a und § 19 II.

[2] *Küppers* (Fn.1) ZRP 1976, 262.

[3] *Rest*, Die Wahl des günstigeren Rechts (Fn.1) S.16; ders., VersR 86, 933; ders., UPR 1987, 363 (366); *Jayme* (Fn.1) S.210; *Kühne* (Fn.1) NJW 1986, 2139 (Atomhaftung).

[4] Vgl.u.III.2.

[5] "Art.99. Dingliche Rechte an Grundstücken unterliegen dem Recht am Ort der gelegenen Sache.
Für Ansprüche aus Immissionen, die von einem Grundstück ausgehen, gelten die Bestimmungen dieses Gesetzes über unerlaubte Handlungen (Art.138)."
"Art.138. Ansprüche aus schädigenden Einwirkungen, die von einem Grundstück ausgehen, unterstehen nach der Wahl des Geschädigten dem Recht des Staates, in dem das Grundstück liegt, oder dem Recht des Staates, in dem der Erfolg einer Einwirkung eintritt."; zitiert nach *Schnyder*, Das neue IPR Gesetz, abgedruckt im Anhang.

Die im Sachrecht vorgenommene Unterscheidung der Haftungsnormen nach deliktischer Haftung im engeren Sinn nach § 823 BGB und der in Spezialnormen angesiedelten Gefährdungshaftung[6] spiegelt sich nicht in der internationalprivatrechtlichen Anknüpfung.[7]

II. Das anwendbare Recht

1. Die deliktische Anknüpfung

a) Das Tatortprinzip bei Distanzdelikten

Das deutsche internationale Deliktsrecht folgt in Übereinstimmung mit den meisten europäischen Rechtsordnungen dem Tatortprinzip.[8] Anzuwenden ist das am Ort des Delikts zur Zeit der Vollendung des Deliktstatbestands geltende Recht. Deliktsort ist jeder Ort, an dem auch nur ein Teil des gesetzlichen Tatbestandes verwirklicht worden ist.[9] Der Deliktsort wird durch die Auslegung der Kollisionsnormen der lex fori und damit - die herrschende Qualifikation nach der lex fori unterstellt - letztlich durch deren Deliktstatbestände bestimmt.

Im Falle von Distanzdelikten trifft die eindeutige Bestimmung des Tatortes auf Schwierigkeiten, da Handlungs- und Erfolgsort in verschiedenen Staaten liegen. Materiell rechtlich sind Handlung und Erfolg gleichwertige Bestandteile eines Delikts, die Anknüpfung an beide ist also kollisionsrechtlich gleichermaßen durch das Tatortprinzip gerechtfertigt. Auch die Parteiinteressen, die für die

---

[6] § 22 WHG, § 25 AtG, § 33 LuftVG, § 1 UHG.

[7] So auch *Stoll*, Zweispurige Anknüpfung von Verschuldens- und Gefährdungshaftung im internationalen Deliktsrecht? Festschrift für Murad Ferid (1978) 397-416; anders *Rabel*, Conflicts of Laws, II S. 334, der die Verschuldenshaftung an das Recht des Handlungsortes, die Gefährdungshaftung an das Recht des Erfolgsortes anknüpfen will; *Ehrenzweig*, Der Tatort im amerikanischen Kollisionsrecht der außervertraglichen Schuldverhältnisse, Rabel Festschrift, 655-683 (682:) Dem Recht des Handlungsortes soll nur noch die Vorsatzhaftung unterliegen, die Gefährdungshaftung ("technische" Fahrlässigkeit", "negligence without fault") soll dagegen an den Erfolgsort angeknüpft werden, da sie nicht auf moralisch vorwerfbarem Verhalten beruht; vermittelnd *Kegel* IPR S.456: Handlungsort ist bei Gefährdungshaftung anders zu definieren: Es ist derjenige Ort, an dem die Sache, für deren Betrieb gehaftet wird, außer Kontrolle gerät; das ist in der Regel auch der Erfolgsort.

[8] In den Entwürfen zum BGB war der Grundsatz der lex loci delicti commissi ausdrücklich enthalten, wurde dann aber nicht übernommen, weil diese Anknüpfung für selbstverständlich gehalten wurde; *Binder*, Zur Auflockerung des Deliktsstatuts, RabelsZ 29 (1955) 401-499 (406) m.w.Nachw.; zur Entwicklung der Tatortregel in Europa und in den deutschen Partikularstaaten vgl. *Hohloch*, Das Deliktsstatut S.27-51.

[9] *Palandt / Heldrich*, Art. 38 EGBGB Rz.2; *Münchener Kommentar / Kreuzer*, Art. 38 EGBGB Rz.40; *Binder* (Fn.8) RabelsZ 20 (1955) 401, 473.

eine oder andere Anknüpfung sprechen, sind äquivalent.[10] Das Tatortprinzip führt daher in eine "kollisionsrechtliche Sackgasse".[11] Zur Rechtfertigung der Anknüpfung an die eine oder die andere Rechtsordnung müssen andere Kriterien herangezogen werden. Bisher waren dies Kriterien aus dem Sachrecht.

aa) Die Anknüpfung an den Handlungsort

Der Handlungsort ist der Ort, an dem der Täter sich zum Zeitpunkt der Ausführung der unerlaubten Handlung befindet.[12] Für die Wahl des Handlungsortes im internationalen Deliktsrecht spricht der Schutz des Täters. Er wird nach dem Maß der Umwelt gemessen, in der er gehandelt hat, und muß sich seinerseits auf die dort erforderlichen Sorgfaltsregeln einstellen. Ein weiteres Argument zugunsten des Handlungsortes fußt auf der Territorialhoheit: Allein der Staat, in dem gehandelt wurde, besitzt auch auf Grund seiner Gebietshoheit die Befugnis, eine Schadenersatzpflicht entstehen zu lassen.[13] Deswegen soll die am Handlungsort vorgenommene Risikoverteilung zwischen dem Schädiger und dem Geschädigten maßgeblich sein.[14]

§ 48 des österreichischen IPR Gesetzes[15] geht von der Anknüpfung an das Recht des Handlungsortes aus. Für grenzüberschreitende Immissionen wird die Anknüpfung an den Handlungsort jedoch nicht durchgehalten, sondern im Anschluß an die sachenrechtliche Anknüpfung an die *lex rei sitae* des beeinträchtigten Grundstückes nach § 31 das Recht des Erfolgsortes angewandt.[16] In einer Entscheidung zum alten IPR vom 29.4.1981 wandte der OGH[17] auf Grund der Voraussehbarkeit der Schädigung von Rechtsgütern jenseits der Staatsgrenze

---

[10] *Schurig*, Kollisionsnorm und Sachrecht S.207.

[11] So *Kreuzer*, Umweltstörungen und Umweltschäden im Kollisionsrecht, Berichte der Deutschen Gesellschaft für Völkerrecht, Heft 32 (1992) 245-311 (303).

[12] *Kropholler* IPR S.431; *Münchener Kommentar / Kreuzer*, Art. 38 EGBGB Rz.44.

[13] *Rest*, Die Wahl des günstigeren Rechts, (Fn.1) S.16.

[14] *Rummel / Schwimann*, § 48 IPRG Rz.4, der mit diesem Argument das Ubiquitätsprinzip ablehnt. Dies erscheint allerdings für sich genommen kein entscheidendes Argument für die Wahl des Rechts am Handlungsort und wird entsprechend auch zugunsten des Erfolgsortes angeführt, vgl. u.b.

[15] "§ 48.(1) Außervertragliche Schadenersatzansprüche sind nach dem Recht des Staates zu beurteilen, in dem das den Schaden verursachende Verhalten gesetzt worden ist. Besteht jedoch für die Beteiligten eine stärkere Beziehung zu dem Recht ein und desselben anderen Staates, so ist dieses Recht maßgebend..."

[16] *Kerschner*, Zur Haftung nach § 26 Wasserrechtsgesetz und zum Deliktsstatut im IPR, JBl 1983, 337-351 (349).

[17] JBL 1983, 380; oben Kapitel 2.II.2.b) bb).

das am Erfolgsort geltende österreichische Recht an. Nach der Literatur ist nicht völlig auszuschließen, daß diese Anknüpfung auch nach der Reform des IPR fortgilt.[18]

bb) Anknüpfung an den Erfolgsort

Der Erfolgsort ist der Ort, an dem ein durch den Tatbestand einer Deliktsnorm geschütztes Rechtsgut verletzt worden ist[19] Bei der Anknüpfung an den Erfolgsort steht der Rechtsgüterschutz im Vordergrund: Der Geschädigte wird nach den Richtmaßen seiner Umwelt geschützt, in der er sich aufhält. Die den Rechtsgüterschutz gewährleistende Rechtsordnung darf auf Grund des allgemeinen Gleichheitssatzes nicht unterscheiden, ob der Schaden innerhalb oder außerhalb ihres Herrschaftsbereichs verursacht worden ist.[20]

Die Bevorzugung des Erfolgsortes steht in Einklang mit der modernen Entwicklung des Deliktsrechts, die dessen Funktion weniger in einer Sanktion für schuldhaftes Verhalten als im Ausgleich des Schadens und der gerechten Verteilung sozialer Risiken in der Gesellschaft sieht.[21] Ausgangspunkt ist nicht mehr die rein formale Anwendung der Tatortregel, sondern der kollisionsrechtliche Vertrauensschutz des Geschädigten. Anzuwenden ist das Recht, von dem der Geschädigte den Schutz seiner Rechtsgüter nach den gesamten Umständen billigerweise erwarten darf.[22]

Das US-amerikanische[23], das englische[24], das französische[25] und - allerdings mit einer Einschränkung - das schweizerische Recht knüpfen daher an den Er-

---

[18] *Bydlinski*, § 48 IPRG Rz.4.

[19] *Kropholler* IPR S.431; *Münchener Kommentar / Kreuzer*, Art. 38 EGBGB Rz.48.

[20] *W.Lorenz*, Die allgemeine Grundregel betreffend das auf die außervertraglichen Schadenshaftung anwendbare Recht, in *v.Caemmerer* (Hrsg), Vorschläge und Gutachten, S.97-159 (116).

[21] *Batiffol / Lagarde*, Droit international privé II S. 246.

[22] *W.Lorenz* (Fn.20) in *v.Caemmerer* (Hrsg), Vorschläge und Gutachten S.97-159 (111); *Stoll* (Fn.7) Festschrift für Ferid 397-416 (111).

[23] Last Event Rule; Note 3 zu Rest 1st, Section 377: "When the harm is caused to land or chattels, the place of the wrong is the place where the force takes effect on the thing."; die Regel wird noch von 15 amerikanischen Staaten angewandt; siehe *Weintraub*, Commentary on the Conflict of Laws, S.308; *Alabama Great Southern Railroad v. Carroll* 97 Ala.126, 11 So.803 (1892); das Rest 2nd geht zwar von der Anwendung der Rechtsordnung aus, zu der der Sachverhalt die engste Verbindung aufweist, bezieht aber auch den Erfolgsort in die Gewichtung mit ein.

[24] *Dicey / Morris*, The Conflict of Laws S.1385 ff.

[25] Art. 3 Code civil enthält nur eine rudimentäre Regel; die Cour de Cassation leitet hieraus jedoch die Geltung des Rechts am Ort des Schadenseintritts ab; Civ. 8.2.1983, Clunet 1984.123; *Meyer*, Droit international privé S.426.

folgsort an. Im schweizerischen Recht[26] ist die Bevorzugung des Erfolgsortes an die Tatsache geknüpft, daß dem Schädiger der Nachweis nicht gelingt, daß er mit dem Eintritt des Erfolges an diesem Ort nicht rechnen konnte. Gelingt ihm dieser Nachweis, so geht das Gesetz von der Geltung des Rechts am Handlungsort aus.[27]

cc) Das Ubiquitätsprinzip

Fallen Handlungs- und Erfolgsort auseinander, so wendet die weitaus herrschende Meinung in der deutschen Literatur zusammen mit der Rechtsprechung das dem Geschädigten günstigere Recht an,[28] das der Richter von Amts wegen zu ermitteln hat. Ausgangspunkt der Ubiquitätslehre ist die Annahme, daß die Argumente für den Handlungs- und für den Erfolgsort gleich schwer wiegen. Vor diesem Hintergrund führt sie zu einer Bevorzugung des Geschädigten.[29] Die internationalprivatrechtliche Rechtfertigung ist jedoch schwierig. Kegel begründet das Ubiquitätsprinzip im internationalen Deliktsrecht mit der größeren Sympathie für das Opfer.[30]

b) Die Anknüpfung des deliktischen Rechtsschutzes im Recht der grenzüberschreitenden Umweltbeeinträchtigungen

Grenzüberschreitende Umweltbeeinträchtigungen sind typische Fälle von Distanzdelikten mit der Besonderheit, daß neben den deliktischen Rechtsschutz der Schutz nach internationalem Sachenrecht tritt und beide Ansprüche vom öffentlichen Umweltrecht überlagert sind. Handlungsort ist hier der Ort, an dem sich die störende Anlage befindet, Erfolgsort derjenige, an dem der Verletzte eine Einbuße an seiner Gesundheit, an seinem Grundstück oder seinem Betrieb erleidet.

---

[26] Art.133 Abs.2 des Schweizer Bundesgesetzes über das internationale Privatrecht: "...Tritt der Erfolg nicht in dem Staat ein, in dem die unerlaubte Handlung begangen worden ist, so ist das Recht des staates anzuwenden, in dem der Erfolg eintritt, wenn der Schädiger mit dem Eintritt des Erfolges in diesem Staat rechnen mußte..."; abgedruckt bei *Schnyder*, Das neue IPR-Gesetz, im Anhang.

[27] Botschaft zum Bundesgesetz über das internationale Privatrecht, Basel 1982.

[28] *Rest*, Die Wahl des günstigeren Rechts (Fn.1) S.17; vgl. auch die oben in Kapitel 2, II.1. zitierten Entscheidungen.

[29] *W.Lorenz* (Fn.20) in *v.Caemmerer* (Hrsg), Vorschläge und Gutachten S.97-159 (115).

[30] *Kegel* IPR § 18 IV 1 a aa.

aa) Anknüpfung an den Handlungsort

Der Gleichlauf mit der öffentlich rechtlichen Zulassung der Anlage und der Zusammenhang mit dem öffentlichen Aufsichtsrecht - beide unterliegen allein dem Recht des Handlungsortes - sprechen zusammen mit Argumenten der Versicherbarkeit und der Gleichbehandlung aller von der Anlage Betroffenen für die Anwendung des am Handlungsort geltenden Rechts. Zemen sieht Verfahren wie das umweltrechtliche als "zusammengesetzte Verfahren" an, in denen für den einen Teil die Verwaltungsbehörde, für den anderen Teil ein Gericht zuständig ist. Er möchte infolge des hier gegebenen "inhärenten Zusammenhangs" die internationale Zuständigkeit im "nachgeschalteten" Zivilverfahren und das anwendbare Recht ebenfalls nach der internationalen Zuständigkeit und dem anwendbaren Recht im internationalen Verwaltungsverfahren ausrichten. Zuständig soll der Staat sein, der "als ganzer" im Wege der Behördenzuständigkeit die internationale Zuständigkeit besitzt.[31] Kreuzer sieht es als erwiesen an, daß die Zwecke des Umwelthaftungsrechts nur erreicht werden können, wenn die öffentlich-rechtlichen und privaten Normen, die diesen Lebensbereich regeln, als Gesamtheit angewandt werden.[32] Unter dem Gesichtspunkt der Gleichstellung eines ausländischen Geschädigten mit den im Lande des Schädigers von der gleichen Beeinträchtigung Betroffenen tritt im schweizerischen Recht Bucher[33] für die Anknüpfung an den *Handlungsort* ein.

Die Lösung begünstigt den Verursacher, der sein Verhalten nicht nach mehreren Rechtsordnungen ausrichten muß, und vermeidet die Frage nach dem Geltungsbereich nationaler Grenzwerte und Genehmigungen sowie die bei einer erheblichen Divergenz beider Rechtsordnungen auftretenden Vollstreckungsschwierigkeiten. Damit wird ein in der Frage der grenzüberschreitenden Verfahrensbeteiligung anerkannter Gedanke auf das internationale Privatrecht übertragen.

bb) Die Anknüpfung an den Erfolgsort

Für die Anknüpfung an das am *Erfolgsort* geltende Recht spricht sich in der umweltrechtlichen Literatur vor allem Rossbach[34] aus. Diese entspreche einem

---

[31] *Zemen*, Die Einheit der internationalen Zuständigkeit von Verwaltungsbehörde und Gericht bei "zusammengesetzten Verfahren", ZfRV 1989, 89-109 (109).

[32] *Kreuzer* (Fn.11) Berichte der deutschen Gesellschaft für Völkerrecht, Band 32, 245-311 (307); zur Ansicht Kreuzers siehe nochmals unten bei Teil 3, Kapitel 2.

[33] *Bucher*, Zivilrechtliche Schadensersatz- und Unterlassungsklagen - Anwendbares Recht (Schweiz), in: *Bothe / Prieur / Ress*, Rechtsfragen grenzüberschreitender Umweltbelastungen (1984) S.199-207 (203,204).

[34] (Fn.1) Grenzüberschreitende Gewässerverunreinigung S.146-150.

praktischen Bedürfnis sowohl des Klägers als auch des mit der Sache meist befaßten Gerichts am Erfolgsort und ermögliche die einheitliche Anknüpfung der Verschuldens- und Gefährdungshaftung sowie eine befriedigende und einheitliche Lösung für die Frage der summierten Immissionen.

cc) Die ubiquitäre Anknüpfung

Der Großteil der Literatur folgt jedoch dem *Ubiquitätsprinzip*. Im Rechtsschutz gegen grenzüberschreitende Immissionen ist die alternative Anknüpfung an das dem Geschädigten sachlich günstigere Recht wenig kritisiert worden.[35] Autoren, die im übrigen eine akzessorische Anknüpfung befürworten[36], von der Anknüpfung an den Erfolgsort ausgehen[37] oder auch nur im Anschluß an das schweizerische und das österreichische Recht verlangen, der Gesetzgeber müsse sich für einen der beiden Tatorte entscheiden,[38] halten in der Frage der Umwelthaftung am Ubiquitätsprinzip fest. Die dadurch erreichte Stärkung des Individualschutzes wird sogar ausdrücklich begrüßt[39]. Die Ubiquitätsregel sollte einen Beitrag zur Erhaltung des ökologischen Gleichgewichts leisten, da sich potentielle Umweltstörer, um sich nicht Schadenersatzansprüchen auszusetzen, nach allen Nachbarstaaten richten müßten und sich im Ergebnis so die schärfsten umweltrechtlichen Standards durchsetzten.[40] Auch der vom Ständigen Büro der Haager Konferenz erarbeitete Diskussionsentwurf betreffend das anwendbare nationale Recht bei der zivilrechtlichen Haftung für Umweltschäden und die Europaratskonvention vom 21.6.1993 betreffend die zivilrechtliche Haftung für umweltgefährdende Tätigkeiten gehen von einem Wahlrecht des Geschädigten bezüglich des anwendbaren Rechts aus.[41]

Werner Lorenz schlägt in seinem Gutachten für die Fälle grenzüberschreitender Umweltbeeinträchtigungen eine gesonderte Kollisionsnorm vor, wonach nach Wahl des Geschädigten entweder das Sachrecht des Staates, in dem die Ursache gesetzt wurde oder das des Staates, in dem der Schaden eingetreten

---

[35] Anders nur *Rossbach* (Fn.1) S.110 ff.; ders. (Fn.1) NJW 1988, 590 (591).

[36] *Schönberger*, Das Tatortprinzip und seine Auflockerung im deutschen internationalen Deliktsrecht S.217ff.

[37] *W.Lorenz* (Fn.20) in *v.Caemmerer* (Hrsg), Vorschläge und Gutachten S.97-159.

[38] *v.Bar* IPR II Rz.669; *Kropholler* IPR S.433; beide nehmen die Fälle grenzüberschreitender Immissionen ausdrücklich aus ihrer Kritik am Günstigkeitsprinzip aus.

[39] *Rest*, Die Wahl des günstigeren Rechts (Fn.1) S.43.

[40] *Jessurun d'Oliveira*, La Pollution du Rjin et le Droit international privé S.101 f.

[41] Siehe dazu *Otto*, Auf dem Wege zu einer Konvention über Fragen des Internationalen Umwelthaftungsrechts, JZ 1994, 953-954.

war, anzuwenden sein soll.[42] Auch hierfür führt er den Gedanken des kollisionsrechtlichen Vertrauensschutzes an.[43] Der Geschädigte könne auf den Schutz beider Rechtsordnungen vertrauen, da auf Grund der unverrückbaren Nachbarlage für die typischen Risiken auch auf den Schutz der Rechtsordnung vertraut werden dürfe, von der die Gefährdung ausgeht.[44] Für die Anwendung des Rechts am Erfolgsort soll es jedoch nach Werner Lorenz nicht darauf ankommen, ob der Geschädigte die Rechtsgutsverletzung im Staat des Schadenseintritts voraussehen konnte. Dies sei vielmehr eine Frage des Verschuldens und der Kausalität innerhalb des Sachrechts.[45] Im Gegensatz zur umweltrechtlichen Literatur erwartet er vom Kollisionsrecht keinen Beitrag zur Stärkung des Umweltrechts, da auch durch Anwendung des dem Geschädigten günstigeren Rechts kein unmittelbarer Druck auf den Gesetzgeber ausgeübt werde, schärfere Normen zu erlassen.

Auch Sturm tritt in seinem Gutachten zum Reformentwurf für die Beibehaltung des Günstigkeitsprinzips im Recht der grenzüberschreitenden Immissionen ein. Er rechtfertigt seine Anwendung allerdings mit sachrechtlichen Gesichtspunkten. Sowohl die Anwendung des Rechtes am Handlungsort als auch die Anwendung des Rechtes am Erfolgsort hält Sturm, ausgehend von einer ganzheitlichen Betrachtung, die auch das öffentliche Umweltschutzrecht und das Recht der Zulassung von Anlagen mit umfaßt, für unbefriedigend. Durch die Anwendung deutschen Rechts als Recht des Handlungsortes blieben die Interessen ausländischer Geschädigter ebenso auf der Strecke wie die Interessen deutscher Verletzter bei der Anwendung ausländischen Handlungsortsrechtes. Wird auf eine von deutschen Anlagen ausgehende Schädigung von Ausländern das ausländische Recht am Erfolgsort angewandt, so besteht nach diesem die unbefriedigende Alternative, entweder die eigene Genehmigung zu ignorieren oder die Teilfragen der Rechtswidrigkeit und Schuld systemwidrig gesondert anzuknüpfen und so gegen das internationalprivatrechtliche System deutsche Rechtsvorstellungen durchzusetzen. Die erste Lösung sei unbefriedigend und wirke sich letztlich zu Lasten deutscher Betriebe und der Träger deutscher Rechtsgüter aus, da keineswegs sichergestellt sei, daß die Nachbarstaaten Gegenrecht hielten und bei einer von ihrem Gebiet ausgehenden grenzüberschreitenden Beeinträchtigung deutsches Erfolgsortrecht ohne Rücksicht auf die eigene Genehmigung anwenden würden. Die internationale Zusammenarbeit ist, wie die Erfahrung zeigt, nirgendwo so schwer zu erreichen, wie wenn nationale Beschäftigungsstrategie, Energie- und Industriepolitik in Konkurrenz zu Um-

---

[42] *W.Lorenz* (Fn.20) in *v.Caemmerer* (Hrsg), Vorschläge und Gutachten S.97-159 (98).

[43] *W.Lorenz* (Fn.20) 111; *Stoll* (Fn.7) Festschrift für Ferid, 397-416 (413).

[44] *W.Lorenz* (Fn.20) 111, 120, 126.

[45] *W.Lorenz* (Fn.20) 118.

weltschutzbelangen treten.[46] Liegt der Erfolgsort dagegen im Inland, so bestünde das Dilemma, ob eine auf ausländisches Recht gestützte Genehmigung anzuwenden sei. Dagegen spreche das Territorialitätsprinzip. Dafür sprächen aber zumindest im europäischen Raum Vollstreckungsschwierigkeiten, die sich bei Nichtbeachtung ausländischer Genehmigungen ergeben können. Durch die Anwendung des günstigeren Rechts komme dagegen dem Opfer der Höchststandard der von den beteiligten Nachbarstaaten vorgesehenen Abwehr-, Vorkehrungs- und Haftpflichtvorschriften zugute. Allerdings sollen Rechtfertigungs- und Schuldausschließungsgründe aus dem Recht des Handlungsortes berücksichtigt werden.[47] Die Antwort auf die Frage, wie sich dies alles in der praktischen Rechtsanwendung zusammenfügen soll, bleibt Sturm allerdings schuldig.

2. Das anwendbare Recht im internationalen Sachenrecht

a) Die klassische Anwendung der lex rei sitae im Recht der grenzüberschreitenden Immissionen

Auf Rechtsverhältnisse an Sachen wendet die herrschende Meinung gewohnheitsrechtlich[48] das Recht an, das am Lageort der betroffenen Sache gilt.[49] Auch der Reformentwurf hält in seinem Art.43 an dieser Anknüpfung fest. Aus internationalprivatrechtlicher Sicht dient die Anwendung der *lex rei sitae* der Verkehrssicherheit. Inhalt und Schranken des Eigentums werden nach der Rechtsordnung bestimmt, in der sich die betroffene Sache befindet.[50] Aus völkerrechtlicher Sicht beruht diese Anknüpfung auf der Gebietshoheit der Staaten.[51]

---

[46] Vgl. nur den Vorbehalt zugunsten der Energiepolitik in der Schlußerklärung zu den Umweltschutzbestimmungen der Einheitlichen Europäischen Akte. vgl. oben Kapitel 1 II. bei Fn.153.

[47] *Sturm*, Immissionen und Grenzdelikte, in *v.Caemmerer* (Hrsg.), Vorschläge und Gutachten S.338-360 (356-359).

[48] BGHZ 39, 173; BGHZ 100, 321, 324; als Geltungsgrund vertrat *Savigny* VIII 169, die freiwillige Unterwerfung unter die lex rei sitae.

[49] In der parallelen Anknüpfung auf Grund der Sach- und Vollstreckungsnähe, die mit Beweis- und Rechtsnähe gekoppelt ist, nimmt der Belegenheitsstaat regelmäßig auch die ausschließliche internationale Zuständigkeit in Anspruch, § 24 ZPO, Art.16 Nr.1 EuGVÜ; *Schack* IZVR § 8 Rz.308; Art.97 des schweizerischen IPR Gesetzes; *Leflar*, American Conflicts Law S.341; Restatement 2d § 59; *Dicey / Morris* II 538-548.

[50] *Kegel* IPR § 2.2; § 19 I; *Münchener Kommentar / Kreuzer* , Nach Art.12, Rz.14; *Staudinger / Stoll*, Internationales Sachenrecht Rz.59.

[51] *Zitelmann*, Internationales Privatrecht I, 133; II 20, 301 beruft sich auf das allgemeine Völkerrecht. Nur die Rechtsordnung, in der die Sache sich befindet, hat die Befugnis, die Rechtsverhältnisse an dieser Sache zu regeln; ebenso *Bleckmann*, Die völkerrechtlichen Grundlagen des internationalen Kollisionsrechts, S.42, die Anknüpfung an die lex rei sitae habe letztlich ihre Grundlage in der staatlichen Gebietshoheit.

Die Diskussion um die Anknüpfung des sachenrechtlichen Abwehranspruches verläuft parallel zum internationalen Deliktsrecht. Die gefundenen Lösungen hängen davon ab, ob der Schwerpunkt der Immissionsabwehr beim beeinträchtigten oder beim störenden Grundstück gesehen wird. Ein großer Teil der Literatur setzt der Rechtsprechung folgend den Schwerpunkt beim Schutz des Eigentums und damit bei den Interessen des gestörten Grundstückseigentümers und gelangt über die situs-Regel zur Anwendung des Rechts des beeinträchtigten Grundstückes, da die *lex rei sitae* auch über die für Liegenschaften typischen inhaltsbestimmenden privatrechtlichen Schranken des Nachbarrechts entscheidet.[52] Da es hier um die Inhaltsbestimmung des Eigentums geht, halten diese Autoren die Ubiquitätsregel nicht für angemessen. Dagegen hat sich das ältere Schrifttum im Anschluß an die frühen bergrechtlichen Entscheidungen des Reichsgerichts für die Anwendung des Rechts des Grundstückes ausgesprochen, von dem die Störung ausgeht. Die Autoren halten die Beschränkung des Eigentums und nicht die aus dem Eigentum fließenden Abwehrrechte für den entscheidenden Gesichtspunkt.[53] Als Argument für die Anwendung des Rechtes des störenden Grundstückes wurde in Fällen mit öffentlich-rechtlicher Überlagerung auch die Territorialität des öffentlichen Rechts, damals des Berg- oder Wasserrechts, angeführt.[54]

b) Der Ansatz Stolls: Übertragung der Grundsätze aus dem internationalen Deliktsrecht

Dagegen wollen die weitaus überwiegende Meinung in der Lehre und der Deutsche Rat für Internationales Privatrecht[55] auch auf die dinglichen Abwehransprüche alternativ das Recht des Handlungs- oder des Erfolgsortes anwenden[56], je nachdem welches Recht sich als das dem Anspruch günstigere erweist.

---

[52] *Küppers* (Fn.1) ZRP 1976, 260-265 (262); *Siehr*, Grenzüberschreitender Umweltschutz, Europäische Erfahrungen mit einem weltweiten Problem, RabelsZ 45 (1981) 377-398 (385f.); *Birk*, Der Schutz der Sachenrechte im internationalen Privatrecht S.217 f; *Boisseree*, Anmerkung zu OLG Saarbrücken vom 22.10.1957, NJW 1958, 1239; *Palandt / Heldrich* , BGB, Anh. II zu Art. 38 EGBGB Rz.5; *Rossbach* (Fn.1).205; *Münchener Kommentar / Kreuzer* , nach Art.38 Rz.43.

[53] *Rabel*, Conflict of Laws S.331; *Frankenstein* IPR II S.96; *Neumeyer*, Internationales Verwaltungsrecht II S.44.

[54] *Rabel*, Conflicts (Fn.53) S.332: "...the situation is special: Mine laws are strictly territorial, not intended to be applied to foreign mines or soil. They decide the lawful or unlawful nature of acts as well as the liability for risk. This seems to be the right decision for any country."; ebenso *Neumeyer*, Internationales Verwaltungsrecht II, 44-51.

[55] Art.43 a des Entwurfs, abgedruckt bei *Henrich*, Vorschläge und Gutachten S.1.

[56] *G.Hager*, Zur Berücksichtigung öffentlich-rechtlicher Genehmigungen bei Streitigkeiten wegen grenzüberschreitender Immissionen, RabelsZ 53 (1989) 293-319 (297); *Kohler*, Umweltrechtliche Genehmigungen im internationalen Privat- und Verfahrensrecht, UTR Band 15 (1991) 289-312 (301); ders. Unterlassungs- und Schadenersatzklagen wegen grenzüberschreitender Umweltbeeinträchtigungen im internationalen Privat- und Verfahrensrecht, in: v.Moltke / Schmölling/ Kloepfer / Kohler, S.69-87; *Kropholler* IPR S.448; *Lummert*, Zivilrechtliche Schadenersatzklagen und Unterlassungsklagen - Anwendbares Recht, in: Bothe / Prieur / Ress, Rechtsfragen

Dies geht auf Stoll zurück.[57] Ausgehend von der Überlegung, daß der sachenrechtliche und der deliktsrechtliche Eigentumsschutz eine Einheit bilden und daher möglichst den gleichen Regeln unterstellt werden sollten, unterscheidet Stoll die Fälle, in denen ein durch einen ausländischen Betrieb Geschädigter vor seinen heimischen Gerichten klagt und den Fall, daß er vor den Gerichten des Staates klagt, von dessen Territorium die Störung ausgeht. Im ersteren Fall stehe es dem Kläger frei, ob er Rechtsschutz nach heimischem Recht begehrt oder sich dem ausländischen Recht gleichsam unterwerfe und die gleichen Rechte in Anspruch nehme wie ein Einwohner des Staates, von dem die Störung ausgeht. Wird dagegen vor den Gerichten des Staates geklagt, von dem die Störung ausgeht, so ergibt sich aus der Pflicht zur Gleichstellung ausländischer und inländischer Eigentümer, daß das Gericht den Kläger nicht schlechter stellen darf als wenn sein Grundstück im Gerichtsstaat läge. Auch der Anwendung des (günstigeren) Rechts im Heimatstaat des Klägers steht nichts entgegen. Der Ansatz Stolls schließt die öffentlich-rechtlichen Regeln der auf diese Weise als anwendbar ermittelten Rechtsordnung mit ein.[58] Führt die Regel zur Anwendung des Rechts im Belegenheitsstaat des gestörten Grundstückes, so ergibt sich allerdings ein Angleichungsproblem.[59]

III. Stellungnahme

1. Die Anknüpfung an den Tatort und das Ubiquitätsprinzip

a) Die Anknüpfung an den Tatort

Die Anknüpfung an den Tatort zeugt einerseits im internationalen Deliktsrecht von der Zufälligkeit der deliktischen Begegnung, andererseits von deren starker Beziehung zum öffentlichen Ordnungsrecht. Savigny zählte denn auch das Deliktsrecht zu den "Ordnungsnormen mit politischem Einschlag", die er aus seinem internationalprivatrechtlichen Anknüpfungssystem ausnehmen wollte.[60] Die deliktischen Beziehungen der Beteiligten führen zufällig am Tatort

---

grenzüberschreitender Umweltverschmutzungen 183-192 (184); *Sturm* (Fn.47) in v.Caemmmerer (Hrsg.), Vorschläge und Gutachten, 338-360 (359 f.); anders *Münchener Kommentar / Kreuzer* , Art.38 Rz.43; für die Anwendung der Ubiquitätsregel dagegen ders. in seiner gutachtlichen Stellungnahme in *Henrich*, Vorschläge und Gutachten 37-166 (147); der Referentenentwurf zum internationalen Sachenrecht enthält für die Frage grenzüberschreitender Immissionen keine eigene Lösung; vgl. die sachenrechtlichen Vorschriften im Anhang bei *Kropholler* IPR 542.

[57] *Staudinger / Stoll*, Internationales Sachenrecht Rz.162; ders., Der Schutz der Sachenrechte nach IPR, RabelsZ 37 (1973) 357-379 (374); anders ganz dezidiert *Münchener Kommentar / Kreuzer*, da es hier um die Inhaltsbestimmung des Eigentums geht. Hierfür sei die Ubiquitätsregel nicht angemessen.

[58] Vgl.*Staudinger / Stoll*, Internationales Sachenrecht Rz.163.

[59] Hierzu unten V.3.b) bb).

[60] *Savigny* VIII 279f.

zusammen. Eine andere überzeugende Anknüpfung fehlt.[61] Von der deliktischen Anknüpfung an den Tatort wird daher abgegangen, wenn die Parteien einer anderen Rechtsordnung enger verbunden sind.[62] Dabei werden auch Rechtsverhältnisse zu Dritten und die Erleichterung der Schadensabwicklung berücksichtigt.[63]

Als internationalprivatrechtliche Interessen tragen nur der internationale Entscheidungseinklang durch die weite Verbreitung des Tatortprinzips und Gesichtspunkte des Verkehrsschutzes die Anknüpfung. Täter und Verletzter sollen sich auf die am Tatort vorgenommene Abgrenzung ihrer Rechtssphären verlassen dürfen.[64]

Die Anknüpfung an den Tatort erklärt sich aus der Entwicklung des Schadensrechts. Dieses hat sich erst im 19. Jahrhundert vom Strafrecht emanzipiert.[65] Für letzteres galt seit dem 13.Jahrhundert hinsichtlich der internationalen Zuständigkeit und des anwendbaren Rechts das Prinzip der Territorialität. Die Gerichte waren für in ihrem Herrschaftsbereich begangene Delikte allzuständig und wandten ihr eigenes Recht an.[66] Die Anknüpfung an den Handlungsort ist für die staatliche Strafgewalt die einzig völkerrechtlich zulässige. Sie wurde in das internationale Deliktsrecht übernommen mit dem Argument, daß nur der Staat, in dem der Deliktstäter gehandelt hat, die Macht habe, diesem Verpflichtungen aufzuerlegen.[67] Der Handelnde müsse sich an das Recht des Handlungsortes halten können.[68] Savigny schließt gerade aus der Parallelität zum inter-

---

[61] So ausdrücklich BGHZ 90, 294 (299).

[62] Vgl. die Entscheidung des BGH vom 8.9.1992, NJW 1992, 3091, der BGH wendete das deutsche Aufenthaltsrecht auch auf den Unfall einer türkischen Familie in der Türkei an: Auch Menschen, die vorübergehend in ihr Heimatland zurückkehrten, blieben eingebettet in das Recht ihres deutschen Aufenthaltsortes und erwarteten ihren Versicherungsschutz nach deutschem Regulierungsstandard, an dem sich auch der hinter dem Geschädigten stehende Versicherer ausgerichtet habe; ebenso BGH NJW 1993, 1008; vorher bereits BGHZ 90, 294: Anwendung deutschen Rechts auf den Unfall von in Deutschland in familienähnlicher Gemeinschaft lebenden Jugoslawen; BGHZ 93, 214: Anwendung deutschen Rechts auf den Auslandsunfall eines Deutschen mit einem in Deutschland lebenden Spanier in Spanien. Ausführlich zu dieser Entwicklung: *Zimmer*, "Auflockerung" der Tatortregel in kleinen Schritten, JZ 1993, 396-401.

[63] Vgl. die Haager Konvention über das auf Verkehrsunfälle anwendbare Recht, die in der Anknüpfung an den Registrierungsort des Fahrzeugs einer Empfehlung der Versicherungswirtschaft folgt; *Beitzke*, Die 11.Haager Konferenz und das Kollisionsrecht der Straßenverkehrsunfälle, RabelsZ 33 (1969) 204-234 (223).

[64] *Kegel* IPR § 2 II.

[65] *Hohloch* (Fn.8) S.8, 30ff.

[66] Zur Überwindung des Stammesrechtes und zur Entwicklung des internationalen Deliktsrechts aus dem internationalen Strafrecht vgl. *Hohloch* (Fn.8) S.16-20 mit zahlreichen Nachweisen.

[67] *Zitelmann*, Internationales Privatrecht II S.480-481; *v.Bar*, Theorie und Praxis des internationeln Privatrechts II, S.120, der ausdrücklich die Parallele zum internationalen Strafrecht zieht.

[68] So noch 1961 *Raape*, Internationales Privatrecht, S.576, 577: "Wer in Rom lebt, muß wie ein Römer leben - und darf es auch."

nationalen Strafrecht auf die Maßgeblichkeit der lex fori, "da die auf die Delicte bezogenen Gesetze stets unter die zwingenden, streng positiven zu rechnen sind," durch die er seine Grundregel von der Maßgeblichkeit des Sitzes des Rechtsverhältnisses auflockern will.[69] Die Streichung der Tatortregel in den Erwägungen der II.Kommission zum BGB wurde mit dem Argument begründet, daß es eine Selbstverständlichkeit sei, daß derjenige, der sich gegen die Schutzvorschriften verfehle, die ein Staat aufstelle zum Schutze der seiner Herrschaft unterworfenen Güter, nach den Normen dieser Gesetze auf Schadenersatz hafte.[70]

b) Das Ubiquitätsprinzip

Auch das am Erfolgsort geltende Recht als Haftungsgrundlage heranzuziehen, wurde erst durch ein verändertes, vom Gedanken des Rechtsgüterschutzes geprägtes Deliktsverständnis möglich. Bei den ersten in Deutschland entschiedenen Fällen wurde das Ubiquitätsprinzip als Verlegenheitslösung angewandt. Die Entscheidungen des Reichsgerichts betrafen die Haftung für briefliche falsche Kreditauskünfte.[71] Das Reichsgericht stand hier vor der Schwierigkeit, daß die Frage nach dem Verletzungsort nicht weiter führte, da sich das verletzte Rechtsgut, die wirtschaftliche Handlungsfreiheit der geschädigten Firmen, mangels eines eindeutigen räumlichen Schutzbereichs, nicht lokalisieren ließ. Die deliktsrechtlichen Vorschriften, die die falsche Kreditauskunft untersagen, schützen allgemein die wirtschaftliche Handlungsfreiheit der betroffenen Firmen ohne Rücksicht auf die Präsenz des Berechtigten in einer bestimmten Rechtsordnung.[72] Auch Unsicherheit im Tatsächlichen führte zur Anwendung des Ubiquitätsprinzips.[73] Auf der badischen Seite des Rheins hatte ein Bataillon Gefechtsschießen geübt. Eine Kugel traf einen Mann, der mit seinem Boot die Tiefen des Rheins an der elsässisch-badischen Grenze ausmaß. Später ließ sich nicht mehr feststellen, auf welcher Seite der Grenze sich das Boot befunden hatte, als die Kugel traf.

---

[69] *Savigny* VIII 279 f.

[70] *Mugdan*, Materialien I 279; *Hohloch* (Fn.8) S.51; *Stoll* (Fn.57) Festschrift für Ferid 397-416 (411).

[71] RGZ 19, 382: Der Teilhaber einer in Hanau im Geltungsbereich des gemeinen Rechts ansässigen Personengesellschaft bescheinigte von dort aus absichtlich wahrheitswidrig brieflich badischen Firmen die Kreditwürdigkeit eines Londoner Kaufmannes. Die Firmen fielen später mit ihren Forderungen aus. Das RG wandte das dem Kläger günstigere badische Recht an; RGZ 23, 305: Die falsche Kreditauskunft einer in Lyon ansässigen Firma gegenüber einem in Zürich ansässigen Kaufmann führte zur Anwendung des günstigeren französischen Rechts. Zur Entwicklung vgl. *Hohloch* (Fn.8) S.104-112.

[72] *Stoll* (Fn.57) Festschrift für Ferid 397-416 (412).

[73] RGZ 54, 198 (205).

Das Reichsgericht stützte vor diesem Hintergrund seine Argumentation nicht auf den *favor laesi*, sondern rein auf den äußeren Handlungsablauf, der durch die Einheit von Handlung und Erfolg, eine gleichwertige Beziehung zu beiden Rechtsordnungen begründet. Das Delikt sei daher als von dem Recht des einen wie von dem des anderen Ortes beherrscht anzusehen.[74] Die vom Reichsgericht verwendeten Argumente stammen aus dem internationalen Prozeßrecht. Dort hatte sich die Rechtsprechung seit Mitte des 19.Jahrhunderts für die Bestimmung des Gerichtsstandes der unerlaubten Handlung vorsichtig für die Gleichwertigkeit von Handlungs- und Erfolgsort ausgesprochen.[75]

Die Argumente aus dem Prozeßrecht können jedoch nur mit Vorsicht auf das Kollisionsrecht übertragen werden. Die Übereinstimmung der Anknüpfungsmomente beruht weder auf der Tatsache, daß die Gerichtszuständigkeit der Rechtszuständigkeit folgt noch umgekehrt, sondern auf der Identität der für die Wahl von Gerichtsstand und Recht maßgebenden Motive.[76] Im Prozeßrecht besteht anders als bei der Rechtsanwendung nicht der Anspruch, daß eine Frage allein durch die sachlich nächste Rechtsordnung zu entscheiden sei, sondern die Stärkung des Rechtsschutzes des Geschädigten durch mehrere zuständige Gerichte steht im Vordergrund. Sie findet im Fall des Gerichtsstands der unerlaubten Handlung ihre Rechtfertigung in der Nähe des Gerichts zum Sachverhalt und damit in praktischen, vor allem beweistechnischen Gründen.[77]

2. Internationales Sachenrecht

Im Recht der grenzüberschreitenden Immissionen entspricht die Anwendung sowohl des am Lageort des störenden Grundstücks als auch des am Lageort des gestörten Grundstückes geltenden Rechts dem gewohnheitsrechtlichen Prinzip der lex rei sitae. Die im nationalen Recht bestehende Einheit zwischen Duldungspflichten und Abwehrrechten des gestörten Grundstückes einerseits und dem Recht der freien Nutzung des störenden Grundstückes andererseits, die zusammen das Eigentum an beiden Grundstücken inhaltlich bestimmen, ist aufgelöst.[78] Nutzungsrechte und Duldungspflichten stimmen nicht mehr überein, da sie von zwei verschiedenen Rechtsordnungen beherrscht werden. Die Anwendung der lex rei sitae führt im Nutzungskonflikt zwischen zwei in verschiedenen Rechtsordnungen belegenen Grundstücken zu keinem eindeutigen

---

[74] RG v.20.11.1888 RGZ 23, 305; RGZ 72, 41, 43.

[75] *Kollar*, Der Gerichtsstand der unerlaubten Handlung, S.16 ff.

[76] *Heldrich*, Internationale Zuständigkeit und anwendbares Recht, § 5 III.

[77] *Schack* IZVR (Fn.36) § 8 Rz.289; *Heldrich* (Fn.76) § 7 III 3.

[78] Vgl. zum deutschen Recht oben Teil 1, Kapitel 1, III.3; zum französischen Recht Teil 1, Kapitel 2, III.; zum österreichischen Recht Teil 1, Kapitel 3 III.

Ergebnis. Die auf die lex rei sitae gestützte Anwendung des am Lageort des beeinträchtigten Grundstückes geltenden Rechtes ist nur aus der Sicht der dortigen Gerichte zwingend.

Sowohl die Anknüpfung an den Handlungsort als auch die an den Erfolgsort hat den Nachteil, daß sie jeweils ein Grundstück nach den Regeln einer Rechtsordnung behandeln müssen, in der es nicht belegen ist. Dies versuchen Zitelmann und Ludwig v. Bar zu vermeiden. Ausgehend vom Recht des beeinträchtigten Grundstückes verlangt Zitelmann für die Anwendung von beschränkenden Normen aus dieser Rechtsordnung, daß auch das ausländische Recht diese Beschränkung als Begünstigung in Anspruch nehme und gelangt so zu einer Kumulation der beiden Rechtsordnungen.[79] Begünstigt durch die Grenzlage wird nach diesem Ansatz das gestörte Grundstück, da eine nach dortigem Recht bestehende Beschränkung des Eigentums nicht anwendbar ist, wenn sie nicht im Recht des Störerstaates ihre Entsprechung findet. Zum umgekehrten Ergebnis kommt auf dem umgekehrten Weg Ludwig v.Bar, indem er das Recht des störenden Grundstückes anwendet. Eine nach diesem Recht bestehende nachbarrechtliche Beschränkung in der Betätigungsfreiheit des Eigentümers könne nach den Grundsätzen reziproker Billigkeit nicht in Anspruch genommen werden zugunsten eines Grundstückes, nach dessen Recht die gleiche Beschränkung im entsprechenden Fall nicht anerkannt würde.[80] Begünstigt durch die Grenzlage wird hier das störende Grundstück. Beschränkt das Recht des Ortes, an dem dieses Grundstück belegen ist, die Befugnisse des Eigentümers, so wird diese Beschränkung nur dann angewandt, wenn auch der Nachbarstaat seine Störer entsprechend beschränkt und seine Gestörten entsprechend begünstigt.

3. Internationales Umwelthaftungsrecht

Die Einheitlichkeit des deliktischen und des sachenrechtlichen Eigentumsschutzes[81] muß auch zu einer einheitlichen kollisionsrechtlichen Anknüpfung von Schadensersatz- und Abwehransprüchen führen.[82] Im internationalen Umwelthaftungsrecht sind die geschützten Rechtsgüter und Interessen eindeutig lokalisierbar. Weder für den Handlungsort noch für den grenzüberschreitenden Charakter des Schadenseintritts ist die Zufälligkeit kennzeichnend, die in den anderen Fällen zur Anwendung des Tatort- und des Ubiquitätsprinzips führt. Der Standort der Anlage und die Orte, an denen infolge der Immissionen Schäden eintreten können, stehen von vornherein fest. In den Fällen, in denen bereits durch die von der Anlage regelmäßig ausgehenden Emissionen Schäden

---

[79] *Zitelmann*, II 326-328.

[80] *Ludwig v. Bar* IPR S.629.

[81] So BGHZ 92, 143.

[82] *Hohloch* (Fn.8) 221; *Stoll* (Fn.7) *Schurig*, Kollisionsnorm und Sachrecht.

eintreten, fehlt es sogar an der Zufälligkeit des Schadens. Derartige Schäden sind voraussehbar und werden bei der Genehmigung der Anlage geprüft und mit in Kauf genommen.[83]

Folgerichtig wäre daher die Anknüpfung an den Schwerpunkt des Rechtsverhältnisses. Sieht man mit Zemen[84] den Schwerpunkt im Verwaltungsverfahren, so führt diese Überlegung in das Recht des Handlungsortes. Die Anknüpfung an den Handlungsort vermeidet den Konflikt, der durch die Anwendungskonkurrenz mehrerer nationaler Rechtsordnungen hinsichtlich der Regelung von internationalen Sachverhalten entsteht. Sie übersieht jedoch, daß das internationale Umwelthaftungsrecht auch am Rechtsgüterschutz auszurichten ist. International zuständig für den Rechtsgüterschutz auf seinem Gebiet ist der Erfolgsort. Die Anwendung des am Standort der störenden Anlage geltenden Rechts wird dieser Forderung in der Regel auch inhaltlich nicht gerecht werden, da das öffentliche Umweltrecht stärker von seinem Charakter als Zulassungsrecht geprägt ist.[85] Im verwaltungsgerichtlichen und behördlichen Verfahren ist Verfahrensgegenstand die Zulassung der Anlage. Ausgleichsmaßnahmen werden im Verwaltungsverfahren meist als Vorkehrungen gegen schädliche Einwirkungen und zur Ausräumung von Bedenken, die aus drittschützenden Normen erwachsen, oder als Abgeltung für beeinträchtigte Rechte gewährt. Der private Schadensausgleich ist nur Gegenstand des Verwaltungsverfahrens, soweit er sich in drittschützenden öffentlich rechtlichen Normen niederschlägt.

Die Anknüpfung allein an den Handlungsort kann daher im Ergebnis über die Konzentrationswirkung oder den Grundsatz der Konfliktbewältigung zivilrechtliche Schadensersatzansprüche ausschließen, obwohl sie noch nicht geprüft worden waren. Bei grenzüberschreitenden Beeinträchtigungen kann sie dazu führen, daß der Geschädigte leer ausgeht, obwohl er am Verwaltungsverfahren nicht teilgenommen hatte. Ausgehend von der Grundannahme, daß im internationalen Umweltrecht auch Opferschutz zu gewährleisten ist, würde eine derartige Grundregel erfordern, daß die Gleichwertigkeit des Opferschutzes in formeller und materieller Hinsicht auf der Ebene des Verfahrensrechts zu prüfen wäre. Dieses Ergebnis ist zum einen systemwidrig, zum anderen ändert es nichts an der Erforderlichkeit einer sachrechtlichen Prüfung auf kollisionsrechtlicher Ebene. Die Anknüpfung an den Handlungsort ist daher nur gerechtfertigt, soweit ausreichender Opferschutz anderweitig gewährleistet ist oder wenn es für die Anknüpfung der öffentlich-rechtlichen Vorschriften im zivilen Haftungsrecht keine andere befriedigende Lösung gibt.

---

[83] Davon gehen z.B. die Genehmigungen nach § 113 WRG und § 14 BImSchG aus, Grundsatz der Konfliktbewältigung,

[84] Oben bei Fn.31.

[85] Vgl. *Gerlach*, Privatrecht und Umweltschutz S.40.

Die Anknüpfung an den Erfolgsort würde dagegen der Tatsache nicht gerecht, daß sich zwei Grundstücke oder sonstige Rechtsgüter in beiden Rechtsordnungen gegenüberstehen. Die Anwendung des am Ort des beeinträchtigten Grundstückes geltenden Rechts ist nur aus der Sicht der Gerichte an dem Ort zwingend, an dem die Störung eingetreten ist. Wird ausschließlich das Recht des Erfolgsortes angewendet, so widerspricht dies dem in völkerrechtlichen Verträgen und Verhaltensregeln niedergelegten Grundsatz, daß dem Schädiger ein milderes im Ausland geltendes Recht nicht zugute kommen soll.[86] Die Kumulation beider Rechtsordnungen begünstigt entweder die eine oder die andere Partei[87] und löst die Brüche nicht auf, die durch die Anwendung beider Rechtsordnungen auf einen Sachverhalt entstehen.

Es muß daher dem Kläger möglich sein, sich alternativ auf beide Rechtsordnungen zu berufen.[88] Dies bedingt die einheitliche Anknüpfung an das vom Geschädigten gewählte oder an das seinem Anspruch günstigere Recht. Gesichtspunkte des Opferschutzes können zurücktreten, sofern sich die Anknüpfung im Ergebnis als dem Geschädigten günstiger erweist. Diese Begünstigung entspricht auch dem im internationalen Umweltrecht geforderten Haftungsgrundsatz.

IV. Der Einfluß der öffentlich-rechtlichen Regeln auf die Abwehr- und Schadenersatzansprüche

Die alternative Anknüpfung bleibt die Antwort auf die Frage, wie öffentlich-rechtliche Bestimmungen anderer Staaten anzuknüpfen sind, letztlich schuldig. Grundsätzlich gilt das nach dem Deliktsstatut und dem Sachstatut berufene Recht für alle haftungsrelevanten Fragen. Das berufene Recht muß daher auch maßgeblich sein für Verhaltensnormen und Sicherheitsvorschriften sowie für die haftungsrechtlichen Folgen ihrer Nichtbeachtung.[89] Diese Regel gerät aber in Zweifel, wenn das Delikts- oder das Sachstatut nicht das am Handlungsort geltende Recht ist. Während die Rechtsprechung auf der Grundlage des Territorialitätsprinzips noch weitgehend von der Nichtgeltung ausländischer Genehmigungen und öffentlich-rechtlicher Standards im Inland ausgeht[90], mehren sich in der Literatur die Stimmen, die für eine Berücksichtigung eintreten. Hierbei gehen das Schrifttum im internationalen Privatrecht und im öffentlichen Recht von unterschiedlichen Ansätzen aus: Im internationalen Privatrecht wird die

---

[86] Vgl. Art.9 der Nordischen Konvention und Ziff.XV.7 des Code of Conduct for the Pollution of International Watercourses.

[87] Siehe oben III.2.

[88] *Stoll* (Fn.7); ähnlich im Ansatz *Schönberger* (Fn.36) 219.

[89] *Stoll*, Die Behandlung von Verhaltensnormen und Sicherheitsvorschriften, in: *v.Caemmerer* (Hrsg.), Vorschläge und Gutachten S.160-180 (160).

[90] Vgl. o. Teil 2, Kapitel 1, II.2.

Frage gestellt, ob die kollisionsrechtliche Verweisung auch öffentlich-rechtliche Regeln mit umfaßt. Im öffentlichen Recht fragt man dagegen nach der Abgrenzung der staatlichen Herrschaftsbereiche, der Reichweite ausländischer öffentlich-rechtlicher Normen und danach, ob bei der Anwendung deutscher umweltrechtlicher Normen ausländische öffentliche Interessen zu berücksichtigen sind.[91]

Vor dem Hintergrund des Ubiquitätsprinzips, das die Anwendung sowohl des Rechts am Handlungsort als auch des Rechts am Erfolgsort ermöglicht, ist die Antwort auf die Frage nach der Anwendung der öffentlich-rechtlichen Normen, die auf Grund der Zweigleisigkeit des Umweltrechts Einfluß auf Abwehr- und Schadenersatzansprüche haben, äußerst komplex. Zunächst ist die Frage der Wirkung von Genehmigungen als privatrechtsgestaltende Hoheitsakte (V) von der Frage der Wirkung öffentlich-rechtlicher Verhaltensnormen und Sicherheitsvorschriften zu unterscheiden, die nicht für den konkreten Fall durch eine hoheitliche Entscheidung festgeschrieben sind (VI). In beiden Fällen überlagern sich jedoch zwei Argumentationsstränge.

- Für die Anlagengenehmigungen als hoheitliche Entscheidungen stellt sich in einem Rechtsstreit vor deutschen Gerichten die Frage nach der Notwendigkeit einer verfahrensrechtlichen Anerkennung und deren Reichweite.[92]
- Für ausländische Verhaltensnormen und Sicherheitsvorschriften stellt sich die Frage nach ihrer Wirkung in einem Rechtsstreit vor deutschen Gerichten sowohl bei der Anwendung deutschen wie bei der Anwendung ausländischen Rechts.
- Zusätzlich stellt sich für beide Fälle einheitlich die Frage nach der richtigen Entscheidungebene. Möglich ist sowohl eine Berücksichtigung auf der Ebene der Rechtswahl durch Einheits- oder Sonderanknüpfung[93] oder auf der Ebene des Sachrechts durch Berücksichtigung als *local datum*, im Wege der Substitution oder der Angleichung.[94]

---

[91] *Kloepfer*, Grenzüberschreitende Umweltbelastungen als Rechtsproblem, DVBl 1984, 245-255; *Beyerlin*, Klagebefugnis von Ausländern gegen grenzüberschreitende Umweltbelastungen, Anmerkung zum Urteil des Verwaltungsgerichts Straßburg vom 27. Juli 1983, ZaöRV 44 (1984) 336-342; ders., Die Beteiligung ausländischer Grenznachbarn an umweltrechtlichen Verwaltungsverfahren und Möglichkeiten zu ihrer vertraglichen Regelung auf "euregionaler" Ebene, NuR 1985, 173-179; *Küppers*, Die Stellung ausländischer Nachbarn bei Genehmigung gefährlicher Anlagen, DVBl 1978, 686-689; *Rauschnig*, Klagebefugnis von Auslandsbewohnern gegen eine inländische Atomgenehmigung, ArchVR 1987, 312-332.

[92] *Münchener Kommentar / Kreuzer*, Art. 38 EGBGB Rz.269.

[93] *Rauschnig*, Grenzüberschreitender Bestandsschutz für unanfechtbar genehmigte Anlagen S.111; *Kohler*, Umweltrechtliche Genehmigungen im internationalen Privat- und Verfahrensrecht, UTR 15, 289-312 (307), der die Anerkennungsvoraussetzungen ohne nähere Begründung auf die Sonderanknüpfung überträgt.

[94] *Jayme*, Heidelberger Kolloquium, (Fn.1) S.205-219 (216); *Hager* (Fn.56) RabelsZ 53 (1989) 293-319 (304); *Staudinger / Stoll*, Nach Art. 12 Rz.163.

Die nachfolgende Darstellung differenziert zwischen dem Einfluß einer privatrechtsgestaltenden Anlagengenehmigung auf Abwehransprüche (V) und dem Einfluß öffentlich-rechtlicher Verhaltensnormen und Sicherheitsstandards (VI). Hierzu wird zunächst der Einfluß einer *inländischen* Anlagengenehmigung bei der Anwendung ausländischen Rechts untersucht (V.1.). Für die Beachtung einer *ausländischen* Genehmigung (V.2.) wird zwischen der Anwendung ausländischen (V.2.a) und inländischen Rechts (V.2.b) differenziert. Bei Anwendung ausländischen Rechts werden für die Beachtung der Genehmigung Lösungen auf der Ebene der Rechtsanwendung angeboten in Form der Einheits- (a.aa) oder Sonderanknüpfung (a.bb). Bei Anwendung inländischen Rechts werden Lösungsmöglichkeiten auf der Ebene der verfahrensrechtlichen Anerkennung, auf kollisionsrechtlicher Ebene (b.aa) und auf der Ebene des Sachrechts vertreten (b.bb). Hiernach differenzieren sich auch die materiellen Geltungsvoraussetzungen. In Bezug auf die formellen Geltungsvoraussetzungen besteht nach allen Auffassungen Einigkeit (c).

V. Die privatrechtsgestaltenden Wirkungen öffentlich-rechtlicher Genehmigungen

1. Anmerkungen zur Terminologie

Die Terminologie der einzelnen Autoren zur Frage der privatrechtsgestaltenden Wirkungen einer ausländischen Genehmigung ist äußerst uneinheitlich. Teilweise sind diese Unterschiede darauf zurückzuführen, daß die Lösungen auf verschiedenen Entscheidungsebenen angeboten werden. So wird für die rein verfahrensrechtliche Lösung der Begriff der "Anerkennung" favorisiert. Manchmal werden aber auch nicht völlig eindeutige Begriffe wie "Wirkung", "Hinnahme", "Unterwerfung" verwendet.[95]

Im Vorgriff auf die eigene Lösung soll zunächst festgestellt werden, daß der international verfahrensrechtliche Begriff der "Anerkennung" nicht eindeutig paßt. Im internationalen Zivilprozeßrecht bewirkt die Anerkennung, daß bestimmte Urteilswirkungen wie materielle Rechtskraft, Vollstreckbarkeit und

---

[95] *Rest*, Neue Tendenzen im internationalen Umwelthaftungsrecht, NJW 1989, 2153-2160 (2159) spricht von "extraterritorialer Wirkung"; ebenso *Hager* (Fn.56) RabelsZ 53 (1989) 293 und *Nassr-Esfahani* (Fn.95) in ihrem Titel, die jedoch an anderer Stelle (S.25 ff.) den Begriff der "Anerkennung" verwendet oder die Anerkennung als einen "Unterfall der Sonderanknüpfung" bezeichnet, S.135; *Küppers* (Fn.1) ZRP 1976, 260-265 (262) und *Kohler* (Fn.93) UTR S.302 sprechen von "beachten"; *Stoll* (Fn.57) RabelsZ 37 (1973) 375 geht davon aus, daß die ausländische Genehmigung von inländischen Betroffenen "hingenommen" werde, sie sich ihr "unterwerfen". *Weitbrecht,* Der Salzburger Flughafenfall, NVwZ 86, 897 spricht von Anerkennung; *Rossbach* (Fn.1) NJW 1988, 591 vom "Einfluß" einer ausländischen Genehmigung bzw. von ihrer "Anerkennung" (S.244); nach *Lummert,* Zur Frage des anwendbaren Rechts bei zivilrechtlichen Unterlassungsklagen wegen grenzüberschreitender Umweltverschmutzung, NuR 1982, 241-245 (243) ist eine ausländische Genehmigung zu "berücksichtigen".

Gestaltungswirkung[96] eines Urteils auf das Inland erstreckt werden.[97] Nicht von der prozessualen Anerkennung im internationalen Verfahrensrecht umfaßt sind jedoch die sogenannten Tatbestandswirkungen von Urteilen, d.h. diejenigen Wirkungen, die die Rechtsordnung an anderer Stelle an das Vorliegen eines Urteils anknüpft wie etwa die Verjährung und ihre Unterbrechung. Aus Sicht des internationalen Zivilprozeßrechts geht es hier nicht um die Urteilsanerkennung, sondern um die Auslegung einer inländischen Sachnorm, nämlich um die Frage, ob ein inländisches Tatbestandsmerkmal auch durch ein ausländisches Urteil ausgefüllt werden kann.[98] In Anlehnung an die Terminologie des internationalen Zivilverfahrensrechts soll im folgenden der Begriff der "Anerkennung" auf die Fälle beschränkt werden, in denen es um die schlichte Anerkennung der Genehmigung als ausländischen Hoheitsakt geht und diese Anerkennung auf international verfahrensrechtliche Gesichtspunkte begründet wird. Von "Anwendung" der die privatrechtsgestaltenden Wirkungen einer ausländischen Genehmigung begründenden Vorschriften soll dagegen gesprochen werden, wenn diese durch eine kollisionsrechtliche Verweisung oder im Wege der Sonderanknüpfung zwingenden Rechts zur Anwendung kommen. Für alle Theorien einheitlich und unabhängig von der Entscheidungsebene soll der Begriff der "Beachtung" einer ausländischen Genehmigung als wertneutraler Begriff gebraucht werden. Dieser Begriff ermöglicht eine einheitliche Terminologie für in- und ausländische Genehmigungen.

2. Deutsche Anlagengenehmigungen und ausländisches Delikts- oder Sachstatut

a) Die Beachtung der Genehmigung gegenüber Ansprüchen nach ausländischem Recht

Wird vor deutschen Gerichten entschieden, so sind inländische Genehmigungen und inländisches zwingendes Recht unabhängig vom tatsächlich auf den Sachverhalt angewendeten Recht zu beachten.[99] Dieses Ergebnis wird von den Vertretern der verfahrensrechtlichen Lösung auf den hoheitlichen Charakter der Genehmigung, deren Tatbestandswirkung und das Prinzip der Einheit der Rechtsordnung und von der Lehre von der Sonderanknüpfung inländischen

---

[96] Dies ist allerdings umstritten; vgl. *Schack* IZVR Rz.779 mit Nachweisen.

[97] Vgl statt aller *Schack* IZVR Rz.776.

[98] *Schack* IZVR Rz.780; *Müller*, Zum Begriff der "Anerkennung" von Urteilen, ZZP 1966, 242; *Martiny* IZVR Rz.428.

[99] *Stoll* (Fn.57) RabelsZ 37 (1973) 357-379 (376); hier erscheint die unbedingte Geltung aber einen Bruch zu bedeuten mit dem sonstigen Ansatz: Stoll geht von der Beachtung der Genehmigung in Abhängigkeit vom anwendbaren Recht aus, dem sich der Geschädigte gleichsam unterwirft; bei Anwendung des Rechts am Erfolgsort fehlt diese Rechtfertigung; anders noch *Rossbach*, Grenzüberschreitende Gewässerverunreinigung, (Fn.1) S.244.

zwingenden Rechts auf den vom anwendbaren Sachrecht unabhängigen unbedingten Geltungswillen der Genehmigung gestützt.

Die verfahrensrechtliche Theorie begründet die Beachtung der Genehmigung mit deren Tatbestandswirkung. Nach dem Prinzip der Einheit der Rechtsordnung kann ein deutsches Zivilgericht keine Entscheidung treffen, die zu der Entscheidung eines anderen Staatsorgans in Widerspruch steht.[100] Ist ein Betrieb nach deutschem Recht genehmigt, so hat das deutsche Zivilgericht diese Genehmigung mit all ihren verwaltungsrechtlichen Folgen zu beachten, auch wenn sich der ausländische Kläger auf sein Heimatrecht beruft.[101] Die Tatbestandswirkung des inländischen Verwaltungsakts bindet alle Staatsorgane an die im Tenor der Genehmigung ausgesprochene Rechtsfolge.

Zum gleichen Ergebnis gelangt die Lehre von der Sonderanknüpfung inländischer Genehmigungen. Sie sieht die die privatrechtsgestaltende Wirkungen von Genehmigungen begründenden Vorschriften als Normen mit eigener Bestimmung ihres räumlich-persönlichen Anwendungsbereichs an, die unabhängig von dem auf das private Nachbarrechtsverhältnis anwendbaren Recht gelten wollen. Die inländische Genehmigung der störenden Tätigkeit ist unabhängig davon zu beachten, ob auf das Rechtsverhältnis zwischen den Nachbarn selbst deutsches oder ausländisches Recht angewendet werden soll, und beschränkt kraft ihres eigenen umfassenden Geltungswillens jedweden Unterlassungs- oder Schadenersatzanspruch.[102] Aus der Beschränkung des Art.34 EGBGB auf vertragliche Schuldverhältnisse könne nicht geschlossen werden, daß der Gesetzgeber auch die Berücksichtigung von inländischen Eingriffsnormen auf vertragliche Rechtsverhältnisse beschränken wollte. Der Vorschrift liege der allgemeine Gedanke zugrunde, daß sich inländische Eingriffsnormen auf Grund der von ihnen verkörperten Staatsinteressen international zwingend gegenüber dem Schuldstatut behaupten sollen.[103]

Sucht man die Lösung für die Gestaltungswirkung der inländischen Genehmigung auch gegenüber auf ausländisches Zivilrecht gestützten Ansprüchen auf der Ebene des Sachrechts, so ergibt sich eine Regelungslücke.[104] Das im Inland durchgeführte öffentlich-rechtliche Genehmigungsverfahren und die mit ihm verbundenen privatrechtsgestaltenden Wirkungen sind nicht auf ausländische Anlieger zugeschnitten. Umgekehrt enthält das ausländische Delikts- oder

---

[100] *Münchener Kommentar / Kreuzer* , Art. 38 EGBGB Rz.271; *Schulze,* Das öffentliche Recht im IPR S.57.

[101] *G. Hager* (Fn.56) RabelsZ 53 (1989) 293-319 (300).

[102] *Münchener Kommentar / Martiny,* Art. 34 EGBGB Rz.87; für die extraterritoriale Wirkung inländischer Genehmigungen *Nassr-Esfahani* (Fn.93) S. 145 ff.

[103] *Nassr-Esfahani* (Fn.93) S.158.

[104] Normenmangel und Normwiderspruch vom Typ "So soll es nicht sein"; vgl. *Kegel* IPR § 8 II.1.

Sachenrecht des Handlungsortes, sollte es zur Anwendung kommen,[105] ausschließlich Regelungen über die Auswirkungen eigener Genehmigungen und nicht über die Wirkung der Genehmigung im Belegenheitsstaat der Anlage. Der ausländische Anlieger erscheint in diesem Fall besser gestellt als wenn er von Immissionen einer Anlage in seinem Heimatstaat betroffen wäre. Diese Regelungslücke soll durch Anpassung geschlossen werden. Das anwendbare ausländische Recht muß der inländischen Genehmigung in der Weise Rechnung tragen, daß die ausländischen Abwehransprüche durch die inländische Genehmigung inhaltlich beschränkt werden.[106]

b) Die Beteiligung der ausländischen Anlieger am inländischen Verwaltungsverfahren als Voraussetzung der Beachtung inländischer Genehmigungen

Alle drei Auffassungen setzen die Beteiligung ausländischer Anlieger am Verwaltungsverfahren im Inland voraus. Dies ergibt sich bereits aus dem Tatbestand der inländischen Präklusionsnorm und ihrem systematischen Zusammenhang.[107] Für den Eintritt der Präklusionswirkung ist generell Voraussetzung, daß dem Kläger Gelegenheit gegeben wurde, sich am inländischen Verwaltungsverfahren zu beteiligen. Dies gilt auch gegenüber Ausländern. Sie müssen formell und materiell wie Inländer behandelt werden.

Die Gegenansicht, die auf Grund der ausschließlich nationalen Ausgestaltung der Genehmigungsverfahren zur rein territorialen Geltung der Genehmigungen gelangt[108], dürfte angesichts der jüngsten Rechtsentwicklung, wonach die Staaten zunehmend Anlieger aus Nachbarstaaten am Genehmigungsverfahren beteiligen,[109] nicht mehr aufrecht erhalten werden. Das Bundesverwaltungsgericht beschränkt in seiner Emsland-Entscheidung[110] die grenzüberschreitende Wirkung

---

[105] Was wohl noch nie geschehen ist. Vor inländischen ordentlichen Gerichten wurden von Ausländern noch nie Abwehransprüche gegen eine inländische Anlage geltend gemacht.

[106] *Staudinger / Stoll*, Vor Art. 12 Rz.164.

[107] Z.B. setzt die Gestaltungswirkung nach § 14 BImSchG die Durchführung eines Verfahrens nach § 10 BImSchG voraus; vgl. § 10 Abs.3 BImSchG, nach dem die Behörde die vollständigen Unterlagen nach Bekanntmachung des Vorhabens zwei Monat zur Einsicht auszulegen hat. "...während dieser Frist können Einwendungen ... erhoben werden. Mit Ablauf dieser Frist werden Einwendungen ausgeschlossen, die nicht auf besonderen privatrechtlichen Titeln beruhen."

[108] *Rossbach*, Grenzüberschreitende Gewässerverunreinigung (Fn.1) S.244.

[109] BVerwG v. 17.12.1986 NJW 1987, 1154 (Emsland); für das Saarland vgl. den Erlaß des saarländischen Ministers für Verkehr, Wirtschaft und Landwirtschaft vom 13.6.1980, B/7-212-StV/S; *Oppermann / Killian*, Gleichstellung ausländischer Grenznachbarn im deutschen Umweltverfahren; *Rehbinder*, Buchbesprechung zu Oppermann / Killian, RabelsZ 47 (1983) 560-567; *Ress*, Grenzüberschreitende Beteiligung im Verwaltungsverfahren (Bundesrepublik Deutschland), in *Bothe / Prieur / Ress* , Rechtsfragen grenzüberschreitender Umweltbelastungen S.85; *Woehrling*, aaO S.101 (Frankreich); *Schmid*, aaO S.111 (Schweiz); *Scheuer*, aaO S.115 (Europäische Gemeinschaften); *Kriech*, Grenzüberschreitender Umweltschutz im schweizerischen Recht S.74.

[110] NJW 1987, 1154.

der Anspruchspräklusion auf die Ansprüche nach deutschem Recht. Dieses Ergebnis ignoriert jedoch die untrennbare Einheit zwischen Verfahrensbeteiligung und Anspruchspräklusion.[111] Die für reine Inlandsbeziehungen anerkannte Ausschlußwirkung der Verwaltungsentscheidung ist eine Folge der Vorverlagerung des Individualrechtsschutzes auf das Genehmigungsverfahren durch die dort vorgenommene umfassende Abwägung öffentlicher und privater Interessen. Das dort gefundene Abwägungsergebnis sollte nicht wieder in Frage gestellt werden, wenn ausländische Interessen mit den gleichen Voraussetzungen wie inländische beteiligt sind. Die Belegenheit der Anlage im Grenzgebiet stellt völkerrechtlich einen ausreichenden Anhaltspunkt für die Anwendung der Präklusionsnorm auf ausländische Anlieger dar.

3. Ausländisches öffentliches Recht zur Verteidigung des Emittenten - Die Auswirkung ausländischer Genehmigungen

Für die Frage nach der Beachtung ausländischer Genehmigungen ist nach dem im internationalen Delikts- und Sachenrecht herrschenden Ubiquitätsprinzip[112] zu unterscheiden, ob sich das Recht am Belegenheitsort der Anlage - das Recht des Emissionsstaates - oder die lex fori - das Recht des Immissionsstaates - als das günstigere erweist.

a) Die Beachtung der ausländischen Genehmigung bei Anwendung ausländischen Rechts

In der Frage, ob die ausländische Genehmigung auf Grund der internationalprivatrechtlichen Verweisung zu beachten ist, wenn sich das ausländische Recht als günstiger erweist, oder unabhängig vom anwendbaren Recht nach einheitlichen Kriterien, unterscheiden sich die Anhänger der Sonderanknüpfung von den Vertretern einer einheitlichen Anknüpfung. Die Beschränkung der Überlegungen bei der Anwendung ausländischen Rechts auf die Rechtsanwendungsebene hängt mit der Tatsache zusammen, daß die ubiquitäre Anknüpfung im internationalen Sachenrecht sehr jungen Datums ist. Einzig ihr Begründer Stoll bietet daher eine Lösung für die Voraussetzungen der Beachtung ausländischer Genehmigungen bei der Anwendung ausländischen Rechts.[113]

---

[111] So auch *Nassr-Esfahani* (Fn.93) S.152; *Wolfrum*, Die grenzüberschreitende Luftverschmutzung im Schnittpunkt von internationalem Recht und Völkerrecht, DVBl 1984, 493-501 (501).

[112] Hierzu oben II. und III.

[113] vgl. u. bei Fn.114, 117.

aa) Einheitliche Anknüpfung des ausländischen privaten und öffentlichen Rechts

Für die Vertreter einer einheitlichen Anknüpfung öffentlichen und privaten Rechts über die Kollisionsnormen des internationalen Privatrechts wird das ausländische Recht als ganzes berufen. Die ausländische Genehmigung ist mit ihrer privatrechtsgestaltenden Wirkung integrativer Teil der berufenen Rechtsordnung. Sie kann von dieser nicht losgelöst gesehen werden und ist daher mitsamt ihrer Wirkung zu beachten, wenn die Verweisung in die Rechtsordnung führt, nach der auch die Genehmigung erteilt wurde.[114]

Für das internationale Deliktsrecht wird dies aus dem Ubiqitätsprinzip gefolgert. Die Anwendung des günstigeren Rechts beruht auf dem Gedanken, daß der Geschädigte darauf vertrauen darf, den gleichen Schutz zu genießen wie sein ausländischer Nachbar. Er muß dann aber das Auslandsrecht so hinnehmen wie dieser, einschließlich der privatrechtsgestaltenden Wirkungen einer dort erteilten Genehmigung. Kegel zieht zur Rechtfertigung zusätzlich das Territorialitätsprinzip heran: Ausländische Maßnahmen auf dem Gebiet des öffentlichen Rechts werden beachtet, soweit sie Gegenstände betreffen, über die der ausländische Staat Macht hat.[115] Das ausländische Recht ist kraft des Verweisungsbefehls im deutschen internationalen Privatrecht im Rahmen der geltend gemachten Ansprüche grundsätzlich als Ganzes anzuwenden.[116] Daher sind privatrechtsgestaltende Genehmigungen mitsamt dieser Wirkungen zu beachten. Die Frage nach den Voraussetzungen für die Beachtung einer ausländischen Genehmigung stellt sich für die Vertreter dieser Auffassung nur, wenn die internationalprivatrechtliche Verweisung in das Recht des Immissionsstaates führt.

Im internationalen Sachenrecht unterscheiden die Vertreter einer einheitlichen Anknüpfung nicht zwischen zivilrechtlichen und öffentlich-rechtlichen Normen des Nachbarrechts. Auch die nachbarrechtlichen Normen des Privatrechts, die gewisse Störungen erlauben und andere verbieten, seien primär national ausgerichtet und wollten nicht nur das friedliche Zusammenleben zwischen Nachbarn regeln, sondern auch öffentlich rechtliche Interessen an einer raschen und reibungslosen industriellen Entwicklung oder an der Erhaltung des Landschaftscharakters fördern. Wird vor heimischen Gerichten geklagt, so gelten die öffentlich-rechtlichen Regelungen des inländischen Rechts nicht für Betriebe, die nicht im Gebiet des Urteilsstaates belegen sind. Der Kläger soll aber kraft internationalen Privatrechts verlangen können, so gestellt zu werden, wie wenn

---

[114] *Staudinger / Stoll*, Internationales Sachenrecht Rz.162,163; *Hager* (Fn.56) RabelsZ 53 (1989) 293-319 (301); *Münchener Kommentar / Kreuzer* , Art. 38 EGBGB Rz.270.

[115] *Soergel / Kegel*, Art.12 EGBGB Rz.24 und vor Art.7 EGBGB Rz.794.

[116] *Münchener Kommentar / Kreuzer*, Art. 38 EGBGB Rz.270; *Soergel / Kegel*, Art. 12 EGBGB Rz.24.

sich der störende Betrieb im Inland befände.[117] Genauso stehe es ihm frei, die gleichen Rechte in Anspruch zu nehmen wie ein Bürger, der in dem Staatsgebiet ansässig ist, in dem sich auch die störende Anlage befindet. Auch im Falle der Klage vor den Gerichten des Staates, in dem sich die störende Anlage befindet, steht nach Stoll der Anwendung des (günstigeren) Rechts des anderen Staates nichts entgegen. Die alternative Verweisung auf beide Rechtsordnungen folgt für Stoll aus dem im internationalen Sachenrecht anerkannten Grundsatz, daß dingliche Rechte, die nach dem Gebietsrecht wirksam entstanden sind, in anderen Rechtsgebieten anzuerkennen und vergleichbaren inländischen Rechten gleichzustellen sind.[118]

bb) Die Sonderanknüpfung ausländischer Genehmigungen

Sieht man den Grund für die Beachtung ausländischer privatrechtsgestaltender Genehmigungen in der Sonderanknüpfung, so stellt sich die Frage nach ihrer Beachtung losgelöst von der Frage des anwendbaren Sachrechts. Die Anspruchspräklusion wird als Eingriffsnorm mit wirtschaftspolitischem Einschlag angesehen, die eine genuine Beziehung zum Sachverhalt aufweist.[119] Die Theorie der Sonderanknüpfung geht davon aus, daß sich die Motive für die Anknüpfung nach internationalem Privatrecht ausschließlich an privaten Interessen orientieren und daher für die Anknüpfung ausländischen öffentlichen Rechts, das hauptsächlich Staatsinteressen dient, ungeeignet seien. Die Frage nach der Beachtung einer ausländischen Genehmigung muß daher als öffentlich-rechtliche Vorfrage nach dem Sinn und Zweck der Genehmigung gesondert und unabhängig vom anwendbaren Recht angeknüpft werden. Sie ist nach internationalem Verwaltungsrecht einheitlich zu behandeln.[120] Für die Voraussetzungen der Beachtung kann daher auf die Ausführungen bei der Anwendung inländischen Rechts[121] verwiesen werden.

b) Die Beachtung der ausländischen Genehmigung bei der Anwendung inländischen Rechts

Die Beachtung ausländischer Genehmigungen im Inland soll die Ungleichbehandlung ausländischer und inländischer Emittenten vermeiden. Bei der Anwendung inländischen Haftungs- oder Sachenrechts stellt sich die Frage nach der

---

[117] *Stoll* (Fn.57) RabelsZ 37 (1973) 357-379 (375f.).

[118] Vgl. Art.43 Abs.2 des Reformentwurfs; *Stoll* (Fn.57) RabelsZ 37 (1973) 357-379 (374).

[119] *Nassr-Esfahani* (Fn.93) S.110-111.

[120] *Nassr-Esfahani* (Fn.93) S.111;

[121] Unten 2.b) bb).

Beachtung der ausländischen Genehmigung gesondert, da sie nicht auf die internationalprivatrechtliche Verweisung gestützt werden kann.

Die Gleichbehandlung in- und ausländischer Emittenten spricht für die Anerkennung der Genehmigung in den Fällen, in denen der Nachbar einen vergleichbaren inländischen Emittenten dulden müßte.[122] Die Frage nach der Vergleichbarkeit mit einer inländischen Genehmigung wird daher entweder als Anerkennungsvoraussetzung[123] auf der Ebene der Anerkennung einer ausländischen behördlichen Entscheidung, als Sonderanknüpfungskriterium auf kollisionsrechtlicher Ebene oder als Voraussetzung der Berücksichtigung auf der Ebene des Sachrechts im Wege der Angleichung oder als "local datum" gestellt. Unterschiedlich sind jedoch die Kriterien, die bei der Gleichwertigkeitsprüfung angelegt werden.

aa) Lösungen auf der Ebene des Kollisionsrechts

(1) Die Lehre von der Sonderanknüpfung zwingenden Rechts

Allgemeine Voraussetzung für die Sonderanknüpfung ist der Anwendungswille der ausländischen Norm, ihre enge Verbindung zum Sachverhalt[124] und die Einhaltung gewisser inhaltlicher Mindestanforderungen des Hauptstatuts.[125] Teilweise wird auch verlangt, die ausländische Norm solle die Interessen des Forum-Staates unmittelbar oder mittelbar über allgemein anerkannte Interessen der Völkerrechtsgemeinschaft fördern.[126]

Im wesentlichen werden auch im Rahmen der Sonderanknüpfung die für die Anerkennung ausländischer Urteile entwickelten Grundsätze herangezogen. Teilweise stellt man in Voraussetzungen und Wirkungen auf die Vergleichbarkeit mit inländischen Kriterien ab und verweigert die Beachtung einer Genehmigung, die nach ihren Voraussetzungen im Inland nicht hätte erteilt werden dürfen oder soweit ihre Wirkungen weit über die nach deutschem Recht mögli-

---

[122] *Hager* (Fn.56) RabelsZ 53 (1989) S.304; *Siehr* (Fn.52) RabelsZ 45 (1981) S.387; *Kohler*, Unterlassungs- und Schadenersatzklagen wegen grenzüberschreitender Umweltbeeinträchtigung im internationalen Privat- und Verfahrensrecht, in v. Moltke / Kloepfer / Kohler, Grenzüberschreitender Umweltschutz in Europa, 69-87 (83); *Münchener Kommentar / Kreuzer* , Art. 38 EGBGB Rz.269.

[123] *Lummert* (Fn.95) NuR 1982, 245.

[124] Teilweise wird diese Voraussetzung auch unter den Oberbegriff der Regelungskompetenz des Eingriffsstaates erfaßt; so *Kreuzer*, Ausländisches Wirtschaftsrecht vor deutschen Gerichten, S.91.

[125] Zur Sonderanknüpfung zwingenden Rechts vgl. *Münchener Kommentar / Martiny*, Vor Art. 12 EGBGB Rz.359-374; *Kreuzer* (Fn.124) 90-95.

[126] *Kreuzer* (Fn.124) S.93.

chen hinausgehen. Die Beachtung der ausländischen Genehmigung soll teilweise auch dann versagt werden, wenn die Gegenseitigkeit nicht gewährleistet ist.[127]

Letztlich läuft daher das Kriterium der Vergleichbarkeit auf die vollinhaltliche Überprüfung der ausländischen Genehmigung nach inländischem öffentlichen Umweltrecht hinaus. Neben Schwierigkeiten rechtlicher Art - sie steht im Widerspruch zum Verbot der révision au fond - stößt diese Überprüfung auch auf Schwierigkeiten rein tatsächlicher Art, da sich die Gleichwertigkeit der Genehmigungsstandards kaum je wird feststellen lassen, ohne das Genehmigungsverfahren in wesentlichen Zügen neu aufzurollen. Liegen die Meßwerte vor, so wird schließlich eine ergänzende Beweisaufnahme durch kostspielige technische Sachverständigengutachten erforderlich sein, um die Vergleichbarkeit der ausländischen Kriterien mit den inländischen, die unter Umständen nach ganz anderen Methoden gewonnen werden, sicherzustellen. Das Kriterium der Vergleichbarkeit wird auf Grund dieser praktischen Schwierigkeiten inzwischen restriktiv interpretiert. Zunehmend werden die Regeln des völkerrechtlichen Nachbarrechts als Vergleichbarkeitskriterien herangezogen.

(2) Vergleichbarkeit und völkerrechtliche Kriterien

Die Anwendung völkerrechtlicher Kriterien für die Beachtung der ausländischen Genehmigung bei Anwendung inländischen Rechts soll sich entweder mit dem Argument der Territorialität aus der Abgrenzung der staatlichen Hoheitsbereiche oder aus dem Charakter der Völkerrechtsordnung als übergreifende Rechtsordnung ergeben. Nassr-Esfahani will nicht auf die Gleichwertigkeit oder gar Identität der nationalen Standards abzustellen, sondern entsprechend der Funktion des öffentlich-rechtlichen Genehmigungsverfahrens die Frage stellen, ob die ausländische Genehmigung einer inländischen unter den Gesichtspunkten der Gefahrenabwehr und der Risikovorsorge gleichwertig ist. Das Gefahrenpotential der Anlage muß unter jedem Gesichtspunkt, der auch für eine deutsche Genehmigung von Bedeutung ist, berücksichtigt worden sein.[128] Dabei sollen die Sicherheitsstandards des Emissionsstaates grundsätzlich akzeptiert werden. Eine Grenze für ihre Anerkennung bilden nur die international anerkannten Sicherheitsstandards. Dieser Argumentation liegt ein *favor recognitionis* mit dem Gedanken zugrunde, daß der nationale Gesetz- und Normgeber seine Rechtssetzungsbefugnis für das eigene Territorium bis zur Grenze der völkerrechtlichen Sicherheitsstandards ausschöpfen darf.

---

[127] *Kohler* (Fn.122) 84; ders. (Fn.93) UTR 15 289-312 (308), wo er allerdings noch zusätzlich auf völkerrechtliche Standards abstellen will.

[128] *Nassr-Esfahani* (Fn.93) S.133f.

Hager begründet die Heranziehung völkerrechtlicher Grundsätze als Voraussetzung für die Beachtung einer ausländischen Genehmigung mit dem Argument, daß es hier letztlich um den Konflikt der unterschiedlichen Umweltschutzkonzeptionen in zwei Staaten gehe. Dieser Konflikt der Gewichtung von Gemeininteressen könne nicht durch das Verweisungssystem des IPR gelöst werden, sondern nur durch eine echte Sachentscheidung. Zu dieser Entscheidung sei das Völkerrecht als übergreifende Rechtsordnung berufen, die die Grenzen der staatlichen Rechtssetzungskomptenz festlege, sofern es nur hinreichend präzise Regeln enthalte.[129] Rechtsvergleichend zieht er interlokale amerikanische und kanadische Entscheidungen heran, bei denen der Konflikt zwischen den divergierenden Umweltschutzstandards der Staaten durch die obersten Gerichte ebenfalls durch Rückgriff auf das höherrangige Bundesrecht gelöst worden sei.[130]

Nach Heß wirkt sich hier die völkerrechtliche Duldungspflicht zwischen den Staaten auch auf das private Rechtsverhältnis aus. Ausgehend vom Prinzip der beschränkten Territorialität und Integrität ist nach allgemeinem Völkerrecht eine Anlage zulässig, wenn sie den technisch vertretbaren Sicherheitsstandards genügt und der Nachbarstaat über die Emissionen informiert wird. Der Betrieb einer solchen Anlage ist mit seinen Auswirkungen zu dulden. Die Duldungspflicht trifft alle Staatsorgane des Nachbarstaates, auch die Gerichte. Hieraus leitet Heß die Pflicht ab, eine ausländische Betriebsgenehmigung auch im Rahmen der privatrechtlichen Haftung insoweit zu dulden als sie völkerrechtsgemäß ist.[131]

bb) Lösungen auf der Ebene des Sachrechts

Sucht man die Lösung auf der Ebene des Sachrechts, so geht es nicht um die Beachtung eines ausländischen Rechtsaktes, da der Hoheitsakt nicht auf dem Staatsgebiet des Immissionsstaates vollzogen werden soll, sondern darum, ob und inwieweit bei der Anwendung von dessen Recht auf einen Sachverhalt, der sich im wesentlichen im Emissionsstaat ereignet hat, die dortige Genehmigung als Tatsache zu berücksichtigen ist.

Stoll sieht hier eine Regelungslücke sowohl im öffentlichen Recht des Emissionsstaates, das die Auswirkungen einer Anlage im Ausland negiert, als auch im Recht des Immissionsstaates, das keine Regeln darüber enthält, ob seine anspruchsausschließenden Normen auch ausländische Genehmigungen mit um-

---

[129] *Hager* (Fn.56) RabelsZ 53 (1989) 293-319 (313-316).

[130] *IPC v. Harmel-Quellette* 107 S.Ct.805 (1987); *Interprovincial Cooperatives Ltd v. The Queen in the Right of Manitoba* (1975) 53 D.L.R. (3d) 321.

[131] *Heß*, Staatenimmunität bei Distanzdelikten, S.27.

fassen. Die Auswirkungen im Immissionsstaat sind nach dem Recht des Emissionsstaates grundsätzlich von der Genehmigung nicht gedeckt. Andererseits haben die Anlieger im Immissionsstaat nach dem dortigen Zivilrecht nicht das Recht auf Maßnahmen, die den Bestand oder den Betrieb der störenden Anlage untersagen oder wesentlich einschränken, da dies die tatsächliche Geltung der dortigen Betriebsgenehmigung negieren und damit in fremde Hoheitsrechte eingreifen würde.[132] Die Regelungslücke soll im Wege der Angleichung geschlossen werden. Stoll will daher den inländischen Abwehranspruch inhaltlich so begrenzen, daß der Betrieb der ausländischen Anlage nicht wesentlich eingeschränkt werden kann. Wo solche Maßnahmen nicht denkbar sind oder nicht genügen, sollen die ausländischen Nachbarn nach den Grundsätzen der zivilrechtlichen Aufopferung entschädigt werden.

Die Vertreter der *Datumtheorie*, die die Frage nach der Beachtung der ausländischen Genehmigung ebenfalls auf der Ebene des Sachrechts lösen wollen, stellen für die Berücksichtigung der ausländischen Genehmigung auf deren materielle Vergleichbarkeit mit einer inländischen ab. Voraussetzung ist hiernach, daß nach dem Sinn und Zweck der deutschen Normen, die die Einwendungen ausschließen oder die Haftung begründen, auch ausländische Rechtsakte beachtlich sein sollen. Die ausländische Genehmigung muß daher Tatbestandswirkung haben und unter den Tatbestand der inländischen Sachnorm subsummiert werden können. Maßgebliches Kriterium ist, daß die Genehmigung auch nach deutschem Recht unter vergleichbaren Umständen hätte erteilt werden können.[133] Erforderlich ist daher ein Vergleich der öffentlich-rechtlichen Genehmigungsvoraussetzungen nach dem Recht des Emissionsstaates mit dem deutschen Recht.[134]

c) Formale Voraussetzungen der Beachtung

aa) Gültigkeit der Genehmigung im Erststaat

Grundvoraussetzung der Beachtung einer ausländischen Genehmigung ist nach allen Auffassungen die Gültigkeit der Genehmigung im Emissionsstaat.[135] Maßgeblich für die Gültigkeit ist allein das Recht des Erststaates. Dies ergibt

---

[132] *Staudinger / Stoll*, Vor Art. 12 EGBGB Rz.164.

[133] *Jayme* (Fn.1) Heidelberger Kolloquium S.205-219 (217); im Ansatz *Siehr* (Fn.52) RabelsZ 45 (1981) 377-398 (387).

[134] Zu den Bedenken gegen die damit verbundene inhaltliche Überprüfung siehe oben V.3.b) aa) (1).

[135] *Lummert* (Fn.95) NuR 1982, 241-245 (245); *Rossbach*, Grenzüberschreitende Gewässerverunreinigung (Fn.1) S.230; *Nassr-Esfahani* (Fn.93) S.138; *König*, Die Anerkennung ausländischer Verwaltungsakte S.48 ff.

sich aus der unmittelbaren territorialen Beschränkung des öffentlichen Rechts.[136] Das öffentliche Recht des Immissionsstaates kann nicht über die grundsätzliche Wirksamkeit einer im Nachbarstaat erteilten Genehmigung entscheiden. Diese Voraussetzung ist so zu verstehen, daß die Genehmigung nicht verwaltungsgerichtlich aufgehoben oder mit einem so offenkundigen und schwerwiegenden Fehler behaftet sein darf, daß sie nach dem Recht des Genehmigungsstaates nichtig ist.

bb) Verfahrensbeteiligung der Betroffenen

Die Beachtung der ausländischen Genehmigung im Inland setzt nach allen Auffassungen voraus, daß dem inländischen Anlieger die Möglichkeit eingeräumt wurde, sich am Genehmigungsverfahren im Emissionsstaat zu beteiligen.[137] Umstritten ist, ob an die inhaltliche Qualität der Beteiligung die Kriterien des Staates, in dem das Verfahren stattgefunden hat oder die der lex fori anzulegen sind.

Im *international-verwaltungsrechtlichen Schrifttum* wird die Verfahrensbeteiligung dabei in einem formellen und einem materiellen Sinn verstanden und auf das öffentliche Recht des Emissionsstaates abgestellt. Formell müssen den ausländischen Nachbarn die gleichen Verfahrensrechte eingeräumt sein wie Inländern und inhaltlich muß das öffentliche Recht des Emissionsstaates so auf sie angewandt worden sein, als wären ihre Rechte und Interessen in diesem Staat belegen, so als gäbe es die Grenze nicht.[138] Die materielle Gleichbehandlung der ausländischen Anlieger ist wesentlicher Bestandteil des Grundsatzes der gleichen Verfahrensbeteiligung. Dieser liefe inhaltlich leer, wenn er nicht durch den Grundsatz der nichtdiskriminierenden Anwendung des Rechts des Emissionsstaates ergänzt würde.[139]

---

[136] *Rossbach*, Grenzüberschreitende Gewässerverunreinigung (Fn.1) S.230; *Nassr-Esfahani* (Fn.93) S.138; die meisten Autoren scheinen die Wirksamkeit im Emissionsstaat als selbstverständlich vorauszusetzen.

[137] *Hager* (Fn.56) RabelsZ 53 (1989) 293-319 (305); *Münchener Kommentar / Kreuzer*, Art. 38 EGBGB Rz.269; *Siehr* (Fn.52) RabelsZ 45 (1981) 377-398 (387); *Jayme* (Fn.1) 217; *Kohler* (Fn.93) UTR Band 15, S.289-312 (308); *Nassr-Esfahani* (Fn.93) S.135; *Rossbach*, Schadenersatz bei grenzüberschreitender Gewässerverunreinigung, ZfW 1979, 17-24 (22); ders. (Fn.1) NJW 1988, 590; implizit *Rest*, Die Wahl des günstigeren Rechts, (Fn.1) S.38; *Rossbach* (Fn.1) 244, die aus der mangelnden Beteiligung ausländischer Grenznachbarn auf die Unbeachtlichkeit ausländischer Genehmigungen schließen.

[138] Zur Unterscheidung zwischen dem Grundsatz der gleichen Verfahrensbeteiligung und dem Nicht-Diskriminierungsgrundsatz *Jans*, Grenzüberschreitendes Umweltrecht, 4-7; *Woehrling*, Beteiligung im Verwaltungsverfahren, Frankreich in *Bothe / Prieur / Ress* , Rechtsfragen, 101-110 (109).

[139] *Woehrling* bei Fn.138.

Sieht man den Grund für die Beachtung einer ausländischen Genehmigung im Inland in ihrer *Anerkennung* als Hoheitsakt, so ergibt sich die Notwendigkeit der Verfahrensbeteiligung aus dem Grundsatz des rechtlichen Gehörs.[140] Alle Autoren ziehen jedoch für die Ausgestaltung der Verfahrensbeteiligung im Gegensatz zur herrschenden Lehre im Zivilprozeßrecht, bei der die Prüfung der inländischen verfahrensbezogenen Grundrechte im Vordergrund steht und die vom Verbot der révision au fond ausgeht, im Einklang mit dem internationalverwaltungsrechtlichen Schrifttum die verfahrensrechtlichen Kriterien des Emissionsstaates heran.[141] Die Anerkennungslösung sieht den verfahrensrechtlichen ordre public als verletzt an, wenn dieser dem immissionsbetroffenen Bewohner des Nachbarstaates nicht verfahrens- und materiellrechtlich die gleiche Rechtsstellung einräumt wie den Bewohnern des Emissionsstaates.[142]

Die Vertreter der *Sonderanknüpfung* ziehen die Verfahrensbeteiligung zusammen mit den auch für die Anerkennung maßgeblichen Kriterien entweder über den inländischen ordre public heran und überprüfen die Beteiligung anhand verfahrensrechtlicher Anforderungen der lex fori[143] oder sie wenden die für die Anerkennung maßgeblichen Kriterien ohne nähere Ausführungen über die Qualität der Verfahrensbeteiligung an.[144] Sie schließen sich damit an die auch sonst für die Anerkennung ausländischer Hoheitsakte vorherrschende Auffassung an, daß eine révision au fond nicht stattfindet. Der Anerkennungsrichter ist keine Rechtsmittelinstanz des Emissionsstaates. Er überprüft vielmehr die Geltungsvoraussetzungen des ausländischen Aktes im Inland inzident anhand eigener Grundprinzipien rechtsstaatlicher Verfahrensgestaltung.[145]

Daß die Beachtung der ausländischen Genehmigung auch bei der Anwendung inländischen Rechts die Beteiligung des ausländischen Nachbarn am Genehmigungsverfahren voraussetzt, ergibt sich für die Vertreter der *Substitutions-*

---

[140] *Münchener Kommentar / Kreuzer*, Art. 38 EGBGB Rz.269; *v. Bar* IPR I Rz.255; *Küppers* (Fn.91) ZRP 1976, 260-265 (263); *Staudinger / v. Hoffmann*, Art. 38 EGBGB Rz.615; *Lummert*, Zivilrechtliche Klagen - Anwendbares Recht (Bundesrepublik Deutschland), in: Bothe u.a., Rechtsfragen (183-192) S.189.

[141] Dagegen sieht die zivilprozessuale Lehre das Erfordernis des rechtlichen Gehörs als Teil des verfahrensrechtlichen ordre public an und wendet, allerdings unter Beschränkung auf wesentliche Grundsätze des inländischen Rechts, die Kriterien des Anerkennungsstaates an, *Zöller / Geimer*, § 328 ZPO Rz.135, 151 ff. (Verbot der Revision au fond); *Geimer*, IZPR Rz. 23 ff.; *Geimer / Schütze*, Internationale Urteilsanerkennung I 1053, 1468; *Schütze*, Deutsches Internationales Zivilprozeßrecht S.141; 143; *Martiny*, IZVR I Rz.321; anschaulich auch BGHZ 48, 327: Überprüfung auf die Einhaltung grundlegender Verfahrensmaximen nach deutschem Recht.

[142] *Rest*, Völkerrechtlicher und zivilrechtlicher Schadenersatz im internationalen Umweltrecht, UPR 1982, 366; *Lummert* (Fn.95) NuR 1982, 241, 244; *Rossbach*, (Fn.1) S.245.

[143] *Nassr-Esfahani* (Fn.93) S.135 f.

[144] *Kohler* (Fn.93) UTR 15 289-312 (310); anders in *v.Moltke* (Fn.122) S.84 wo er eine Anerkennungslösung vertrat.

[145] *Nassr-Esfahani* (Fn.93) S.136.

lösung und der *Datumtheorie* daraus, daß die ausländische Genehmigung, soll sie den Tatbestand der inländischen einwendungsausschließenden Sachnorm ausfüllen, mit einer inländischen Genehmigung in formeller wie in materieller Hinsicht vergleichbar sein muß. Die Vergleichbarkeit richtet sich nach den Kriterien des Sachstatuts. Die formelle Vergleichbarkeit setzt dann in prozessualer Hinsicht voraus, daß der Geschädigte in einer dem deutschen Recht vergleichbaren Weise am ausländischen Verfahren teilnehmen konnte.[146]

VI. Die Anknüpfung öffentlich-rechtlicher Verhaltensnormen und Sicherheitsvorschriften am Standort der Anlage

Nach allen hier untersuchten nationalen Rechtsordnungen kann sich die Verletzung öffentlich-rechtlicher Produktionsnormen und Emissionsstandards haftungsbegründend auswirken. Dies geschieht z.B. über den Begriff der *faute* im französischen Recht, wenn die in der Genehmigung für die Anlage konkret festgesetzten Bedingungen nicht eingehalten wurden.[147] Auch kann die Verletzung öffentlich rechtlicher Produktionsnormen und Standards wie im deutschen Recht den Beweis der Kausalität zwischen dem Betrieb der Anlage und der Rechtsgutsverletzung erleichtern.[148] Denkbar ist jedoch auch, daß sich der Schädiger nach dem am Handlungsort geltenden Recht auf die Einhaltung der örtlichen Sicherheitsstandards haftungsausschließend berufen könnte.[149]

Die Erörterung der Anknüpfung öffentlich-rechtlicher Normen hat sich bisher meist auf die Anknüpfung der privatrechtsgestaltenden Wirkungen von Genehmigungen konzentriert. Infolge der engen Verwobenheit von privatem und öffentlichem Umwelthaftungsrecht ist die Frage jedoch von großer praktischer Bedeutung, ob und unter welchen Umständen sich der Betreiber einer Anlage auf öffentlich-rechtliche Verhaltens- und Sicherheitsvorschriften am Standort der Anlage berufen kann und ob umgekehrt der Geschädigte die Verletzung solcher Vorschriften haftungsbegründend rügen kann. Kollisionsrechtlich stellt sich hier einerseits die Frage, ob bei Berufung des am Handlungsort geltenden Rechts die dortigen Verhaltensnormen und Sicherheitsvorschriften von der Verweisung mit umfaßt sind. Bei der Berufung des am Erfolgsort geltenden Rechts ist zu fragen, ob sich der Betreiber der störenden Anlage trotzdem auf haftungs-

---

[146] *Hager* (Fn.56) RabelsZ 53 (1989) S.305;

[147] Vgl.o. Teil1, Kapitel 2 II.1.

[148] Vgl. Teil 1, Kapitel 1 III.1. und 2.

[149] So die immer wieder vorgebrachte Forderung der Industrie bei Erlaß der EG-Produkthaftungs- und Abfallrichtlinie und bei Erlaß des deutschen UHG; vgl. auch Art.6 Abs.1 Satz 2 des Entwurfs eines Abkommens über den Schadenersatz bei grenzüberschreitenden Umweltschäden bei *Rest*, Abkommen über den Schadenersatz S.189:" Die Schadenersatzpflicht ist ausgeschlossen, wenn die Haftung gerechtfertigt ist. Das gleiche gilt, wenn der umweltgefährdende Zustand einer Anlage oder eines sonstigen Gegenstandes von der national zuständigen Behörde gestattet ist."

ausschließende Normen des Handlungsortes berufen kann.[150] Umgekehrt ist bei haftungsbegründenden Verhaltensnormen zu fragen, ob sich der Geschädigte auf die Verletzung von Emissions- und Sicherheitsstandards am Erfolgsort oder am Handlungsort berufen kann. Diese Fragen stellen sich sowohl bei der Anwendung des am Handlungs- wie bei der Anwendung des am Erfolgsort geltenden Rechts.

1. Der Umfang der deliktsrechtlichen Verweisung und deliktsstatutfremde Verhaltensnormen und Sicherheitsstandards

Das Deliktsstatut beherrscht grundsätzlich alle Voraussetzungen und Folgen unerlaubter Handlungen.[151] Dies ist sicher so, wenn das Recht des Handlungsortes gilt. Selbst wenn die internationalprivatrechtliche Verweisung Verhaltensnormen und Sicherheitsstandards nicht mit umfaßt, besteht Einigkeit, daß die Sicherheitsvorschriften des Handlungsortes selbst dann zu beachten sind, wenn das dortige Recht im übrigen nicht berufen ist.[152]

Ist das Deliktsstatut nicht das am Handlungsort geltende Recht, können Verhaltensnormen und Sicherheitsstandards des Handlungsortes oder eines anderen Ortes zu beachten sein. Dies ist auf kollisionsrechtlicher Ebene möglich im Wege der Sonderanknüpfung des Verschuldens und der Rechtswidrigkeit. Auf sachrechtlicher Ebene können Verhaltensnormen und Sicherheitsstandards des Handlungsortes als *local datum* oder über die Substitution berücksichtigt werden.

2. Sonderanknüpfung von Rechtswidrigkeit und Verschulden

Die Einhaltung der Verhaltensstandards am Handlungsort kann bei Sonderanknüpfung der Rechtswidrigkeit nach Maßgabe des am Handlungsort geltenden Rechtes das Verschulden und bei Vorliegen spezieller Rechtfertigungsgründe die Rechtswidrigkeit ausschließen.[153] Für diese Anknüpfung spricht der Vertrauensschutz des Anlagenbetreibers. Er soll sich auf die Haftungsfreiheit nach

---

[150] Vgl.LG Passau IPRspr.1952/53 Nr.33: Das LG wies mit dieser Begründung bei Anwendung deutschen Rechts die Klage eines Deutschen ab, dessen grenznahes Gebäude von einem auf österreichischer Seite stehenden Baum beschädigt worden war.

[151] *Münchener Kommentar / Kreuzer*, Art. 38 EGBGB Rz.282, für das Recht der Straßenverkehrsunfälle, bei denen die Bestimmung des Tatortes allerdings keine Schwierigkeiten bereitet.

[152] BGHZ 90, 294, 298 (Verkehrsunfall); *Münchener Kommentar / Kreuzer* , Art. 38 EGBGB Rz.290.

[153] *Delachaux,* Die Anknüpfung der Obligationen aus Delikt und Quasidelikt im internationalen Privatrecht, S.181; *Bourel,* Le conflit de lois en matière d'obligations extracontractuelles, S.88; *Rest,* Abkommen (Fn.149) S.219.

Maßgabe des am Handlungsort geltenden Rechts verlassen können, wenn er die Anlage nach den dort geltenden Vorschriften betreibt.[154] Eine derartige Sonderanknüpfung von Rechtswidrigkeit und Verschulden widerspricht jedoch dem der deliktischen Anknüpfung zugrundeliegenden Gedanken, wonach der Geschädigte auf den Schutz seiner Rechtsgüter nach der Rechtsordnung vertrauen darf, in der er sich befindet.[155] Sie führt zu einer Kumulation der Haftungsrechte zulasten des Geschädigten. Die so entstehende Lücke im Individualrechtsschutz könnte nur über eine Verweisung auf die Haftung des gestattenden Staates ausgeglichen werden, der durch sein Verhalten die Umweltbeeinträchtigung mit verursacht hat. Hier hätte sie im Idealfall Einfluß auf die staatliche Gestattungspolitik.[156] Dieser Weg erscheint allerdings im Hinblick auf die Defizite der Staatenhaftung für grenzüberschreitende Umweltbelastungen[157] zumindest derzeit noch nicht gangbar.

3. Berücksichtigung von Verhaltensnormen und Sicherheitsstandards auf der Ebene des Sachrechts

Lehnt man die Sonderanknüpfung von Rechtswidrigkeit und Verschulden ab, so ergibt sich für Verhaltensnormen und Sicherheitsvorschriften eine ausfüllungsbedürftige Regelungslücke, wenn die deliktische Verweisung nicht zur Anwendung des am Handlungsort geltenden Rechts führt. Das öffentliche Aufsichtsrecht ist bei Emissionen großteils anlagenbezogen und stellt daher allein auf Anlagen im Inland ab. Ein Abstellen auf die Normen des Erfolgsortes wird daher vielfach am mangelndem Anwendungswillen der dortigen Sicherheitsnormen auf Anlagen im Ausland scheitern. Jayme stellt hier zusätzlich die etwas überspitzt formulierte Frage, ob einem Staat nach allgemeinem Völkerrecht die Kompetenz zukommt, eigene Richtwerte für alle potentiellen Umweltschädiger der Welt verbindlich festzusetzen.[158]

Jayme will daher zur Lückenfüllung entsprechend der in der Literatur von einzelnen Autoren vertretenen Lösung bei der Beachtung ausländischer Genehmigungen entweder transnationale Mindeststandards heranziehen oder entsprechend der Regelung im internationalen Produkthaftungsrecht auch im Bereich des internationalen Umwelthaftungsrechts die Verhaltensnormen und Richtwerte

---

[154] *Rest*, Abkommen (Fn.149) S.219.

[155] Mit diesem Argument lehnen *Stoll* (Fn.89) 163f.; *Hager* (Fn.56) RabelsZ 53 (1989) 293-319 (303) und *Heß* (Fn.131) S.15, 16 die Sonderanknüpfung der Rechtswidrigkeit ab.

[156] So *Rest* (Fn.149) S.219.

[157] Oben Teil 2, Kapitel 1 I.4.

[158] *Jayme*, Heidelberger Kolloquium, (Fn.1) 205-219 (216).

des ausländischen Handlungsortes als "local data" mit heranziehen.[159] Auch dort ist anerkannt, daß sich der Hersteller nicht auf einen niedrigeren Sicherheitsstandard am Herstellungsort berufen kann, wenn die Standards des Erfolgsortes höher sind.[160]

VII. Zusammenfassung

1. Die Voraussetzungen für die Beachtung sachstatutfremder Genehmigungen

In der einzelnen Betrachtung erscheinen jede Theorie und jeder Geltungsgrund und die daraus folgenden Voraussetzungen für die Beachtung ausländischer Emissionsgenehmigungen folgerichtig. Die unter IV. versuchte synoptische Zusammenstellung hinterläßt aber auf Grund der Vielfalt der angewendeten Beachtungsvoraussetzungen eine gewisse Verwirrung.

Einigkeit besteht im wesentlichen über die formellen Voraussetzungen für die Beachtung der Genehmigung. Die Beachtung einer ausländischen Genehmigung im Inland setzt deren Gültigkeit im Erlaßstaat voraus. Ob die Genehmigung als Verwaltungsakt aufgehoben oder nichtig ist, richtet sich nach dem dortigen öffentlichen Recht.

Ebenso besteht hinsichtlich der übrigen formellen Beachtungsvoraussetzungen im Inland Einigkeit über die Notwendigkeit der Verfahrensbeteiligung der im Inland Betroffenen und einer wie auch immer gearteten sachrechtlichen Überprüfung. Unklar ist jedoch, ob die qualitative Ausgestaltung der Verfahrensbeteiligung nach der lex fori, dem Hauptstatut oder dem Recht des Erlaßstaates zu beurteilen ist. Im international öffentlich-rechtlichen Schrifttum wird die Anwendung des ausländischen Verfahrensrechts auf Gleichheitsgrundsätze gestützt.[161] Im internationalprivatrechtlichen Schrifttum werden hier die für die Anerkennung von Zivilurteilen maßgeblichen Grundsätze herangezogen. Die Notwendigkeit der Verfahrensbeteiligung folgt hier aus dem Grundsatz des rechtlichen Gehörs.[162] Dennoch wenden einige Autoren im Widerspruch zur h.L. im internationalen Zivilprozeßrecht im Einklang mit dem international öffent-

---

[159] *Jayme*, Heidelberger Kolloquium, (Fn.1) 205-219 (216).

[160] OLG Düsseldorf NJW 1978, 533; BGH NJW 1980, 1219; *Drobnig*, Das IPR der Produkthaftung, in: *v. Caemmerer*, Vorschläge und Gutachten S.298 f.

[161] *Jans* (Fn.138) S.4-7; *Woehrling*, Beteiligung im Verwaltungsverfahren, Frankreich, in *Bothe / Prieur / Ress*, Rechtsfragen, 101-110 (109).

[162] *Münchener Kommentar / Kreuzer*, Art. 38 EGBGB Rz.269; *v. Bar* IPR I Rz.255; *Küppers* (Fn.91) ZRP 1976, 260-265 (263); *Staudinger / v. Hoffmann*, Art. 38 EGBGB Rz.615; *Lummert*, Zivilrechtliche Klagen - Anwendbares Recht (Bundesrepublik Deutschland), in: Bothe u.a., Rechtsfragen (183-192) S.189.

lich-rechtlichen Schrifttum die Kriterien des Emissionsstaates an.[163] Dagegen stellen die Vertreter der Substitutionslösung und der Datumtheorie auf die Vergleichbarkeit mit der inländischen Rechtsordnung ab und gelangen so zur Anwendung der Grundsätze der inländischen Rechtsordnung über die Verfahrensbeteiligung.[164] Keinerlei verfahrensrechtliche Kriterien wenden dagegen die Vertreter einer einheitlichen Anknüpfung an, wenn sie zur Anwendbarkeit des am Standort der störenden Anlage geltenden Rechts gelangen.

Hinsichtlich der materiellen Beachtungsvoraussetzungen ist unklar, ob eine inhaltliche Überprüfung der Genehmigung nach den Grundsätzen des inländischen Rechts - hierfür treten die Vertreter der Sonderanknüpfungslehre[165] und der Substitutionslösung[166] ein - oder nach völkerrechtlichen Grundsätzen[167] stattfinden soll.

Gänzlich ungeklärt ist, ob für die Wirkungen der ausländischen Genehmigungen das Rechts des Staates angewandt werden soll, in dem sich die störende Anlage befindet oder, da ja private Rechte eingeschränkt werden, das Recht derjenigen Rechtsordnung, die diese Rechte konkret schützt. Während die Vertreter einer Lösung auf der Ebene des Sachrechts hier offensichtlich auf das Recht des Staates abstellen, auf dessen Gebiet sich die durch die Genehmigung möglicherweise eingeschränkten privaten Rechte befinden[168] oder beide Rechtsordnungen in pragmatischer Weise kumulieren wollen,[169] wird die Frage von Vertretern der Sonderanknüpfungslehre anscheinend nicht gestellt oder nicht problematisiert.

Die Zusammenfassung macht deutlich, daß die Genehmigung nach ihren Beachtungsvoraussetzungen eine Sonderstellung zwischen internationalem Verfahrensrecht und Rechtsanwendung einnimmt. Mit der Frage nach der Gültigkeit der Genehmigung in dem Staat, dessen Behörden sie erlassen haben, sowie nach der Verfahrensbesteiligung werden Fragen gestellt, die auch im

---

[163] *Rest*, Völkerrechtlicher und zivilrechtlicher Schadenersatz im internationalen Umweltrecht, UPR 1982, 366; *Lummert* (Fn.95) NuR 1982, 241, 244; *Rossbach*, Grenzüberschreitende Gewässerverunreinigung, (Fn.1) S.245.

[164] *Jayme* (Fn.1) Heidelberger Kolloquium S.205-219 (217); im Ansatz *Siehr* (Fn.52) RabelsZ 45 (1981) 377-398 (387).

[165] *Kohler* (Fn.122) in: v.Moltke / Schmölling / Kloepfer / Kohler, Grenzüberschreitender Umweltschutz in Europa S.69-87 (84); ders., Umweltrechtliche Genehmigungen im internationalen Privat- und Verfahrensrecht, UTR 15 289-312 (308), wo er allerdings noch zusätzlich auf völkerrechtliche Standards abstellen will.

[166] *Staudinger / Stoll*, Vor Art. 12 EGBGB Rz.164.

[167] *Heß* (Fn.131) 27; *Hager* (Fn.56) RabelsZ 53 (1989) 293-319 (313-316); *Nassr-Esfahani* (Fn.93) S.133f.

[168] *Jayme* (Fn.1) Heidelberger Kolloquium S.205-219 (217).

[169] *Staudinger / Stoll* vor Art.12 EGBGB Rz.164.

internationalen Verfahrensrecht von Bedeutung sind. Die erforderliche Inhaltskontrolle bildet dagegen im internationalen Verfahrensrecht, das sich auf eine marginale Inhaltskontrolle unter dem Vorbehalt des ordre public beschränkt, einen Fremdkörper. Hier scheinen Gesichtspunkte angesprochen zu sein, die auch bei der Substitution oder der Sonderanknüpfung zwingenden Rechts diskutiert werden. Die Antwort auf die offenen bzw. die zwischen den Theorien noch umstrittenen Fragen wird im folgenden dritten Teil der Arbeit aus dem Rechtscharakter der Genehmigung abzuleiten sein, wobei versucht werden soll, die Genehmigung in das Gesamtsystem von internationalem Prozeß- und Privatrecht und internationalem öffentlichen Recht einzuordnen.

2. Die Anknüpfung von Emissionsstandards, Verhaltensnormen und Sicherheitsvorschriften

Für die Anknüpfung sachstatutfremder Verhaltensnormen und Sicherheitsvorschriften entfällt die Anerkennungsfrage. Parallel zur Diskussion um die Wirkungen ausländischer Genehmigungen verläuft die Frage nach der richtigen Entscheidungsebene und die Frage nach weiteren Staatsinteressen für die Anwendung sachstatutfremder Verhaltensnormen und Sicherheitsvorschriften. Dies soll im dritten Teil in Kapitel 2 versucht werden. Hierzu werden die Anknüpfung von Verhaltensnormen und Sicherheitsvorschriften im Rahmen der deliktischen Haftung für Straßenverkehrsunfälle und im Rahmen der Produkthaftung vergleichend herangezogen.

Dritter Teil

Eigener Lösungsansatz

Kapitel 1

Die Voraussetzungen für die Beachtung ausländischer Genehmigungen und ihrer privatrechtsgestaltenden Wirkungen im Rahmen des Sachstatuts

I. Die Genehmigung als hoheitliche Entscheidung mit Doppelcharakter

Die Genehmigung ist in formaler Hinsicht eine hoheitliche Entscheidung mit verfahrensbeendigender Wirkung, die eine Änderung der Rechtslage herbeiführt. Ihre Existenz und ihr Inhalt sind von allen Behörden und Gerichten, die nicht zur Aufhebung befugt sind, als maßgeblich hinzunehmen.[1] Die Wirkung von Hoheitsakten ist auf das Gebiet des erlassenden Staates beschränkt. Als ausländischer Hoheitsakt hat eine Genehmigung daher grundsätzlich nur territoriale Wirkung.[2] Soll sie in anderen Staaten gelten, so muß sie von diesen anerkannt werden, wobei die Anerkennung ausschließlich im Belieben der anerkennenden Staaten steht.[3] In diesen Wesenszügen gleicht die Genehmigung einem Urteil.[4] Dieses hat ebenfalls zunächst nur territoriale Wirkung.[5] Erst die Anerkennung erstreckt die prozessualen Wirkungen, die der Entscheidung nach dem Recht des Urteilsstaates zukommen, auf das Inland.[6]

---

[1] *Schröder*, Verwaltungsrecht als Vorgabe für Zivil- und Strafrecht, VVdStRL 50 (1991), 196-237 (221).

[2] *König*, Die Anerkennung ausländischer Verwaltungsakte, S.23.

[3] *König* (Fn.2) S.24; *Neuhaus*, RabelsZ 20 (1955) 220; *Neumeyer*, Internationales Verwaltungsrecht IV S.173, 299.

[4] *Zöller / Vollkommer*, vor § 322 ZPO Rz.1-6.

[5] *Schack* IZVR Rz.775; *Geimer / Schütze*, Internationale Urteilsanerkennung § 183, 1385; *Zöller / Geimer*, Internationales Zivilprozeßrecht Rz. 809; *Müller*, Zum Begriff der "Anerkennung" von Urteilen in § 328 ZPO, ZZP 79 (1966) 199-245 (199); *Martiny*, Anerkennung ausländischer Entscheidungen nach autonomem Recht, in: Handbuch des internationalen Zivilverfahrensrechts III/1 Rz. 250, 275 ff. 320: Die Entscheidungen sind vollstreckbar.

[6] Dies sind Rechtskraft, Tatbestands-, Streitverkündungs- und Interventionswirkung; vgl. z.B. *Müller* (Fn.5) ZZP 79 (1966) 199-245 (199); *Martiny* (Fn.5) III/1 Rz. 363, 369, 373; *Spellenberg*, Abänderung ausländischer Unterhaltsurteile und Statut der Rechtskraft, IPRax 1984, 304-308 (305), schließt dies aus Art. 26 EuGVÜ und anderen Definitionen der Anerkennung in internationalen Verträgen über die Urteilsanerkennung; BGH v. 7.12.1955, BGHZ 19, 240; BayObLG v. 7.6.1967, BayObLGZ 1967, 218.

Inhaltlich hat eine Genehmigung mit Präklusionswirkung einen Doppelcharakter. Sie zerfällt in einen hoheitlichen gestattenden Teil, der sich an den Antragsteller wendet, und in einen feststellenden Teil, der auch außenstehende Dritte betrifft und besagt, daß drittschutzgewährende Rechtsvorschriften nicht entgegenstehen.[7] Die an die Genehmigung in einzelnen Rechtsvorschriften[8] oder auf Grund allgemeiner Grundsätze[9] anknüpfende Präklusionswirkung bewirkt eine Neugestaltung der Rechtslage bezüglich privatrechtlicher, nicht auf besonderen Titeln beruhender Ansprüche auf Immissionsabwehr auf dem Gebiet des Staates, der die Genehmigung erteilt hat.

Für die Beantwortung der Frage, ob Genehmigungen auch private Rechte außerhalb des Gebietes des Staates einschränken können, in dem sie ergangen sind, ist daher zu unterscheiden zwischen der Anerkennung der Genehmigung als Hoheitsakt und den an diesen Hoheitsakt für den Betreiber und für Dritte anknüpfenden Rechtsfolgen. Für letzteres sind allein der feststellende Teil der Genehmigung und die Auswirkungen der Genehmigung auf private Rechte von Interesse. Dies setzt jedoch voraus, daß die Genehmigung als gestaltender Hoheitsakt außerhalb des Gebietes des Staates, der sie erlassen hat, überhaupt Beachtung beanspruchen kann.

Daher ist vorab zu fragen, unter welchen Voraussetzungen ausländische Verwaltungsakte im Inland anerkannt werden können. Insoweit ergeben sich die gleichen Probleme wie bei der Anerkennung ausländischer Urteile und Entscheidungen der freiwilligen Gerichtsbarkeit. Allerdings stellt sich die Frage, ob die im internationalen Zivilprozeßrecht normierten Anerkennungsvoraussetzungen auch für die Anerkennung von Verwaltungsakten passen und ob sie genügen.

Die Anerkennung ist aber ein rein international verfahrensrechtliches Institut. Infolge der Anerkennung hat die inländische Rechtsordnung von der ausländischen Entscheidung wie von einer inländischen auszugehen. Im Falle von Zivilurteilen bewirkt sie, daß bestimmte Urteilswirkungen wie die Vollstreckbarkeit und die materielle Rechtskraft eines Urteils auf das Inland erstreckt werden.[10] Die ausländische Genehmigung soll nun aber im Inland nicht vollstreckt werden. Sie soll nur ihre privatrechtsgestaltenden Wirkungen auch im Inland haben. Diese Wirkungen der Genehmigung erscheinen nicht in ihrem

---

[7] BVerwG vom 17.12.1986, NJW 1987, 1154 (Emsland).

[8] Für die Bundesrepublik § 14 BImSchG, § 7 Abs.6 AtG, § 11 LuftVG, § 11 WHG; für Österreich § 364 a ABGB.

[9] In Frankreich hindert neben der Spezialregelung im Code d'Orientation Agricole der Gewaltenteilungsgrundsatz die Zivilgerichte an Anordnungen, die Verwaltungsanordnungen in der gleichen Sache widersprechen; dazu oben 1.Teil, Kap.2 III.2..

[10] *Schack* IZVR Rz.776 ff.

Tenor. Vielmehr knüpft die ausländische Rechtsordnung an das Vorliegen einer Genehmigung in anderen Vorschriften[11] oder ungeschriebenen Rechtsgrundsätzen[12] weitere Rechtsfolgen, z.B. den Ausschluß von Einwendungen. Solche weiteren Wirkungen sind im internationalen Zivilverfahrensrecht nicht Gegenstand der prozessualen Anerkennung, sondern betreffen die Frage, ob ein inländisches Tatbestandsmerkmal auch durch ein ausländisches Urteil ausgefüllt werden kann. Aus der Sicht des internationalen Zivilverfahrensrechts geht es bei derartigen weiteren Urteilsfolgen um die Auslegung einer inländischen Sachnorm.[13] Als Beispiel soll hier die Verjährung dienen. In diesem Fall geht aber eine Qualifikation durch das deutsche internationale Privatrecht voraus, die die Verjährung dem Vertragsstatut unterstellt.[14] Für Verwaltungsakte muß daher vorab entschieden werden, ob die privatrechtsgestaltenden Wirkungen als Teil des Sachstatuts dem Privatrecht und damit der lex rei sitae des betroffenen Grundstückes oder dem öffentlichen Recht unterliegen und daher nach eigenen Kollisionsregeln zu beurteilen sind.

Im folgenden soll zunächst geklärt werden, unter welchen Voraussetzungen ausländische Genehmigungen als Hoheitsakte eines anderen Staates anerkannt werden können (II). Hierbei stellt sich zunächst die Frage, wie die Voraussetzungen der Urteilsanerkennung übertragbar sind (1.) und ob sie genügen oder ob ergänzende Kriterien heranzuziehen sind (2.). Für die Frage, welche ergänzenden Kriterien heranzuziehen sind, bietet sich ein Vergleich mit dem internationalen Enteignungsrecht (III.) und dem internationalen Recht der vertraglichen Schuldverhältnisse (IV.) an. Steht fest, daß und unter welchen Voraussetzungen Verwaltungsakte anzuerkennen sind (V.), so ist im Wege der Qualifikation zu klären, ob diese Anerkennung auch ihre privatrechtsgestaltenden Wirkungen mit umfaßt (VI.) und ob diese auf der kollisionsrechtlichen Ebene zu beachten sind und daher dem Recht des genehigenden Staates oder auf der sachrechtlichen Ebene zu beachten sind und daher der lex rei sitae des betroffenen Grundstückes unterliegen.

II. Die Voraussetzungen der Anerkennung der Genehmigung als ausländischer Hoheitsakt im Inland

Jede Beachtung einer privatrechtsgestaltenden Anlagengenehmigung des Staates, in dessen Gebiet die Anlage gelegen ist, im Inland setzt voraus, daß der

[11] Für Österreich vgl.z.B. § 364 a ABGB.

[12] Für Frankreich Art.L.122 des Code d'orientation agricole; zum Gewaltenteilungsgrundsatz, der nach französischem Verständnis die Zivilgerichte hindert, eine Entscheidung zu treffen, die im Widerspruch zu einer Anordnung der Verwaltungsbehörden steht, vgl.Teil 1, Kapitel 2, III.2.

[13] *Schack* IZVR Rz.780; *Müller* (Fn.5) ZZP 79 (1966), 199-245 (242); *Martiny* (Fn.5) III/1 Rz.428 für die international-zivilverfahrensrechtliche Problematik der Verjährung.

[14] Art.32 I Ziff.4 EGBGB.

ausländische Hoheitsakt im Inland anerkannt wurde. Die Anerkennung der ausländischen Genehmigung im Inland ist unabhängig sowohl von der Qualifikation der privatrechtsgestaltenden Wirkungen der Genehmigung als auch von der internationalprivatrechtlichen Frage, welches Recht sich für den zugrundeliegenden Anspruch als das günstigere erweist. Die Anerkennung wird im internationalen Zivilverfahrensrecht erforderlich durch das rein prozessuale Verständnis der Urteilswirkungen. Durch die gerichtliche Entscheidung selbst, nicht durch die ihr zugrundeliegenden Rechtsnormen, wird eine Umgestaltung der Rechtslage bewirkt. Daher kommt es zunächst auf die Anerkennung der Genehmigung als Hoheitsakt an und nicht auf die richtige Anwendung der Vorschriften des ausländischen Rechts, die der Entscheidung zugrundeliegen.[15] Der Beachtung dieser Umgestaltung der Rechtslage im Inland muß daher die Anerkennung der Entscheidung vorausgehen. Die Anwendung der der Entscheidung zugrundeliegenden Rechtsnormen genügt nicht.

Der seit den sechziger Jahren dieses Jahrhunderts liberaleren Anerkennungspraxis folgend gehen die §§ 328 ZPO und 16 a FGG sowie Art.27 EuGVÜ übereinstimmend vom Grundsatz der Anerkennung einer ausländischen Entscheidung aus. Die Anerkennung einer wirksamen Entscheidung kann nur versagt werden, wenn die internationale Zuständigkeit des Entscheidungsstaates nicht gegeben war (§ 328 I Nr.1, § 16 a Nr.1 FGG, Art 28 EuGVÜ), das verfahrenseinleitende Schriftstück nicht ordnungsgemäß und rechtzeitig zugestellt wurde (§ 328 Nr.2 ZPO, § 16 a Nr.2 FGG, Art.27 Nr.2 EuGVÜ), die Entscheidung einer früheren Entscheidung des Anerkennungsstaates oder eines Drittstaates widerspricht, die im Anerkennungsstaat ebenfalls anzuerkennen ist (§ 328 Nr.3 ZPO, § 16 a Nr.3 FGG, Art.27 Nr.3 und 5 EuGVÜ) oder gegen den ordre public verstößt (§ 328 Nr.4 ZPO, § 16 a Nr.4 FGG, Art.27 Nr.1 EuGVÜ). § 328 Nr.5 ZPO verlangt zudem die Gegenseitigkeit. Die Voraussetzungen für die Versagung der Anerkennung in den drei Vorschriften stimmen im wesentlichen überein und zeigen daher, welche Anforderungen des deutschen internationalen Prozeßrechts der Gesetzgeber als unverzichtbar und international zwingend erachtet. Dies sind die Vorstellungen des deutschen internationalen Verfahrensrechts über die Abgrenzung staatlicher Hoheitsbereiche durch die Normen der internationalen Zuständigkeit und der Schutz der Inländer durch die Vorschriften des inländischen Verfahrensrechts, vor allem im Hinblick auf die Gewährung rechtlichen Gehörs sowie der Schutz der Entscheidungszuständigkeit inländischer Gerichte, sofern sie in der gleichen Sache bereits tätig geworden sind.

---

[15] Anders die früher herrschende Theorie der lex causae, nach der nicht der Richterspruch, sondern die zugrundeliegenden Rechtsnormen die Neugestaltung der Rechtslage bewirken sollten; *Süß*, Die Anerkennung ausländischer Urteile, Festgabe Rosenberg (1948) S.256; *Neuhaus*, Die Anerkennung sowjetzonaler und ausländischer Scheidungsurteile, FamRZ 1964, 18-25 (21 f).

1. Die Voraussetzungen der Anerkennung im internationalen Zivilprozeßrecht

Die Prüfung der Anerkennungsvoraussetzungen im internationalen Zivilverfahrensrecht dient allein dem Schutz inländischer prozessualer Grundrechte. Durch das Erfordernis der internationalen Zuständigkeit des Entscheidungsstaates[16] soll ein ausreichender kompetenzrechtlicher Bezug des Streitgegenstandes und der Parteien zum Urteilsstaat sichergestellt werden. Im internationalen Zivilverfahrensrecht wird ausländischen Staaten bei der Abgrenzung der staatlichen Hoheitsbereiche der gleiche Jurisdiktionsbereich zugebilligt, den das Inland für sich in Anspruch nimmt. Die Inländer sollen vor der Inanspruchnahme vor einem aus der Sicht des inländischen Rechts für sie unzumutbaren Forum geschützt werden.[17]

§ 328 Nr.2 ZPO, § 16 a Nr.2 FGG und Art.27 Nr.2 EuGVÜ fordern übereinstimmend die ordnungsgemäße und rechtzeitige Zustellung des verfahrenseinleitenden Schriftstückes. Diese Anforderung dient der Sicherstellung des prozessualen Grundrechts auf rechtliches Gehör im internationalen Rechtsverkehr.[18] Die Zustellung selbst richtet sich nach dem Recht des Urteilsstaates.[19] Auf die Einzelheiten bei der Geltendmachung dieses Anerkennungshindernisses soll hier nicht eingegangen werden.[20] Als Ausprägung des verfahrensrechtlichen ordre public sind die Vorschriften jedoch nicht abschließend. Auch über den Vorbehalt des ordre public in § 328 Nr.4 ZPO können noch grundlegende Verfahrensfehler gerügt werden.[21]

Eine inhaltliche Überprüfung des Urteils findet ebensowenig statt wie die Überprüfung des dem Urteil zugrundeliegenden Verfahrens. Weder das Urteil selbst noch das vorausgegangene Verfahren unterliegen der Überprüfung durch den anerkennenden Richter.[22] Das Verfahren wie auch die Beteiligung von Betroffenen richten sich nach dem Recht des Urteilsstaates.[23] Erhebliche und wesentliche Unterschiede des ausländischen Verfahrens werden hingenommen.

---

[16] § 328 Nr.1 ZPO; § 16 a Nr.1 FGG; "competence indirecte" *Martiny* (Fn.5) III/1 Rz.632.

[17] *Geimer*, Die Anerkennung ausländischer Entscheidungen auf dem Gebiet der freiwilligen Gerichtsbarkeit, Festschrift für Ferid 1988, 89-130 (102).

[18] *Zöller / Geimer* § 328 Rz.134; *Schack* IZVR Rz.847.

[19] *Schack* IZVR Rz.846; OLG Koblenz IPRax 1988, 97.

[20] Um eine Überprüfung in jedem Verfahren zu vermeiden kann in der ZPO die Verletzung dieser Vorschrift nur gerügt werden, wenn gegen den Beklagten im Ausland ein Versäumnisurteil ergangen ist. In der freiwilligen Gerichtsbarkeit setzt die Rüge im Anerkennungsverfahren die erfolglose Rüge im ausländischen Erkenntnisverfahren voraus, BayObLG IPRspr.1978, 176.

[21] BGHZ 19, 240.

[22] *Zöller / Geimer* § 328 Rz.151; Verbot der révision au fond.

[23] *Schack* IZVR Rz.846.

Eine Durchbrechung dieses Grundsatzes findet nur über den Vorbehalt des ordre public in § 328 Nr.4 ZPO, § 16a Nr.4 FGG und Art.27 Nr.1 EuGVÜ statt, wenn höherwertige inländische Interessen dies dringend erfordern. Eine Verletzung des verfahrensrechtlichen ordre public wird nur angenommen, wenn das Verfahren von den Grundprinzipien des deutschen Verfahrensrechts derart abweicht, daß es nicht mehr rechtsstaatlichen Anforderungen entspricht.[24] Wegen dieser hohen Anforderungen ist eine Verletzung des verfahrensrechtlichen ordre public in der Praxis äußerst selten.[25]

2. Die Übertragbarkeit dieser Grundsätze auf die Anerkennung der Genehmigung

Diese die Anerkennung von Urteilen bestimmenden Gesichtspunkte sind auf Verwaltungsakte übertragbar, soweit es um ihre schlichte Beachtlichkeit als ausländischer Hoheitsakt im Inland geht. Auch im internationalen Verwaltungsrecht wird die Umgestaltung der Rechtslage durch den Verwaltungsakt selbst und nicht durch die ihm zugrundeliegenden Vorschriften bewirkt. Die ergibt sich aus der Tatbestandswirkung des Verwaltungsaktes. Seine Existenz und sein Inhalt sind von allen nicht zur Aufhebung befugten Gerichten und Behörden hinzunehmen.[26] Ist ein Verwaltungsakt erlassen, so ist den Strafverfolgungsbehörden und Zivilgerichten ein Rückgriff auf die ihm zugrundeliegenden Rechtsnormen verwehrt.[27] In Übertragung der Grundsätze aus dem internationalen Zivilverfahrensrecht ist für die Anerkennung einer Genehmigung als Hoheitsakt daher erforderlich, daß es sich um eine wirksame Entscheidung mit verfahrensbeendender Wirkung handelt. Im übrigen ist der Grundrechtsschutz einzuhalten, der sich aus den tragenden Prinzipien des inländischen Verfahrensrechts ergibt.[28] Anerkennungsfähig sind damit wirksame rechtsgestaltende

---

[24] Prinzipien des Rechtsstaatlichkeit und Menschenwürde, BGHZ 48, 327;BGH RIW 1984, 557; *Schack* IZVR Rz.864.

[25] Verstoß gegen den ordre public z.B. bejaht in BGH IPRax 1987, 236, Mißbrauch des ausländischen Verfahrens, um einen Titel zu erschleichen; verneint dagegen in BGH FamRZ 1986, 665, als Vaterschaftsfeststellung nach jugoslawischem Recht allein auf die Aussage der Kindsmutter gestützt wurde und in BGHZ 48, 327, als der deutsche Ehemann in einem englischen Verfahren auf Grund seines ungebührlichen Verhaltens vor Gericht wegen contempt of court ausgeschlossen wurde.

[26] *Schröder* (Fn.1) 221.

[27] *Schröder* (Fn.1) S.208; ebenso *Jarass*, Das Verwaltungsrecht als Vorgabe für das Zivil- und Strafecht VVDStRL 50 (1991) 238-274 (268) spricht hier von "Verwaltungsaktskonformität" im Unterschied zur "Verwaltungsnormkonformität".

[28] So auch unter Heranziehung des verfahrensrechtlichen ordre public *Nassr-Esfahani*, Grenzüberschreitender Bestandsschutz für unanfechtbar genehmigte Anlagen, S. 135 ff.; im Ergebnis ebenso aber unter Ableitung aus dem Kriterium der "formellen Vergleichbarkeit" *Hager*, Zur Berücksichtigung öffentlich-rechtlicher Genehmigungen bei Streitigkeiten wegen grenzüberschreitender Immissionen, RabelsZ 53 (1989) 293-319 (305); ohne nähere Begründung *Kohler*, Umweltrechtliche Genehmigungen im internationalen Privat- und Verfahrensrecht, Jahrbuch für

Behördenentscheidungen, die durch die international zuständige Behörde unter Gewährung rechtlichen Gehörs und marginalem prozessualen Grundrechtsschutz ergangen sind.

a) Wirksamkeit der Entscheidung

Eine Genehmigung ist wirksam, wenn sie nach dem Recht des Staates, der sie erlassen hat, weder verwaltungsgerichtlich aufgehoben noch mit einem derart offenkundigen und schwerwiegenden Fehler behaftet ist, daß sie nichtig ist.

Hier wird eine allgemein anerkannte Kollisionsregel des internationalen Verwaltungsrechts angewandt. Für die Verwaltungsbehörden stellt sich die Frage nach dem anwendbaren Recht nicht. Für das Genehmigungsverfahren sind die Behörden des Staates, in dem die Anlage gelegen ist (Emissionsstaat), ausschließlich international zuständig und wenden ausschließlich das dort geltende Verwaltungsrecht an.[29] Bereits Neumeyer ging von dem so verstandenen Gedanken des Gleichlaufs von internationaler Zuständigkeit und anwendbarem Recht sowie der Einseitigkeit des internationalen Verwaltungsrechts aus und leitete hieraus die Einheit von Handlungs- und Wirkungsstatut im internationalen Verwaltungsrecht ab.[30] Die Einseitigkeit des internationalen Verwaltungsrechts begründete Neumeyer mit dem Gedanken der staatlichen Souveränität und ihrer gegenseitigen Achtung in der Staatengemeinschaft. Ein Staat könne nur über die eigenen Angelegenheiten befinden und dürfe nicht in die eines anderen Staates eingreifen.[31] Obwohl inzwischen geklärt ist, daß die Anwendung fremden öffentlichen Rechts keine Souveränitätsverletzung darstellt,[32] wurde die so verstandene Einseitigkeit des internationalen Verwaltungsrechts nie in Frage gestellt.

b) Prozessualer Grundrechtsschutz

Die Notwendigkeit prozessualen Grundrechtsschutzes bedeutet nicht, daß deutsche Verfahrensvorschriften einzuhalten sind. Die Ausgestaltung des Verfahrens richtet sich nach dem Recht des Entscheidungsstaates.[33] Erforderlich für die Anerkennung ist lediglich die Einhaltung tragender Gesichtspunkte

---

Umwelt- und Technikrecht (UTR) 15 (1991) 289-312 (310).

[29] *Kloepfer*, Grenzüberschreitende Umweltbelastungen als Rechtsproblem, DVBl 1984, 245-255 (247); *Jans*, Grenzüberschreitendes Umweltrecht S.181; *Nassr-Esfahani* (Fn.28) 57.

[30] *Neumeyer*, Internationales Verwaltungsrecht IV S. 114.

[31] *Neumeyer* aaO S.115.

[32] *Vogel*, Der räumliche Anwendungsbereich der Verwaltungsrechtsnorm S.203;

[33] So auch für die ZPO *Schack* IZVR Rz.846.

des inländischen Verfahrensrechts, vor allem im Hinblick auf die Abgrenzung staatlicher Hoheitsbereiche und die Gewährung rechtlichen Gehörs.

International zuständig sind nach den Grundsätzen des internationalen Verwaltungsrechts die Behörden an dem Ort, an dem die Anlage sich befindet.[34] Der Beteiligung möglicher Betroffener am Verwaltungsverfahren kommt sowohl unter dem Gesichtspunkt des rechtlichen Gehörs[35] als auch unter dem Gesichtspunkt des verfassungsrechtlichen Eigentumsschutzes entscheidende Bedeutung zu. Werden durch eine Genehmigung Rechte Dritter eingeschränkt, so tritt im innerstaatlichen Recht die Verfahrensbeteiligung als Verfassungsrechtliche Vorgabe an die Stelle des aus dem Eigentum fließenden Abwehranspruches.[36] Sie muß daher auch im ausländischen Verfahren als wesentliche Voraussetzung der Eigentumseinschränkung eingehalten werden. Die Zustellung des verfahrenseinleitenden Schriftstückes stößt jedoch auf Schwierigkeiten. Als hoheitliche Handlung kann die Zustellung nur innerhalb des Staatsgebietes erfolgen. Erforderlich ist daher, daß nach dem ausländischen Verfahrensrecht den inländischen Nachbarn ausreichend Gelegenheit gegeben wurde, sich am Verfahren zu beteiligen.[37] Das Verfahren selbst richtet sich nach dem ausländischen Recht. Dessen Gegebenheiten werden daraufhin überprüft, ob sie den Anforderungen des inländischen Grundrechtsschutzes standhalten wie er durch die tragenden Verfahrensprinzipien des deutschen Rechts zum Ausdruck kommt. [38]

Bei der Prüfung dieser Voraussetzungen wird den inländischen Behörden und Gerichten eine flexible wertende Betrachtung abverlangt. Erforderlich ist lediglich, daß auch deutsche Anwohner ausreichend Gelegenheit erhielten, sich über das im Ausland geplante Vorhaben zu informieren und so zu äußern, daß unter Wahrung der Entscheidungszuständigkeit der ausländischen Behörde ein effektiver Grundrechtsschutz gewährleistet ist. Die Bekanntgabe der Pläne und Erörterungstermine in den dortigen Publikationsorganen dürfte in der Regel

---

[34] So auch *Kloepfer*, Grenzüberschreitende Umweltbelastungen als Rechtsproblem, DVBl 1984, 245-255 (247); *Jans*, Grenzüberschreitendes Umweltrecht S.181; *Nassr-Esfahani* (Fn.28) S.57.

[35] *Schlosser*, Gestaltungsklagen und Gestaltungsurteile S.191 sieht eine die Anerkennung hindernde Verletzung des verfahrensrechtlichen ordre public darin, daß ein materiell zu Beteiligender am Verfahren nicht beteiligt wurde.

[36] *Jarass* (Fn.27) S.263; entsprechend sieht *Schlosser* den verfahrensrechtlichen ordre public als verletzt an, wenn ein materiell zu beteiligender nicht beteiligt wurde, ders., Gestaltungsklagen und Gestaltungsurteile S.191.

[37] Wie hier *Nassr-Esfahani* (Fn.28) S.136.

[38] So auch unter Heranziehung des verfahrensrechtlichen ordre public *Nassr-Esfahani* (Fn.28) S. 135 ff.; im Ergebnis ebenso aber unter Ableitung aus dem Kriterium der "formellen Vergleichbarkeit" *Hager* (Fn.28) RabelsZ 53 (1989) 293-319 (305); ohne nähere Begründung *Kohler*, Umweltrechtliche Genehmigungen im internationalen Privat- und Verfahrensrecht, Jahrbuch für Umwelt- und Technikrecht (UTR) 15 (1991) 289-312 (310).

genügen. Die Gegenansicht, die hier nach deutschem Verfahrensrecht überprüfen will, beruft sich im Anschluß an das Schrifttum im internationalen öffentlichen Recht[39] auf den Grundsatz der Nichtdiskriminierung.[40] Dieser begründet jedoch nur einen Anspruch gegen den genehmigenden Staat, als ausländischer Betroffener in gleicher Weise wie ein dortiger Inländer am Verwaltungsverfahren beteiligt zu werden. Die Überprüfung, ob die nach ausländischem Recht aufgestellten verfahrensrechtlichen Anforderungen eingehalten sind, wäre eine im internationalen Verfahrensrecht unzulässige révision au fond. Nur eine extreme Diskriminierung kann über den ordre public Auswirkungen auf die Anerkennung haben.[41]

3. Bedürfnis nach ergänzenden Voraussetzungen bei der Anerkennung von Verwaltungsakten

Das internationale Prozeßrecht sieht keine sachliche Überprüfung vor. Für die Anerkennung ist unerheblich, welche Haltung das vom deutschen internationalen Privatrecht berufene Recht gegenüber der Entscheidung einnimmt.[42] Liegen die Anerkennungsvoraussetzungen vor, so ist ein Verstoß gegen Normen des deutschen Kollisionsrechts und gegen das von diesem berufene Sachrecht nur im Rahmen des ordre public von Bedeutung, also insoweit, als er zu offensichtlicher Unvereinbarkeit des Entscheidungsergebnisses mit wesentlichen Grundsätzen des deutschen Rechts führt.[43] Auch ist die Frage ohne Belang, ob das Gericht nach dem von ihm angewandten Recht richtig entschieden hat, da eine révision au fond nicht stattfindet. Die ausländische Entscheidung wird hingenommen, wie sie ist. Dies ergibt sich aus den der Urteilsanerkennung zugrundeliegenden individuellen Partei- und staatlichen Ordnungsinteressen. Den Parteien und dem Gericht erspart die Urteilsanerkennung die Mühe und Kosten

---

[39] *Jans* (Fn.34) S.4-7; *Woehrling*, Beteiligung im Verwaltungsverfahren, Frankreich, in *Bothe / Prieur / Ress*, Rechtsfragen, 101-110 (109).

[40] *Rest*, Völkerrechtlicher und zivilrechtlicher Schadenersatz im grenzüberschreitenden Umweltrecht, UPR 1982, 358-371 (366); *Lummert*, Zur Frage des anwendbaren Rechts bei zivilrechtlichen Unterlassungsklagen gegen grenzüberschreitende Umweltverschmutzung, NuR 1982, 241-245 (244); ders.Zivilrechtliche Schadenersatz- und Unterlassungsklagen - Anwendbares Recht, in *Bothe / Prieur / Ress*, 183-192 (189); *Rossbach*, Die internationalprivatrechtliche Anknüpfung bei grenzüberschreitender Gewässerverunreinigung; *Münchener Kommentar / Kreuzer*, Art.38 EGBGB Rz.269; *v.Bar* IPR I Rz.255; *Staudinger / v.Hoffmann*, Art.38 EGBGB Rz.615; *Küppers*, Grenzüberschreitende Immissionen und Internationales Nachbarrecht, ZRP 1976, 260-265 (263).

[41] Eine weitergehende Kontrolle des Verfahrens ist allerdings möglich, wo es bei grundsätzlicher Maßgeblichkeit deutschen Rechts darum geht, ob eine inländische Präklusionsnorm auch durch eine ausländische Genehmigung ausgefüllt werden kann; dazu unten VI.

[42] *Müller* (Fn.5) ZZP 79 (1966) 199-245 (217, 218, 224); *Martiny* (Fn.5) III/1 Rz. 409; *Münchener Kommentar, Sonnenberger*, Einl. 323.; *Geimer*, Anerkennung ausländischer Entscheidungen auf dem Gebiet der freiwilligen Gerichtsbarkeit, Festschrift für Ferid II S.93 beruft sich insbesondere auf Streichung des § 328 Nr. 3 ZPO a.F.; anders aber Art.27 Nr.4 EuGVÜ.

[43] § 328 Nr.4 ZPO; § 16 a Nr.4 FGG; Art.27 Nr.1 EuGVÜ.

der Durchführung eines zweiten Verfahrens. Sie fördert den internationalen Entscheidungseinklang, indem sie international sich widersprechende Entscheidungen verhindert, und erleichtert den internationalen Handelsverkehr.[44] Letztlich liegt der großzügigen Anerkennungspraxis auch Savignys Idee zugrunde, daß die privatrechtlichen Normen international austauschbar sind.[45] Auch wenn sich die Idee der Austauschbarkeit nicht völlig aufrechterhalten läßt, da auch im Privatrecht Ordnungsinteressen verwirklicht werden, genügt es für die Zwecke der vorliegenden Arbeit, wenn davon ausgegangen wird, daß jedenfalls im klassischen Bereich des Privatrechts das international privatrechtliche Interesse an der Anwendung des sachnächsten Rechts das Ordnungsinteresse des Staates überwiegt.

Verwaltungsrechtlichen Entscheidungen fehlt im Unterschied zu zivilrechtlichen Entscheidungen die internationale Austauschbarkeit. Für die Anerkennung ausländischer Genehmigungen sprechen keine derart offensichtlichen individuellen und staatlichen Interessen. Anzuführen wären der internationale Entscheidungseinklang, das Interesse an einer realen Entscheidung, da ein zu weit gehendes inländisches Urteil im Ausland nicht vollstreckbar ist, und die auf dem Souveränitätsgedanken aufbauende Hoffnung auf Gegenseitigkeit bei der Anerkennung eigener Genehmigungen. Die Überprüfung anhand weitergehender sachlicher Kriterien des inländischen Rechts liegt daher nahe.

Die Ablehnung der Berücksichtigung ausländischer Genehmigungen wurde im Recht der grenzüberschreitenden Immissionen bisher auf den im internationalen Enteignungsrecht tragenden Grundsatz der Territorialität gestützt. Dem Staat, in dem die Anlage belegen ist, wurde die Befugnis abgesprochen, über die privatrechtsgestaltende Wirkung seiner Anlagengenehmigung Inhalt und Schranken des Eigentums von Grundstücken außerhalb seines Staatsgebietes zu bestimmen.[46] Der folgende Vergleich mit dem internationalen Enteignungsrecht (III) und mit der Anwendung international zwingenden Rechts im internationalen Privatrecht der vertraglichen Schuldverhältnisse (IV) soll aufzeigen, daß trotz des Grundsatzes der Territorialität staatlicher Hoheitsakte in beiden Bereichen ausländische öffentlich-rechtliche Entscheidungen anerkannt werden und unter welchen Voraussetzungen dies geschieht.

---

[44] *Schack* IZVR, Rz.787-790.

[45] Kritisch zur Unterscheidung zwischen ordnungsrelevanten und international austauschbaren Eingriffsnormen *Schurig*, Zwingendes Recht und Eingriffsnormen, RabelsZ 54 (1990) 217-250 (229).

[46] BGH DVBl 1979, 227; LG Waldshut-Tiengen v. 11.2.1982 UPR 1983,14; so bereits *Neumeyer*, Internationales Verwaltungsrecht IV (1936) 299; *Küppers* (Fn.40) ZRP 1976, 262; *Rossbach*, Die internationalprivatrechtlichen Probleme der Rheinverschmutzung, NJW 1988, 590, 593; *Stoll*, Der Schutz der Sachenrechte nach internationalem Privatrecht, RabelsZ 37 (1973) 357ff.; *Birk*, Schadensersatz und sonstige Restitutionsformen im internationalen Privatrecht S. 215; kritisch bereits *Siehr*, Grenzüberschreitender Umweltschutz, RabelsZ 45 (1981) 377ff.; *Rossbach* (Fn.40) S.242; *Hager* (Fn.28) RabelsZ 53 (1989) 293, 302.

Um den Leser nicht durch scheinbare terminologische Widersprüche zu verwirren, sei hier vorausgeschickt, daß das internationale Enteignungsrecht bei der Anerkennung einer ausländischen Entscheidung nicht wie der hier dem internationalen Privat- und Verfahrensrecht folgende Ansatz zwischen verfahrensrechtlichen und materiellrechtlichen Anerkennungsvoraussetzungen differenziert. Das internationale Privatrecht der vertraglichen Schuldverhältnisse vermischt darüber hinaus die Frage der Anerkennung der ausländischen Maßnahme mit der Frage der Beachtung ihrer Rechtsfolgen. Sprachliche Ungenauigkeiten in den folgenden Abschnitten erklären sich aus diesen unterschiedlichen Ansätzen.

III. Internationales Enteignungsrecht

1. Grundsätze

Die Parallele zum internationalen Enteignungsrecht ist insoweit zutreffend, als die für das internationale Enteignungsrecht entwickelten Kollisionsregeln nicht nur für Enteignungen gelten, sondern auch für Belastung und Entziehung der Verfügungsmacht sowie alle sonstigen artfremden Eingriffe in fremdes Vermögen.[47] Derartige Eingriffe ins Eigentum eines Grundstücks werden auch durch privatrechtsgestaltende Genehmigungen bewirkt.

Das internationale Enteignungsrecht unterstellt als Teil des internationalen Sachenrechts Enteignungen uneingeschränkt der lex rei sitae der enteigneten Sache. Als Grundregel gilt hier das Territorialitätsprinzip, wonach ein enteignender Akt nur gültig ist, wenn sich der handelnde Staat in den Grenzen seiner Rechtsmacht gehalten hat und daher nur das Vermögen erfaßt, das im Zeitpunkt der Enteignung auf dem Gebiet des enteignenden Staates belegen war.[48] Das Territorialitätsprinzip berücksichtigt insoweit die Möglichkeiten und Grenzen der staatlichen Einwirkung auf eine Sache und baut damit auf der gleichen Interessenlage auf wie die situs-Regel im internationalen Sachenrecht.[49]

Keine Einigkeit besteht über die systematische Einordnung dieser Kollisionsregel. Manche weisen sie dem internationalen Privatrecht zu, da sie über internationalprivatrechtliche Vorfragen entscheidet[50]. Für andere gehört sie zum internationalen Verwaltungsrecht, weil durch sie öffentliches Recht zur Anwen-

---

[47] *Staudinger / Stoll*, Internationales Sachenrecht Rz.134.

[48] *Staudinger / Stoll*, Internationales Sachenrecht Rz.130.

[49] *Staudinger / Stoll*, Internationales Sachenrecht Rz.139.

[50] So *Staudinger / Stoll*, Internationales Sachenrecht Rz.130; *Vogel* (Fn.32, 69) S.121, 288, 294-297; *Münchener Kommentar / Kreuzer*, Rz.1 nach Art.12 Anh.III.

dung kommt[51]. Dritte sehen sie wiederum als völkerrechtliche Regelung an[52], denn sie grenzt auf der Territorialhoheit aufbauend die Rechtsmacht der Staaten für ihre Hoheitsäußerungen voneinander ab. Die Einordnung mag hier dahinstehen. Wesentlich ist, daß das Territorialitätsprinzip einen Berührungspunkt von Völkerrecht, internationalem öffentlichem Recht und internationalem Privatrecht darstellt und in allen Bereichen als Kollisionsregel für staatliche Hoheitsäußerungen anerkannt ist.[53]

Das Territorialitätzsprinzip stellt auf die Belegenheit einer Sache im Hoheitsgebiet des enteignenden Staates ab. Das Prinzip schreibt die internationale Zuständigkeit der Staaten in Fragen der Enteignung und der Eingriffe in Rechtsverhältnisse fest und hat insoweit eine positive und eine negative Komponente: In seiner positiven Ausprägung besagt es, daß hoheitliche Eingriffe eines Staates anzuerkennen sind, wenn sie sich auf in seinem Staatsgebiet belegene Sachen beziehen. Negativ bedeutet es die Möglichkeit zur Abwehr von Eingriffen fremder Staaten auf im Hoheitsgebiet eines anderen Staates belegene Sachen und dient damit dem Schutz des inländischen Vermögens vor Zugriffen einer ausländischen Staatsmacht.[54]

In der praktischen Anwendung ergibt sich eine dreistufige Prüfung. Auf der *ersten Stufe* ist die internationale Zuständigkeit des handelnden Staates zu prüfen. International zuständig ist der Staat, in dessen territorialem Hoheitsbereich sich die enteignete Sache zur Zeit der Enteignung befand. Wird die internationale Zuständigkeit bejaht, so ist auf der *zweiten Stufe* zu fragen, ob die hoheitliche Maßnahme nach dem Recht des handelnden Staates wirksam und vollzogen ist. Die Prüfung des Vollzuges erübrigt sich, sofern die Wirksamkeit der Maßnahme keinen Vollzugsakt voraussetzt. Auf der *dritten Stufe* werden schließlich inhaltliche Kriterien geprüft. Die Anerkennung einer wirksamen und vollzogenen Enteignung des international zuständigen Staates wird nur abgelehnt, wenn der Vorbehalt des ordre public eingreift. Die Enteignung darf nicht gegen tragende Grundsätze des inländischen Rechts verstoßen.[55] Zu

---

[51] *Kegel* IPR S.506 ff.; *Kegel / Seidl-Hohenveldern*, Zum Territorialtätsprinzip im internationalen öffentlichen Recht, Festschrift für Ferid (1988) 233-277 (236).

[52] BGHZ 5, 27, 34 f.; 12, 79, 83 f; 25, 134, 143f.; *Raape*, IPR 656; OGHZ 1, 386, 390.

[53] Dies gilt jedenfalls, soweit sich der Gegenstand des Zugriffs eindeutig lokalisieren läßt; *Staudinger / Stoll*, Internationales Sachenrecht Rz.129; die Entwicklung neuer Regeln vor allem für die Enteignung multinationaler Unternehmen schlagen *Behrens*, Multinationale Unternehmen im internationalen Enteignungsrecht der Bundesrepublik Deutschland, *Koppensteiner*, BerDGesVR 13 (1974) 15 ff. und *Münchener Kommentar / Kreuzer*, nach Art.38 Rz.64 vor. Auch diese Kollisionsregeln behalten jedoch das Territorialitätsprinzip als "Prinzip zur Begründung der internationalen Zuständigkeit im Enteignungsrecht" bei und wollen es nur durch Gesichtspunkte der staatlichen Personalhoheit und der Gegenseitigkeit auflockern.

[54] *Staudinger / Stoll*, Internationales Sachenrecht Rz.139, 140.

[55] *Staudinger / Stoll*, Internationales Sachenrecht Rz. 143, 150.

diesen tragenden Grundsätzen des inländischen Rechts zählt vor allem die Eigentumsgarantie des Art.14 GG. Die Vorschrift gilt grundsätzlich auch gegenüber ausländischen Hoheitsträgern und läßt eine Enteignung nur gegen Entschädigung zu. Der Anwendungsbereich von Art.14 GG ist allerdings in internationalen Fällen anders als in nationalen. Die Vorschrift entfaltet umso schwächere Wirkungen, je schwächer die Beziehung der Enteignung zum Inland ist. Die völkerrechtliche Rechtmäßigkeit[56] des Enteignungsaktes ist dagegen für die Anerkennung nicht erforderlich.[57]

Das internationale Enteignungsrecht zeigt eine Mischung von Aspekten des internationalen Verfahrensrechts und inhaltlichen Kriterien. Der Respekt vor einer wirksamen ausländischen Entscheidung wird durch die Zurückhaltung bei der Anwendung von Art.14 GG deutlich. Die durch die Gebietshoheit des enteignenden Staates begründete internationale Zuständigkeit über die enteignete Sache ist die zentrale Voraussetzung für die Anerkennung. Sie ist indessen nicht unabdingbar. Wird auf der ersten Stufe die Belegenheit der Sache auf dem Gebiet des handelnden Staates verneint, so schließt das die Anerkennung der Enteignung in drei Fällen nicht aus. Läßt sich die physische Anwesenheit des geschützten Rechtsguts auf dem Gebiet des enteigenden Staates nicht eindeutig lokalisieren, so wird dessen internationale Zuständigkeit dennoch bejaht, wenn der enteigende Staat in der Lage war, seinen Eingriff faktisch durchzusetzen.[58] Läßt sich die enteignete Sache eindeutig auf fremdem Staatsgebiet lokalisieren, so wird die Enteignung in Fall zwei dennoch anerkannt, wenn der enteignende Staat Personalhoheit über den Eigentümer der Sache hatte und der Heimatstaat und der Anerkennungsstaat ein international übereinstimmendes Interesse an der Enteignung haben. Mit diesem Argument erkannten die Vereinigten Staaten und England im zweiten Weltkrieg Enteignungsmaßnahmen der holländischen und der norwegischen Exilregierung gegen das Vermögen niederländischer und norwegischer Staatsbürger auf englischem bzw. US-amerikanischem Gebiet an, da diese darauf gerichtet waren, diese Vermögenswerte dem Zugriff der deutschen Besatzer zu entziehen. Anerkannt werden als dritte Ausnahme auch Enteignungen, die ein ausländischer Staat kraft seiner Personalhoheit gegen eigene Staatsbürger vornimmt, wenn es sich um die Maßnahmen einer befreundeten Macht handelt, die ihren Schwerpunkt auf dem fremdem Staatsgebiet haben und sich nur extraterritorial auswirken. Mit dieser Begründung wurde die unter Mitterand erfolgte Sozialisierung

---

[56] Das allgemeine Völkergewohnheitsrecht verbietet willkürlich diskriminierende sowie entschädigungslose Enteignungen von Ausländern; vgl. *Staudinger / Stoll* Internationales Sachenrecht Rz.148 m.w.Nachw.

[57] *Staudinger / Stoll*, Internationales Sachenrecht Rz.148; *Kegel* IPR S.510; *Soergel / Kegel*, Rz. 810-812 vor Art.7.

[58] *Staudinger / Stoll*, Internationales Sachenrecht Rz.138.

französischer Unternehmen auf deutschem Gebiet im Jahre 1982 anerkannt.[59] Für den anerkennenden Staat sind derartige Enteignungen wirtschaftspolitisch neutral.

Grundsätzlich geht zwar die Territorialhoheit eines Staates der Personalhoheit eines anderen vor[60], mit der Folge, daß der Schutz des Eigentums durch den Belegenheitsstaat auch gegenüber Staatsbürgern des enteignenden Staates wirkt. Der Schutz von Ausländern gegenüber Maßnahmen ihres eigenen Staates durch das Territorialitätsprinzip kann aber überwunden werden durch ein international übereinstimmendes Interesse der beteiligten Staaten an der Enteignung oder fehelendes Interesse des betroffenen Staates. Haben an sich auf das Gebiet des enteigenden Staates bezogene Maßnahmen extraterritoriale Auswirkungen gegenüber seinen Staatsbürgern, so werden sie anerkannt, wenn der betroffene Staat weder ein personelles noch ein wirtschaftliches Interesse am Schutz der betroffenen Rechtsgüter hat. Der aus der Territorialhoheit abgeleitete Schutz des inländischen Vermögens von Inländern ist dagegen absolut.

2. *Anwendung der Grundsätze auf die privatrechtsgestaltende Wirkung ausländischer Anlagengenehmigungen*

Überträgt man die Grundsätze des internationalen Enteignungsrechts auf die Anerkennung ausländischer Genehmigungen mit privatrechtsgestaltenden Wirkungen, so scheidet die auf die Territorialhoheit gegründete internationale Zuständigkeit des Genehmigungsstaates für Eingriffe in außerhalb seines Staatsgebietes betroffene Grundstücke aus. Ähnlichkeit besteht allenfalls mit Fall drei. Der Schwerpunkt der Maßnahmen liegt bei privatrechtsgestaltenden Anlagengenehmigungen auf der Konzessionierung der Anlage und damit auf dem Gebiet des genehmigenden Staates. Die privatrechtsgestaltenden Wirkungen der Genehmigung außerhalb des Staatsgebietes können nur anerkannt werden, wenn beide Staaten ein übereinstimmendes Interesse am Betrieb der genehmigten Anlage haben oder wenn der mitbetroffene Staat zumindest kein wirtschafts- oder umweltpolitisches Interesse am Schutz der betroffenen Grundstücke auf seinem Gebiet hat. Unter diesem Gesichtspunkt ist eine Anerkennung aber nur möglich, wenn man der nach den Regeln des internationalen Enteignungsrecht für diese Fälle erforderlichen Personalhoheit des handelnden Staates über die Eigentümer der betroffenen Grundstücke im Falle grenzüberschreitender Immissionen keine entscheidende Bedeutung beimißt.

---

[59] Das Beispiel stammt von *Staudinger / Stoll*, Internationales Sachenrecht, Rz. 140.

[60] *Staudinger / Stoll*, Internationales Sachenrecht Rz.140; *Raape* IPR S.661, 664; *Soergel / Kegel*, Rz.801 vor Art.7; *Seidl-Hohenveldern*, Internationales Konfiskations- und Enteignungsrecht S.70 f..

Daß dies möglicherweise der Fall ist, zeigt der Staatsvertrag zwischen der Bundesrepublik Deutschland und der Republik Österreich über den Flughafen Salzburg.[61] Die Bedeutung des Flughafens für den Verkehr im südostbayerischen Raum war ein entscheidender Gesichtspunkt, der nach der Entscheidung des Bundesverfassungsgerichts die Anerkennung der österreichischen Flughafenbewilligung mitsamt ihrer privatrechtsgestaltenden Wirkungen rechtfertigte.[62] Entsprechend kann im Fall der Müllverbrennungsanlage UIOM bei Straßburg, die Tatsache, daß der Ortenaukreis auf Grund eines Entsorgungsvertrages Hausmüll zur Verbrennung nach Straßburg exportiert,[63] die Anerkennung der dortigen Anlagengenehmigung rechtfertigen.

Ein Ersatz für die fehlende Personalhoheit des Genehmigungsstaates kann in der "unverrückbaren Nachbarlage"[64] der Grundstücke und der Tatsache gesehen werden, daß dem Nachbarstaat die Befugnis zukommt, für den Standort der Anlage und Inhalt und Schranken der Eigentümerbefugnisse zu regeln. Anders als im Fall der Sozialisierung französischen Eigentums auf deutschem Staatsgebiet[65] hat jedoch der Nachbarstaat, in dem ihre Grundstücke liegen, ein Interesse, diese Rechtsgüter vor fremdem Zugriff zu schützen. Die Anlagengenehmigung ist für ihn nicht wirtschaftspolitisch neutral. Die Grundsätze des internationalen Enteignungsrechts helfen daher in den Fällen nicht weiter, in denen ein international übereinstimmendes Interesse der beteiligten Staaten fehlt. Ein Vergleich mit den Grundsätzen des internationalen Rechts der vertraglichen Schuldverhältnisse soll daher klären, unter welchen Voraussetzungen noch ausländische Hoheitsakte anerkannt werden.

IV. Berücksichtigung ausländischer Gesetze und Maßnahmen im internationalen Recht der vertraglichen Schuldverhältnisse

1. Anwendung als Teil des berufenen Rechts

Im internationalen Recht der vertraglichen Schuldverhältnisse wendet die Rechtsprechung die Rechtsfolgen von Maßnahmen fremder Staaten mit dem

---

[61] BGBl 1974 II 15.

[62] BVerfGE 72, 1966; oben Teil2, Kapitel 2, II.2.c).

[63] Vgl. die Strafanzeige des umweltmedizinischen Arbeitskreises der Ortenauer Ärztinnen und Ärzte und der Ärzteinitiative Kehl gegen die Verantwortlichen des Ortenaukreises für die Abfallentsorgung, das Regierungspräsidium Freiburg, die Straßburger Städtegemeinschaft und die Préfecture Bas-Rhin vom 12.11.1992; die anzeigenden Ärzte behaupten hier allerdings, daß der Vertrag nicht mit dem Abfallgesetz übereinstimmt.

[64] *W.Lorenz* Die allgemeine Grundregel betreffend das auf die außervertraglichen Schadenshaftung anwendbare Recht, in: v.Caemmerer, Vorschläge und Gutachten 97-159 (98,111).

[65] Vgl.oben III.1. am Ende.

Recht des Staates an, der die Maßnahme erlassen hat, sofern auch internationalprivatrechtlich dessen Recht berufen ist. Bereits das Reichsgericht sah die Anwendung ausländischen öffentlichen Rechts in seiner Rechtsprechung zum internationalen Devisenrecht als unproblematisch an, soweit dieses Bestandteil der vom deutschen IPR berufenen lex causae war.[66] Die ausländische Rechtsordnung wurde als Gesamtheit angesehen und die inländischen Kollisionsnormen verwiesen als umfassende Kollisionsnormen auf alle entscheidungserheblichen Normen des ausländischen Rechts, unabhängig von deren privat- oder öffentlichrechtlichem Charakter. Einzige Grenze für die Anwendung des fremden öffentlichen Rechts war der inländische ordre public. Die Rechtsprechung folgte diesem Grundsatz bis etwa 1960.[67] Seit 1960 überträgt die Rechtsprechung den im internationalen Enteignungsrecht entwickelten Grundsatz der Nichtanwendung ausländischen öffentlichen Rechts auf das Zivilrecht und geht auch hier vom Territorialitätsprinzip aus. Dem internationalen öffentlichen Recht wohne der Gedanke der Territorialität inne. Demzufolge ist zu unterscheiden zwischen öffentlichen Normen, die dem Schutz privater Interessen und Normen, die der Verwirklichung wirtschafts- oder staatspolitischer Ziele des rechtssetzenden Staates dienen. Den letzteren Normen fehle die "innere Beziehung" zu dem von ihnen angesprochenen Schuldverhältnis. Daher bleibe die auf Grund des privaten Kollisionsrechts als einschlägig ermittelte Rechtsordnung allein maßgeblich. Der BGH spricht allerdings öffentlich-rechtlichen Regeln, die zumindest *auch* privaten Interessen dienen, den Einfluß auf private Rechtsbeziehungen nicht von vornherein ab.[68] Das ausländische öffentliche Recht ist daher nach der Rechtsprechung nur dann als Teil der vom Kollisionsrecht berufenen Rechtsordnung anwendbar, sofern es zumindest auch privaten Interessen dient oder ein Interesse des Staates an seiner Anwendung besteht. Auch in der Literatur wird dieser Ansatz weithin befürwortet.[69] Die Gegenansicht fordert auch hier die Sonderanknüpfung über eine eigene international öffentlich-rechtliche Kollisionsnorm.[70]

---

[66] Siehe nur RG IPRspr. 1930 Nr.15.

[67] OLG Schleswig IPRspr.1954/55 Nr.163; LG Berlin IPRspr.1958/59 Nr.167; KG IPRSpr. 1966/67 Nr.190; OLG Frankfurt NJW 1972, 398.

[68] "Es erscheint auch nicht undenkbar, daß derartigem öffentlichen Recht ungeachtet seiner grundsätzlichen territorial beschränkten Wirksamkeit unter bestimmten Voraussetzungen nicht jeder Einfluß auf inländische Privatrechtsverhältnisse abzusprechen ist." BGHZ 31, 367 (371).

[69] *Vogel* (Fn.32, 69) S.197 f; 294 ff., 296; *Palandt / Heldrich*, Art.34 EGBGB Rz.6; *Mann*, Öffentlich rechtliche Ansprüche im IPR, RabelsZ 21 (1956) 3; ders., Eingriffsgesetze und Internationales Privatrecht, Festschrift Wahl 139-160 (146); ders. Conflict of Laws and Public Law, Recueil du Cour 132 (1971) I.107, 157, 196; *Vischer*, Kollisionsrechtliche Parteiautonomie und dirigistische Wirtschaftsgesetzgebung in Festschrift für Gerwig, 167-191 (171,175); *E.Lorenz* Die Rechtswahlfreiheit im internationalen Schuldvertragsrecht, RIW 1987, 569-584 (583).

[70] *Neumeyer*, Internationales Verwaltungsrecht IV S.244; *Wengler*, Die Anknüpfung des zwingenden Schuldrechts im internationalen Privatrecht, ZVglRWiss 54 (1941) 168 ff.; *Zweigert*, Nichterfüllung auf Grund ausländischer Leistungsverbote, RabelsZ 14 (1942) 283-307; *Coester*, Die Berücksichtigung fremden zwingenden Rechts neben dem Vertragsstatut, ZvglRWiss 82 (1983) S.1-30 (3); *Siehr*, Ausländische Eingriffsnormen und inländisches Wirtschaftskollisionsrecht,

2. Beachtung ausländischer Verbotsgesetze und Maßnahmen bei Anwendung des eigenen Rechts

a) Die Lösung der Rechtsprechung

Bereits das Reichsgericht benützte die Generalklausel des § 138 BGB und die Regeln über die nachträgliche Unmöglichkeit als Einfallstore für ausländisches zwingendes Recht und die Folgen darauf gestützter ausländischer Maßnahmen. Ihm folgte der Bundesgerichtshof. Maßnahmen ausländischer Staaten berücksichtigte er auf der Ebene des Sachrechts gleichsam indirekt über § 138 BGB, wenn eine Parallelwertung im deutschen Recht ein entsprechendes inländisches[71] oder international übereinstimmendendes Interesse[72] ergab. Anerkannt im Rahmen des § 138 werden auch ausländische Interessen, die im Einzelfall nicht geteilt werden, denen aber kein inländisches wirtschaftspolitisches Interesse entgegensteht[73] oder über die Regeln der Unmöglichkeit ausländisches zwingendes Recht, das der fremde Staat tatsächlich durchsetzen kann.[74] Kollisionsrechtliche Erwägungen klingen nur in den Entscheidungen an, in denen die der Nichtigkeitsnorm zugrundeliegenden wirtschaftspolitischen Erwägungen

---

RabelsZ 52 (1988) 41-103 (71); *Radtke*, Schuldstatut und Eingriffsrecht ZvglRWiss 84 (1985) 335; *Kreuzer*, Ausländisches Wirtschaftsrecht vor deutschen Gerichten, S.95; *Meessen*, Zu den Grundlagen des internationalen Wirtschaftsrechts, AöR 110 (1985) 398, 411.

[71] RG 5.11.1898, RGZ 42, 295 (Schmuggel).

[72] BGHZ 34, 169 ff.("Borax"): Einfluß eines US-amerikanischen Exportverbotes auf einen deutschen Weiterexportvertrag; der Verstoß gegen § 138 BGB ergab sich sowohl aus dem Verhalten der Vertragsparteien, die die amerikanischen Behörden durch wissentlich falsche Angaben über den endgültigen Verbleib des Rohstoffes Rasurit zu täuschen versucht hatten, als auch aus einem "Verstoß gegen Belange der Gemeinschaft", da die Embargovorschriften darauf abzielten, zu verhindern, "daß mit westlichen Wirtschaftsgütern das Kriegspotential des Ostens vermehrt würde".
BGHZ 59, 83 ff.("Nigerianische Kulturgüter"): Einfluß eines nigerianischen Exportverbotes auf einen deutschem Recht unterliegenden Seeversicherungsvertrag; die Verbotsnorm entspreche einem "nach heutiger Auffassung allgemein zu achtenden Interesse an der Erhaltung von Kulturwerten".
BGHZ 94, 268 ("Bestechung in Afrika"): Das Fordern und Entgegennehmen von Bestechungsgeldern durch ausländische Amtsträger sei jedenfalls insoweit zu mißbilligen, wie diese dadurch gegen die Rechtsordnung ihres Heimatlandes verstießen. Die Verletzung ausländischer Rechtsnormen, die auch "nach den in Deutschland herrschenden rechtlichen und sittlichen Grundsätzen zu mißbilligen" sei, enthalte gleichzeitig eine im Inland über § 138 BGB zu beachtende Verletzung allgemeiner sittlicher Grundsätze. Einen Aufwendungsersatz nach § 670 BGB schließt der BGH allerdings nicht grundsätzlich aus.

[73] RG JW 1929, 244 (Gesundheitspolitische Zielsetzungen bei Prohibitionsgesetzen); JW 1927, 2287 (Drogeneinfuhrverbote); RG JW 1927, 2288 (indisches Kokaineinfuhrverbot).

[74] BGH RabelsZ 53 (1989) 149 ("iranischer Bierlieferungsfall"): Der BGH sah übereinstimmend mit dem OLG Celle die weitere Zusammenarbeit der Parteien, was hier konkret die Möglichkeit bedeutete, das Bier in den Iran zu exportieren, als Geschäftsgrundlage des zwischen ihnen geschlossenen Vergleichs an. Durch das strikte, und auch tatsächlich durchsetzbare Verbot, Alkohol in den Iran einzuführen, war diese Zusammenarbeit nicht mehr möglich und dem Vergleich fehlte die Geschäftsgrundlage.

im Inland nicht geteilt werden.[75] Dann wird die Beschränkung der öffentlich-rechtlichen Normen auf das Gebiet des erlassenden Staates festgestellt.[76]

Die Anwendung von § 138 BGB ermöglicht der Rechtsprechung bei deutschem Vertragsstatut eine flexible Überprüfung der ausländischen Verbotsnormen anhand der Wertmaßstäbe der inländischen Rechtsordnung. Der BGH vergleicht das von dem ausländischen Verbotsgesetz verfolgte Interesse mit inländischen Unwerturteilen und begründet mit dieser Übereinstimmung die Nichtigkeit des Vertrages. Die Anwendung von § 134 BGB, die zu einer direkten Anwendung der Verbotsgesetze ohne Ansehung ihres Inhalts führen würde, wird abgelehnt.[77]

Bei der Anwendung von § 138 BGB wird zunächst geprüft, welche *Staats*interessen hinter der ausländischen Eingriffsnorm stehen. Diese werden in einer dreistufigen Prüfung mit inländischen Interessen verglichen. Finden die geschützten Staatsinteressen eine Parallele in einem inländischen[78] oder international anerkannten Interesse[79], so werden sie über das sittliche Unwerturteil des § 138 BGB mittelbar angewandt. Dient die Eingriffsnorm ausschließlich fremden öffentlichen Interessen, so hängt ihre Berücksichtigung im Inland von dem Maß ab, in dem der ausländische Staat in der Lage ist, seine Interessen selbst durchzusetzen. Die ausländischen Verbotsgesetze sind in diesen Fällen über die Leistungsstörungsregeln oder über die Regeln vom Wegfall der Geschäftsgrundlage zu berücksichtigen.[80]

---

[75] BGHZ 64, 183 ("Solschenizyn"): Die deutsche Beklagte, die einen Vorabdruck des Romans "August Vierzehn" veröffentlicht hatte, berief sich gegenüber der Klägerin, die die Veröffentlichungsrechte von dem damals noch in der Sowjetunion lebenden Schriftsteller erworben hatte, auf das Außenhandelsmonopol der UdSSR, nach dem es dem russischen Schriftsteller verboten war, über seine Urheberrechte zu verfügen. Die Klägerin obsiegte.
BGHZ 69, 295; BGH NJW 1977, 2356 ("Fluchthilfe"): Die Entscheidungen hatten Verträge zwischen Deutschen und Bürgern der ehemaligen DDR über die entgeltliche Fluchthilfe zum Gegenstand, die aber gegen das Republikfluchtverbot der ehemaligen DDR verstießen. Die Verträge wurden als gültig angesehen.

[76] BGHZ 31, 367 (370); BGHZ 64, 183 (190); der BGH geht von ihrer territorialen Anwendung aus, wenn die "ausländischen öffentlich-rechtlichen Verfügungsbeschränkungen ... nicht dem Ausgleich privater Belange, sondern der Verwirklichung wirtschafts- oder staatspolitischer Ziele dienen."

[77] Ausdrücklich BGHZ 59, 83 (85): "Eine unmittelbare Anwendung des ausländischen Verbotsgesetzes kommt nicht in Betracht, weil dieses im Inland keine Verbindlichkeit besitzt..."

[78] BGHZ 34, 169 ("Borax").

[79] BGHZ 59, 83 ("Nigerianische Kulturgüter").

[80] BGHZ 64, 183 (190) ("Solschenizyn"); BGHZ 31, 367; BGH im "iranischen Bierlieferungsfall", RabelsZ 53 (1989) 149 (Fn.74).

b) Die Bewertung in der Literatur

In der Literatur wird eine derartige rein sachrechtliche Lösung nicht angeboten,[81] sondern meist als Auffanglösung befürwortet, wenn die kollisionsrechtliche Anknüpfung über das Schuldstatut oder über die Sonderanknüpfung versagt.[82]

Die auf kollisionsrechtlicher Ebene angewendeten Gesichtspunkte gleichen trotz der unterschiedlichen Anwendungsebene den Kriterien der Rechtsprechung. Nach allen Auffassungen ist nach Feststellung der engen Verbindung der Norm zu dem regelungsbedürftigen Sachverhalt und deren eigenem extraterritorialen Anwendungswillen[83] eine materiell-rechtliche Interessenabwägung vorzunehmen, bei der die von dem fremden Staat gesetzten Normen und die mit ihnen verfolgten politischen Zielsetzungen mit Normen und Zielsetzungen der lex fori zu vergleichen sind. Vergleichsmaßstab sind entweder der inländische ordre public[84] oder weitergehend die international typischen Interessen des Forum-Staates.[85] Begründet wird dies mit der Erwägung, daß durch die Anwendung fremder ordnungspolitischer Normen dem ausländischen Staat quasi "Rechtshilfe" bei der Durchsetzung seines eigenen zwingenden Rechts geleistet werde.[86] Eine enge Beziehung der Norm zu dem in Frage stehenden Sachverhalt ergibt sich je nach der Art des Schuldverhältnisses und des Regelungsgegenstandes der Norm entweder aus der Erfüllung von vertraglichen Tatbestandsmerkmalen in diesem Gebiet[87] oder aus der Tatsache, daß sich der ausländische Staat, der die Norm erlassen hat, in den Grenzen seiner Macht gehalten hat und die Rechtsmacht besitzt, seine Norm durchzusetzen.[88] Man kann hier vereinfachend von einer durch die Macht des Ursprungsstaates bedingten "Machtanwendung" oder durch die Übereinstimmung in den zugrundeliegenden Wertungen bedingten "Wertungsanwendung" sprechen.

Das Einfallstor für die Anwendung des ausländischen öffentlichen Rechts auf der Ebene des Sachrechts sind dessen Generalklauseln und Regeln über die

---

[81] So auch *Radtke* (Fn.70) S.341, 342.

[82] *Radtke* (Fn.70) S.346; *Vischer* (Fn.69) Festschrift Gerwig S.185; *Mann*, Sonderanknüpfung und zwingendes Recht im internationalen Privatrecht, Festschrift Beitzke, 607-649 (608); *Siehr* (Fn.70) RabelsZ 52 (1988) 41-103 (72).

[83] Siehe z.B. *Siehr* (Fn.70) RabelsZ 52 (1988) 41-103 (71, 72).

[84] So *Wengler* (Fn.70) ZVglRWiss 54 (1941) 168 ff.,197; *Radtke* (Fn.70) ZVglRWiss 84 (1985) 335; *E.Lorenz* (Fn.69) RIW 1987, 569-584 (582).

[85] So *Zweigert* (Fn.70) S.292; *Kreuzer* (Fn.70) S.95; *Meessen* (Fn.70) AöR 110 (1985) 398, 109, 411; auch hier soll noch der ordre public als letzte Auffangregel dienen, um fallspezifische inländische Härten ausgleichen zu können.

[86] So ausdrücklich *Wengler* (Fn.70) ZVglRWiss 54 (1941) S.181, 185.

[87] *Radtke* (Fn.70) S.336; *Münchener Kommentar / Martiny*, Art. 34 EGBGB Rz.33ff.

[88] "Machttheorie", vgl. vor allem *Soergel / Kegel* Art.7 Rz.396, 399.

Leistungserschwerung.[89] War der ausländische Staat in der Lage, seine Vorstellungen mit Hilfe seines Machtapparates durchzusetzen, so wird dies unabhängig von den mit der Verbotsnorm verfolgten Staatsinteressen Einfluß auf die rechtliche Beurteilung des Schuldverhältnisses haben. War dies nicht der Fall, bleibt auch hier eine Kontrolle der Zwecke der ausländischen Verbotsnorm und ihr Vergleich mit Wertvorstellungen der lex causae erforderlich, wenn die Nichtigkeit eines Vertrages aus § 138 BGB oder einer entsprechenden wertungsabhängigen Norm des Vertragsstatuts abgeleitet werden soll.[90] Wird dagegen eine unzumutbare Leistungserschwerung auf der Grundlage der rechtlichen Unmöglichkeit oder des Wegfalls der Geschäftsgrundlage geltend gemacht, so wirft die Frage, ob es dem Schuldner zumutbar gewesen wäre, die entgegenstehenden ausländischen Verbotsgesetze zu mißachten, ebenfalls die Frage nach der Verbindung der Verbotsnorm zum Sachverhalt auf.[91]

V. Die Anwendung der Grundsätze auf die privatrechtsgestaltende Wirkung einer ausländischen Anlagengenehmigung

Auch im internationalen Recht der vertraglichen Schuldverhältnisse fehlt die Auseinandersetzung mit dem Problem der Anerkennung einer auf ausländisches zwingendes Recht gestützten hoheitlichen Maßnahme. Man befaßt sich nur mit den Folgen ausländischer Verbotsgesetze und der Beachtung der Rechtsfolgen eines ausländischen Eingriffsaktes. Angeboten werden Lösungen auf kollisionsrechtlicher und auf sachrechtlicher Ebene.

Erforderlich für die Anwendung einer ausländischen öffentlich-rechtlichen Norm oder für die Berücksichtigung der Rechtsfolgen eines ausländischen Eingriffsaktes auf kollisionsrechtlicher Ebene sind dessen enge Verbindung zu dem regelungsbedürftigen Sachverhalt, sein eigener Anwendungswille und die Übereinstimmung der Interessen des erlassenden Staates mit den Interessen den rechtsanwendenden Staates. Fehlt die Interessenübereinstimmung, so kommnt die Anwendung der Rechtsfolgen eines ausländischen Eingriffsaktes nur auf der Ebene des Sachrechts in Betracht. Hier bedarf es neben einer ausfüllungsbedürftigen Generalklausel im Sachrecht entweder der Interessenübereinstimmung der Staaten oder der ausländische Staat muß in der Lage sein, seine hoheitliche Maßnahme praktisch durchzusetzen.

---

[89] *Heßler*, Sachrechtliche Generalklausel und internationales Familienrecht 170 ff; *Radtke* (Fn.70) ZVglRWiss 84 (1985) 325-357 (347); *Münchener Kommentar / Martiny*, Art.34 EGBGB Rz.49 ff.; *Palandt / Heldrich*, Art.34 EGBGB Rz.5.

[90] Vgl. *Münchener Kommentar / Martiny*, Art. 34 EGBGB Rz.51 m.w.Nachw.

[91] *Wengler* (Fn.70) ZVglRWiss 54 (1941) 168-212 (203 f.); *Schulze*, Das öffentliche Recht im IPR S.37; *Münchener Kommentar / Martiny*, Art. 34 EGBGB Rz.49; *Radtke* (Fn.70) ZVglRWiss 84 (1985) 325-357 (347).

1. Enge Verbindung und Anwendungswille der Anlagengenehmigung

Im internationalen Nachbarrecht ergibt sich die enge Verbindung des genehmigenden Staates zum regelungsbedürftigen Sachverhalt aus der Tatsache, daß die Anlage auf seinem Gebiet liegt und daß er daher nach den Regeln des internationalen Verwaltungsrechts für die Erteilung der Anlagengenehmigung zuständig ist. Die enge Verbindung *zu dem betroffenen Grundstück* folgt aus dessen Nachbarlage zu der genehmigten Anlage. Die voraussichtlichen Auswirkungen des Anlagenbetriebes im Ausland begründen den Anspruch der Betroffenen, im Genehmigungsverfahren beteiligt zu werden und ihre subjektiven öffentlichen Rechte berücksichtigt zu sehen.[92] Das Bundesverwaltungsgericht sah in seiner Emsland-Entscheidung die faktisch grenzüberschreitenden Auswirkungen der Anlagengenehmigung als ausreichenden inländischen Anknüpfungspunkt für die Anwendung subjektiver öffentlicher Rechte auf Auslandsbewohner und Auswirkungen im Ausland an.[93] Die Grundrechte binden die deutsche öffentliche Gewalt, wo immer sie handelt und wo immer ihre Handlungen Wirkungen zeigen.[94] Die Bindung besteht nicht nur gegenüber deutschen Staatsangehörigen. In der Umkehrung müssen aus international verwaltungsrechtlicher Sicht die Auswirkungen der Anlage im Inland ein ausreichender Anknüpfungspunkt für die Beteiligung der Inländer am dortigen Verfahren und für die Anwendung inländischen Rechts sein. Diese Anknüpfung muß auch internationalprivatrechtlich genügen. Im international privatrechtlichen Schrifttum folgert *W.Lorenz* aus dieser Nachbarlage, daß der Geschädigte den Schutz beider Rechtsordnungen erwarten kann.[95]

Der Anwendungswille der privatrechtsgestaltenden Anlagengenehmigung selbst auch auf ausländische Einwendungen folgt aus deren generell einwendungsausschließender Wirkung nach der Beteiligung der Betroffenen im Ver-

---

[92] Zum Beteiligungsanspruch siehe im öffentlichen Recht *Kloepfer* (Fn.34) DVBl 1984, 245-255; *Beyerlin*, Klagebefugnis von Ausländern gegen grenzüberschreitende Umweltbelastungen, Anmerkung zum Urteil des Verwaltungsgerichts Straßburg vom 27. Juli 1983, ZaöRV 44 (1984) 336-342; ders., Die Beteiligung ausländischer Grenznachbarn an umweltrechtlichen Verwaltungsverfahren und Möglichkeiten zu ihrer vertraglichen Regelung auf "euregionaler" Ebene, NuR 1985, 173-179; *Küppers*, Die Stellung ausländischer Nachbarn bei Genehmigung gefährlicher Anlagen, DVBl 1978, 686-689; *Rauschnig*, Klagebefugnis von Auslandsbewohnern gegen eine inländische Atomgenehmigung, ArchVR 1987, 312-332; für das Saarland vgl. auch den Erlaß des saarländischen Ministers für Verkehr, Wirtschaft und Landwirtschaft vom 13.6.1980, B/7-212-StV/S; *Oppermann / Killian*, Gleichstellung ausländischer Grenznachbarn im deutschen Umweltverfahren; *Rehbinder*, RabelsZ 47 (1983) 560-567; *Ress*, Grenzüberschreitende Beteiligung im Verwaltungsverfahren (Bundesrepublik Deutschland), in *Bothe / Prieur / Ress*, Rechtsfragen grenzüberschreitender Umweltbelastungen S.85; *Woehrling* (Fn.39, S.101 (Frankreich); *Kriech*, Grenzüberschreitender Umweltschutz im schweizerischen Recht S.74.

[93] BVerwG NJW 1987, 1154, 1155.

[94] So auch *Bothe*, Grenzüberschreitender Verwaltungsrechtsschutz gegen umweltbelastende Anlagen, UPR 1983, 1-8 (4); BVerfGE 6, 290; BVerfGE 32, 40.

[95] *W.Lorenz* (Fn.64) S.98,111.

waltungsverfahren. Die einwendungsausschließenden Normen differenzieren nicht zwischen inländischen und ausländischen Anliegern.[96] Ergibt sich der Ausschluß des Unterlassungsanspruchs aus dem Gewaltenteilungsgrundsatz,[97] so besteht auch hier ein unbedingter Anwendungswille, da der Gewaltenteilungsgrundsatz das Verhältnis zwischen Judikative und Exekutive beherrscht. Er muß daher gegenüber einer ausländischen Entscheidung, verstärkt durch den Grundsatz der Territorialität, erst recht gelten.

2. *Übereinstimmung der Staatsinteressen*

a) Echte Interessenübereinstimmung

Erweist sich das am Standort der Anlage geltende Recht als das günstigere, so erübrigt sich eine weitere Prüfung der Interessenübereinstimmung beider Staaten. Sie ergibt sich dann bereits aus dem Günstigkeitsprinzip. Das Interesse des Immissionsstaates, den Betroffenen auf seinem Staatsgebiet bestmöglichen Schutz einzuräumen und das des Emissionsstaates am Schutz der heimischen Industrie stimmen, konkretisiert durch die entsprechenden Vorschriften des Verwaltungsrechts zwar nicht im Ansatz, aber im Ergebnis überein.

Eine echte Prüfung der Staatsinteressen wird erforderlich, wenn das Günstigkeitsprinzip zur Anwendung des im betroffenen Staat geltenden Rechts führt. In diesem Fall stimmen die Interessen der Nachbarstaaten am Bestand und am Betrieb der Anlage in den Fällen überein, in denen der betroffene Staat ebenso wie der Staat, in dem die Anlage ihren Standort hat, von der Anlage profitiert. Diese Interessenübereinstimmung veranlaßte das Bundesverfassungsgericht im Fall des Flughafens Salzburg, die durch den Staatsvertrag zwischen der Bundesrepublik Deutschland und der Republik Österreich erfolgte Anerkennung der Flughafenbewilligung für verfassungsmäßig zu erachten.[98] Ähnlich könnte im Fall der Müllverbrennungsanlage in Straßburg die Tatsache, daß deutsche Landkreise dorthin Hausmüll zur Beseitigung liefern, die Anerkennung der Anlagengenehmigung rechtfertigen. Denkbar ist aber auch ein Fall, in dem ein an der Grenze gelegenes Kraftwerk Strom ins Inland liefert.

In der Regel sind jedoch die Fälle grenzüberschreitender Immissionen durch Industrieanlagen dadurch gekennzeichnet, daß nur in dem Staat, in dem die

---

[96] Z.B. § 14 BImSchG; § 364a ABGB; Art. L 122-16 des Code d'orientation agricole.

[97] Siehe die Rechtslage in Frankreich, oben Teil 1, Kapitel 2, III.1.

[98] Vgl.o. 2.Teil Kapitel 2, II.2.c; das BVerfG wies hier ausdrücklich auf die Verkehrsbedeutung des Flughafens Salzburg für den süddeutschen Raum hin; nach Auffassung des Gerichts bedarf es bei einer derartigen Interessenübereinstimmung nicht einmal der Beteiligung der inländischen Betroffenen für die Anerkennung im Inland.

Anlage steht, ein wirtschaftspolitisches Interesse an ihrem Bestand und Betrieb besteht. Der Nachbarstaat ist dagegen am Schutz der Landschaft und der Rechtsgüter auf seinem Gebiet interessiert oder auch nur daran, daß die durch die eigene Industrie hervorgerufene Immissionsbelastung nicht noch durch Anlagen außerhalb seines Staatsgebietes vermehrt wird. Oder er hat ausschließlich Einwände gegen den Standort der Anlage, der auf seinem eigenen Gebiet an ein Wohngebiet grenzt.[99] Hier werden die Interessen beider Staaten weder unmittelbar noch über allgemein anerkannte Interessen der Völkerrechtsgemeinschaft gefördert.[100] Im internationalen Umweltrecht richtet sich das gemeinsame Interesse aller Staaten im Gegenteil darauf, wesentliche grenzüberschreitende Immissionen zu vermeiden[101] und Strategien zum Schutz von Boden, Wasser und Luft zu erarbeiten.[102]

b) Das internationale Nachbarrecht als "kleinster gemeinsamer Nenner"

Fraglich ist, ob auf das internationale Nachbarrecht zurückgegriffen werden kann. Dies bedeutet anders als im internationalen Recht der vertraglichen Schuldverhältnisse nicht die Förderung eines gemeinsamen Interesses beider Staaten durch die Anlagengenehmigung, sondern im Gegenteil die Anwendung des internationalen Nachbarrechts als "kleinsten gemeinsamen Nenner" der widerstreitenden Staatsinteressen.[103] Der nationale Gesetzgeber soll seine Rechtsetzungsbefugnisse für das eigene Territorium bis an die Grenze der völkerrechtlichen Sicherheitsstandards ausschöpfen dürfen. Aus der Bindung der Staaten an das Völkerrecht ergibt sich eine Duldungspflicht gegenüber Anlagen, die völkerrechtsgemäß betrieben werden. Sie trifft alle Staatsorgane und damit auch die Gerichte.

So bestechend dieser Ausweg auf den ersten Blick scheinen mag, so schwer gangbar erweist er sich auf den zweiten. Das internationale Nachbarrecht ist noch wenig entwickelt. Es bietet nur einen Lösungsansatz für die Abgrenzung

[99] Vgl. den in der Einleitung geschilderten Fall STRACEL; hier schließt sich auf der Kehler Seite ein Wohngebiet an das auf der Straßburger Seite bestehende Industriegebiet an.

[100] Vgl. die oben bei Fn.72 zitierten Fälle.

[101] Vgl.Prinzip 21 der Stockholmer Deklaration, bekräftigt in Prinzip 2 der Rio Deklaration; oben Teil 2 Kapitel 1, I.1.

[102] Vgl. Chemie- und Chloridübereinkommen zum Schutz des Rheins vom 3.12.1976 BGBl 1978 II, 1053, 1065, oben S.96, das Wiener Übereinkommen zum Schutz der Ozonschicht vom 22.3.1985, BGBl 1988 II 901, und das Abkommen über weiträumige grenzüberschreitende Luftverunreinigung, vom 13.11.1979, BGBl 1982 II 373, mit Zusatzprotokoll vom 8.7.1985, BGBl 1986 II 1116, oben S.97.

[103] Für die Anwendung plädieren *Nassr-Esfahani* (Fn.28) S.133f.; *Hager* (Fn.28) RabelsZ 53 (1989) 293-319 (313-316); *Heß*, Staatenimmunität bei Distanzdelikten S.27, vgl. auch oben Teil2, Kapitel 3, V.3.b).

der Souveränitätsbereiche zweier Staaten durch Abwägung der widerstreitenden Interessen. Die in diesem Abwägungsprozeß gefundenen Kriterien sind eher vage. Verboten sind nur erhebliche Schädigungen von Personen und Sachen im Nachbarstaat, wobei aber die Definition des Begriffs der Erheblichkeit auf Schwierigkeiten stößt.[104] Ohne international anerkannte Grenzwerte werden daher nur offensichtliche Fälle unmittelbarer und erheblicher Schäden erfaßt.[105] Existieren international anerkannte Grenzwerte für Luft oder Gewässer, so sind sie vielfach nicht unmittelbar auf Quellen in einem Staatsgebiet anwendbar, sondern müssen zwischen den beteiligten Staaten im Verhandlungswege aufgeteilt werden.[106] Die gefundenen Ergebnisse eignen sich daher in der Regel nicht für die Lösung konkreter Rechtsstreitigkeiten.[107] Ein Rückgriff auf das internationale Nachbarrecht ist daher nur in den Fällen möglich, in denen international anerkannte Grenzwerte oder die im Verhandlungswege zwischen den Staaten aufgeteilten Nutzungsrechte verletzt sind. Dies wird in den wenigsten Fällen durch die Regelimmission einer einzelnen Anlage geschehen.

c) Das Recht der Europäischen Gemeinschaften

Zwischen den Mitgliedstaaten der Europäischen Gemeinschaften könnte die Funktion eines "kleinsten gemeinsamen Nenners" zum Ausgleich der widerstreitenden Nutzungs- und Schutzinteressen vom Europäischen Gemeinschaftsrecht übernommen werden. Der durch einstimmige[108] oder Mehrheitsentscheidungen[109] erreichte Ausgleich könnte die Mitgliedstaaten auch im Hinblick auf die Anerkennung privatrechtsgestaltender Anlagengenehmigungen binden. Dies setzt voraus, daß das Gemeinschaftsrecht Regelungen für einen internen Interessenausgleich zwischen den Mitgliedstaaten enthält. Das primäre Gemeinschaftsrecht enthält wie das internationale Umweltrecht lediglich Zielvorgaben,[110] die erst durch das sekundäre Gemeinschaftsrecht ausgefüllt werden. Ein

---

[104] Vgl. oben 2.Teil Kapitel 1, I.3.b).

[105] Vgl. Trail Smelter, RIAA Vol.III S.1905 ff, 1963 ff.; Lac Lanoux, RIAA Vol XII S.281, oben 2.Teil Kapitel 1, I.3.b).

[106] Vgl. oben Teil 2, Kapitel 1, 2.

[107] So auch *Kloepfer* (Fn.34) DVBl 1984, 245-255 (250,254).

[108] Art.100, 235 EWGV.

[109] Art.100a, Art.130s Abs.2 EWGV.

[110] Art.130 r EWGV:
"(1) Die Umweltpolitik der Gemeinschaft hat zum Ziel
- die Umwelt zu erhalten, zu schützen und ihre Qualität zu verbessern,
- zum Schutz der menschlichen Gesundheit beizutragen,
- eine umsichtige und rationelle Verwendung der natürlichen Ressourcen zu gewährleisten.

(2) Die Tätigkeit der Gemeinschaft im Bereich Umwelt unterliegt dem Grundsatz, Umweltbeeinträchtigungen vorzubeugen und sie nach Möglichkeit an ihrem Ursprung zu bekämpfen, sowie dem

konkreter Interessenausgleich kann daher nur durch das sekundäre Gemeinschaftsrecht geleistet werden. Dieses muß daher zum einen *inhaltlich konkret* genug ausgestaltet sein, um im Einzelfall überhaupt geeignet zu sein, einen Interessenausgleich zwischen zwei Staaten über den Betrieb einer umweltgefährdenden Anlage herbeizuführen, zum anderen diesen Fall überhaupt regeln *wollen*.

aa) Die Konkretisierung des EG-Umweltrechts durch Richtlinien

Das Umweltsekundärrecht der Gemeinschaften verfolgt einen anlagenbezogenen Ansatz. Aufbauend auf der Gewässerrichtlinie 76/464/EWG betreffend die Verschmutzung infolge der Ableitung bestimmter gefährlicher Stoffe in die Gewässer der Gemeinschaften[111] und der Richtlinie 84/360/EWG[112] zur Bekämpfung der Luftverunreinigung durch Industrieanlagen gehen die Folgerichtlinien für Gewässer[113] und Luft[114] von einer öffentlichen Bewirtschaftung der Gewässer und der Luft sowie von einer Genehmigungspflicht für emittierende Industrieanlagen aus. Sowohl in den Richtlinien zur Reinhaltung der Gewässer als auch in den Richtlinien zur Bekämpfung der Luftverschmutzung setzt der Rat der Umweltminister konkrete Grenzwerte fest, die im Genehmigungsverfahren von den Mitgliedstaaten einzuhalten sind.

Die Gewässerrichtlinie unterscheidet nach Art.2 zwischen in den Gewässern der Gemeinschaft zu beseitigenden Stoffen[115] und Stoffen, deren Einleitung in

---

Verursacherprinzip. Die Erfordernisse des Umweltschutzes sind Bestandteile der anderen Politiken der Gemeinschaft.

(3) Bei der Erarbeitung ihrer Maßnahmen im Bereich der Umwelt berücksichtigt die Gemeinschaft
- die verfügbaren wissenschaftlichen und technischen Daten,
- die Vorteile und Belastungen auf Grund der Maßnahmen, bzw. ihrer Unterlassung,
- die wirtschaftliche und soziale Entwicklung der Gemeinschaft insgesamt sowie die ausgewogene Entwicklung ihrer Regionen ..."

[111] ABl L 129 S.23.

[112] ABl L 188 v.16.7.84 S.20.

[113] Richtlinie 82/176/EWG betreffend Grenzwerte und Qualitätsziele für Quecksilberableitungen aus dem Industriezweig Alkalichloridelektrolyse, ABl L 81 S.29; Richtlinie 83/514/EWG betreffend Grenzwerte und Qualitätsziele für Cadmiumableitungen, ABl L 291 S.1; Richtlinie 84/156/EWG betreffend Grenzwerte und Qualitätsziele für Quecksilberableitungen ABl L 74 S.49; Richtlinie 80/68/EWG über den Schutz des Grundwassers gegen Verschmutzung durch bestimmte gefährliche Stoffe, ABl L 20 S.43; Richtlinie 86/280/EWG betreffend Grenzwerte und Qualitätsziele für die Ableitung bestimmter gefährlicher Stoffe im Sinne der Liste I im Anhang der Richtlinie 76/464/EWG ABl L158 S.32.

[114] Richtlinie 88/609/EWG zur Begrenzung von Schadstoffemissionen durch Großfeuerungsanlagen in die Luft, ABl L 336 S.1; Richtlinie 89/369/EWG über die Verhütung der Luftverunreinigung durch neue Verbrennungsanlagen für Siedlungsmüll, ABl L 163 S.32 und kürzlich den Richtlinienentwurf über die Verbrennung gefährlicher Abfälle Nr C 130 vom 21.5.1992.

[115] Anhang I: z.B. Organische Halogen-, Phosphor- und Zinnverbindungen, Quecksilber und Quecksilberverbindungen, Kadmium, Mineralöle.

die Gewässer der Gemeinschaft verringert werden soll.[116] Die Unterscheidung zwischen beiden Stoffgruppen ist vor allem im Hinblick auf das Grundwasser von Bedeutung. Die Richtlinie verbietet die Ableitung von Stoffen der Liste I in das Grundwasser und unterwirft die Ableitung von Stoffen der Liste II in das Grundwasser und die Ableitung aller Stoffe in andere Gewässer einer Genehmigungspflicht durch die Behörden der Mitgliedstaaten. Bei der Erteilung der Genehmigung sind bestimmte, vom Rat festgesetzte Grenzwerte einzuhalten.[117] Die Mitgliedstaaten dürfen aber nach Art.10 der Richtlinie in ihrem Hoheitsgebiet strengere Bestimmungen anwenden.

Entsprechend sehen die Richtlinie 84/360/EWG zur Bekämpfung der Luftverunreinigung durch Industrieanlagen und die ihr folgenden für bestimmte, in Anhang I der Richtlinie genannte Anlagen[118] eine Genehmigungspflicht durch die zuständige Behörde für den Anlagenbetrieb und seine wesentliche Änderung vor. Bei der Erteilung der Genehmigung muß nach Art.4 auf die Einhaltung der vom Rat nach Art.8 gesetzten Grenzwerte geachtet werden. Die Mitgliedstaaten können jedoch nach Art.14 strengere Vorschriften erlassen.

Beide Richtlinien gehen davon aus, daß die erforderlichen Genehmigungen durch den Staat erteilt werden, in dem die von der Genehmigungspflicht betroffenen Anlagen stehen. Die Richtlinien sind mit den in der Folge festgesetzten Grenzwerten konkret genug, um als Festschreibung des internationalen Interessenausgleichs zwischen den Mitgliedstaaten auf grenzüberschreitende Immissionen im Einzelfall angewendet zu werden.

bb) Die Festsetzung transnationaler Mindeststandards durch das Gemeinschaftsrecht

Gegen die Festsetzung transnationaler Mindeststandards durch das sekundäre Gemeinschaftsrecht spricht trotz des hohen Konkretisierungsgrades des Gemeinschaftsrechts, daß sich das sekundäre Gemeinschaftsrecht im Umweltbereich nicht als abschließend versteht, sondern nur das Mindestniveau des Umweltschutzes gemeinschaftsweit festsetzen will. Art.130t EWGV sieht vor, daß die Mitgliedstaaten verstärkte Schutzmaßnahmen ergreifen oder beibehalten dürfen, die mit dem EWG Vertrag vereinbar sind. Auch zahlreiche vor Inkrafttreten des Art. 130t erlassene Umweltschutzrichtlinien belassen den Mitgliedstaaten die Möglichkeit, durch strengere nationale Schutzregelungen vom

[116] Anhang Liste II z.B. Zink, Kupfer, Nickel, Chrom, Blei, Selen, Arsen, Zinn, Uran.

[117] Art.4 und 6.

[118] Z.B.Kokereien, Raffinerien, Wärmekraftwerke, Betriebe der Metallherstellung und Metallverarbeitung, chemische Betriebe und Abfallbeseitungsanlagen.

Gemeinschaftsrecht abzuweichen.[119] Aus dem Territorialitätsprinzip im internationalen Verwaltungsrecht und auch aus dem anlagenbezogenen Ansatz des sekundären Gemeinschaftsrechts ergibt sich, daß jeder Staat nur für Anlagen auf seinem Staatsgebiet höhere Standards vorschreiben kann. Der anlagenbezogene Ansatz des Gemeinschaftsrechts weist dem Mitgliedstaat die Aufsichtsbefugnis zu, in dem die Anlage steht. Höhere Standards des beeinträchtigten Staates gelten daher nicht für Anlagen außerhalb seines Gebietes.

Keine der Richtlinien enthält Regelungen über die grenzüberschreitende Anwendung gemeinschaftsrechtlicher oder schärferer nationaler Emissionsstandards. Auch wird bei der Festsetzung der Mindestandards und Höchstbelastungswerte nicht zwischen grenzüberschreitenden und nicht grenzüberschreitenden Emissionen unterschieden. Die Richtlinien schreiben einheitlich die bei Emissionen einzuhaltenden Werte und deren Genehmigung durch die zuständigen Aufsichtsbehörden des Staates vor, in dem sich die störende Anlage befindet. Die Regelung grenzüberschreitender Verschmutzungen beschränkt sich in beiden Richtliniengruppen auf die Verpflichtung zur Konsultation des Nachbarstaates und seiner Behörden im Genehmigungsverfahren.[120] Nach Art.7 der Richtlinie 85/337/EWG über die Umweltverträglichkeitsprüfung sind die Mitgliedstaaten verpflichtet, den Nachbarstaat über Projekte auf ihrem Staatsgebiet zu informieren, wenn diese voraussichtlich erhebliche grenzüberschreitende Wirkungen haben werden. Die Richtlinie regelt nicht, welches Recht anzuwenden ist sondern scheint die Anwendung des im genehmigenden Staat geltenden Rechtes vorauszusetzen.

Auch aus den umweltmedienbezogenen Richtlinien geht wegen der zahlreichen hierdurch begründeten Beratungspflichten klar hervor, daß die Mitgliedstaaten nicht verpflichtet sind, von mehreren Staaten benutzte Gewässer für das gleiche Ziel und unter den gleichen Qualitätsanforderungen zu verwenden.[121] Auch in den Gewässerrichtlinien ist lediglich vorgesehen, daß die Mitgliedstaa-

---

[119] Art.10 der Richtlinie 76/464/EWG betreffend die Verschmutzung infolge der Ableitung bestimmter gefährlicher Stoffe in die Gewässer der Gemeinschaft, ABl L 129 S.23; Art.3 der Richtlinie 82/176/EWG betreffend Grenzwerte und Qualitätsziele für Quecksilberableitungen aus dem Industriezweig Alkalichloridelektrolyse, ABl L 81 S.29; Art.3 der Richtlinie 83/514/EWG betreffend Grenzwerte und Qualitätsziele für Cadmiumableitungen, ABl L 291 S.1; Art.3 Abs.3 der Richtlinie 84/156/EWG betreffend Grenzwerte und Qualitätsziele für Quecksilberableitungen ABl L 74 S.49; Art.5 der Richtlinie 80/68/EWG über den Schutz des Grundwassers gegen Verschmutzung durch bestimmte gefährliche Stoffe, ABl L 20 S.43; Art.3 Abs.3 der Richtlinie 86/280/EWG betreffend Grenzwerte und Qualitätsziele für die Ableitung bestimmter gefährlicher Stoffe im Sinne der Liste I im Anhang der Richtlinie 76/464/EWG, ABl L158 S.32.

[120] Z.B. Art.5 der Richtlinie 80/779 EWG, ABl L 229/30, geändert durch ABl 1981 L 319; in der Grundrichtlinie 76/464/EWG fehlt eine Regelung grenzüberschreitender Fragen völlig.

[121] *Lammers*, Pollution of International Watercourses, S.76,77; ihm folgend *Jans* (Fn.34) S.72; beide Autoren schließen dies aus der Richtlinie über Muschelgewässer.

ten bei Ableitungen in Gewässer verschiedener Mitgliedstaaten zusammenarbeiten sollen, um die Überwachungsverfahren zu vereinheitlichen.[122]

Das gemeinschaftliche Umweltrecht scheint daher eher das gemeinschaftweite Mindestniveau im Hinblick auf die gemeinschaftliche Umweltpolitik festzuschreiben als einen zwischenstaatlichen Interessenausgleich herbeizuführen. Daß auch dies bewirkt wird, ergibt sich erst im Zusammenspiel mit dem Gleichbehandlungsgrundsatz des Art.7 EWGV.

cc) Der Gleichbehandlungsgrundsatz im Umweltrecht der Europäischen Gemeinschaften

Auf die Frage, ob Gemeinschaftsstandards die Funktion als transnationale Mindeststandards übernehmen, kommt es nur an, wenn das nationale Recht der Mitgliedstaaten von diesen Standards abweicht. Das kann der Fall sein, wenn im Staat, in den immittiert wird, höhere Standards gelten als in dem Staat, in dem sich die Anlage befindet, entweder,

- weil der Emissionsstaat pflichtwidrig seiner Umsetzungspflicht nicht nachgekommen ist (Fall 1), oder

- wenn der Emissionsstaat zwar das Gemeinschaftsrecht pflichtgemäß umgesetzt hat, der Immissionsstaat aber in Übereinstimmung mit Art. 130 t EWGV strengere nationale Vorschriften erlassen hat (Fall 2).

Eine Abweichung kommt schließlich auch in Frage, wenn im Immissionsstaat weniger strenge Anforderungen gelten, entweder,

- weil der Emissionsstaat seinerseits in Übereinstimmung mit Art.130 t EWGV strengere Vorschriften erlassen hat (Fall 3) oder

- wenn der Immissionsstaat pflichtwidrig seiner Umsetzungspflicht nicht nachgekommen ist (Fall 4).

In den ersten beiden Fällen stellt sich die Frage, ob der Immissionsstaat unter Berufung auf das eigene strengere Recht die Anerkennung der Genehmigung des Emissionsstaates verweigern darf, auch wenn das Recht des anderen Staates mit dem Gemeinschaftsrecht übereinstimmt (Fall 2), während in den anderen beiden Fällen zu fragen ist, ob der Emissionsstaat auch gegenüber Einwohnern des Immissionsstaates die eigenen strengeren Vorschriften anwenden muß oder in Fall 3 hier die weniger strengen Gemeinschaftsnormen einhalten darf.

---

[122] Art.4 Abs.2 der Quecksilberrichtlinie, ABl 1982 L 81, 82 und die Folgerichtlinien oben bei Fn.113.

Ist der Emissionsstaat pflichtwidrig seiner Umsetzungspflicht nicht nachgekommen (Fall 1), so kann er sich auf sein gemeinschaftswidriges Verhalten gegenüber einem Bewohner des Immissionsstaates nicht berufen. Dies ergibt sich aus den vom Europäischen Gerichtshof für die unmittelbare Wirkungen von Richtlinien entwickelten Grundsätzen.[123] Die Entscheidungen sind zwar im Verhältnis zwischen den Mitgliedstaaten und ihren Bewohnern ergangen, sie müssen jedoch auch angewendet werden, wenn es um das Verhältnis der Bewohner eines Mitgliedstaates zu einem anderen Mitgliedstaat geht. Innerhalb des räumlichen Anwendungsbereichs der gemeinschaftlichen Rechtsnormen verbietet Art.7 EWGV die Unterscheidung zwischen grenzüberschreitenden und nicht grenzüberschreitenden Wirkungen von Umweltbeeinträchtigungen. Die im Gemeinschaftsrecht festgeschriebenen Mindestgrenzwerte binden beide Mitgliedstaaten und haben daher grenzüberschreitende Wirkung.[124] Im Fall 2 folgt die Funktion des Gemeinschaftsrechts als transnationaler Interessenausgleich und demzufolge die Pflicht zur Anerkennung gemeinschaftsrechtskonformer Genehmigungen aus der Höherrangigkeit des Gemeinschaftsrechts und dem Völkerrecht. Hat der betroffene Mitgliedstaat von der Möglichkeit, nach Art.130 t EWGV strengere Umweltschutzvorschriften zu erlassen, Gebrauch gemacht, so hat er gleichwohl vorher weniger strengen EG-Vorschriften zugestimmt und ist über die Pflicht zu gemeinschaftstreuem Verhalten an diese Zustimmung gebunden. Der andere Mitgliedstaat dagegen darf seine Rechtssetzungsbefugnisse bis an die Grenze des gemeinschaftsrechtlich Zulässigen ausdehnen.[125]

In den Fällen 3 und 4 kann sich der Emissionsstaat dagegen nicht auf die niedrigeren Standards im Immissionsstaat berufen. Dem steht in Fall 4 allein schon die Bindung des Emissionsstaates an das Gemeinschaftsrecht entgegen. In Fall 3 schließt Jans zwar aus der Tatsache, daß der Gleichbehandlungsgrundsatz Hoheitsträger nur innerhalb ihres räumlichen Machtbereiches bindet, daß die Mitgliedstaaten nicht verpflichtet sind, strengeres nationales Recht auf Auswirkungen im Ausland anzuwenden. Der Wohnsitz im Ausland stelle ein sachgerechtes Differenzierungskriterium dar.[126] Diese Auslegung des Gleichbehandlungsgrundsatzes widerspricht jedoch den in Art.130r EWGV niedergelegten Zielen der gemeinschaftlichen Umweltpolitik und dem völkerrechtlichen Grundsatz der nichtdiskriminierenden Anwendung des eigenen Umweltrechts auf Auswirkungen im Ausland. Es soll den Schädiger nicht entlasten, wenn dort weniger strenge Anforderungen gelten.

---

[123] Grundlegend EuGH Rs 148/78, Slg. 1969, 1629 ("Ratti").

[124] So auch *Jans* (Fn.34) S.77.

[125] Ebenso für die Ausschöpfung der Rechtsetzungsbefugnis bis an die Grenze des völkerrechtlich zulässigen *Nassr-Esfahani* (Fn.28) S.133.

[126] *Jans* (Fn.34) S.58, 59, der die Verpflichtung zur materiellen Gleichbehandlung nur im Rahmen des Gemeinschaftsrechts bejaht.

Die gemeinschaftsrechtlichen Standards stellen daher insoweit einen zwischenstaatlichen Interessenausgleich dar, als sie von den Mitgliedstaaten bei der Erteilung von Anlagengenehmigungen nicht unterschritten werden dürfen. Auf die Frage der unmittelbaren Anwendbarkeit des umsetzungsbedürftigen sekundären Gemeinschaftsrechts im Verhältnis zwischen Privatpersonen kommt es hier nicht an, da die Standards des Gemeinschaftsrechts in ihrer Funktion als zwischenstaatlicher Interessenausgleich angewendet werden. Die Mitgliedstaaten sind daher zur Duldung einer im Einklang mit dem Gemeinschaftsrecht betriebenen Anlage verpflichtet. Diese Duldungspflicht trifft alle Staatsorgane und verpflichtet damit auch die Gerichte zur Anerkennung einer gemeinschaftsrechtskonformen Anlagengenehmigung.

3. Die Möglichkeit der tatsächlichen Durchsetzung

Im Verhältnis zu Nicht-Mitgliedstaaten der EG und in Bereichen, in denen verbindliche oder gemeinschaftsrechtliche Regelungen noch fehlen, erscheint die Anerkennung von Anlagengenehmigungen und Maßnahmen trotz der widerstreitenden Interessen der Staaten nicht ausgeschlossen. Da Unterlassungsansprüche in dem Staat vollstreckt werden müssen, in dem die Anlage steht, kann der genehmigende Staat insoweit seine Maßnahme gegenüber dem Kläger tatsächlich durchsetzen, als er die Anerkennung eines diese Genehmigung mißachtenden Urteils zu verweigern darf.[127] Dies ist selbst gegenüber den Vertragsstaaten des Europäischen Gerichtsstands- und Vollstreckungsübereinkommens (EuGVÜ) und des Lugano-Übereinkommens möglich, wenn die Entscheidung einer Entscheidung im anerkennenden Staat widerspricht, die zwischen denselben Parteien ergangen ist (Art.27 Ziff.3). Die Abkommen gehen vom Vorrang eigener Entscheidungen des anerkennenden Staates aus. Ein Verwaltungsakt mit privatrechtsgestaltender Wirkung gegenüber dritten Betroffenen ist zwar nicht unmittelbar als Entscheidung zwischen denselben Parteien im Sinne des Art.27 Ziff.3 ergangen, sondern zwischen der Genehmigungsbehörde und dem begünstigten Anlagenbetreiber. Die im Abkommen enthaltene Wertung, dem eigenstaatlichen Hoheitsakt Vorrang einzuräumen, ist jedoch auch bei der Auslegung des in Art.27 Nr.1 EuGVÜ niedergelegten ordre-public-Vorbehalts mit heranzuziehen. Daher kann die Anerkennung verweigert werden, wenn die Vollstreckung des Urteils dem Inhalt eines im Immissionsstaat erlassenen Verwaltungsakts widerspricht.[128]

---

[127] *Siehr* (Fn.46) RabelsZ 45 (1981) 388; *Kohler*, Zivilrechtliche Schadensersatz- und Unterlassungsklagen, Recht der Europäischen Gemeinschaft, in Bothe / Prieur / Ress, Rechtsfragen 159-171 (167); ders. (Fn.28, 38) S.311; *Wilhelm*, Ionisierende Strahlen als grenzüberschreitende Immission, JBl 1986, 701; kritisch *Musger*, Grenzüberschreitende Umweltbelastungen im internationalen Zivilprozeßrecht, S.151 ff.

[128] Wie hier *Musger*, Grenzüberschreitende Umweltbelastungen im internationalen Zivilprozeßrecht, S.159.

4. Ergebnis

Bei der Anerkennung einer ausländischen Anlagengenehmigung besteht die von Rechtsprechung und Literatur im internationalen Recht der vertraglichen Schuldverhältnisse geforderte Interessenübereinstimmung in den Fällen, in denen das Günstigkeitsprinzip zur Anwendung des im Standortstaat geltenden Rechts führt oder in denen der betroffene Staat ein eigenes Interesse am Bestand und Betrieb der störenden Anlage hat. Im ersten Fall stimmen die Interessen beider Staaten vom Ergebnis, im zweiten vom Ansatz her überein.

Kommt dagegen das Recht des betroffenen Staates zur Anwendung, ohne daß dieser ein Interesse am Bestand der Anlage hat, so bietet sich ein Rückgriff auf das sekundäre Gemeinschaftsrecht als übergeordneter Interessenausgleich und "kleinster gemeinsamer Nenner" zwischen den Mitgliedstaaten an. Der Staat, auf dessen Gebiet die Anlage steht, kann sich jedoch gegenüber Bewohnern des Nachbarstaates nicht darauf berufen, daß auf seinem Staatsgebiet nach Art.130 t EWGV über seine Pflichten nach dem Gemeinschaftsrecht hinausgehende strengere Anforderungen gelten und die weniger strengen EG-Werte auf grenzüberschreitende Emissionen anwenden. Das in Art.7 EWGV niedergelegte Gleichbehandlungsgebot verbietet eine Differenzierung nach der Belegenheit der Grundstücke. Das Völkerrecht scheidet dagegen auf Grund seines geringen Konkretisierungsgrades als übergeordneter Interessenausgleich aus.

In allen übrigen Fällen führt die Tatsache, daß der Genehmigungsstaat ein gegen den Betrieb der Anlage gerichtetes Unterlassungsurteil vollstrecken müßte, über die "Machttheorie" zur Anerkennung der Genehmigung. Einzige Grenze ist der Vorbehalt des ordre public.

Im Ergebnis ist daher eine ausländische Anlagengenehmigung immer anzuerkennen. Auf Grund der besonderen Situation der Nachbarlage, die es dem Genehmigungsstaat ermöglicht, gegenüber einem Unterlassungsanspruch seine Interessen immer durchzusetzen, bedarf es keiner ergänzenden Inhaltskontrolle.

VI. Die Ebene der Anwendung der privatrechtsgestaltenden Wirkung ausländischer Genehmigungen

Die Übertragung der Grundsätze aus der Anerkennung von Zivilurteilen und dem internationalen Vertragsrecht führt aber nur zur Anerkennung der ausländischen Anlagengenehmigungen im Inland als Hoheitsakt. Sie sagt nichts über die Rechtsfolgen der Anerkennung aus. Dies betrifft vielmehr die Frage, wie sich der ausländische Hoheitsakt in die inländische Rechtsordnung einfügen soll. Dies ist abhängig davon, ob die Rechtsfolgen der Anerkennung als kollisionsrechtliches oder als sachrechtliches Problem anzusehen sind.

Die Unterscheidung ist zumindest vom Ansatz her erheblich, da bei der Sonderanknüpfung die Rechtsfolge der fremden Anlagengenehmigung grundsätzlich der Rechtsordnung zu entnehmen ist, in die die Genehmigung eingebettet ist. Bei der Berücksichtigung auf sachrechtlicher Ebene hat hingegen allein das Sach- oder Deliktsstatut als *lex causae* über die Rechtsfolgen zu entscheiden. Unterschiedlich sind auch die Voraussetzungen der Anwendung: Die Anwendung auf kollisionsrechtlicher Ebene folgt entweder aus der internationalprivatrechtlichen Verweisung oder als Sonderanknüpfung aus einer der Genehmigung selbst entnommenen Kollisionsnorm, die aus deren Anwendungswillen, ihrer engen Verbindung zum Sachverhalt und der Abwägung der Interessen der beteiligten Staaten gewonnen wird. Für die Anwendung auf sachrechtlicher Ebene bedarf es als "Einfallstor" entweder wie im internationalen Recht der vertraglichen Schuldverhältnisse einer Wertungsnorm wie § 138 BGB oder der Regeln über die Leistungserschwerung. Im letzten Fall kommt es zusätzlich darauf an, ob der Staat, der die Norm erlassen hat, auch die Möglichkeit hat, sie tatsächlich durchzusetzen.[129]

1. Internationales Recht der vertraglichen Schuldverhältnisse

Auf der kollisionsrechtlichen Ebene wird im internationalen Recht der vertraglichen Schuldverhältnisse teilweise eine schuldstatutabhängige Anknüpfung[130], teilweise eine schuldstatutunabhängige befürwortet. Beide Anknüpfungen unterscheiden sich nach dem Umfang, der jeweils der Verweisung durch die Kollisionsnormen des internationalen Schuldrechts zuerkannt wird. Diese schließen für Vertreter der schuldstatutabhängigen Anknüpfung die fremden Ordnungsnormen mit ein, während Vertreter der Sonderanknüpfung die Bildung eigener Kollisionsnormen für Ordnungsnormen verlangen.

a) Schuldstatutabhängige Anknüpfung

Die Befürworter einer schuldstatutabhängigen Anknüpfung gehen davon aus, daß die vom internationalen Schuldrecht berufene Rechtsordnung als ganzes, einschließlich eventueller öffentlich-rechtlicher Normen berufen ist. Für die Vertreter dieser Ansicht handelt es sich bei der Frage, welchen Einfluß dirigistische Wirtschaftgesetze auf die Gültigkeit eines Rechtsverhältnisses haben, um ein privatrechtliches Problem, das mit Mitteln des Privatrechts zu lösen ist.[131] Anwendungsgrenze ist lediglich der inländische ordre public. Durch die

---

[129] Siehe oben IV.2.

[130] *Vischer* (Fn.69) Festschrift für Gerwig, S.170, 171; *Mann* (Fn.69) RabelsZ 21 (1956) 3; ders. Eingriffsgesetze und Internationales Privatrecht, Festschrift Wahl, 139-160 (146).

[131] Vgl. die bei Fn.32, 69 genannten; hier vor allem *Vischer* (Fn.69) 167-191 (175); *E. Lorenz* (Fn.69) RIW 1987, 569-584 (583).

Anwendung ausschließlich schuldstatutzugehöriger Eingriffsnormen wird die Einheit des Schuldrechtsverhältnisses gewahrt. Die Sonderanknüpfung trage das Risiko von Mehrfachanknüpfungen und damit von Normkonflikten in sich.[132] Allerdings ist auch nach dieser Auffassung der Anwendungswille der fremden Eingriffsnorm zu berücksichtigen, da die Vertragsfreiheit zugunsten ordnungspolitischer Interessen eines anderen Staates in den Fällen nicht eingeschränkt werden soll, in denen dieser seine ordnungspolitischen Interessen selbst nicht durchsetzen will.[133]

b) Sonderanknüpfung

Die Vertreter der Gegenansicht unterscheiden im Anschluß an Savigny[134] zwischen ordnungspolitischen und international austauschbaren Normen. Normen mit ordnungspolitischem Einschlag sind von der internationalprivatrechtlichen Verweisung nicht umfaßt. Es sind daher besondere Kollisionsnormen für die Anwendung ausländischen Eingriffsrechts zu entwickeln. Dies wird auf drei Arten versucht:

- Nach der vor allem im internationalen Kartellrecht verbreiteten *Lehre von der Sonderanknüpfung zwingenden Rechts* sind Sachnormen einer fremden Rechtsordnung auf kollisionsrechtlicher Ebene unabhängig vom Vertragsstatut zu berücksichtigen, wobei räumliche und sachliche Kriterien des Forum-Staates korrigierend eingreifen können.[135] Anders als das klassische Kollisionsrecht geht man hier aber nicht von einem bestimmten Anknüpfungsbegriff aus[136], sondern entnimmt die Anwendungsvoraussetzungen der Norm selbst nach einem Vergleich der Regelungsinteressen des Forum-Staates und des Staates, der die Norm erlassen hat.[137] Die Rechtsfolgen der

---

[132] *Vischer* (Fn.69) Festschrift für Gerwig S.177.

[133] *Radtke* (Fn.70) S.343.

[134] *Savigny*, System des heutigen römischen Rechts, 33-38; der Autor nahm "Gesetze von streng positiv zwingender Natur" aus seiner wertblinden Anwendung des "örtliche[n] Recht[s], dem das streitige Rechtsverhältnis angehört " aus. Unter solchen Gesetzen verstand er nicht jegliches zwingende Recht, sondern nur solche Normen, die auf sittlichen Gründen des öffentlichen Wohls, politischen, polizeirechtlichen oder volkswirtschaftlichen Erwägungen beruhten. Hier bestand für ihn die Rechtsgemeinschaft aller Staaten nicht, sondern jeder Staat war im Hinblick auf die Anwendung dieser Gesetze als "völlig abgeschlossen" anzusehen. Das Postulat des internationalen Entscheidungseinklangs im Dienste einer die Staatsgrenzen übergreifenden Gerechtigkeitsidee schloß damit das ausländische öffentliche Recht nicht mit ein. Allerdings waren damals, worauf *Kreuzer* (Fn.70) S.9 zu Recht hinweist, staatliche Eingriffe in wirtschaftliche Abläufe angesichts der herrschenden liberalistischen Wirtschaftsauffassung äußerst selten.

[135] *Neumeyer*, Internationales Verwaltungsrecht IV S.244; *Wengler* (Fn.70) ZVglRWiss 54 (1941) 168 ff.; *Zweigert* (Fn.70) RabelsZ 14 (1942) 283-307; *Coester* (Fn.70) ZVglRWiss 82 (1983) S.1-30 (3).

[136] *Siehr* (Fn.46) RabelsZ 52 (1988) 41-103 (71).

[137] Zu den Voraussetzungen der Anwendung vgl. oben S.214.

Anwendung der ausländischen Norm sind nicht verbindlich geklärt. Nur Radtke und Neumayer befürworten ihre direkte Anwendung mit den nach ausländischem Recht vorgesehenen Rechtsfolgen.[138] Die meisten Autoren schlagen lediglich ihre "Berücksichtigung" bei der Anwendung inländischen Rechts vor.[139] Die Rechtsfolge der Nichtigkeitsnorm soll dem Vertragsstatut entnommen werden.[140] Dies ist jedoch äußerst bedenklich, wenn das Recht des Erlaßstaates den Normen eine schwächere Wirkung beimißt als das Recht des Forum-Staates. Daher wird vorgeschlagen, nur die tatsächlichen Folgen der ausländischen Rechtsnorm auf der Grundlage des Vertragsstatuts zu würdigen und bei der Beurteilung der normativen Wirkungen vom Recht des Erlaßsstaates auszugehen.[141] Letztlich erfordert die Anwendung der ausländischen Eingriffsnorm einen Ausgleich der Anwendungsinteressen des Erlaßstaates auf der einen und des Forum-Staates auf der anderen Seite.[142]

- Die *Anknüpfung über Sachnormen* löst sich im Anschluß an die Interessenanalyse der von Currie begründeten amerikanischen Schule von dem überkommenen kollisionsrechtlichen Konzept und sucht die Anknüpfung in internationalen Sachverhalten unmittelbar über eine Analyse der ratio und Funktionen der sachrechtlichen Regelungen der kollidierenden Rechtsordnungen. Die Entscheidung, welche Sachnormen schließlich zur Anwendung kommen, ist das Ergebnis einer Abwägung, bei der die Art und die Stärke der betroffenen Allgemeininteressen, der Vergleich der Nähe der in Frage kommenden Rechtsordnungen zu dem Konflikt und der Grad der Beeinträchtigung der jeweiligen Sozialordnungen berücksichtigt werden.[143] Im Zentrum der Anwendungsfrage stehen damit die Sachnormen der berührten Rechtsordnungen mit ihrem materiell rechtlichen Gehalt als normative Verkörperung der unterschiedlichen staatlichen Interessen. Der Staat, dessen Interessen am intensivsten betroffen sind, setzt sich auf der Rechtsanwendungsebene durch. Allerdings führt dies nicht zur unmittelbaren Anwendung von dessen Recht, sondern man sucht in der lex fori nach vergleichbaren oder identischen Ordnungsnormen. Werden sie gefunden, so gelten

---

[138] So aber *Radtke* (Fn.70) ZVGlRWiss 84 (1985) 339; *Neumayer*, Forderungsabtretung und Devisenrecht, RabelsZ 25 (1960) 649-657 (652).

[139] *Siehr* (Fn.70) RabelsZ 52 (1988) 41-103 (72); so auch Art.7 des Europäischen Vertragsübereinkommens.

[140] *Münchener Kommentar / Martiny*, Art. 34 Rz.162; *Zweigert* (Fn.70) RabelsZ 14 (1942) 283-307 (300 f.); ders. Internationales Privatrecht und öffentliches Recht, Kieler Festschrift S.126f.; *Kreuzer* (Fn.70) S.95; dagegen *E.Lorenz* (Fn.69) S.581.

[141] *Lorenz* (Fn.69) S.581.

[142] *E.Lorenz* (Fn.69) S.582; ebenso im Ansatz *Drobnig*, Die Beachtung von ausländischen Eingriffsgesetzen - eine Interessenanalyse S.159, 178.

[143] *Steindorff*, Sachnormen im Internationalen Privatrecht; *Joerges*, Zum Funktionswandel des Kollisionsrechts; *Wiethölter*, Zur Frage des internationalen ordre public, BerGesVR 7 (1967), 133-177; *Rehbinder*, Zur Politisierung des Internationalen Privatrechts, JZ 1973, 151-158.

die der lex fori. Die fremden Eingriffsnormen kommen ohne Entsprechung in der lex fori dennoch zur Anwendung, wenn im Inland die gleiche Interessenlage besteht, aber noch keine Kodifikation vorliegt.[144]

- Die *Lehre vom internationalen ordre public*[145] baut auf der Tatsache auf, daß die staatliche Intervention auf Privatrechtsverhältnisse zugenommen hat. In einer Mehrzahl von Staaten bestehen gleichgelagerte, durch Interventionsnormen verkörperte Gemeinschafts- oder Staatsinteressen. Die Lehre vom internationalen ordre public baut die Generalklausel des Art.6 EGBGB zu einer allseitigen Kollsionsnorm aus, die als Einfallstor für fremde materielle Interessen dient. Zu prüfen ist, ob die fremde Norm Bestandteil des internationalen ordre public ist. Auf die Bejahung dieser Frage folgt die Anwendung der ausländischen Sachnorm über Art.6 EGBGB.

2. Internationales Delikts- und Sachenrecht

a) Zur Qualifikation der privatrechtsgestaltenden Wirkungen

Der Frage nach der Ebene der Berücksichtigung einer ausländischen Genehmigung vorgreiflich ist die entscheidende Frage der Qualifikation der privatrechtsgestaltenden Wirkungen einer Genehmigung. Die Frage nach der Beachtung der Wirkungen einer ausländischen Genehmigung stellt sich erst auf Grund eines durch das Territorialitätsprinzip hervorgerufenen Normenmangels: Haben die Genehmigungen zweier Nachbarstaaten privatrechtsgestaltende Wirkungen jeweils nur gegenüber Bewohnern des Staates, in dem sie ergangen sind, so ist es nicht einzusehen, warum ein Bewohner des jeweiligen Nachbarstaates eine dortige Genehmigung nicht gegen sich gelten lassen muß, während er doch unter den gleichen Voraussetzungen einen Betrieb im Inland dulden müßte.

Die Beachtung der Rechtsfolgen auf der kollisionsrechtlichen Ebene im Wege der Sonderanknüpfung setzt stillschweigend voraus, daß die privatrechtsgestaltenden Wirkungen der Genehmigung nicht dem Schuld-, Delikts- oder Sachstatut unterliegen, und daß daher eigene öffentlich-rechtliche Anknüpfungsregeln gelten müssen. Umgekehrt weisen die schuldstatutabhängige Anknüpfung und die Berücksichtigung der Rechtsfolgen der Genehmigung auf der Ebene des Sachrechts die privatrechtsgestaltenden Wirkungen einer aus-

---

[144] *Kratz*, Ausländische Eingriffsnormen und inländischer Privatrechtsvertrag S.71.

[145] *Jaenicke*, Zur Frage des internationalen ordre public, BerDGesVR 7 (1967) 77-132 (80); *Bleckmann*, Sittenwidrigkeit wegen Verstoßes gegen den ordre public international, ZaÖRV 34 (1974) 112-132; ders. Die völkerrechtlichen Grundlagen des internationalen Kollisionsrechts S.59, in dem er das IPR als internationales Recht begreift, das die Regelungszuständigkeit der Staaten gegeneinander abgrenzt; *Stöcker*, Der internationale ordre public im Familien- und Erbrecht, RabelsZ 38 (1974) 79 (88).

ländischen Genehmigung stillschweigend dem Delikts- oder Sachstatut zu.[146] Der Frage nach der Anknüpfung vorausgehen muß daher die Frage nach der Qualifikation der privatrechtsgestaltenden Wirkungen der Genehmigung.

Da die Qualifikation eine Frage der Auslegung der Kollisionsnormen ist - sie dient der Ermittlung ihres Anwendungsbereichs - entscheidet grundsätzlich die lex fori.[147] Vor einem deutschen Forum entscheidet daher die Systembildung im deutschen Recht, ob die privatrechtsgestaltenden Wirkungen einer ausländischen Genehmigung noch zum Delikts- oder Sachstatut gehören oder dem öffentlichen Recht zuzuordnen sind. Auf Grund der besonderen Fragestellung des IPR, das nach der sachnächsten Rechtsordnung sucht, können aber bei der kollisionsrechtlichen Fragestellung andere Begriffe zugrundezulegen sein als im Sachrecht.[148] Ausgehend vom System des Sachrechts sind dessen Begriffe anhand der spezifischen Fragestellung des IPR zu überprüfen, nach der es gilt, die sachnächste Rechtsordnung zu finden.[149]

Da die privatrechtsgestaltenden Wirkungen einer Genehmigung dem Privatrecht zuzuordnen sind, bietet sich eine privatrechtliche Qualifikation an. Hierfür sprechen auch die Entstehungsgeschichte des § 906 BGB[150] und der Vergleich mit § 364 a ABGB. Dagegen legen ihre systematische Stellung im öffentlichen Recht[151], ihre Herkunft[152] - es handelt sich schließlich um Nebenwirkungen von Verwaltungsakten - und ihre Funktion eine öffentlich-rechtliche Qualifikation nahe. Die privatrechtsgestaltende Wirkung einer Genehmigung hat dienende Funktion: Sie soll die öffentlich-rechtliche Gestaltungswirkung der Anlagengenehmigung unterstützen und auch gegenüber privatrechtlichen, nicht auf besonderen Titeln beruhenden Ansprüchen absichern. Im französischen Recht dient sie als ungeschriebene öffentlich-rechtliche Regelung dem Organisations- und Kompetenzschutz der Verwaltung.[153]

---

[146] Siehe z.B. *Stoll*, Der Schutz der Sachenrechte nach internationalem Privatrecht, RabelsZ 37 (1973) 357-379 (375), der bei Anwendung des im Genehmigungsstaat geltenden Rechts zur Beachtung der Genehmigung gelangt und umgekehrt bei Anwendung des Rechtes des beeinträchtigten Grundstückes zur Anwendung des dortigen Rechts für die Wirkungen der Genehmigung gelangt, jedoch ohne auf das Qualifikationsproblem näher einzugehen.

[147] BGHZ 29, 139; *Palandt / Heldrich*, Einl.vor Art.3 EGBGB Rz.27; *v.Bar* IPR I Rz.582; gemeint ist hier nicht der erste Teil des Qualifikationsproblems, bei dem es um die Auslegung der Tatbestandes der Kollisionsnormen geht, sondern der 2.Teil, die Ebene der Rechtsfolgen der Verweisung. Dagegen befürwortet *Rabel*, Das Problem der Qualifikation RabelsZ 5 (1931) 241-288 (255 ff.) eine rechtsvergleichende Qualifikation.

[148] "Autonome Qualifikation", BGHZ 47, 336; grundlegend *Kegel* IPR § 7 II.2; *v.Bar* IPR I Rz.600 ff.; *Grundmann*, Qualifikation gegen die Sachnorm, S.15 ff.

[149] Anschaulich *Grundmann* (Fn.148) S.18.

[150] Vgl. oben 1.Teil Kapitel 1, I. 1.

[151] Siehe z.B. § 14 BImSchG, § 7 VI AtG und 3 11 LuftVG.

[152] Siehe dazu die historische Darstellung im 1.Teil unter Kapitel 1, I.

[153] Vgl im Teil 1, Kapitel 2, III.2.

Die privatrechtsgestaltende Wirkung nimmt damit eine Zwitterstellung zwischen Privat- und öffentlichem Recht ein. Ihre primäre Zuordnung zum einen oder anderen Rechtsgebiet hat daher vom Sinn der internationalprivatrechtlichen Verweisung auszugehen. Ihr Ziel ist es, die Rechtsordnung zu ermitteln, die die Frage am angemessensten regeln kann. Das internationale Delikts- und Nachbarrecht weist bereits in seiner Entstehungsgeschichte einen starken Bezug zum öffentlichen Ordnungsrecht auf.[154] Die Anknüpfung an den Tatort folgt zunächst aus der lokalen Beschränkung der Ordnungsnormen. Die Anknüpfung an das Recht des Lageortes im internationalen Sachenrecht folgte aus der leichteren Durchsetzbarkeit der dortigen Normen gegenüber dem jeweiligen Eigentümer.[155] Im Falle grenzüberschreitender Umweltbeeinträchtigungen wendet man ausgehend von der Erkenntnis, daß hier beide Rechtsordnungen in gleicher Weise "sachnah" sind, wendet man unter dem sachrechtlichen Gesichtspunkt des bestmöglichen Rechtsgüterschutzes das dem Geschädigten günstigere Rechts an. Gerade unter dem Gesichtspunkt des Rechtsgüterschutzes lassen sich aber privates und öffentliches Umweltrecht schwer trennen. Im nationalen Recht zeichnen sich vielmehr Tendenzen ab, beide Rechtsgebiete immer stärker zu verbinden und Wertungen aus dem öffentlichen Recht in die Beurteilung des privaten Rechtsverhältnisses zu übernehmen.[156] Nur eine einheitliche internationalprivatrechtliche Anknüpfung der privatrechtlichen Ansprüche und ihrer Einschränkung durch öffentliche Hoheitsakt wird daher der zunehmenden Verschmelzung von privatem und öffentlichem Umweltrecht gerecht. Auf Grund dieser Verflechtung ist eine vernünftige Günstigkeitsbetrachtung auch nur möglich, wenn neben dem privaten Haftungsrecht die Regeln des öffentlichen Anlagenaufsichtsrechts in Betracht gezogen werden.

b) Sonderanknüpfung oder Einheitsanknüpfung

Diese Überlegungen legen nahe, den Unterlassungsanspruch an das am Standort der Anlage geltende Recht anzuknüpfen, um einen Gleichlauf zwischen der international privatrechtlichen Verweisung und der international öffentlich-rechtlichen Anknüpfung zu erzielen.[157] Meines Erachtens ist dem jedoch nicht zu folgen. Die Anwendung der privatrechtsgestaltenden Rechtsfolgen wird in der Regel die Umwandlung des Unterlassungs- in einen Entschädigungsanspruch zur Folge haben. Für diesen können in Voraussetzungen,

---

[154] Siehe oben 2.Teil Kapitel 3, III.1.a).

[155] Siehe im Teil 2, Kapitel 3, II.2.a).

[156] Siehe im Teil 1, Kapitel 1, III.1.b).

[157] So *Kreuzer*, Umweltstörungen und Umweltschäden im Kollisionsrecht, Berichte der deutschen Gesellschaft für Völkerrecht, Heft 32, 245-311 (306); *Zemen*, Einheit der internationalen Zuständigkeit bei zusammengesetzten Verfahren, öZfRV 1973, 89-109.

etwa in der Frage der Beweislast, und Rechtsfolgen, besonders in der Höhe der Entschädigung, noch erhebliche nationale Unterschiede bestehen. Es stellt daher den Minimalstandard des verfassungsrechtlichen Eigentumsschutzes dar, diese dem Geschädigten auch zu belassen.

Ob damit die Wirkungen einer Genehmigung im Ergebnis privatrechtlich zu qualifizieren sind oder ob hier eine neue international umweltrechtliche Qualifikation geschaffen ist, mag dahinstehen. Festzuhalten ist, daß bei grenzüberschreitenden Umweltbeeinträchtigungen auch die privatrechtlichen Auswirkungen von Hoheitsakten den Kollisionsnormen des internationalen Nachbarrechts zuzuordnen sind.[158]

Das Unbehagen mit einer echten Sonderanknüpfung im internationalen Recht der vertraglichen Schuldverhältnisse zeigt das Ergebnis der kollisionsrechtlichen Theorien: Nach fast allen eine Berücksichtigung auf kollisionsrechtlicher Ebene befürwortenden Anschauungen wird nicht die ausländische Norm mit der in ihr angeordneten Rechtsfolge angewendet, sondern die Rechtsfolge ergibt sich aus der Parallelwertung im Inland und der Anwendung der entsprechenden Norm der *lex causae*. Damit ist die Grenze zwischen Sonderanknüpfung und Berücksichtigung allein auf den Ebene des Sachrechts auch dort verwischt.[159]

Als Ergebnis ist festzuhalten, daß die Rechtsfolge der privatrechtsgestaltenden Anlagengenehmigung im Falle grenzüberschreitender Immissionen der insgesamt als für den Verletzten günstiger ermittelten Rechtsordnung zu entnehmen sind. Diese einheitliche Anknüpfung führt allerdings zu einer Regelungslücke, wenn das Recht des beeinträchtigten Grundstückes zur Anwendung kommt. Die Normen, die für inländische Genehmigungen privatrechtsgestaltende Wirkungen vorsehen, sind nicht auf ausländische Genehmigungen zugeschnitten.[160] Maßgeblich für die Wirkungen ist dann deutsches Recht. Der ausländische Hoheitsakt ist dann daraufhin zu überprüfen, ob er einer inländischen Genehmigung in formeller und materieller Hinsicht gleichwertig ist. Diese Substitutionsprüfung geht über die bei der Anerkennung maßgeblichen Gesichtspunkte hinaus. Es kommt allein auf die Vergleichbarkeit mit einer inländischen Genehmigung an.

---

[158] Für Einheitsanknüpfung im internationalen Familienrecht *Heßler* (Fn.89) 170 ff; im internationalen Recht der vertraglichen Schuldverhältnisse *Radtke* (Fn.70) ZVglRWiss 84 (1985) 325-357 (347); *Münchener Kommentar / Martiny*, Art.34 EGBGB Rz.49 ff.; *Palandt / Heldrich*, Art.34 EGBGB Rz.5; für die Berücksichtigung auf der Ebene des Sachrechts tritt auch die Lehre von der Anknüpfung über Sachnormen ein, nach der vergleichbare inländische Ordnungsnormen zu suchen sind; vgl.oben bei Fn.143.

[159] Zu den Voraussetzungen der Berücksichtigung allein auf sachrechtlicher Ebene vgl. oben IV.2.b).

[160] So auch *Staudinger / Stoll*, Internationales Sachenrecht Rz.164.

c) Thesen für eine Kollisionsnorm für Abwehransprüche

1. Für Abwehransprüche wegen grenzüberschreitender Immissionen gilt das dem Geschädigten günstigere Recht.

2. Jede Beachtung einer ausländischen Anlagengenehmigung setzt deren Anerkennung als Hoheitsakt voraus.

3. Die Anerkennung richtet sich nach den tragenden Grundsätzen des deutschen internationalen Verfahrensrechts. Erforderlich sind die internationale Zuständigkeit des Standortstaates und die Verfahrensbeteiligung der inländischen Betroffenen, die den Grundanforderungen rechtlichen Gehörs gerecht wird. Eine Rechtmäßigkeits- oder Inhaltskontrolle findet auf dieser Stufe nicht statt. Es gilt jedoch der Vorbehalt des ordre public.

4. Führt die internationalprivatrechtliche Verweisung in das Recht des Standortstaates, so umfaßt sie auch die privatrechtsgestaltende Wirkung einer anerkennungsfähigen Genehmigung nach dortigem Recht.

5. Führt die Verweisung ins deutsche Recht, so richtet sich auch die privatrechtsgestaltende Wirkung einer Genehmigung grundsätzlich nach deutschem Recht. Die ausländische Genehmigung ist dann daraufhin zu überprüfen, ob sie einer deutschen in formeller und materieller Hinsicht gleichwertig ist.

Kapitel 2

Die Anknüpfung von öffentlich-rechtlichen Verhaltensnormen und Sicherheitsstandards im Rahmen der deliktischen Haftung

I. Die Rolle der öffentlich-rechtlichen Betriebspflichten im Haftungsrecht

Die Verletzung oder Einhaltung von öffentlich-rechtlichen Betriebspflichten am Handlungsort hat Einfluß auf die Haftung für umweltbelastende Emissionen des Unternehmens nach dem Recht des Handlungsortes.

Im *deutschen Recht* konkretisieren die öffentlich-rechtlichen Anforderungen an den Anlagenbetrieb auch in haftungsrechtlicher Hinsicht die Betriebspflichten des Unternehmers. Ihre Einhaltung indiziert die Rechtmäßigkeit der Beeinträchtigung und konkretisiert die Verkehrspflichten des Unternehmers im Hinblick auf die Fahrlässigkeitsprüfung.[1] Gelingt dem Anlagenbetreiber der Nachweis, daß er die öffentlich-rechtlichen Anforderungen an den Anlagenbetrieb eingehalten hat, so obliegt es dem Geschädigten darzulegen, daß die Umstände des Einzelfalles weitergehende Schutzpflichten rechtfertigen würden.[2] Die Verletzung drittschützender Normen des öffentlichen Rechts kann auch in Verbindung mit § 823 Abs.2 BGB haftungsbegründend wirken.[3] Nach § 6 Abs.2 UHG führt die Einhaltung öffentlich-rechtlicher Betriebspflichten zur Widerlegung der Ursachenvermutung nach Absatz 1. Der Geschädigte muß in diesem Fall die Ursächlichkeit des Anlagenbetriebs für die bei ihm eingetretene Rechtsgutsverletzung konkret nachweisen. Die Beweislast für die Einhaltung der öffentlich-rechtlichen Anforderungen an den Anlagenbetrieb trifft im Falle des § 823 BGB und § 6 Abs.2 UHG den Anlagenbetreiber. Wird der Anspruch aus § 823 Abs.2 geltend gemacht, muß der Geschädigte die Verletzung der drittschützenden Norm beweisen.

Im *französischen Recht* begründet die Verletzung öffentlich-rechtlicher Betriebspflichten über den Begriff der *faute* den Vorwurf der Fahrlässigkeit. Die Betriebspflichten ergeben sich in der Regel aus der Genehmigung selbst, da im französischen öffentlichen Recht die Bedingungen des Anlagenbetriebes meist im Genehmigungsverfahren selbst ausgehandelt werden.[4] Die im Genehmi-

---

[1] BGHZ 92, 143 "Kupolofen"; siehe auch Teil 1, Kapitel 1, III.2.a) bb); *Jarass*, Der rechtliche Stellenwert technischer und wissenschaftlicher Standards, Probleme und Lösungen am Beispiel der Umweltstandards, NJW 1987, 1225-1231.

[2] Teil 1, Kapitel 1, III.2.a) cc).

[3] Teil 1, Kapitel 1, III.2.b).

[4] Teil 1, Kapitel 2, II.1.

gungsverfahren festgelegten Betriebspflichten sind aber nicht abschließend. Unter dem Gesichtspunkt der *troubles de voisinage* kann sich eine weitergehende Haftung ergeben. Im Rahmen der Haftung für *troubles de voisinage* konkretisieren die öffentlich-rechtlichen Anforderungen an die Umgebung der Anlage den Begriff des *trouble anormal*.[5] Gegenüber Betrieben der öffentlichen Hand oder gegenüber genehmigten landwirtschaftlichen, industriellen und handwerklichen Betrieben, die vor der Ansiedlung der von ihren Immissionen Betroffenen in einem Gebiet bestanden haben, ist sogar der Schadenersatzanspruch ausgeschlossen.[6]

Im *österreichischen Recht* wird bei der Einhaltung einer wasserrechtlichen Bewilligung jeglicher Schadenersatzanspruch ausgeschlossen, soweit die Beeinträchtigung im Genehmigungsverfahren behandelt und abgegolten wurde.[7] Für die nicht genannten Beeinträchtigungen wird nach § 26 Abs.2 WRG verschuldensunabhängig gehaftet. Im übrigen ist das Verhältnis der öffentlich-rechtlichen Regeln zu den privaten Abwehransprüchen nur im Forstgesetz geklärt. Dort wird bei Überschreiten von öffentlich-rechtlichen Grenzwerten die Forstschädlichkeit der störenden Einwirkung vermutet.

Die öffentlich-rechtlichen Verhaltensnormen und Sicherheitsstandards stellen daher nach allen hier behandelten Rechtsordnungen hauptsächlich Anforderungen an den Anlagenbetrieb. Sie konkretisieren, wenn auch widerleglich, die bei der Verschuldenshaftung vom Betreiber einzuhaltende Sorgfalt. Bei der Gefährdungshaftung erleichtert ihre Verletzung den Beweis der Ursächlichkeit des Anlagenbetriebes für die Rechtsgutsverletzung.

Das Deliktsstatut beherrscht grundsätzlich alle Voraussetzungen und Folgen unerlaubter Handlungen.[8] Die deliktische Verweisung in das Recht am Standort der Anlage umfaßt daher alle Verhaltensnormen und Sicherheitsvorschriften, die sich nach dieser Rechtsordnung auf den deliktischen Anspruch auswirken. Erweist sich also das Recht am Standort der Anlage als günstiger, so gilt es einschließlich aller öffentlich-rechtlichen Anforderungen an den Anlagenbetrieb in gleicher Weise, wie wenn der Schaden ebenfalls am Standort der Anlage eingetreten wäre. Gilt im Umwelthaftungsrecht das (deutsche) Recht des Erfolgsortes, so besteht für die Sicherheitsnormen des Deliktsstatuts eine ausfüllungsbedürftige Regelungslücke. Den an sich mit durch die deliktische Verweisung berufenen anlagenbezogenen Normen des Erfolgsortes fehlt der Anwendungswille auf extraterritoriale Sachverhalte.

---

[5] Teil 1, Kapitel 2, II.2.

[6] Teil 1, Kapitel 2, III.1.

[7] Teil 1, Kapitel 3, III.2.c).

[8] *Münchener Kommentar / Kreuzer*, Art. 38 EGBGB Rz.282, für das Recht der Straßenverkehrsunfälle, bei denen die Bestimmung des Tatortes allerdings keine Schwierigkeiten bereitet.

II. Der Einfluß öffentlich-rechtlicher Regeln auf Abwehr- und Schadenersatzansprüche

Im internationalen Deliktsrecht ist im übrigen anerkannt, daß bei der Bestimmung der im Verkehr erforderlichen Sorgfalt die am Handlungsort geltenden Verhaltensnormen und Sicherheitsvorschriften zu berücksichtigen sind, auch wenn nicht das Recht des Handlungsortes als Deliktsstatut berufen ist.[9] In beiden Bereichen ist nach dem internationalen Deliktsrecht dasjenige Recht berufen, zu dem der Sachverhalt die engste Verbindung aufweist und von dem die Parteien daher den Schutz ihrer Rechtsgüter erwarten. Die für die Berücksichtigung deliktsstatutfremder Sicherheitsvorschriften maßgeblichen Gesichtspunkte sollen im folgenden aus einem Vergleich mit dem Straßenverkehrsrecht und dem Produkthaftungsrecht ermittelt werden.

1. Berücksichtigung der Verhaltensnormen und Sicherheitsstandards am Tatort im Recht der Straßenverkehrsunfälle

Bei Straßenverkehrsunfällen sind die am Handlungsort geltenden nationalen Verkehrsvorschriften, die der Verkehrssicherheit dienen und eine Unfallvermeidung bezwecken, für die Bestimmung des Maßstabs der einzuhaltenden Sorgfalt auch dann zu beachten, wenn im übrigen ein anderes Recht zur Anwendung kommt.[10] Der ausländische Staat hat auf Grund seiner Territorialhoheit das Recht zu bestimmen, wie sich die Verkehrsteilnehmer auf seinen Straßen zu verhalten haben.[11] Hierbei ist unerheblich, ob diese Regeln öffentlich-rechtlicher oder privatrechtlicher Natur sind und ob sie überhaupt Rechtsnormqualität haben[12]. Maßgeblich ist nur, daß sie am Handlungsort tatsächlich befolgt werden. Erforderlich für die Beachtung derartiger deliktsstatutfremder

---

[9] BGHZ 90, 294, 298 (Verkehrsunfall); *Münchener Kommentar / Kreuzer*, Art. 38 EGBGB Rz.290.

[10] Angewendet wird das Recht, zu dem der Schädiger und der Geschädigte gemeinsam die engste Verbindung haben; vgl. BGH NJW 1992, 3091. Der BGH wendete das deutsche Aufenthaltsrecht auch auf den Unfall einer türkischen Familie in der Türkei an. Auch Menschen, die vorübergehend in ihr Heimatland zurückkehrten, blieben eingebettet in das Recht ihres deutschen Aufenthaltsortes und erwarteten ihren Versicherungsschutz nach deutschem Regulierungsstandard, an dem sich auch der hinter dem Geschädigten stehende Versicherer ausgerichtet habe. Diese Rechtsprechung wurde eingeleitet durch BGHZ 90, 294. In dieser Entscheidung wendete der BGH deutsches Recht auf den Unfall von in Deutschland in familienähnlicher Gemeinschaft lebenden Jugoslawen an. In BGHZ 93, 214 wendete der BGH deutsches Recht auf den Auslandsunfall eines Deutschen mit einem in Deutschland lebenden Spanier in Spanien an. Zur Berücksichtigung örtlicher Verkehrsvorschriften siehe BGHZ 42, 385 (388) und BGHZ 57, 265 (267), die beide zum Linksfahrgebot in Großbritannien ergangen sind. Zur Entwicklung dieser Rechtsprechung siehe *Zimmer*, Auflockerung der tatortregel in kleinen Schritten, JZ 1993, 396-401; *Wandt*, Auf dem Weg zu einer klaren Anknüpfungsregel für internationale Verkehrsunfälle, VersR 1993, 409-419.

[11] BGHZ 57, 265 (267); *Stoll*, Deliktsstatut und Tatbestandswirkung ausländischen Rechts, Festschrift für Lipstein 259-277 (261).

[12] Etwa Regeln über das Verhalten auf Skipisten.

Verkehrsvorschriften des Handlungsortes ist aber ein Bezug zwischen dem Schutzzweck der Vorschriften und dem Handlungsort. Dieser wird verneint, wenn die Vorschrift nicht die Sicherheit des allgemeinen Verkehrs am Handlungsort regeln will.[13]

2. Verhaltensnormen und Sicherheitsvorschriften im internationalen Produkthaftungsrecht

Die bei der Herstellung eines Produktes zu beachtenden Sicherheitsvorschriften sind dem Recht des Ortes zu entnehmen, an dem das Produkt auf den Markt gebracht werden sollte.[14] Dem liegt die Überlegung zugrunde, daß der Hersteller Waren meist den Anforderungen des Marktes gemäß produziert, auf dem er sie später anbieten möchte.[15] Entsprechend schließt nach Art.9 der von der Bundesrepublik bisher nicht ratifizierten Haager Konvention über das auf die Haftung für fehlerhafte Produkte anwendbare Recht[16] die Anwendung eines anderen Rechts als Deliktsstatut[17] nicht aus, daß Verhaltens-und Sicherheitsstandards des Ortes berücksichtigt werden, an dem das Produkt in Verkehr gebracht wurde. Die Beachtung der Sicherheitsstandards am Marktort dient den kollisionsrechtlichen Interessen des Produzenten als des potentiell Haftpflichti-

---

[13] Dies wird z.B. für die Anschnallpflicht verneint; OLG Karlsruhe IPRspr.1984 Nr.34. *Staudinger / v.Hoffmann*, Internationales Deliktsrecht Rz.155 differenziert zutreffend nach dem Schutzzweck der Norm: Haben sie den Schutz der Insassen zum Ziel und bestand zwischen diesen auch schon vor dem Unfall eine Sonderbeziehung, die auch die Auflockerung des Deliktsstatuts rechtfertigt, so sind die entsprechenden Sorgfaltsanforderungen dem Deliktsstatut zu entnehmen. Dagegen gelten die den Schutz des allgemeinen Verkehrs am Unfallort bezweckenden Normen des dortigen Rechts.

[14] OLG Düsseldorf NJW 1980, 533.

[15] *Münchener Kommentar / Kreuzer*, Art.38 EGBGB Rz.203; ders., Apfelschorf im "Alten Land" - Kollisionsrechtliche Probleme der Produkthaftung, IPRax 1982, 1, 3; *Siehr*, Produkthaftung und Internationales Privatrecht, Zum Entwurf für ein Haager Kollisionsrechtsabkommen, RiW 1972, 385; *Staudinger / v.Hoffmann*, Art.38 EGBGB Rz.458, 471.

[16] Abgedruckt bei *Staudinger / v.Hoffmann*, Art.38 EGBGB Rz.472; das Abkommen gilt als loi uniforme in Frankreich, Jugoslawien, Luxemburg, den Niederlanden, Norwegen und Spanien.

[17] Die Konvention verfolgt hier den Ansatz der engsten Verbindung und begründet eine Anknüpfungsleiter, indem sie Orte, an die angeknüpft werden kann, miteinander kombiniert. Nach Art.5 gilt primär das (Sach-) Recht am gewöhnlichen Aufenthalt des Verletzten, sofern dieser Ort gleichzeitig der Hauptgeschäftssitz des in Anspruch genommenen Unternehmens oder der Staat ist, in dem das fehlerhafte Produkt erworben wurde. Sekundär gilt nach Art.4 das Recht des Verletzungsortes, wenn er wiederum zusammenfällt mit dem gewöhnlichen Aufenthalt des Geschädigten, dem Geschäftssitz des in Anspruch genommenen Unternehmens oder dem Staat, in dem das fehlerhafte Produkt erworben wurde. Subsidiär gelten nach Art.6 nach der Wahl des Geschädigten das Recht am Verletzungsort - er kann seine Klage auf dieses Recht stützen - und, sofern er das nicht tut, das Recht des Hauptgeschäftssitzes. Die Anknüpfung sucht nach dem Recht, zu dem der Sachverhalt die engste Verbindung aufweist. Das Ergebnis dieser Anknüpfung wird durch das Prinzip der Vorhersehbarkeit korrigiert. Der in Anspruch genommene Unternehmer kann die Anwendung des Rechts am Verletzungsort oder am gewöhnlichen Aufenthalt des Geschädigten nach Art.7 abwenden, indem er nachweist, daß er vernünftigerweise nicht voraussehen konnte, daß das Produkt dort im Handel angeboten werden könnte.

gen. Sie ermöglicht es ihm, sich besonders auf diese einzustellen.[18] Dies wird vor allem aus der Sicht des Wettbewerbsrechts befürwortet, da so eine Gleichbehandlung in- und ausländischer Anbieter innerhalb eines Marktes gewährleistet wird.[19] Allerdings gelten die Standards des Marktortes nicht ausschließlich. Es bleibt bei der Grundregel, daß auch die Sicherheitsstandards grundsätzlich dem Hauptstatut zu entnehmen sind. Die durch die Regelung beabsichtigte Sicherheit und Vorhersehbarkeit des Rechts, auf das der Produzent seine Produktion ausrichten darf, ist daher durch die bloße Berücksichtigung des Marktortrechtes nicht erreicht.

3. Die Anknüpfungsregel

a) Die Berücksichtigung deliktsstatutfremder Sicherheitsnormen auf der Ebene des Sachrechts

Allerdings soll im internationalen Deliktsrecht die Berücksichtigung der Verkehrsvorschriften des Handlungsortes und der Anforderungen des Marktortes nicht zu deren selbständiger Sonderanknüpfung führen, mit der Folge, daß diese unmittelbar und ausschließlich angewandt würden, sondern diese sind bei der Fahrlässigkeitsprüfung im Rahmen der Auslandsbezogenheit des Sachverhalts zu beachten. Sie konkretisieren die vom Haftungsstatut aufgestellten Sorgfaltsgebote. Der örtliche Verkehr bestimmt, was verkehrsgerechtes Verhalten ist. Das Deliktsstatut bestimmt dagegen, ob die Einhaltung der örtlichen Verkehrsvorschriften im Einzelfall genügt, um auch im Rahmen des Deliktsstatuts den Fahrlässigkeitsvorwurf auszuschließen.[20] Es handelt sich hier um die Anpassung eines auf rein innerstaatliche Delikte zugeschnittenen Tatbestandes an Auslandssachverhalte. Die Bewertung des Verstoßes gegen örtliche Verkehrsvorschriften erfolgt allein nach dem Deliktsstatut.[21]

---

[18] *W.Lorenz*, Der Haager Entwurf zur Produkthaftpflicht, RabelsZ 37 (1973) 352.

[19] *Sack*, Das IPR der Produkthaftung, Mitarbeiterfestschrift für Ulmer 495-507 (498).

[20] *Stoll*, Sturz vom Balkon auf Gran Canaria IPRax 1989, 89-93 (92); BGH IPRax 1989, 102: In diesem Fall führte die Berücksichtigung der weniger strengen örtlichen Sicherheitsstandards im Ergebnis zu einer Haftungsverschärfung. Anders als im deutschen Recht durfte sich der deutsche Reiseveranstalter nicht auf diese weniger strengen örtlichen bau- und feuerpolizeilichen Standards verlassen, da durch ihre Einhaltung die dem deutschen Reiseteilnehmer gegenüber nach deutschem Recht bestehende Verkehrssicherungspflicht nicht erfüllt werden konnte; anders *Drobnig*, Produkthaftung, in v. Caemmerer, Vorschläge und Gutachten, 298-337 (325, 336).

[21] Vgl.auch Art.7 der Haager Konvention vom 4.5.1971 über das bei Straßenverkehrsunfällen anwendbare Recht, *Jayme / Hausmann*, Internationales Privat- und Verfahrensrecht, Nr.52; das Abkommen wollte die Abgrenzung der Verhaltensnormen der Judikatur überlassen; zu dieser Konvention *Beitzke*, Die 11. Haager Konferenz und das Kollisionsrecht der Straßenverkehrsunfälle, RabelsZ 33 (1969) 204-234, *Staudinger / v.Hoffmann*, Internationales Deliktsrecht Rz.310 m.w.Nachw.; *Stoll* Anknüpfungsgrundsätze bei der Haftung für Straßenverkehrsunfälle und der Produkthaftung nach der neueren Entwicklung des internationalen Deliktsrechts, Festschrift für Kegel S.113-140; *Kropholler*, Zur Kodifikation des Internationalen Deliktsrechts, ZfRV 16 (1975) 256-267.

Auch im Rahmen der internationalen Produkthaftpflicht wird überwiegend nicht die Sonderanknüpfung an diese Sicherheitsstandards vertreten, sondern nur deren Berücksichtigung im Rahmen der Fahrlässigkeitsprüfung oder bei der Bestimmung der Fehlerhaftigkeit des Produkts im Rahmen des Hauptstatuts.[22]

Dagegen schlägt Drobnig im Interesse des Herstellers eine echte Sonderanknüpfung der Sicherheitsstandards vor: Das Risiko ihrer Einhaltung soll für den Hersteller voraussehbar und versicherbar sein.[23] Dies soll auch zur Gleichheit der Wettbewerbsbedingungen am Marktort beitragen.[24] Die Festlegung durch eine besondere Kollisionsnorm lehnt er jedoch wegen der bestehenden Unsicherheiten bei (kommerzieller) Weiterveräußerung der Sache aus dem Vertriebsgebiet ab.

b) Die zugrundeliegenden Überlegungen

Sucht man die der Anknüpfung der Verhaltensnormen und Sicherheitsvorschriften zugrundeliegenden Gesichtspunkte so ergeben sich dieselben wie bei der Anknüpfung des Deliktsstatuts selbst. Dieses sucht nach der Rechtsordnung, zu der die Beteiligten die engste Verbindung haben. Der Anknüpfung an den Tatort liegt die Überlegung zugrunde, daß die deliktische Beziehungen die Beteiligten eher zufällig am Tatort zusammenführen und es sonst am einem überzeugenden Anknüpfungspunkt fehlt. Sie tritt zurück, wenn Schädiger und Geschädigter sich nur vorübergehend in einer Rechtsordnung aufhalten, einer anderen Rechtsordnung aber enger verbunden sind.[25] Auch die Anknüpfung der Verhaltensnormen und Sicherheitsvorschriften sucht nach der Rechtsordnung, von der der Geschädigte den Schutz seiner Rechtsgüter im Einzelfall billigerweise erwarten kann.[26]

Hinzukommen muß aber für Verhaltensnormen und Sicherheitsvorschriften ein gewisser territorialer oder personaler Bezug der Rechtsordnung, der die Sicherheitsvorschrift entnommen wird, zum Sachverhalt oder zu den handelnden

---

[22] Vgl. bei Fn.33.

[23] *Drobnig*, Produkthaftung, in v. Caemmerer (Hrsg.), Vorschläge und Gutachten, 298-337 (325,336).

[24] *Drobnig* (Fn.23) 336; *Sack*, (Fn.19) Festschrift für Ulmer, S.500ff.; *W.Lorenz*, (Fn.18, 26) RabelsZ 37 (1973) 350.

[25] So ausdrücklich BGHZ 90, 294, 299 und die anderen Beispielsfälle bei Fn.10.

[26] So für die deliktische Anknüpfung selbst *W.Lorenz*, Die allgemeine Grundregel betreffend das auf die außervertragliche Schadenshaftung anwendbare Recht, in v. Caemmerer, Vorschläge und Gutachten S.97-159 (116); *Stoll*, Zweispurige Anknüpfung von Verschuldens- und Gefährdungshaftung im internationalen Deliktsrecht, Festschrift für Murad Ferid (1978) 397-416 (413).

Personen. Grundsätzlich unterliegen sowohl die den allgemeinen Verkehr schützenden Sicherheitsvorschriften als auch die bestimmte Personenkreise schützenden Vorschriften der Territorialhoheit des Staates am Handlungsort. Das Ordnungsinteresse des Handlungsortes tritt aber zurück, wenn der Geschädigte im konkreten Fall eher von seinem Heimatrecht Schutz erwarten durfte, wie z.B. bei der Gurtanlegepflicht oder den Vorschriften über die zulässige Blutalkoholkonzentration. Hierbei wird aber nicht der gesamte Unfall einer Rechtsordnung unterworfen, sondern das sachnächste Recht wird nach dem Schutzzweck der Verkehrsnorm und ihrem eigenen Anwendungsinteresse bestimmt. Am nächsten an der Sache ist die Rechtsordnung, die für den konkreten Einzelfall die engste Verbindung zum Tatort oder zu den Beteiligten aufweist.

In der Literatur zu Straßenverkehrsunfällen wird unterschieden zwischen rein tatortgebundenen, territorial wirkenden Verkehrsregeln und örtlich nicht gebundenen, personengebundenen Sicherheitsvorschriften, die einen allgemeinen Sicherheitsstandard bezwecken.[27] Im Falle von Autounfällen nehmen Fahrer und Beifahrer die "örtlich nicht gebundenen Sicherheitsvorschriften" ihres gemeinsamen Heimatrechts gleichsam in der Fahrerkabine mit.[28] Die Unterscheidung zwischen örtlich gebundenen und örtlich nicht gebundenen Sicherheitsvorschriften wird im Einzelfall schwer durchzuhalten sein.[29] Von Hoffmann schlägt daher für die Anwendung der Sicherheitsvorschriften des Deliktsstatuts vor, eine Schutzzweckprüfung vorzunehmen und eine Norm, die den Schutz der Insassen zum Ziel hat, dann anzuwenden, wenn zwischen den Unfallbeteiligten bereits vor dem Unfall eine Sonderbeziehung bestanden hat. Nur in diesem Fall und nicht bei einem zufälligen Zusammentreffen der Personen am Tatort fehle es an einer Außenbeziehung zu den Sicherheitsvorschriften des Tatortes.[30]

Diese für Autounfälle zutreffende Einzelfallprüfung läßt sich zurückführen auf die Frage, von welcher Rechtsordnung der Geschädigte den Schutz billigerweise erwarten durfte. Befand er sich im Fahrzeug, so kann er für Sicherheitsnormen, die sein Verhältnis zum Fahrer betreffen, Schutz am ehesten

---

[27] *Stoll*, Die Behandlung von Verhaltensnormen und Sicherheitsvorschriften, in v. Caemmerer (Hrsg.) Vorschläge und Gutachten 160-180 (178); *Beitzke*, (Fn.21) RabelsZ 33 (1969) 204-234 (231).

[28] OLG Karlsruhe vom 3.10.1984, IPRspr.1984 Nr.34, für die Gurtanlegepflicht, wenn im Unfalland keine Gurtanlegepflicht bestand; ebenso KG vom 30.11.1981, VersR 1982, 1199; BGH vom 21.2.1978, IPRspr.1978 Nr.18 für den zulässigen Blutalkoholgehalt bei Unfall zweier Deutscher in Österreich.

[29] So auch *Staudinger / v. Hoffmann*, Art.38 EGBGB Rz.155.

[30] *Staudinger / v. Hoffmann*, Art.38 EGBGB Rz.155.

vom Deliktsstatut erwarten, das ja nach denselben Kriterien bestimmt wird. Für Sicherheitsnormen, die das Verhältnis des Fahrers zum allgemeinen Verkehr betreffen, sind es die Normen des Handlungsortes.[31] Befand sich der Geschädigte außerhalb des Fahrzeuges, so kann er Schutz nur von den allgemeinen Verkehrsvorschriften des Handlungsortes erwarten.

Der Bezug der Rechtsordnung, der die Normen entnommen werden, zum Sachverhalt ergibt sich für Sicherheitsnormen des Handlungsortes aus der Territorialhoheit des dortigen Staates. Er darf bestimmen, wie sich die Verkehrsteilnehmer auf seinen Straßen zu verhalten haben. Für die an das Verhältnis zwischen den Beteiligten anknüpfenden Normen folgt er aus der Personalhoheit des Staates, der seine Angehörigen oder Personen, die in seinem Gebiet ihren gewöhnlichen Aufenthalt haben, schützen will und dies auch darf.

Im Recht der Produkthaftung ist die Rechtsordnung, von der der geschädigte Erwerber den Schutz billigerweise erwarten kann, das Recht des Marktortes. Hier hat er selbst durch den Erwerb des Produktes die engste Beziehung zum Produzenten aufgebaut.[32] Für Zweit- und Dritterwerber ist dies das Recht des Erwerbsortes[33] und für einen unbeteiligten Dritten, den *innocent bystander*, das Recht des Verletzungsortes.[34] Gesichtspunkte des Vertrauensschutzes zugunsten des Herstellers stehen nicht entgegen. Der Hersteller kann voraussehen, an welchem Markt er die Ware anbieten will. Infolge der Mobilität der Ware muß er damit rechnen, daß sich die durch das Produkt entstehende Gefahr auch außerhalb des Vertriebsgebietes realisiert. Dagegen kann ein Zweiterwerber oder ein *innocent bystander* sich nicht vor Schädigungen durch Waren aus ihm unbekannten Herstellungsländern schützen.[35]

Die Frage nach der Billigkeit der Erwartung des Geschädigten impliziert auf der einen Seite die Frage nach der Rechtsordnung, auf deren Schutz der Geschädigte vertraut, auf der anderen Seite die Frage nach der Vorhersehbarkeit für den Schädiger. Beide Interessen sind gegeneinander abzuwägen.

---

[31] Z.B. das Linksfahrgebot in Großbritannien.

[32] *Staudinger / v.Hoffmann*, Art.38 EGBGB Rz.465.

[33] Im Ergebnis wie hier *Sack* (Fn.19) Festschrift für Ulmer S.503; *Siehr* (Fn.15) RIW 1972, 385, die beide den Marktort aus der Sicht des Letzterwerbers bestimmen wollen.

[34] *Staudinger / v.Hoffmann*, Art.38 EGBGB Rz.464-466; *Stoll* (Fn.21) Festschrift Kegel S.129f.

[35] Anders *Schönberger*, Das Tatortprinzip und seine Auflockerung im deutschen internationalen Deliktsrecht S.70, und *Drobnig* (Fn. 23) unter Berufung auf die gegenüber jedermann bestehende Sorgfaltspflicht des Produzenten, der allerdings mit diesem Argument die Sonderanknüpfung an das Recht des Marktortes befürwortet.

4. Ergebnis

Als Ergebnis ist festzuhalten, daß auch für Verhaltensnormen und Sicherheitsvorschriften grundsätzlich das Deliktsstatut gilt. Wird im Rahmen der Fahrlässigkeitsprüfung die im Einzelfall einzuhaltende Sorgfalt bestimmt, können Normen des Tatortrechtes berücksichtigt werden, wenn der Geschädigte von ihnen im konkreten Fall billigerweise Schutz erwarten konnte. Hinzu kommen muß aber eine über die Territorial- oder Personalhoheit des regelnden Staates vermittelte Beziehung dieses Staates zu dem Geschehensablauf. Angewendet wird dann die Sicherheitsnorm aus der Rechtsordnung, zu der der Sachverhalt in diesem Punkt den nächsten Bezug aufweist. Bei Verkehrsunfällen wird ein enger Bezug entweder durch den gemeinsamen gewöhnlichen Aufenthalt des Schädigers und des Geschädigten in einer Rechtsordnung und die Zulassung und Versicherung des Fahrzeuges dort hergestellt oder durch den Unfall selbst. Der Staat, in dem sich der Unfall ereignet, hat die Territorialhoheit, Verkehrsregeln zu erlassen. Ebenso hat im Produkthaftungsrecht der Markt-, der Erwerbs- oder der Unfallort das Recht, Anforderungen an dort vertriebene Ware oder dort befindliche Produkte zu stellen.

III. Die Regelunglücke bei grenzüberschreitenden Umweltbelastungen

1. Anwendung der gefundenen Regel auf die grenzüberschreitende Umwelthaftung

Die Frage, von welcher Rechtsordnung der Geschädigte den Schutz billigerweise erwarten konnte, führt im Recht der grenzüberschreitenden Umweltbelastungen alternativ in beide Rechtsordnungen. Auf Grund der andauernden Nachbarlage der geschädigten Rechtsgüter zu der störenden Anlage kann der Geschädigte grundsätzlich Schutz von beiden Rechtsordnungen erwarten.[36] Gesichtspunkte des Vertrauensschutzes greifen zugunsten des Schädigers nicht ein. Für ihn ist auf Grund der Nachbarlage die Möglichkeit der Schädigung von Rechtsgütern jenseits der Staatsgrenzen grundsätzlich vorhersehbar. Er kann sich auf das Umweltrecht des Nachbarstaates ebenso einstellen wie ein Produzent auf die Produktsicherheitsnormen des Marktortes.

Im Produkthaftungsrecht oder im Recht der Straßenverkehrsunfälle besteht aber ein *hoheitsrechtlicher* Bezug des Staates, dessen Recht nach einer wertenden Billigkeitsprüfung angewandt wird, zu dem Sachverhalt. Im Recht der grenzüberschreitenden Umweltbelastungen fehlt dieser Bezug. Der Staat, in dem die Störungen eintreten, hat kein Recht, Anforderungen an emittierende

---

[36] *W.Lorenz* (Fn.26) 98,119,126 für den allgemeinen deliktischen Schutz.

Anlagen im Nachbarstaat zu stellen.[37] Er kann lediglich für sein eigenes Gebiet Anforderungen an Luft oder Wasser stellen. Die gefundene Regel ist daher nur anwendbar auf umweltmedienbezogene Qualitätsstandards.

2. Die Lösungen in der Literatur

Um diese Regelungslücke zu schließen, wird auf kollisionsrechtlicher Ebene angeboten, die Haftung in allen Fragen dem am Standort der Anlage geltenden Recht (a) zu unterstellen oder Rechtswidrigkeit und Verschulden gesondert an den Standort der Anlage anzuknüpfen (b). Vertreten wird auch, die nationalen Anforderungen an den Anlagenbetrieb durch transnationale Mindeststandards zu ersetzen (c).

a) Die Anwendung des Rechts am Handlungsort

Ausgehend von der Hypothese, daß die Verflechtung des Umweltverwaltungsrechts mit dem privaten Haftungsrecht in der Europäischen Gemeinschaft und in den Mitgliedstaaten vor allem im Bereich der Gefährdungshaftung in Zukunft enger werden wird, sucht Kreuzer[38] die sachnormgerechte Anknüpfung[39] im Recht des Staates, in dem die störende Anlage gelegen ist. Diese Anknüpfung vermeidet sowohl die Schwierigkeit der Anknüpfung von Sicherheitsnormen als auch die Brüche, die durch eine kollisionsrechtliche Spaltung zwischen öffentlichem und privatem Umweltrecht möglicherweise entstehen können.

Kreuzer sieht die Funktion des Umwelthaftungsrechts im Schadensausgleich und in der Prävention von Umweltbeeinträchtigungen. Es sei erwiesen, daß diese Zwecke nur erreicht werden könnten, wenn die verschiedenen Normen, die einen Lebensbereich regeln, *in toto* angewandt werden. Der gerechte Schadensausgleich sei gefährdet, wenn die gemischt öffentlich-rechtliche und privatrechtliche Konzeption des Umwelthaftungsrechts zerrissen werde. Daher gewährleiste nur die Anknüpfung an den Handlungsort, daß die Zwecke des Umwelthaftungsrechts erfüllt werden, da sie es ermögliche, auf ein Ereignis insgesamt dasselbe Recht anzuwenden. Der Schädiger könne sich mit seinen

---

[37] Siehe auch *Jayme*, Haftung für grenzüberschreitende Umweltbelastungen, Heidelberger Kolloquium 205-219 (216).

[38] *Kreuzer*, Umweltschäden und Umweltstörungen im Kollisionsrecht, Berichte der Deutschen Gesellschaft für Völkerrecht, Heft 32, 245-311 (302).

[39] *Wengler*, RGRK VI § 10 S.225 f.; *Zweigert*, Die Dritte Schule im internationalen Privatrecht, Festschrift Raape (1948) 35, 50; *Kahn*, Bedeutung der Rechtsvergleichung mit Bezug auf das internationale Privatrecht, ZIR 10 (1900) 97, 99.

Vorsorgemaßnahmen auf das geltende Recht bezüglich des Haftungsinhalts, der Versicherungspflichten oder des Schadenseintritts voll einstellen. Die Berechenbarkeit des anwendbaren Rechts erleichtere schließlich die Versicherbarkeit und die Abwicklung im Hinblick auf Fondslösungen.[40] Diese Anknüpfung sei einzig sachnormgerecht, da sie den Konflikt minimiere, der durch die Anwendungskonkurrenz mehrerer nationaler Rechtsordnungen hinsichtlich der Regelung von transnationalen Sachverhalten entsteht.[41]

Der Schutz der Betroffenen müsse gegenüber diesen Überlegungen zurücktreten, da von diesen keine Vorsorgemaßnahmen erwartet würden. Als kollisionsrechtlicher Gesichtspunkt verliere der Schutz der Betroffenen durch die Rechtsangleichung des Schutzniveaus innerhalb der Europäischen Gemeinschaft auch seine Bedeutung.[42]

Kreuzers These dehnt wie schon die frühe Rechtsprechung des Reichsgerichts zu den Bergschadensfällen den territorialen Ansatz des internationalen Verwaltungsrechts auf das internationale Deliktsrecht aus. Die Länder hatten interlokal verschiedene Berggesetze erlassen, die die an sich gegebenen Abwehransprüche zugunsten von Haftungsvorschriften ausschlossen. Hatte der Bergbau in einem Land Auswirkungen außerhalb von dessen Grenzen, so stellte sich die Frage der grenzüberschreitenden Anwendbarkeit der bergrechtlichen Vorschriften.

> Grundlegend ist die Entscheidung des Reichsgerichts vom 6.2.1899.[43] Das Graben eines Stollen auf dem Gebiet von Brunswick hatte zur Absenkung des Grundwassers auf dem anliegenden preußischen Gebiet geführt. Das Reichsgericht unterschied hier zwischen einer bergbaurechtlich vollendeten Handlung, die ihren bergrechtlichen Zweck erfüllt habe und dem durch sie hervorgerufenen Schaden als eine nach der Vollendung liegende besondere Wirkung und lehnte mit dieser Begründung die bergrechtliche Haftung für außerhalb des Geltungsgebiets des Gesetzes eingetretene Schäden ab. Eine Überschreitung des Gebiets, in dem ein bestimmtes Bergrecht gelte, liege so lange nicht vor, als sich die einzelne Betriebshandlung innerhalb dieses Gebietes vollende, das heißt, ihren bergbaurechtlichen Zweck erfülle, zu dessen Erreichung sie vorgenommen sei.

---

[40] *Kreuzer* (Fn.38) 306,307.

[41] *Kreuzer* (Fn.38) 304 f.

[42] *Kreuzer* (Fn.38) 304.

[43] SeuffA 44 Nr.161.

In einem 40 Jahre später ergangenen Urteil setzte das Reichsgericht diese Rechtsprechung fort:

> Ein preußischer Kläger erlitt durch einen hauptsächlich auf sächsischem Gebiet aber auch in Preußen betriebenen Bergbau Schäden. Die für seinen Schaden maßgeblichen Abbauhandlungen hatten auf preußischem Gebiet stattgefunden. Das Reichsgericht lehnte die Anwendung der dem Kläger günstigeren sächsischen Verjährungsvorschrift des bergrechtlichen Anspruches mit der Begründung ab, der Bergbau sei keine unerlaubte oder einer solchen Handlung gleichzusetzende Handlung. Anwendbar sei daher das Recht an dem Ort, wo der Bergbau betrieben werde. Die gesetzliche Haftung könne sich nur nach dem Gesetz bestimmen, nach dem der Bergbau betrieben werde. Die Landesgesetze wollten nur den Bergbau in ihrem Geltungsbereich regeln.[44]

Kreuzer und das Reichsgericht werden der territorialen Beschränkung der öffentlich-rechtlichen anlagenbezogenen Sicherheitsvorschriften gerecht, indem sie den Nachdruck des Umwelthaftungsrechts auf die öffentlich-rechtliche Regelung legen. Die Beschränkung der Handlungsfreiheit des Anlagenbetreibers bestimmt im nationalen Umweltrecht den Umfang des Schutzes der von den Auswirkungen Betroffenen. Sie mit *Kreuzers* Ansatz auch kollisionsrechtlich zum entscheidenden Gesichtspunkt zu machen[45] vernachlässigt jedoch den die Erwartung der Betroffenen, daß ihre Rechtsgüter nach den Richtlinien ihrer Umgebung geschützt werden. Kreuzer stützt seine These insoweit auf die Einheitlichkeit des Schutzniveaus in der Europäischen Gemeinschaft. Ein einheitliches Schutzniveau zu gewährleisten ist indessen nicht der Ansatz des Europäischen Umweltrechts, das nur einen Mindestschutz garantieren will und im Interesse eines wirksamen Umweltschutzes ja gerade die Überschreitung der Gemeinschaftsstandards durch weitergehende nationale Regeln zuläßt.[46] Für die gemeinschaftsweit geltenden Grenzwerte ist bereits jetzt in fast allen auf der Grundlage von Art.100 und Art.235 EWGV erlassenen Richtlinien eine Überschreitung durch schärfere nationale Grenzwerte vorgesehen.[47]

---

[44] RG vom 10.3.1938, JW 1938, 1043.

[45] So bereits *Rabel*, Conflict of Laws S.331, 332: "...the situation is special: Mine laws are strictly territorial, not intended to be applied to foreign mines or soil. They decide the lawful or unlawful nature of acts as well as the liability for risk. This seems to be the right decision for any country."; *Neumeyer*, Internationales Verwaltungsrecht II, 44-51.; *Frankenstein* IPR II S.96.

[46] Art.130 t, Art.100 a EWGV.

[47] Art.10 der Richtlinie 76/464/EWG betreffend die Verschmutzung infolge der Ableitung bestimmter gefährlicher Stoffe in die Gewässer der Gemeinschaft, ABl L 129 S.23; Art.3 der Richtlinie 82/176/EWG betreffend Grenzwerte und Qualitätsziele für Quecksilberableitungen aus dem Industriezweig Alkalichloridelektrolyse, ABl L 81 S.29; Art.3 der Richtlinie 83/514/EWG betreffend Grenzwerte und Qualitätsziele für Cadmiumableitungen, ABl L 291 S.1; Art.3 Abs.3 der Richtlinie 84/156/EWG betreffend Grenzwerte und Qualitätsziele für Quecksilberableitungen

b) Sonderanknüpfung der Rechtswidrigkeitsprüfung an den Handlungsort

Sturm geht in seinem Gutachten[48] zu Recht davon aus, daß nach dem Recht des Handlungsortes die Übereinstimmung des Anlagenbetriebes mit den dortigen öffentlich-rechtlichen Betriebsvorschriften in der Regel auch die Haftung ausschließen und die Vollstreckung von Entscheidungen, die das am Handlungsort geltende Recht außer Acht lassen, zumindest dann erschweren würde, wenn die Übereinstimmung mit diesem Recht durch eine hoheitliche Entscheidung festgeschrieben ist.[49] Stünde die Anlage im Inland, würden Rechtfertigungs- und Schuldausschließungsgründe, die sich aus dem deutschen Recht ergeben, von deutschen Gerichten auch gegenüber Ansprüchen aus ausländischem Recht angewandt. Sturm schlägt daher die spiegelbildliche Anwendung ausländischer Rechtfertigungs- und Schuldausschließungsgründe auch gegenüber Ansprüchen vor, die auf inländisches Recht gestützt werden.[50]

Letztlich beruft sich Sturm damit auf die Grundsätze der Sonderanknüpfung ausländischen zwingenden Rechts. Seine Ansicht ist folgerichtig für die von ihm diskutierte Frage, welchen Einfluß eine nach dem Recht des Handlungsortes erteilte Genehmigung auf den inländischen Abwehranspruch hat. Hier hat der Staat, in dem die Anlage liegt, die Möglichkeit, spätestens im Vollstreckungsverfahren eigene Vorstellungen durchzusetzen. Die Überlegungen sind aber nur insoweit auf Schadenersatzansprüche übertragbar, als auch diese durch eine ausländische Genehmigung ausgeschlossen werden. Dies ist jedoch nur in Ausnahmefällen so.[51] In der Regel konkretisieren hoheitliche Genehmigungen im Hinblick auf die Haftung lediglich die Betriebspflichten des Anlagenbetreibers und lassen im Einzelfall den Einwand zu, daß erhöhte Anforderungen an seine Sorgfalt zu stellen gewesen wären.[52]

ABl L 74 S.49; Art.5 der Richtlinie 80/68/EWG über den Schutz des Grundwassers gegen Verschmutzung durch bestimmte gefährliche Stoffe, ABl L 20 S.43; Art.3 Abs.3 der Richtlinie 86/280/EWG betreffend Grenzwerte und Qualitätsziele für die Ableitung bestimmter gefährlicher Stoffe im Sinne der Liste I im Anhang der Richtlinie 76/464/EWG, ABl L158 S.32.

[48] *Sturm*, Immissionen und Grenzdelikte, in v. Caemmerer (Hrsg.), Vorschläge und Gutachten 338-360.

[49] *Sturm* (Fn.48) S.358.

[50] *Sturm* (Fn.48) S.359, 360.

[51] Siehe § 12 Abs.2 des österreichischen WRG für die im einem wasserrechtlichen Bescheid aufgenommenen privaten Rechte Dritter; § 14 BImSchG und die Folgeansprüche; Art. L 122 - 16 des französischen Code d'Orientation Agricole; im übrigen hindert im französischen Recht nach dem Gewaltenteilungsgrundsatz eine Genehmigung nicht die Vollstreckung von Urteilen, die Schadenersatz zusprechen; die Gerichte können alle Anordnungen erlassen, die inhaltlich der Genehmigung nicht widersprechen.

[52] Vgl. BGHZ 92, 143; Conseil d'État v. 9.11.1984, J.C. fasc.265-1 no.2; Cass.civ. v. 8.3.1978, Bull.civ. II no.51.

Wird hier dem Beklagten über die Sonderanknüpfung von Rechtswidrigkeit und Verschulden die haftungsausschließende Berufung auf die Einhaltung öffentlich-rechtlicher Vorschriften eröffnet, so werden dem Geschädigten die Vorteile des Günstigkeitsprinzips wieder genommen. Sturms Vorschlag bietet daher eine Lösung nur für die Fälle, in denen die Berufung auf die ausländische Genehmigung auch den Schadenersatzanspruch ausschließt und daher die Vollstreckung des Urteils am Standort der Anlage gefährdet ist. Allerdings bleibt auch in diesem Fall die Vollstreckung in inländisches Vermögen des beklagten Unternehmens möglich. Es würde daher in jedem Fall zu weit gehen, hier für den Regelfall Schadenersatzansprüche auszuschließen.

c) Transnationale Mindeststandards als Haftungsgrundlage

Angesichts der Regelungslücke im internationalen Haftungsrecht, die durch die fehlende Befugnis der Staaten entsteht, Anforderungen an den Betrieb von Anlagen im Ausland zu stellen, schlägt Jayme vor, transnationale Mindeststandards zum Maßstab für die an den Betrieb einer Anlage zu stellenden Anforderungen zu nehmen.[53]

Die Lösung erscheint auf den ersten Blick bestechend. Sie umgeht über die Bindung der Staaten an übernationales Recht die fehlende Befugnis des Erfolgsortes, Anforderungen an Anlagen außerhalb seines Staatsgebietes zu stellen. Auf den zweiten Blick ergeben sich aber dieselben Bedenken wie im Falle der völkerrechtlichen Regeln als Anerkennungsmaßstab für ausländische Genehmigungen.[54] Das internationale Recht enthält wenig verbindliche Grenzwerte für emittierende Anlagen. Es richtet sich unmittelbar an die Staaten und nicht an die Anlagenbetreiber. Bestehen medienbezogene Grenzwerte, so sind diese im Verhandlungswege zwischen den Staaten und innerhalb der Staaten zwischen den Anlagen aufzuteilen. Die Verletzung einer völkerrechtlich definierten Betriebspflicht wird daher, sieht man von deren primären Verbindlichkeit gegenüber Staaten ab, nur in Ausnahmefällen bei eklatanten Schädigungen durch eine emittierende Anlage in Frage kommen.[55]

aa) Das Umweltrecht der Vereinigten Staaten als Vergleichsmaßstab

Die von *Jayme* als Vergleichsmaßstab herangezogene Entscheidung des US Supreme Court *International Paper Company v. Harmel Quellette* eignet sich

---

[53] *Jayme* (Fn.37) S.216.

[54] Siehe oben 2.Teil, Kapitel 3, V.3.b)aa) und 3.Teil, Kapitel 1, V. 2.b.

[55] Zum Recht der Europäischen Gemeinschaft als transnationaler Mindeststandard vgl. u. bb).

hierfür nur sehr begrenzt und ist im übrigen nicht unumstritten.[56] Der Streit betrifft Einleitungen aus einer Papierfabrik in den auf der Grenze zwischen den Bundesstaaten New York und Vermont gelegenen Lake Champlain. Die Fabrik leitete mit einer Rohrleitung, die erst kurz vor der Staatsgrenze endete, Abwässer von der New Yorker Seite in den See ein. Die Anwohner auf der Seite vom Vermont beklagten eine drastische Verschlechterung der Wasserqualität auf ihrer Seite und stützten ihren Schadenersatzanspruch auf das Recht von Vermont.

Das Gericht befand, daß sich auch die Schadenersatzansprüche ausschließlich nach dem Recht von New York richteten, da die Anlage dort gelegen war. Der Supreme Court sah den Clean Water Act[57] als abschließende Regelung für zivile Schadenersatzklagen auf Grund Staatsgrenzen überschreitender Immissionen an. Das Bundesgesetz gehe dem Recht der Einzelstaaten insoweit vor, als letzteres mit den Methoden des Clean Water Act in Konflikt gerate.[58] Der Clean Water Act in der seit 1972 geltenden Fassung sieht für punktuelle Verschmutzungsquellen[59] eine Genehmigungspflicht durch Bundesbehörden vor.[60] Die Anlagen müssen im Gesetz festgelegte Mindeststandards einhalten.[61] Zugunsten einer Anlage, die in Einklang mit den in der Genehmigung festgesetzten Bedingungen betrieben wird, wird vermutet, daß sie alle gesetzlichen Vorschriften einhält. Sie unterliegt dann keinen im Clean Water Act vorgesehenen Vollstreckungsmaßnahmen mehr.[62]

Der Supreme Court stützt seine Entscheidung auf drei Gesichtspunkte. Bereits früher hatte er entschieden, daß die Regelung der grenzüberschreitenden Wasserverschmutzung eine bundesrechtliche Frage sei.[63] Als Begründung hatte er

---

[56] 107 S.Ct.805 (1987); 479 U.S.481; die folgenden Zitate beziehen sich auf die erste Fundstelle; die Entscheidung wurde mit einer Mehrheit von 5:3 Stimmen erlassen; siehe die *dissenting vote* unter Berufung auf *Erie Railroad Company v. Tomkins* 304 U.S. 64 (1938) und die Kritik in der Literatur; *Hill*, Preemption of State Common Law Remedies by Federal Environmental Statutes: *International Paper Company v. Harmel Quellette*, 14 Ecology Law Quartelery 541 (1987); *Glicksman*, Federal Preemption and Private Legal Remedies for Pollution, 134 University of Pensylvania Law Review 121 (1985); *Stewart*, Pyramids of Sacrifice, Federalism and State Implementation, 1977 Yale Law Review 1196. Die Erörterung der aus der Geschichte des Clean Water Act begründeten Einwendungen würde im vorliegenden Zusammenhang zu weit führen.

[57] 33 U.S.C. Sections 1251 und folgende.

[58] 107 S.Ct. 805 (812).

[59] Sogenannte "point sources".

[60] "National Pollutant Discharge Elimination System", NPDES.

[61] 33 U.S.C. Section 1311.

[62] 33 U.S.C. 1317; möglich sind öffentliche Vollstreckungsmaßnahmen nach Section 1319 und die Bürgerklage auf Einhaltung der gesetzlichen Bestimmungen, Section 1365.

[63] *Illinois v. City of Milwaukee*, 406 U.S. 91 (1972) und *City of Milwaukee v. Illinois* 451 U.S. 304 (1981).

sich auf den (bundes-)staatlichen Souveränitätsverzicht berufen.[64] Zum anderen werde durch das Genehmigungssystem der Bundesbehörden ein Ausgleich zwischen öffentlichen und privaten Interessen geschaffen, der nicht durch Schadenersatzansprüche nach einzelstaatlichem Recht wieder in Frage gestellt werden sollte. Das Recht der einzelnen Bundesstaaten sei daneben nur insoweit anwendbar, als es in diesem Genehmigungsverfahren ausdrücklich vorbehalten worden sei.[65] Im Unterschied zu dem Staat, in dem die Anlage sich befände,[66] habe der Staat, in dem die Störung eintrete, im Genehmigungsverfahren keinerlei Rechte. Obwohl der Clean Water Act die deliktischen Ansprüche nicht regelt, könne daher nur nach dem Deliktsrecht des Staates, in dem die Anlage sich befindet, Schadenersatz begehrt werden, weil nur dieses bei der Erteilung der Genehmigung berücksichtigt worden sei.

Diese die Entscheidung tragenden Argumente sind nicht auf europäische Verhältnisse übertragbar. Die Regelung der grenzüberschreitenden Verschmutzung ist nicht Aufgabe der Europäischen Gemeinschaften, sondern bleibt bei den Mitgliedstaaten. Durch den Eintritt in die Europäischen Gemeinschaften haben die Mitgliedstaaten nicht derart weitgehend auf Souveränitätsrechte verzichtet wie die Teilstaaten der USA. Der Clean Water Act ist in den Bundesstaaten der Vereinigten Staaten unmittelbar geltendes Recht. Zu seinem Vollzug sind eigens geschaffene Bundesbehörden berufen. Er begründet selbständige Genehmigungespflichten. Der durch ihn erreichte Interessenausgleich ist weit konkreter als der im internationalen oder europäischen Recht erreichte Interessenausgleich.

bb) Das Umweltrecht der Europäischen Gemeinschaften als transnationaler Interessenausgleich

Das sekundäre Umweltrecht der Europäischen Gemeinschaften könnte jedoch auch in haftungsrechtlicher Hinsicht einen transnationalen Mindest- oder Höchststandard darstellen. Hier geht es aber anders als bei der Anerkennung von Genehmigungen nicht um einen zwischenstaatlichen Interessenausgleich,[67] sondern um die unmittelbare Geltung des Gemeinschaftsrechts als Haftungsgrundlage im Verhältnis zwischen Privatpersonen.

---

[64] 406 U.S. 91 (105); Den Staaten wird das "ökologische Recht" zugestanden, eine unberechtigte Beeinträchtigung ihres Territoriums abzuwehren; *Texas v. Pankey* 441 F2d 236, 240 (10 th.Cir.1971); *Georgia v. Tennessee Copper* 206 US 237, 238 (1907). Durch den Eintritt in die Union hätten die Staaten auf diese Souveränitätsrechte verzichtet.

[65] Siehe 107 S.Ct. 805 (811f).

[66] Der Staat, in dem die Anlage ihren Standort hat, muß nach 33 U.S.C 1342 eine Erklärung abgeben, daß die Anlage auch mit seinen gesetzlichen Anforderungen übereinstimmt.

[67] Vgl. oben Kapitel 1, V.2.c) bb).

Nach der ständigen Rechtsprechung des Europäischen Gerichtshofes können Einzelne aus Richtlinien, die sich ja an die Mitgliedstaaten wenden, nicht unmittelbar in Anspruch genommen werden.[68] Entscheidendes Argument ist, daß sich Richtlinien an die Staaten wenden und den Privatpersonen das sekundäre Gemeinschaftsrecht als Rechtsquelle nicht unmittelbar zugänglich ist. Gegenüber Gemeinschaftsbürgern begründet es keine Pflichten und stellt auch keine Sanktionen für den Verstoß gegen seine Regeln zur Verfügung.

Durch Richtlinien werden daher nach dem derzeitigen Stand der Rechtsprechung keine unmittelbar bindenden Betriebspflichten eines Anlagenbetreibers begründet, aus denen der Geschädigte diesem gegenüber einen unmittelbaren Anspruch ableiten könnte. Es erscheint jedoch nicht ausgeschlossen, daß auf Grund der engen Verbindung zwischen öffentlichem Aufsichtsrecht und privatem Haftungsrecht im Umweltbereich die direkte Geltung von gegenüber Staaten geltenden Richtlinien auch auf das Verhältnis zwischen dem Anlagenbetreiber und dem Geschädigten ausgedehnt werden kann. Aus der Direktwirkung der Richtlinie folgt ein Anspruch des Betroffenen gegen den Staat auf die Einhaltung strikterer Umweltschutzstandards[69] Dieser Anspruch muß auf Grund des grenzüberschreitendenCharakters des europäischen Umweltrechts, das nicht zwischen grenzüberschreitenden und nicht grenzüberschreitenden Immissionen differenziert, und wegen des Gleichbehandlungsgrundsatzes in Art.7 EWGV auch gegenüber einem Mitgliedstaat gelten, in dem der Betroffene nicht ansässig ist.[70] Die Staaten müssen diese Ansprüche gegenüber Anlagenbetreibern auf ihrem Staatsgebiet durchsetzen. Von hier aus ist es nur noch ein kleiner Schritt, dem Geschädigten einen Direktanspruch gegen den Anlagenbetreiber auf der Grundlage der Richtlinie zuzuerkennen.

Dies sei hier jedoch nur angedeutet, da die Regelunglücke in anderer Weise gefüllt werden kann.

3. Die eigene Lösung: Verhaltensnormen und Sicherheitsvorschriften aus dem Deliktsstatut

Wie sollte nun aber die Regelungslücke im internationalen Umwelthaftungsrecht geschlossen werden? Auch im Rahmen der internationalprivatrechtlichen Anknüpfung ist von der Einheitlichkeit des Umweltrechts auszugehen. Die kollisionsrechtliche Verweisung umfaßt daher alle öffentlich-rechtlichen und privatrechtlichen Vorschriften, die die Haftungsfrage regeln. Führt das Gün-

---

[68] EuGH, Sammlung 1986, 723 = NJW 1986, 2178; EuGH Sammlung 1987, 3969, 3985; speziell zum Umweltbereich EuGH Sammlung 1987, 2141.

[69] Vgl. oben EuGH Sammlung 1986, 723 = NJW 1986, 2178.

[70] *Jans*, Grenzüberschreitendes Umweltrecht S.77.

stigkeitsprinzip zur Anwendung des am Standort der Anlage geltenden Rechts, so ist die Einheitlichkeit gewahrt. Ist aber das Recht am Erfolgsort berufen, so sind auf Grund der internationalprivatrechtlichen Verweisung grundsätzlich auch die dortigen anlagenbezogenen und umweltmedienbezogenen Sicherheitsstandards berufen, auch wenn sie nur auf inländische Anlagen zugeschnitten sind. Die Antwort ist hier weniger kompliziert, da den öffentlich-rechtlichen Betriebspflichten im Rahmen des deliktischen Schadenersatzanspruches eine andere Bedeutung zukommt als privatrechtsgestaltenden Verwaltungsakten bei der Einschränkung des Eigentums. Ihre Einhaltung begründet in der Regel nur eine widerlegbare Vermutung für die Rechtmäßigkeit oder Nichtursächlichkeit des Anlagenbetriebes für die Rechtsgutsverletzung.[71] Die öffentlich-rechtlichen Betriebspflichten werden auch im innerstaatlichen Recht nie direkt angewandt, sondern die in ihnen enthaltene Rechtsfolge wird lediglich mittelbar bei der Ausfüllung unbestimmter Rechtsbegriffe oder in der Beweisfrage berücksichtigt.

Werden die inländischen Betriebsanforderungen an inländische Anlagen in dieser Weise auch gegenüber ausländischen Anlagen angewandt, so verstößt dies nicht gegen den Souveränitätsgedanken, da die inländischen Anforderungen nicht hoheitlich im Verwaltungswege angewendet werden, sondern die hier vom inländischen Gesetzgeber getroffene Wertung nur bei der Ausfüllung unbestimmter Rechtsbegriffe berücksichtigt wird. Wie im Rahmen des sachenrechtlichen Abwehranspruches ist die Lösung auf der Ebene des Sachrechts zu suchen. Es ist eine Frage des inländischen Haftungsrechts, ob ausländischen Betriebspflichten die beweisrechtlich die gleiche Wirkung zukommen soll wie inländischen.[72]

a) § 6 Umwelthaftungsgesetz und ausländische Betriebspflichten

Nach § 6 Abs.2 UHG findet die Vermutung der individuellen Kausalität keine Anwendung, wenn die Anlage bestimmungsgemäß betrieben wurde. Die Regelung sollte den Anlagenbetreiber belohnen, der seine öffentlich-rechtlichen Betriebspflichten einhält.[73] Dieser muß den Vollbeweis erbringen, daß er im fraglichen Zeitpunkt oder Zeitraum bezüglich des als Schadensursache in Frage kommenden Stoffes alle Betriebspflichten eingehalten hat.[74] Gelingt ihm dies, so steht es dem Geschädigten offen, den Vollbeweis der individuellen Kausali-

---

[71] Vgl. oben Teil 1, Kapitel 1, III.1.; Kapitel 2, II.2.; Kapitel 3, III.1.b) bb):

[72] So bereits für das Wettbewerbsrecht *Ferid*, Im Ausland erfüllte Tatbestandsmerkmale inländischer Sachnormen, GRUR int.1973, 472-478; *Heßler*, Sachrechtliche Generalklausel und internationales Familienrecht S.153.

[73] *Schmidt-Salzer*, Umwelthaftungsrecht, § 6 Rz.224.

[74] *Schmidt-Salzer* (Fn.73) § 6 Rz.225.

tät zu erbringen.[75] § 6 Abs.2 UHG ist ausschließlich auf inländische Betriebspflichten abgestimmt. Diesen sind ausländische Anlagenbetreiber nicht unterworfen.

Kann nun dem Geschädigten diese Beweiserleichterung nicht zukommen, weil die schädlichen Einflüsse von einer im Ausland gelegenen Anlage ausgehen oder soll der Schädiger sich nicht auf die Einhaltung von Betriebspflichten berufen können und daher ohne Entlastungsmöglichkeit haften?[76] Beide Ergebnisse sind von § 6 Abs.2 UHG wohl nicht gewollt. Die Vorschrift will einerseits den Geschädigten beweisrechtlich entlasten und andererseits die in Übereinstimmung mit öffentlich-rechtlichen Vorschriften betriebenen Anlagen beweisrechtlich privilegieren. Von diesem Zweck her sind die ausländischen Betriebspflichten auf ihre Gleichwertigkeit mit den inländischen zu überprüfen. Hinsichtlich der Beweiserleichterung für den Geschädigten stehen ausländische Betriebspflichten inländischen gleich. Verletzt daher ein ausländischer Anlagenbetreiber seine öffentlich-rechtlichen Betriebspflichten am Standort der Anlage, so haftet er auf Grund vermuteter Kausalität. Dagegen soll die beweisrechtliche Privilegierung des Normalbetriebes nur dem Produzenten zugute kommen, der nicht nur in formaler Übereinstimmung mit den Pflichten am Standort der Anlage produziert, sondern auch materiell die in deutschen Rechtsnormen festgelegten Werte einhält. Nur für diese sind nach der gesetzgeberischen Wertung die Schäden in der Regel ausgeschlossen. Will der Anlagenbetreiber die so vermutete Kausalität durch den Gegenbeweis ausschließen, so muß er zusätzlich zum Beweis der Einhaltung der örtlichen Betriebspflichten beweisen, daß diese den deutschen Betriebspflichten im Hinblick auf die Schadensprävention gleichwertig sind. Ein ausländischer Anlagenbetreiber ist bei dieser Lösung stärker belastet als ein vergleichbarer Inländer. Die entspricht jedoch der durch die Nachbarlage hervorgerufenen besonderen Situation. Der Eintritt von Schäden jenseits der Staatsgrenzen ist für den Betreiber einer Anlage im Nachbarstaat vorhersehbar. Er kann sich daher auch auf die im Nachbarstaat geltenden Schadstoffhöchstwerte einstellen. Er muß dies auch tun, will er erfolgreich einen Entlastungsbeweis führen und nicht der verschärften Haftung unterliegen.

b) Die Haftung nach § 823 Absatz 1

Im Rahmen der Haftung nach § 823 Abs.1 BGB indiziert die Verletzung öffentlich-rechtlicher Betriebspflichten die Rechtswidrigkeit einer Schädigung. Andererseits schließt ihre Einhaltung den Fahrlässigkeitsvorwurf aus. Der

[75] *Schmidt-Salzer* (Fn.73) § 6 Rz.232.

[76] So offenbar *Kreuzer* (Fn.38) 299, der sich, soweit ersichtlich, bisher als einziger mit dem Problem auseinandergesetzt hat. Bei *Schmidt-Salzer* (Fn.73) fehlt in der Erörterung des § 6 die Auseinandersetzung mit ausländischen Immissionen.

Geschädigte muß dann nachweisen, daß im Einzelfall weitergehende Schutzpflichten einzuhalten gewesen wären. Wird diese Wirkung auch ausländischen Betriebspflichten zuerkannt, etwa der Einhaltung der Anforderungen in einer öffentlich-rechtlichen Genehmigung, so sind inländische Anlieger einer im Ausland gelegenen Anlage gegenüber inländischen Anliegern einer Anlage im Inland benachteiligt, wenn im Ausland weniger strenge Schutzvorkehrungen einzuhalten sind.

Diesem Nachteil kann aber durch eine auslandsbezogene Würdigung des Sachverhalts begegnet werden. Weichen die im Inland und im Ausland einzuhaltenden Schutzvorkehrungen erheblich voneinander ab, so tritt die zivilrechtliche Entlastung auch für die Anlage im Ausland nur ein, wenn die Anlage die weitergehenden deutschen Schutzpflichten einhält oder wenigstens vergleichbare Vorkehrungen trifft. Aus der Tatsache, daß im Inland weitergehende Schutzpflichten gelten und die Anlage dorthin emittiert, ergibt sich für den Anlagenbetreiber die Notwendigkeit, diese weitergehenden Schutzpflichten einzuhalten, will er nicht der Haftung im Nachbarstaat unterliegen.

c) Die Haftung nach § 823 Abs.2 BGB auf Grund der Verletzung eines Schutzgesetzes

Als im Sinne des § 823 Abs.2 BGB drittschützende Normen kommen dagegen nur Normen am Standort der Anlage in Betracht. Nur diesen ist der Anlagenbetreiber tatsächlich unterworfen. Sie können allerdings nur dann haftungsbegründend wirken, wenn sie nach ihrem Zweck auch Rechte außerhalb der Staatsgrenzen begründen wollten. Dies gilt besonders für nationale Rechtsvorschriften, die drittschützendes Gemeinschaftsrecht umsetzen. Nach der ständigen Rechtsprechung des Europäischen Gerichtshofes können durch Vorschriften des Gemeinschaftsrechts subjektive öffentliche Rechte begründet werden, wenn der Gemeinschaft oder den Mitgliedstaaten klare und uneingeschränkte Verpflichtungen auferlegt werden, die von keiner weiteren Bedingung abhängen. Die Mitgliedstaaten sind verpflichtet, im innerstaatlichen Recht subjektive öffentliche Rechte zu begründen, wenn die Richtlinien darauf ausgerichtet sind. Erforderlich ist, daß ein wesentliches Schutzgut der Richtlinie dem Einzelnen zugute kommen soll und die Richtlinie deutliche Vorgaben für die Art des Schutzes macht.[77] Die Bedenken gegen die unmittelbare Anwendung von Richtlinien gelten nicht mehr, sobald die Richtlinie in innerstaatliches Recht umgesetzt ist.

---

[77] *Zuleeg*, Umweltschutz in der Rechtsprechung des Europäischen Gerichtshofes, NJW 1993, 31-38 (37).

Hat der ausländische Staat entgegen seiner Verpflichtung drittschützendes Gemeinschaftsrecht nicht umgesetzt, so kann dem inländischen Recht im Wege der europarechtskonformen Auslegung seines Anwendungsbereichs ein gemeinschaftsweiter Geltungsbereich zuerkannt werden.[78] Allerdings gerät auch diese Auffassung in Konflikt mit der Rechtsprechung des Europäischen Gerichtshofes, nach der die Richtlinien im Verhältnis zwischen Privatpersonen keine Pflichten begründen.[79]

d) Die mittelbare Anwendung inländischer Betriebspflichten auf Anlagen im Ausland und der fehlende territoriale Bezug

Die hier angebotene Lösung der auslandsbezogenen Auslegung der unbestimmten Rechtsbegriffe des inländischen Sachrechts führt im Ergebnis dazu, daß ausländische Anlagenbetreiber, wollen sie nicht der Haftung im Inland unterliegen, den Betrieb ihrer Anlagen auch nach inländischen Sicherheitsanforderungen ausrichten müssen. Der in den übrigen Fällen deliktischer Haftung feststellbare territoriale oder personale Bezug der inländischen Sicherheits- und Produktionsnormen zu den im Ausland gelegenen Anlagen fehlt jedoch.

Es besteht lediglich ein wirkungsmäßiger Bezug durch die Nachbarlage und die Tatsache, daß die Wirkungen des Anlagenbetriebes in dem Land eintreten, dessen anlagenbzogenes Aufsichtsrecht angewandt wird. Im internationalen Kartellrecht ist anerkannt, daß ein Staat sein nationales Recht auch auf Unternehmen außerhalb seines Staatsgebietes anwenden darf, wenn sich deren wettbewerbsbeschränkendes Verhalten auch im Inland auswirkt.[80] Voraussetzung ist, daß die Auswirkung auf das Inland beträchtlich, unmittelbar und vorhersehbar ist. In diesem Fall besteht sogar die Befugnis zum Erlaß kartellrechtlicher Hoheitsakte.

Im Falle grenzüberschreitender Immissionen ergeben sich die Unmittelbarkeit und die Vorhersehbarkeit des Schadenseintritts im Ausland aus der Nachbarlage. Aus dem Erfordernis der Erheblichkeit ergibt sich, daß nicht jede Differenz der nationalen Betriebspflichten beiderseits der Staatsgrenzen zur grenzüberschreitenden Anwendung der strengeren Vorschriften im Rahmen des Haftungsstatuts berechtigt. Erforderlich ist eine erhebliche Abweichung der nationalen Betriebsstandards. Die Vorhersehbarkeit erfordert eine gewisse räumliche Verbindung der Anlage zu den beeinträchtigten Rechtsgütern. Dieses

[78] So *Jayme*, Internationales Privatrecht und europäischer Binnenmarkt S.32.

[79] Nachweise oben bei Fn.68.

[80] *Meessen*, Völkerrechtliche Probleme des internationalen Kartellrechts, S.171.

Erfordernis entkräftet den von Jayme vorgebrachten Einwand, die eigenen Richtwerte könnten nicht auf alle potentiellen Umweltschädiger der Welt angewandt werden[81] Ist die störende Anlage so konzipiert, daß sie ihre Emissionen[82] weiträumig verteilt, kann sich durch metereologische und geologische Gegebenheiten[83] auch bei weiterer Entfernung der Anlage von den geschützten Rechtsgütern die Vorhersehbarkeit ergeben. Sie wird jedoch fehlen, wenn wie im Fall Tschernobyl durch außergewöhnliche Betriebsvorfälle und metereologische Gegebenheiten[84] Schäden eintreten. Hier begründet allerdings meist schon der Verstoß gegen Betriebspflichten am Standort der Anlage die Fahrlässigkeit des Betreibers. Die Anwendung der Gesichtspunkte der Vorhersehbarkeit, Erheblichkeit und Unmittelbarkeit ist dem internationalen Umweltrecht nicht fremd. Diese Gesichtspunkte begründen im internationalen Verwaltungsrecht die Verpflichtung, auch die Anlieger jenseits der Staatsgrenzen am Verwaltungsverfahren zu beteiligen.[85] Die wertende Anwendung der inländischen Betriebspflichten auf ausländische Unternehmen im Rahmen der Fahrlässigkeits- und Kausalitätsprüfung entspricht auf der haftungsrechtlichen Seite der grenzüberschreitenden Bürgerbeteiligung im internationalen öffentlichen Recht. Aus völkerrechtlicher Sicht folgt sie auch hier aus dem Gebot der Rücksichtnahme auf die Belange betroffener Nachbarstaaten und ihrer Bewohner.

4. Ergebnis

Für die deliktische Haftung und die Gefährdungshaftung ist daher als Ergebnis festzuhalten, daß grundsätzlich das dem Geschädigten günstigere Recht gilt. Ist dies das Recht des Handlungsortes, so umfaßt die Verweisung alle dort geltenden öffentlich-rechtlichen Anforderungen an den Betrieb der Anlage. Führt die Berufung des günstigeren Rechts zur Anwendung des am Erfolgsort geltenden Rechts, so sind bei der Bestimmung der Rechtswidrigkeit und des Verschuldens die dortigen Maßstäbe anzuwenden. Öffentliche Betriebspflichten am Handlungsort können berücksichtigt werden, sind aber nach den am Erfolgsort geltenden Anforderungen zu bewerten,[86] sofern die Auswirkungen beträchtlich, und unmittelbar und zusammen mit der Tatsache des Schadenseintritts im Ausland vorhersehbar sind.

---

[81] *Jayme* (Fn.37) S.216.

[82] Z.B. durch einen hohen Schornstein wie die UIOM.

[83] Windkanal, Flußlauf, Bergrücken.

[84] Die Windrichtung hatte gedreht.

[85] Vgl. BVerwG NVwZ 1987, 1154, 1157 (Emsland); Tribunal Administratif de Strasbourg öZöffR 35 (1985) 225-264 (232-234).

[86] Ebenso *Stoll* (Fn.21) IPRax 1989, 102; *Eujen / Müller-Freienfels*, Zur Schadenersatzhaftung eines französischen Warenherstellers, RIW 1972, 503, 507; *Sack* (Fn.19) Festschrift für Ulmer S.549 (503); *Siehr* (Fn.15) RIW 1972, 385.

Zusammenfassung, Thesen und Ausblick

I. Zusammenfassung

1. Die Ausgangslage

Privates und öffentliches Umweltrecht wachsen auf nationaler Ebene zu einem einheitlichen Rechtsgebiet zusammen. Die privatrechtliche Haftung und die Durchsetzbarkeit privatrechtlicher Ansprüche werden weitgehend von der Einhaltung öffentlich-rechtlicher Grenzwerte über die höchstzulässige Schadstoffbelastung von Luft und Wasser und durch hoheitliche Verhaltensanforderungen an den Betrieb einer emittierenden Anlage wie auch durch planerische Festsetzungen bestimmt. Die hoheitliche Genehmigung einer Anlage kann über den Ausschluß privatrechtlicher Einwendungen für die gestörten Nachbarn Duldungspflichten begründen oder die Nachbargrundstücke im Ergebnis mit einer Dienstbarkeit zugunsten der emittierenden Grundstücke belasten, auf Grund derer die betroffenen Eigentümer nicht mehr die Einstellung des störenden Betriebes verlangen können.[1] Auch auf Schadenersatzansprüche können sich öffentlich-rechtliche Vorschriften haftungseinschränkend auswirken. Sie konkretisieren auch in haftungsrechtlicher Hinsicht die an den Betrieb einer Anlage zu stellenden Anforderungen und an die vom Betreiber einzuhaltende Sorgfalt.[2] Ihre Einhaltung erschwert zumindest den Nachweis der Fahrlässigkeit. Im Rahmen der Gefährdungshaftung macht sie den schwer zu erbringenden Beweis der Ursächlichkeit des Betriebes der störenden Anlage für die Rechtsgutsverletzung beinahe unmöglich.[3] Im Umwelthaftungsrecht nimmt die Tendenz zu, das private Haftungsrecht stärker an öffentlich-rechtliche Vorgaben anzubinden. Dies wird vor allem aus der Sicht des öffentlich-rechtlichen Schrifttums[4], aber immer mehr auch von der Rechtsprechung[5] befürwortet.

---

[1] Vgl. § 14 BImSchG und die Folgevorschriften; Teil 1, Kapitel 1, III.1. und 3. und für das Umwelthaftungsgesetz V.; Art. L-122 Code d'Orientation Agricole; im französischen Recht schließt der Grundsatz der Gewaltenteilung im Ergebnis alle Anordnungen der Zivilgerichte aus, die zu der Verwaltungsmaßnahme im Widerspruch stehen; siehe dazu im Teil 1, Kapitel 2, III.; im österreichischen Recht § 364 a ABGB, siehe dazu Teil 1, Kapitel 3, III.2.

[2] Grundlegend im deutschen Recht BGHZ 92, 143 ff; siehe dazu im Teil 1, Kapitel 1, III.2.; für den Einfluß öffentlich-rechtlicher Vorschriften auf den Begriff der *faute* im französischen Recht siehe Teil 1, Kapitel 2, II.1.

[3] Vgl. § 6 UHG und § 6 des österreichischen Entwurfs für ein Umwelthaftungsgesetz, abgedruckt bei *Schmidt-Salzer*, Kommentar zum Umwelthaftungsrecht S.69 ff.

[4] Siehe hierzu im deutschen Recht Teil 1, Kapitel 1, II.3, b); im österreichischen Recht Kapitel 2, III.1.b).

[5] Siehe BGH JZ 1993, 1112.

Auf internationaler Ebene steht dieser Einheitlichkeit die unterschiedliche Anknüpfung von zivilrechtlichen Normen und von öffentlich-rechtlichen Normen gegenüber. Während zivilrechtliche Normen als international austauschbar behandelt werden und das Anknüpfungssystem des internationalen Privatrechts beinahe ohne jede inhaltliche Prüfung von einem Begriff der internationalprivatrechtlichen Gerechtigkeit ausgeht, sind öffentlich-rechtliche Normen streng an die Territorial- oder Personalhoheit der handelnden Staatsmacht gebunden.[6] Dies hat zur Folge, daß jeder Staat verbindliche öffentlich-rechtliche Normen über Emissionsgrenzwerte nur für Anlagen auf seinem Staatsgebiet vorschreiben kann.[7] Unter dem Gesichtspunkt des privaten Interessenausgleichs kann jeder Staat aber sein eigenes Recht auf die Frage der Haftung für die von einer Anlage im Ausland ausgehenden Immissionen anwenden.[8]

2. Das übernationale Umweltrecht und die Auffassung der Gerichte

Diese Diskrepanz wird durch das übernationale Umweltrecht nicht aufgelöst. Das völkerrechtliche Umweltrecht berechtigt und verpflichtet nur Staaten. Die bestehenden internationalen Abkommen erschöpfen sich zumeist in Absichtserklärungen und schließen eine Interpretation als Haftungsgrundlage ausdrücklich aus.[9] Nur vereinzelt bestehen für Luft und Wasser international einheitliche Grenzwerte.[10] In der Frage der Haftung für grenzüberschreitende Umweltbeeinträchtigungen verweisen die Abkommen auf das Zivilrecht.[11] Dabei werden aber keine international einheitlichen Rechtsanwendungsregeln zur Verfügung gestellt. Festgelegt wird nur ein materieller Mindestschutz durch das Recht am Standort der Anlage durch eine Zivilrecht und öffentliches Recht übergreifende Pflicht, die materiellen Umweltschutzregeln des Verursacherstaa-

---

[6] Siehe dazu Teil 1, Kapitel 4, II. und III.

[7] *Fröhler / Zehetner*, Rechtsschutzprobleme bei grenzüberschreitenden Immissionen, Band II S.94; *Jans*, Grenzüberschreitendes Umweltrecht S.163.

[8] Siehe dazu im Teil 1, Kapitel 4, V.

[9] Siehe dazu im Teil 2, Kapitel 1, I.2.; vgl. besonders die Fußnote 1 zu Art.8 des Genfer Abkommens über die weiträumige grenzüberschreitende Luftverschmutzung, BGBl 1986 II 1116.

[10] Vgl. für den europäischen Raum das Protokoll zwischen Frankreich, Belgien und Luxemburg über die Errichtung eines Ausschusses für verschmutzte Gewässer vom 8.4.1950, UNTS Bd.66, 285; Protokoll über die Errichtung einer internationalen Kommission zum Schutz der Mosel gegen Verunreinigung vom 20.12.1961, BGBl 1962 II, 1102; Protokoll über die Errichtung einer internationalen Kommission zum Schutz der Saar gegen Verunreinigung vom 20.12.1961, BGBl 1962 II, 1106; Vereinbarung über die internationale Kommission zum Schutz des Rheins gegen Verunreinigung vom 29.4.1963, BGBl 1965 II, 1432; die Kommissionen haben rein beratende Funktion; sie sollen die Verunreinigung der Gewässer untersuchen, Maßnahmen vorschlagen und Abmachungen vorbereiten; UN-Konvention über die grenzüberschreitenden Auswirkungen von Industrieunfällen vom 17.3.1992, ILM 1992, 1330.

[11] Vgl. Art.9 der Nordischen Konvention, ILM 1974 S.517; UN-Konvention über die grenzüberschreitenden Auswirkungen von Industrieunfällen vom 17.3.1992, ILM 1992, 1330; *Rest*, Ecological Damage in Public International Law, EPL 22 (1992) 31-41.

tes auch auf Auswirkungen jenseits der Staatsgrenze anzuwenden. Diese objektive Rechtspflicht, Auswirkungen im Ausland zu berücksichtigen, ergibt sich inzwischen auch aus dem allgemeinen völkerrechtlichen Nachbarrecht.[12]

Das Umweltrecht der Europäischen Gemeinschaft ist noch stark von seinem zwischenstaatlichen Charakter geprägt und zeigt im wesentlichen identische Grundzüge. Einheitliche Haftungs- und Rechtsanwendungsregeln fehlen noch.[13] Aus Art.7 der Richtlinie über die Umweltverträglichkeitsprüfung[14] ergibt sich für die Mitgliedstaaten die Verpflichtung, Auswirkungen umweltbelastender Maßnahmen außerhalb des eigenen Staatsgebietes bei der Genehmigung umweltbelastender Vorhaben zu berücksichtigen und das eigene Recht in nicht diskriminierender Weise auf diese Auswirkungen anzuwenden.[15] Lediglich das System der übernationalen Emissionsgrenzwerte und der höchstzulässigen Schadstoffbelastung von Wasser und Luft sind stärker vereinheitlicht. Die Mitgliedstaaten können jedoch - im Rahmen des Art.100a EWGV nur mit Erlaubnis der Kommission - zum Schutz der Umwelt strengere nationale Bestimmungen treffen oder beibehalten.[16] Voraussetzung ist allerdings deren Vereinbarkeit mit dem EWG-Vertrag und hier besonders mit den Regeln über den freien Warenverkehr.[17]

Die Aufgabe, in grenzüberschreitenden Fällen dafür zu sorgen, daß das Recht zur Anwendung kommt, das die geeigneten Kompensationsregeln zur Verfügung stellt, fällt daher dem internationalen Privatrecht zu.

In der Praxis der Klagen gegen grenzüberschreitende Umweltbeeinträchtigungen suchen die Betroffenen zunächst Schutz vor den Verwaltungsbehörden und Gerichten am Standort der störenden Anlage.[18] Hier greifen sie die Genehmigung präventiv an. Verwaltungsbehörden und Gerichte sind aber immer noch zurückhaltend bei der Beteiligung ausländischer Grenznachbarn am inländischen Verwaltungsverfahren. Die Betroffenen scheuen vor der Erhebung von

---

[12] Siehe zum völkerrechtlichen Nachbarrecht Teil 2, Kapitel 1, I.3.; vgl. besonders Art.VI der Helsinki Rules der ILA, XV Ziff.7 des Code of Conduct on Accidental Pollution of Transboundary Inland Waters; *Dahm / Delbrück / Wolfrum*, Völkerrecht S.451; *Rauschnig*, Allgemeine Völkerrechtsregeln zum Schutz gegen grenzüberschreitende Umweltbeeinträchtigungen, Festschrift für Schlochauer, S.573 ff.; *Seidl-Hohenveldern*, Völkerrecht Rz.1526; *Lukes*, Klagebefugnis und Verwaltungsverfahrensbeteiligung für ausländische Nachbarn am Beispiel des Atom- und Bundesimmissionschutzrechts, GewArch 86,1 (2).

[13] Vgl. aber das Grünbuch der EG-Kommission vom 14.5.1993, KOM (93) 47 endg.; Teil 2, Kapitel 1, II.2.b).

[14] Richtlinie 85/337/EWGV.

[15] Siehe dazu im Teil 2, Kapitel 1, II.2.b).

[16] Art.100a Abs.4; Art.130 t EWGV.

[17] Dazu im Teil 2, Kapitel 1, II.1.b) und c).

[18] Siehe dazu im Teil 2, Kapitel 2, I.1.b) und 2.

verwaltungsgerichtlichen Klagen gegen den Anlagenbetreiber im Ausland zurück. Im Verwaltungs- und Verwaltungsgerichtsverfahren wenden die Behörden und Gerichte am Standort der Anlage entsprechend der völkerrechtlichen Regel, Auswirkungen jenseits der Staatsgrenzen zu berücksichtigen, ihr eigenes öffentliches Recht auch auf die Auswirkungen im Ausland an.[19] Einen ausreichenden Anknüpfungspunkt hierfür sehen die Gerichte in dem potentiell grenzüberschreitenden Charakter der Auswirkungen des inländischen Anlagenbetriebes.

Später suchen die Betroffenen Schutz vor ihren heimischen Gerichten und klagen hier auf Unterlassung der störenden Beeinträchtigung im Ausland oder auf Ersatz des entstandenen Schadens. In der Praxis reduziert sich daher die international privatrechtliche Frage auf das aus der Sicht des Staates, in dem die Störung eingetreten ist, anwendbare Recht. Die Gerichte wenden auf Unterlassungsklagen stets ihr eigenes Recht als lex rei sitae am Ort des beeinträchtigten Grundstückes an, auf Schadenersatzklagen das dem Geschädigten günstigere Recht.[20] Ausländisches öffentliches Recht wird nicht angewandt.[21] In der Praxis war dennoch noch keine Unterlassungsklage erfolgreich. Die Klagen scheiterten nicht erst an der Unmöglichkeit der Vollstreckung, sondern bereits im Vorfeld an der fehlenden Gerichtsbarkeit[22], dem fehlenden Rechtsschutzbedürfnis oder an der tatsächlichen Berücksichtigung der ausländischen Genehmigung im Zivilprozeß.[23] Bei Schadenersatzklagen wird das ausländische öffentliche Recht entweder mit dem unter Einschluß der ausländischen Genehmigung günstigeren ausländischen Recht angewandt oder, sofern das inländische Recht gilt, als Voraussetzung für die eigene Haftungsnorm geprüft.[24] Von einem Grundsatz der Nichtanwendung ausländischen öffentlichen Recht kann angesichts dieser Praxis nicht mehr ausgegangen werden.

3. Die eigene Lösung

Die Rechtsgebiete des nationalen und des internationalen Umweltrechts sind von einheitlichen Wertungen durchzogen, die bei der internationalprivatrecht-

---

[19] BVerwG v. 17.2.1986, NJW 1987, 1154 (Emsland); Tribunal Administratif de Strasbourg v.27.7.1983 öZöffRV 35 (1985) 225 (MDPA); siehe dazu im Teil 2, Kapitel 2, II.3.

[20] Siehe dazu im Teil 2, Kapitel 2, II.1.

[21] Siehe dazu im Teil 2, Kapitel 2, II.2.

[22] OLG Linz vom 13.4.1989, 6 Nd 503/89.

[23] LG Waldshut-Tiengen v. 11.2.1982, UPR 1983,14; OLG Linz vom 15.6.1987, JBl 1987, 577; Bezirksgericht Lembach vom 21.1.1987, C 33/86, zitiert nach *Streinz*, Materielle Präklusion und Verfahrensbeteiligung, VerwArch 89 (1988) 272.

[24] OGH vom 29.4.1981, JBl 1983, 380; OLG Saarbrücken vom 5.3.1963, IPRspr 1962/63 Nr.38; siehe dazu im Teil 3, Kapitel 2, II.2.b.

lichen Anknüpfung zu berücksichtigen sind. Die Rechtsanwendung soll möglichst zur Verwirklichung der Verursacherhaftung dienen und über die Internalisierung externer Kosten weiteren Umweltbeeinträchtigungen vorbeugen. Im nationalen Recht bilden privates und öffentliches Umweltrecht eine Einheit. Das internationale öffentliche Recht ist dagegen geprägt vom Grundsatz der Territorialität staatlicher Hoheitsäußerungen einerseits und andererseits vom Grundsatz Rücksichtnahme auf die Belange des Nachbarstaates und seiner Bewohner. Das Wirkungsprinzip, nach dem ein Staat international nicht nur zuständig ist für Vorgänge, die sich auf seinem Staatsgebiet abspielen, sondern auch für Vorgänge, die sich auf sein Staatsgebiet auswirken, stellt im internationalen Umweltrecht einen Aspekt des nachbarrechtlichen Rücksichtnahmegebotes dar. Der handelnde Staat, der durch Vorgänge auf seinem Gebiet die Umwelt im Nachbarstaat belastet, muß infolge des verletzten Rücksichtnahmegebotes dulden, daß diese Vorgänge auch nach dem Recht des Nachbarstaates beurteilt werden.[25]

Hinsichtlich des auf privatrechtliche Schadenersatzansprüche anwendbaren Rechts ist dem internationalen Umweltrecht keine Bindung zu entnehmen. Der Schutz der Betroffenen darf aber materiell nicht hinter dem am Standort der störenden Anlage gewährten Schutzniveau zurückbleiben. Dem Schädiger soll ein niedrigeres Schutzniveau am Erfolgsort nicht zugutekommen. Dies folgt innerhalb der Europäischen Gemeinschaft aus Art.7 der Richtlinie 85/337/EWG, im übrigen aus dem völkerrechtlichen Nachbarrecht.[26] Danach sind die Staaten im Genehmigungsverfahren zur nichtdiskriminierenden Anwendung ihres eigenen Rechts auch auf Angehörige des Nachbarstaates verpflichtet.[27] Ein über dieses Niveau hinausgehender Schutz ist jedoch zulässig.

a) Die international privatrechtliche Anknüpfung

Aus internationalprivatrechtlicher Sicht stehen sich im Recht der grenzüberschreitenden Immissionen Rechtsgüter gegenüber, die jeweils nach der Rechtsordnung, in der sie sich befinden Schutz ihrer Betätigungsfreiheit oder Schutz ihrer Bestandsinteressen fordern können. Die Anknüpfung an beide Rechtsordnungen ist international privatrechtlich gleichermaßen legitim. Knüpft man, um die im nationalen Recht gegebene Einheit zwischen öffentlichem Aufsichtsrecht und privatrechtlicher Haftung nicht zu zerreißen, ausschließlich an das Recht des Handlungsortes an, werden die Gesichtspunkte des Geschädigtenschutzes

---

[25] Zum Wirkungsprinzip *Meessen*, Völkerrechtliche Grundsätze des internationalen Kartellrechts, S.171.

[26] Ziff.XV.7 des Code of Conduct on Accidental Pollution of Transboundary Inland Waters E/ECE/1225, ECE ENVWA/16; Teil 2, Kapitel 1, I.2. und 3.

[27] *Seidl-Hohenveldern*, Völkerrecht Rz.1526.

vernachlässigt. Der Geschädigte soll nach den Grundsätzen seiner Umgebung geschützt werden. Die ausschließliche Anknüpfung an das Recht des Erfolgsortes führt zu Schwierigkeiten, wenn dieses weniger strenge Anforderungen enthält als das Recht am Standort der störenden Anlage. Dem Schädiger soll es nicht zugute kommen, wenn im Ausland weniger strenge Anforderungen an die Haftung für Umweltschäden gestellt werden. Die Verpflichtung, das strengere Recht am Standort der Anlage auch auf Auswirkungen im Ausland anzuwenden, sollte aber nicht auf das Verwaltungsverfahren beschränkt bleiben. Auch die internationalprivatrechtliche Anknüpfung an das Recht des Erfolgsortes widerspricht diesem Grundsatz, sofern sich das dort geltende Recht nicht als günstiger erweist. Daher ist das dem Geschädigten günstigere Recht anzuwenden.[28]

b) Die Anwendung des ausländischen öffentlichen Rechts

Die zunehmende Verknüpfung des öffentlichen Aufsichtsrechts und des privaten Haftungsrechts auf nationaler Ebene muß sich auch in der internationalprivatrechtlichen Anknüpfung spiegeln. Dies folgt einerseits aus dem starken Bezug des internationalen Nachbarrechts zum öffentlichen Ordnungsrecht,[29] andererseits aus der Funktion der kollisionsrechtlichen Verweisung. Auch die öffentlich-rechtlichen Regeln beider Rechtsordnungen sind in gleicher Weise "sachnah". Nach dem völkerrechtlichen Wirkungsprinzip steht auch das Territorialitätsprinzip einer Anwendung des am Lageort des gestörten Grundstückes geltenden öffentlichen Rechts auf Anlagen im Nachbarstaat nicht entgegen.[30] Die kollisionsrechtliche Verweisung auf das dem Geschädigten günstigere Recht umfaßt daher auch die Regeln des öffentlichen Aufsichtsrechts, soweit sie sich auf die privatrechtliche Haftung auswirken. Sind diese Auswirkungen an eine hoheitliche Genehmigung der störenden Anlage gekoppelt, so ist Voraussetzung die Anerkennung der Genehmigung als Hoheitsakt. Die Voraussetzungen für die Anerkennung fremder Genehmigungen gelten unabhängig von der Anwendung inländischen oder ausländischen Rechts.

aa) Die Anerkennung einer ausländischen Genehmigung und ihre Rechtsfolgen

Für die Beantwortung der Frage, ob Genehmigungen auch private Rechte außerhalb des Gebietes des Staates einschränken können, in dem sie ergangen

---

28 Siehe dazu im Teil 2, Kapitel 3, III.

29 Siehe dazu im Teil 3, Kapitel 1, VI.2.

30 Siehe oben bei Fn.24.

sind, ist zunächst zu unterscheiden zwischen der Anerkennung der Genehmigung als Hoheitsakt und den an diesen Hoheitsakt für den Betreiber und für Dritte anknüpfenden Rechtsfolgen.

(1) Die Voraussetzungen der Anerkennung

Bei der Anerkennung ausländischer Verwaltungsakte ergeben sich die gleichen Probleme wie bei der Anerkennung ausländischer Urteile und Entscheidungen der freiwilligen Gerichtsbarkeit. Allerdings stellt sich die Frage, ob die im internationalen Zivilprozeßrecht normierten Anerkennungsvoraussetzungen auch für die Anerkennung von Verwaltungsakten genügen, da hier widerstreitende staatliche Interessen betroffen sind.[31] Die Anerkennung einer ausländischen Genehmigung als verfahrensbeendender ausländischer Hoheitsakt im Inland setzt nach den allgemeinen Grundsätzen deren Gültigkeit in dem Staat voraus, der die Genehmigung erlassen hat sowie dessen internationale Zuständigkeit. In verfahrensrechtlicher Hinsicht muß ein minimaler Grundrechtsschutz nach den unverzichtbaren verfahrensrechtlichen Grundrechten des inländischen Rechts gewährleistet gewesen sein. Erforderlich ist daher, daß auch den nicht im Genehmigungsstaat ansässigen Betroffenen die Möglichkeit zur Wahrnehmung ihrer Rechte durch die Beteiligung am Verwaltungsverfahren eröffnet wird.[32] Dies folgt einerseits aus dem Grundrecht auf rechtliches Gehör, andererseits aus der Tatsache, daß im nationalen Recht bei der Einschränkung von Rechten Dritter die Möglichkeit der Verfahrensbeteiligung als verfassungsrechtliche Vorgabe an die Stelle des aus dem Eigentumsschutz fließenden Abwehranspruches tritt.[33] Darüberhinaus ist für die Anerkennung der Genehmigung, die ja nicht ausschließlich der Verwirklichung privater, sondern auch der Verwirklichung hoheitlicher Interessen dient, die Übereinstimmung der Interessen beider Staaten oder zumindest die Möglichkeit des Erlaßstaates erforderlich, die Genehmigung tatsächlich durchzusetzen.[34]

Die Interessenübereinstimmung beider Staaten ergibt sich, soweit sich das am Standort der Anlage geltende Recht als das günstigere erweist, bereits aus dem Günstigkeitsprinzip. Der Staat, in dem die Anlage steht, stellt keine weitergehenden Anforderungen an den Schutz seiner Investitionen und Arbeitsplätze, und der Staat, in dem die Beeinträchtigung eintritt, stellt selbst keine weitergehenden Anforderungen an den Schutz der Rechtsgüter auf seinem

[31] Siehe Teil 3, Kapitel 1, I.

[32] Siehe dazu im Teil 3, Kapitel 1, II.

[33] Siehe dazu im Teil 3, Kapitel 1, II.2.b).

[34] Vgl oben Teil 3, Kapitel 1, II.3.

Gebiet. Die international privatrechtliche Verweisung umfaßt daher auch alle Rechtsfolgen der ausländischen Genehmigung.[35]

Führt die Verweisung in das Recht des beeinträchtigten Staates, so wird die Interessenübereinstimmung nicht unmittelbar durch das nationale Recht bewirkt. Sie kann sich aber aus der Tatsache ergeben, daß die Genehmigung inhaltlich die Erfordernisse des Rechts der europäischen Gemeinschaft oder konkrete Erfordernisse des internationalen Umweltrechts als kleinsten gemeinsamen Nenner des zwischenstaatlichen Interessenausgleichs einhält.[36] Soweit der Inhalt der Genehmigung dem mit der Klage geltend gemachten Anspruch entgegensteht, ergibt sich ihre Anwendung aus der tatsächlichen Rechtsmacht des Staates, in dem sich die störende Anlage befindet. Gegen den Willen dieses Staates kann ein zu der Genehmigung in Widerspruch stehendes Urteil nicht vollstreckt werden.[37]

(2) Die Rechtsfolgen der Anerkennung

Die weiteren Rechtsfolgen einer ausländischen Genehmigung sind abhängig vom Umfang der kollisionsrechtlichen Verweisung. Der Einheitlichkeit des Umweltrechts auf nationaler Ebene entspricht die einheitliche international-privatrechtlichen Anknüpfung. Die international privatrechtliche Verweisung umfaßt auch das öffentliche Umweltrecht der anwendbaren Rechtsordnung einschließlich der privatrechtsgestaltenden Wirkungen ausländischer Genehmigungen. Die über das Günstigkeitsprinzip berufene Rechtsordnung entscheidet auch dann über die Rechtsfolgen einer Genehmigung, wenn das am Lageort des beeinträchtigten Grundstückes geltende Recht berufen ist. Hinsichtlich der Rechtsfolgen der ausländischen Genehmigung ergibt sich hier eine Regelungslücke. Die Normen, die für inländische Genehmigungen privatrechtsgestaltende Wirkungen vorsehen, können nicht direkt herangezogen werden, da sie auf ausländische Genehmigungen nicht zugeschnitten sind. Im Wege der Substitution ist daher zu prüfen, inwieweit eine ausländische Genehmigung der inländischen gleichwertig ist. Maßgeblich sind hierbei allein die Kriterien des deutschen Rechts. Dabei können an die Gleichwertigkeit weitergehende Anforderungen gestellt werden als im Rahmen der Prüfung der Anerkennungsvoraussetzungen.[38]

---

[35] Siehe dazu im Teil 3, Kapitel 1, V.1.a).

[36] Siehe dazu im Teil 3, Kapitel 1, V.2.c).

[37] Vgl. oben Teil 3, Kapitel 1, V.3.

[38] Siehe im Teil 3, Kapitel 1, VI.2.b).

bb) Sonstige anlagenbezogene Verhaltensnormen und Sicherheitsvorschriften

Für die Anwendung der übrigen anlagenbezogenen Verhaltensnormen und Sicherheitsstandards im Rahmen der deliktischen Haftung und der Gefährdungshaftung stellt sich die Frage der Anerkennung des ausländischen Hoheitsaktes nicht, da hier keine Rechtsgestaltung bewirkt wurde. Die anlagenbezogenen Verhaltensnormen und Sicherheitsvorschriften konkretisieren lediglich die im Verkehr erforderliche Sorgfalt, indem sie Anforderungen an den Betrieb der Anlage stellen.[39]

Für die Anknüpfung der Verhaltensnormen und Sicherheitsvorschriften gilt die gleiche Ausgangsfrage wie für die Anknüpfung des Deliktsstatuts selbst. Anzuwenden ist die Rechtsordnung, von der der Geschädigte im konkreten Fall den Schutz billigerweise erwarten konnte. Diese Frage führt bei grenzüberschreitenden Umweltbelastungen alternativ in beide Rechtsordnungen.[40] Ist das am Standort der Anlage geltende (günstigere) Recht Deliktsstatut, so sind die anlagenbezogenen Verhaltensnormen und Sicherheitsvorschriften nach dem Prinzip der einheitlichen Verweisung auf privates und öffentliches Umweltrecht diesem zu entnehmen. Im umgekehrten Fall bestimmt das Recht des Erfolgsortes einschließlich der dort geltenden öffentlich-rechtlichen Normen das Maß der einzuhaltenden Sorgfalt. Für anlagenbezogene Sicherheitsstandards fehlt aber ein hoheitlicher Bezug des Staates, in dem die Störung eintritt, Anforderungen an den Betrieb der Anlage im Ausland zu stellen. Er ergibt sich aber aus dem völkerrechtlichen Wirkungsprinzip, nach dem ein Staat Anforderungen an Tätigkeiten im Ausland stellen kann, die sich in seinem Hoheitsgebiet voraussichtlich, beträchtlich und unmittelbar auswirken.[41]

II. These

Aus dem oben Gesagten lassen sich die folgenden Thesen ableiten:

1. Für Abwehransprüche wegen grenzüberschreitender Immissionen gilt das dem Geschädigten günstigere Recht. Die Verweisung umfaßt auch die öffentlich-rechtlichen Regeln der als günstiger ermittelten Rechtsordnung.

---

[39] Vgl. oben Teil 3, Kapitel 2 S.231.

[40] *W.Lorenz*, Die allgemeine Grundregel, in von Caemmerer, Vorschläge und Gutachten 97-159 (98).

[41] Vgl. im Teil 3, Kapitel 2, III.3.

2. Jede Beachtung einer ausländischen Genehmigung setzt deren Anerkennung als Hoheitsakt voraus. Die Anerkennung richtet sich nach den tragenden Grundsätzen des inländischen Verfahrensrechts. Erforderlich sind daher die internationale Zuständigkeit der Erlaßbehörde sowie die Verfahrensbeteiligung der inländischen Betroffenen, die den Grundanforderungen des rechtlichen Gehörs gerecht wird. Eine Inhaltskontrolle findet nur unter dem Gesichtspunkt des ordre public statt.

3. Führt die Verweisung auf Grund des Günstigkeitsprinzips zum Recht des beeinträchtigten Grundstückes, so ist im Wege der Substitution zu klären, ob die ausländische Genehmigung einer Genehmigung nach dortigem Recht in formaler und materieller Hinsicht gleichwertig ist und ob sie daher deren Wirkungen haben kann.

4. Im internationalen Haftungsrecht entscheidet das öffentliche Recht des beeinträchtigten Grundstückes im Rahmen der Fahrlässigkeitsprüfung über das Maß der erforderlichen Sorgfalt. Der Einhaltung öffentlich-rechtlicher Vorschriften am Standort der Anlage kommt dabei eine Indizwirkung zu, sofern sie den am Ort des beeinträchtigten Grundstückes geltenden Normen gleichwertig sind.

III. Ausblick

Umwelthaftungsrecht wirkt primär repressiv. Über die Internalisierung der externen Schäden, die Eingang in die betriebliche Kalkulation finden, kann es aber zum Instrument indirekter Verhaltenssteuerung werden.[42] Die Haftung kann erst im Zusammenhang mit anderen Instrumenten der Umweltpolitik wie der öffentlichen Anlagenaufsicht, Umweltqualitätsnormen, Umweltplanung und Instrumenten der indirekten Verhaltenssteuerung zu einem wirksamen Umweltschutz beitragen. Sie ist aber in den Fällen der grenzüberschreitenden Immissionen von besonderer Bedeutung. Die anderen Steuerungsinstrumente setzen die Unterwerfung unter die staatliche Hoheitsgewalt voraus, die im Bereich der grenzüberschreitenden Umweltbelastungen fehlt.

Das hier angewendete Günstigkeitsprinzip führt zur Haftungsverschärfung und damit zur Stärkung des umweltrechtlichen Verursacherprinzips auf internationaler Ebene. Die Möglichkeit, am Ort des Schadenseintritts geltende

---

[42] So auch *Rehbinder*, Umweltrecht, RabelsZ 40 (1976) 363-408 (394), unter Verweis vor allem auf die in Chicago begründete Schule der "Economic Analysis of Law", die vor allem von Posner und Calabresi vertreten wird.

anlagenbezogene öffentlich-rechtliche Standards und Qualitätsnormen haftungskonkretisierend auf Anlagen außerhalb des Staatsgebiets anzuwenden, nimmt den Unternehmen zumindest zum Teil die Vorteile grenznaher Standorte.

Schutzlücken ergeben sich aber durch die Tatsache, daß ausländische Genehmigungen anzuerkennen sind, sofern der Standortstaat selbst in der Lage wäre, seine Genehmigung gegenüber einem ausländischen Urteil durchzusetzen. Zwar fördert die Forderung nach Verfahrensbeteiligung inländischer Anlieger als Voraussetzung für die Anerkennung der privatrechtsgestaltenden Wirkungen einer ausländischen Genehmigung die Berücksichtigung ihrer Einwendungen im Genehmigungsverfahren. Allerdings sollte man hieraus keine allzu großen Erwartungen für die Verbesserung des Individualrechtsschutzes ableiten, da die Einwendungen der inländischen Betroffenen nach dem Recht des Standortstaates zu bewerten sind. Dieser wendet im Verwaltungsverfahren sein eigenes Recht an. Ein gewisser Ausgleich wird lediglich dadurch geschaffen, daß die ausländische Genehmigung, sofern sich das deutsche Recht als insgesamt günstiger erweist, nur dann privatrechtsgestaltende Wirkungen haben kann, wenn sie in formaler und materieller Hinsicht einer deutschen Anlagengenehmigung vergleichbar ist. Auf Grund der verbleibenden Schutzlücken ist daher eine Verbesserung der internationalen Zusammenarbeit bei der grenzüberschreitenden Planung zu wünschen. Auch das System transnational einheitlicher Schadstoffwerte ist auszubauen. Auf der Ebene des internationalen Verwaltungsrechts ist zu überlegen, ob nicht auch hier eine stärkere Beachtung des völkerrechtlichen Wirkungsprinzips in der Anknüpfung erforderlich ist.

Literaturverzeichnis

Academie de droit international de la Haye: La pollution transfrontière et le droit international, Dordrecht 1985.

Agostini, Eric: Régimes divers, Troubles de voisinage, J.C. Responsabilité civile, Art.1382 à Art.1386 Fasc.265.

Aicher, Josef: Umweltschutz und Privatrecht, JBl 1979, 235-239.

Andrassy, Juraj: Nachbarrecht und Wassernutzung, Festschrift für Alfred Verdross, Wien 1960, 55-66.

Audit, Bernard: Droit international privé, Paris 1991.

Bachof, Otto: Reflexwirkungen und subjektive Rechte im Öffentlichen Recht, Gedächtnisschrift für Jelinek, München 1955, 287-308.

v.Bar, Ludwig: Theorie und Praxis des internationalen Privatrechts, 2. Aufl. Hannover 1892.

v.Bar, Christian.: Internationales Privatrecht, Band I - Allgemeine Lehren, München 1987; Band II - Besonderer Teil, München 1991.

- (Hrsg.) Europäisches Gemeinschaftsrecht und Internationales Privatrecht, Tagung des Instituts für Internationales Privatrecht und Rechtsvergleichung des Fachbereichs Rechtswissenschaften der Universität Osnabrück am 6.und 7.April 1990 in Osnabrück, Köln 1991.

Bartlsperger, Richard: Das Dilemma des baulichen Nachbarrechts, VerwArch 60 (1969) 35 ff.

Basedow, Jürgen: Wirtschaftskollisionsrecht, Theoretischer Versuch über die ordnungspolitischen Normen des Forumstaates, RabelsZ 52 (1988) 8-38.

- Die Neuregelung des internationalen Privat- und Prozeßrechts, NJW 1986, 2971-2979.

Baum, Harald: Faktische und potentielle Eingriffsnormen, Der iranische Bierlieferungsfall, RabelsZ 53 (1989) 152-164.

Baumann, Peter: Die Haftung für Umweltschäden aus zivilrechtlicher Sicht, JuS 1989, 433-440.

Baumgärtel, Gottfried: Anmerkung zur Entscheidung des BGH vom 18.4.1984 - "Kupolofenfall" - JZ 1984, 1109-1110.

Bauer, Karl-Heinz: Die deutsche Staatsangehörigkeit in der Bundesrepublik Deutschland und der deutschen Demokratischen Republik nach dem Grundvertrag, Augsburg 1974.

Baur, Fritz: Anmerkung zur Entscheidung des BGH v. 7.3.1969, JZ 1969, 432-433.

- Die privatrechtlichen Auswirkungen des Bundesimmmissionschutzgesetzes, JZ 1974, 657-661.
- Zur Entstehung des Umweltrechts aus dem Sachenrecht des BGB, JZ 1987, 317.

Batiffol, Henri / *Lagarde*, Paul: Droit intérnational privé, 7.Aufl., Band 1, Paris 1981; Band 2 Paris 1983.

Behrens, Peter: Der ausländische Enteignungsstaat als Bürgschaftsgläubiger des Enteigneten, IPRax 1989, 217-223.

Beitzke, Günther: Alternative Anknüpfungen, Festschrift für Ferid (1978) 39-60.

- Auslandswettbewerb unter Inländern - BGHZ 40, 391, JuS 1966, 139-147.
- Die 11. Haager Konferenz und das Kollisionsrecht der Straßenverkehrsunfälle, RabelsZ 33 (1969) 204-234.

Bender, Bernd / *Dohle*, Rolf: Nachbarschutz im Zivil- und Verfahrensrecht, München 1972.

Bender, Bernd / *Sparwasser*, Reinhard: Umweltrecht; Grundzüge des öffentlichen Umweltschutzrechts, 2. Aufl., Heidelberg 1990.

Beyerlin, Ulrich: Klagebefugnis von Ausländern gegen grenzüberschreitende Umweltbelastungen, Anmerkung zum Urteil des Verwaltungsgerichts Straßburg vom 27. Juli 1983, ZaöRV 44 (1984) 336-342.

- Die Beteiligung ausländischer Grenznachbarn an umweltrechtlichen Verwaltungsverfahren und Möglichkeiten zu ihrer vertraglichen Regelung auf "euregionaler" Ebene, NuR 1985, 173-179.
- Anmerkung zum Urteil des Bundesverwaltungsgerichts vom 17.12.1986, EuGRZ 1987, 119-121.
- Rio-Konferenz 1992: Beginn einer neuen globalen Umweltschutzordnung, ZaöRV 54 (1994) 124-149.

Bianchi, Andrea: The Harmonisation of Laws on Liability for Environmental Damage in Europe: An Italian Perspective, 6 Journal of Environmental Law (1994) 21-42.

Birk, Hans-Jörg: Umwelteinwirkungen durch Sportanlagen, NVwZ 1985, 689-697.

Birk, Rolf: Schadensersatz und sonstige Restitutionsformen im internationalen Privatrecht, Karlsruhe 1967.

Bleckmann, Albert: Europarecht, 5. Aufl.1990.

- Die völkerrechtlichen Grundlagen des internationalen Kollisionsrechts, Köln 1992.
- Sittenwidrigkeit wegen Verstoßes gegen den ordre public international, ZaöRV 34 (1974) 112-132.

Blümel, Willi: Frühzeitige Bürgerbeteiligung bei Planungen, Vorträge und Diskussionsbeiträge der 49. Staatswissenschaftlichen Fortbildungstagung 1981 der Hochschule für Verwaltungswissenschaften Speyer, Berlin 1982.

Boisserée, K.: Anmerkung zum Urteil des OLG Saarbrücken vom 22.10.1957, NJW 1958, 1239-1241.

Böhm, Peter: Anmerkung zum Urteil des OGH vom 23.2.1988, JBl 1988, 460 ff.

Bothe, Michael: Umweltschutz als Aufgabe der Rechtswissenschaft, Völkerrecht und Rechtsvergleichung, ZaöRV 32 (1972) 483-515.

- Klagebefugnis eines Ausländers im Atomrecht, UPR 1987, 170-171.

Bothe, Michael / *Gündling*, Lothar: Tendenzen des Umweltrechts im internationalen Vergleich, Berlin 1978.

- Neuere Tendenzen des Umweltrechts im internationalen Vergleich, Berlin 1990.

Bothe, Michael / *Prieur*, Michel / *Ress*, Georg: Rechtsfragen grenzüberschreitender Umweltbelastungen - Les problèmes juridiques posés par les pollutions transfrontiers, Fachtagung Saarbrücken vom 13.-15. Mai 1982, Berlin 1984.

Bourel, Pierre: Le conflit de lois en matière d'obligations extracontractuelles, Paris 1961.

Breuer, Rüdiger: Baurechtlicher Nachbarschutz, DVBl 1983, 431-440.

- Öffentliches und privates Wasserrecht, 2. Auflage, München 1987.
- Umweltschutz, in: v.Münch (Hrsg.), Besonderes Verwaltungsrecht, 8.Aufl., Berlin 1988, 601-697.
- Verwaltungsrechtlicher und strafrechtlicher Umweltschutz, JZ 1994, 1077-1091.

Brunner, Georg / *Schmidt*, Carmen: Tschernobyl und die internationale Haftung, VersR 1986, 833-843.

Bucher, A.: Zivilrechtliche Schadensersatz- und Unterlassungsklagen - Anwendbares Recht (Schweiz), in: Bothe / Prieur / Ress, Rechtsfragen grenzüberschreitender Umweltbelastungen (1984) 199-207.

Bühler, Ottmar: Die subjektiven öffentlichen Rechte und ihr Schutz in der deutschen Verwaltungsrechtsprechung, Berlin 1914.

- Altes und Neues über Begriff und Bedeutung der subjektiven Rechte im öffentlichen Recht, Gedächtnisschrift für Jelinek, 269-286, München 1955.

Burgi, Martin: Die Planfeststellung umweltrelevanter Vorhaben im Schnittpunkt von Planung und Verhaltenssteuerung, JZ 1994, 654-662.

Burhenne, Wolfgang E.: Umweltrecht der Europäischen Gemeinschaften, Loseblattsammlung, Band 1 bis 5, Beuträge zur Umweltgestaltung A 54, Berlin 1976 ff.

Bydlinski, Peter: Straßenverkehr und Waldschäden, JBl 1990, 489-500.

v.Caemmerer, Ernst: Vorschläge und Gutachten zur Reform des deutschen internationalen Privatrechts der außervertraglichen Schuldverhältnisse, Tübingen 1983.

Caille, Catherine: Entreprise, Responsabilité née de l'exploitation de l'entreprise, Entreprises industrielles, J.C. Responsabilité civile, Art. 1382 à 1386, Fasc.365-1, August 1989.

Canaris, Claus Wilhelm: Schutzgesetze - Verkehrspflichten - Schutzpflichten, Festschrift für Karl Larenz zum 80.Geburtstag, München 1983, 27-110.

Charpentier, Jean (Hrsg.): La protection de l'environnement par les Communautés Européennes, Paris 1988.

Coester, Michael: Die Berücksichtigung fremden zwingenden Rechts neben dem Vertragsstatut ZVglRWiss 82 (1983) 1-30.

Dahm, Georg / *Delbrück*, Jost / *Wolfrum*, Rüdiger: Völkerrecht, Band I, Völkerrechtssubjekte, 2. Aufl., Berlin 1989.

Dannecker, Gerhard / *Appel*, Ivo: Auswirkungen der Vollendung des Europäischen Binnenmarktes auf den Schutz der Gesundheit und der Umwelt - Nationale Schutzinteressen als Grenzen der Rechtsangleichung im Agrar-, Lebensmittel- und Umweltrecht, ZVglRWiss 89 (1990) 127-165.

Darrell, Andrew H.: Killing the Rhine: Immoral, But Is It Illegal? Va. J.Int.L. 1989, 441-472.

Delachaux, Jean Louis: Die Anknüpfung der Obligationen aus Delikt und Quasidelikt im internationalen Privatrecht, Zürich 1960.

Dellian, Ed: Gewässereigentum und Gewässerbenutzung, NJW 1967, 520.

- Nachbarschutz im Wasserrecht, BayVBl 1966, 337.

Despax, Michel: Note, zu Cour de Cassation II v.15.6.1972, D.J.1973, 314 ff.

Dicey and *Morris*, J.H.C.: On Conflicts of Laws, 10. Aufl., 2 Bände, London 1980.

Diederichsen, Uwe: Ausbau des Individualschutzes gegen Umweltbelastungen als Aufgabe des bürgerlichen und des öffentlichen Rechts, in: Verhandlungen des sechsundfünfzigsten deutschen Juristentages, Band II, Referate, L 48-106, München 1986.

- Das UmweltHG zwischen gesetzgeberischer Interpretation und interpretatorischer Phantasie, VersR 1993, 641-652.

- Die Verantwortlichkeit für Altlasten im Zivilrecht, BB 1986, 1723-1731.

Dittrich, Robert / *Tades*, Helmuth: Das Allgemeine Bürgerliche Gesetzbuch, 32.Aufl., Wien 1985.

- Das Allgemeine Bürgerliche Gesetzbuch, Manz Taschenausgaben, 16.Aufl., Wien 1991.

Drobnig, Ulrich: Produktehaftung, in: v.Caemmerer, Vorschläge und Gutachten 298-337.

- Die Beachtung von ausländischen Eingriffsgesetzen - eine Interessenanalyse, Festschrift für K.H. Neumayer, Baden-Baden 1985, 159-179.

- Das Profil des Wirtschaftskollisionsrechts, Einführende Bemerkungen zum Symposion "Extraterritoriale Anwendung von Wirtschaftsrecht", RabelsZ 52 (1988) 1-7.

Dupuy, P.M.: International Liability for Transfrontier Pollution, in: Beiträge zur Umweltgestaltung, Band A 69: Trends in Environmental Policy and Law, Berlin 1980.

- Bilan de Recherche de la section de langue Francaisedu centre d'étude et de recherche de l'Académie, in: Academie de Droit international de la Haye, La pollution transfrontière et le droit international privé, Dordrecht 1985, 33-87.

Dutoit, Bernard / *Knoepfler*, Francois / *Schweizer*, Philippe/*Siehr*, Kurt: Pollution transfrontière / Grenzüberschreitende Verschmutzung: Tschernobyl / Schweizerhalle, Basel 1989.

Eberle, Carl-Eugen: Umweltschutz durch Landesplanung, in: Thieme, Umweltschutz im Recht, 145-163.

Ehlermann, Jürgen: The Internal Market Following the Single European Act, CMLR 1987, 361.

Ehrenzweig, Albert A.: Der Tatort im amerikanischen Kollisionsrecht der außervertraglichen Schuldverhältnisse, Festschrift für Rabel (1954), 655-683.

Ehrenzweig, Armin / *Ehrenzweig*, Adolf: System des österreichischen allgemeinen Privatrechts, 2.Buch: Das Recht der Schuldverhältnisse, 1.Abteilung, Allgemeine Lehren, bearbeitet von Heinrich Mayrhofer, 3. Aufl., Wien 1986.

Ehricke, Ulrich: "Soft Law", Aspekte einer neuen Rechtsquelle, NJW 1989, 1906-1908.

Eujen, H./ *Müller-Freienfels*, Wofram: Zur Schadenersatzhaftung eines französischen Warenherstellers gegenüber dem deutschen Abnehmer - Ein Beitrag zur internationalen Produktenhaftung, RIW 1972, 503-508.

Faure, Michael G. / *Oudijk*, Johannes C.: Die strafgerichtliche Überprüfung von Verwaltungsakten im Umweltrecht, JZ 1994, 86-91.

Ferid, Murad / *Sonnenberger*, Hans Jürgen: Das französische Zivilrecht, Band 2, Einzelne Schuldverhältnisse, 2. Aufl., Heidelberg 1986.

Firsching, Karl: Zur Anerkennung ausländischer Akte der freiwilligen Gerichtsbarkeit, StAZ 1976, 153-158.

Fikentscher, Wolfgang / *Waibl*, K.: Ersatz im Ausland gezahlter Bestechungsgelder, IPRax 1987, 86-90.

Flinterman, Cees / *Kwiatowska*, Barabara / *Lammers*, Johan G. (Hrsg): Transboundary Air Pollution, Dordrecht 1986.

Frankenstein, Ernst: Internationales Privatrecht (Grenzrecht), Band 1, Berlin 1926.

Friauf, Karl Heinrich: "Latente Störung", Rechtswirkungen der Bauerlaubnis und vorbeugende Nachbarklage, DVBl 1971, 713-722.

Fricke, Martin: Die Anerkennung ausländischer Urteile in Frankreich nach autonomem Recht, IPRax 1989, 202-207.

Frisch, Wolfgang: Verwaltungsakzessorietät und Tatbestandsverständnis im Umweltstrafrecht, Heidelberg 1993.

Fröhler, Ludwig /*Zehentner*, Franz: Rechtsschutzprobleme bei grenzüberschreitenden Umweltbeeinträchtigungen.

- Band I: Bestandsaufnahme und völkerrechtliche Rechtsschutzmöglichkeiten, Linz 1979.
- Band II: Verwaltungsrechtliche Rechtsschutzmöglichkeiten, Linz 1980.
- Band III: Privatrechtliche Rechtsschutzmöglichkeiten und Rechtsshutzmöglichkeiten in den Bereichen Strafrecht, Verwaltungsstrafrecht und Ordnungswidrigkeitenrecht, Linz 1981.

- Band IV: Das Besondere Verwaltungsrecht des grenzüberschreitenden Umweltschutzes; Ordnungswidrigkeiten und Übertretungen im Bereich des Umweltschutzes, Linz 1982.

Gaertner, Joachim: Verschuldensprinzip und objektive Haftung bei nachbarlichen Störungen (Troubles de voisinage) nach französischem Recht verglichen mit dem deutschen Recht, Bonn 1972.

Geiger, Rudolf: Staatenimmunität: Grundsatz und Ausnahme, NJW 1987, 1124-1126.

Geimer, Reinhold: Anerkennung ausländischer Entscheidungen auf dem Gebiet der freiwilligen Gerichtsbarkeit, Festschrift Ferid, München 1988, 89-130.

- Internationales Zivilprozeßrecht, Köln 1987.

Geimer, Reinhold / *Schütze*, Rolf: Internationale Urteilsanerkennung, Band I,1 (1983), Band I,2 (1984), Band II (1971).

Gerlach, Johann: Die Grundstrukturen des privaten Umweltrechts im Spannungsverhältnis zum öffentlichen Recht, JZ 1988, 161-176.

- Privatrecht und Umweltschutz im System des Umweltrechts, Berlin 1989.

Gieseke, Paul / *Wiedemann*, Werner / *Czychowski*, Manfred: Wasserhaushaltsgesetz, unter Berücksichtigung der Landeswassergesetze und des Wasserstraßenrechts, 5. Auflage, München 1989.

Giesen, Dieter: Produkthaftung im Umbruch, JZ 1989, 517-525.

Glicksman: Federal Preemption and Private Legal Remedies for Pollution, 134 University of Pensylvania Law Review 121 (1985).

Gmehling, Bernhard: Die Beweislastverteilung bei Schäden aus Industrieimmissionen, Köln 1989.

Gornig, Gilbert: Schadensersatz bei grenzüberschreitenden Reaktorunfällen, JZ 1986, 979-985.

Grabitz, Eberhard (Hrsg.): Kommentar zum EWG Vertrag, Loseblattsammlung, München 1983 ff. (1989).

- Handlungsspielräume der EG-Mitgliedstaaten zur Verbesserung des Umweltschutzes, Das Beispiel der Umweltabgaben und -subventionen, RIW 1989, 623-636.

Grabitz, Eberhard / *Zacker*, Christian: Die neuen Umweltkompetenzen der EWG, NVwZ 1989, 297-303.

Grundmann, Stefan: Qualifikation gegen die Sachnorm, München 1985.

Grußendorf, Hildegard: Der Begehungsort der unerlaubten Handlung im deutschen internationalen Privatrecht, Greifswald 1934.

Gündling, Lothar: Rechtsschutz nach Tschernobyl, IPRax 1988, 338-341.

- Verantwortlichkeit der Staaten für grenzüberschreitende Umweltbelastungen, ZaöRV 45 (1985) 265-292.

Guillod, Oscar (Hrsg.): Développements récents du droit de la responsabilité civile, Neuere Entwicklungen im Haftpflichtrecht, Zürich 1991.

Gusy, Christoph: Völkerrechtliche Verantwortlichkeit der Staaten für die Handlungen Privater, RIW 1986, 585-590.

Hager, Günter: Zur Berücksichtigung öffentlich-rechtlicher Genehmigungen bei Streitigkeiten wegen grenzüberschreitender Immissionen, RabelsZ 53 (1989) 293-319.

- Das neue Umwelthaftungsgesetz, NJW 1991, 134-143.
- Umwelthaftung und Produkthaftung, JZ 1990, 397-409.
- Umweltschäden - ein Prüfstein für die Wandlungs- und Leistungsfähigkeit des Deliktsrechts, NJW 1986, 1961-1971.
- Anmerkung zu BGH vom 5.2.1993 - V ZR 62/91, JZ 1993, 1115-1116.

Hager, Johannes: Die klassische Entscheidung: Der Kupolofenfall, Jura 1991, 303-308.

- Grundrechte im Privatrecht, JZ 1994, 373-383.

Handl, Günther: Territorial Souvereignty and the Problem of Transnational Pollution, American Journal of International Law 69 (1975) 50-76.

Hecht, Michael / *Muzak*, Gerhard: Umwelthaftung im Nachbarrecht, JBl 1994, 159-165.

Heldrich, Andreas: Internationale Zuständigkeit und anwendbares Recht, Berlin 1969.

Henrich, Dieter (Hrsg.): Vorschläge und Gutachten zur Reform des deutschen internationalen Sachen- und Immaterialgüterrechts, Tübingen 1991.

Hentzen, Mathias K.: Zur Anwendung fremden Eingriffsrechts seit der IPR-Reform, RIW 1988, 508-511.

Heß, Burkhard: Staatenimmunität bei Distanzdelikten, München 1992.

- Probleme der Staatenimmunität bei grenzüberschreitenden Unterlassungsklagen, Besprechung der Entscheidung des OGH vom 23.2.1988, JBl 1989, 285-294.

Heßler, Hans-Joachim: Sachrechtliche Generalklausel und internationales Familienrecht, München 1985.

Hill, Hermann: Die befugte Gewässerbenutzung nach dem Wasserhaushaltsgesetz, GewArch 1981, 155.

Hill, Randolph: Preemption of State Common Law by Federal Statutes: *International Paper Company v. Harmel Quellette*, 14 Ecology Law Quarterly (1987) 541.

Hinderling, Hans Georg / *Goepfert*, Peter: Sandoz-Brand: Haftung im Fadenkreuz von Völkerrecht, Aktienrecht und Strafrecht, SJZ 1987, 57-63.

Hohloch, Gerhard: Das Deliktsstatut, Grundlagen und Grundlinien des internationalen Deliktsrechts, Frankfurt/ Main 1984.

- Grenzen der Auflockerung des Tatortprinzips im internationalen Deliktsrecht, IPRax 1984, 14-17.

- Auflockerung als "Lippenbekenntnis"? Zur Konsolidierung der Tatortregel im deutschen internationalen Deliktsrecht, JuS 1980, 18-24.

v. *Hoffmann*, Bernd: Behutsame Auflockerung der Tatortregel, IPRax 1986, 90.

Hoffmann, Gerhard: Internationales Verwaltungsrecht, in: v. Münch (Hrsg.) Besonderes Verwaltungsrecht, 7. Aufl., Berlin 1985.

Hoppe, Werner: Das Recht der Raumordnung und der Landesplanung in der Bundesrepublik Deutschland, 1986.

Hoppe, Werner / *Beckmann*, Martin: Umweltrecht, München 1989.

Ibler, Martin: Die Gerichtskontrolle mehrstufiger Fachplanungen, insbesondere der Abfallentsorgung, DVBl 1989, 639-647.

Igl, Gerhard: Die rechtliche Behandlung der industriellen Luftverunreinigung in Frankreich und der Bundesrepublik Deutschland, Berlin 1976.

Ipsen, Knut: Völkerrecht, 3. Aufl., München 1990.

Jabornegg, Peter: Privates Nachbarrecht und Umweltschutz, ÖJZ 1983, 365-373.

Jabornegg , Peter / *Rummel*, Peter / *Strasser*, Rudolf: Privatrecht und Umweltschutz, Linz 1976.

Jankowski, Hans Georg: Die Umweltverträglichkeitsprüfungsrichtlinie der Europäischen Gemeinschaften, in: Rengeling (Hrsg.), Europäisches Umweltrecht.

Jans, Jan Hendrik: Grenzüberschreitendes Umweltrecht - im niederländisch /deutschen Grenzgebiet, Köln 1990.

Jarass, Hans D.: Konkurrenz, Konzentration und Bindungswirkung von Genehmigungen, Berlin 1984.

- Das Recht auf Wasserzufluß, NJW 1976, 2195.
- Binnenmarktrichtlinien und Umweltschutzrichtlinien, Zur Abgrenzung des Anwendungsfeldes und zu Möglichkeiten eines nationalen Abweichens, EuZW 1991, 530-533.
- Der rechtliche Stellenwert technischer und wissenschaftlicher Standards am Beispiel der Umweltstandards, NJW 1987, 1225-1231.
- Verwaltungsrecht als Vorgabe für Zivil- und Strafrecht, in: Veröffentlichungen der Vereinigung der Deutschen Staatsrechtslehrer, Heft 50, Berlin 1991, 238-274.
- Zum Kampf um Kirchturmuhren und nächtens betriebene Tankstellen, JZ 1993, 601-605.

Jayme, Eric: Ausländische Rechtsregeln und Tatbestand inländischer Sachnormen - Betrachtungen zu Ehrenzweigs Datum-Theorie, in: Gedächtnisschrift für Albert A. Ehrenzweig, Karlsruhe 1976.
- Haftung bei grenzüberschreitenden Umweltbelastungen, in: Prävention im Umweltrecht, Heidelberger Kolloquium Technologie und Recht 1987, Heidelberg 1988, 205-219.
- Das Internationale Privat- und Verfahrensrecht der EG 1991 - Harmonisierungsmodell oder Mehrspurigkeit des Kollisionsrechts, IPRax 1991, 361-369.
- Methoden der Konkretisierung des ordre public im internationalen Privatrecht, Heidelberg 1989.
- Ein Internationales Privatrecht für Europa; Reden zur Verleihung des Landesforschungspreises Baden-Württemberg 1989, Heidelberg 1990.

Jayme, Eric / *Hausmann*, Rainer (Hrsg): Internationales Privat- und Verfahrensrecht, 6.Aufl., München 1992.

Jessurun d'Oliveira, Hans Ulrich: Das Rheinchloridabkommen und die EWG, RIW 1983, 322-3328.

Joerges, Christian: Zum Funktionswandel des Kollisionsrechts, Berlin 1970.

Kahn, Franz: Die Lehre vom ordre public (Prohibitivgesetze) in: Abhandlungen zum internationalen Privatrecht, hrsg. v. O. Lenel und Hans Lewald, Band 1, München / Leipzig 1928.

Kegel, Gerhard: Internationales Privatrecht, 6. Aufl., München 1987.

Kegel, Gerhard / *Seidl-Hohenveldern*, Ignaz: Zum Territorialitätsprinzip im internationalen öffentlichen Recht, in: Konflikt und Ordnung, Festschrift für Murad Ferid (1988) 233-277.

Kelsen, Hans: Die Einheit von Völkerrecht und staatlichem Recht, in: Abhandlungen zum Völkerrecht, Festgabe für A.N. Makarov, Stuttgart 1958, 234-249.

Kerschner, Ferdinand: Zur Haftung nach § 26 Wasserrechtsgesetz und zum Deliktsstatut im IPR, JBl 1983, 337-351.
- Umwelthaftung im Nachbarrecht, JBl 1993, 216-222.

Kiethe, Kurt: Internationale Tatortzuständigkeit bei unerlaubter Handlung - die Problematik des Vermögensschadens, NJW 1994, 222-227.

Kiethe, Kurt / *Schwab*, Michael: EG-rechtliche Tendenzen zur Haftung für Umweltschäden, EuZW 1993, 437-440.

Killian, Michael / *Pätzold*, Ralf: Anmerkungen zum Urteil des VG Straßburg vom 27.7.1983 im niederländisch-französischen Rheinversalzungsprozeß, UPR 1984, 155-157.

Kimmnich, Otto: Völkerrechtliche Haftung für das Handeln Privater im Bereich des internationalen Umweltschutzes, ArchVR 22 (1984) 241-282.

Kiss, Alexandre: Droit international de l'environnement, Paris 1989.

Klang, Heinrich: Kommentar zum Allgemeinen Bürgerlichen Gesetzbuch, 2.Aufl., Wien 1950.

Klein, Umweltschutz im völkerrechtlichen Nachbarrecht, Berlin 1976.

Kleinlein, Kornelius: Das System des Nachbarrechts: Eine Darstellung anhand des BBauG, des privaten Nachbarrechts und des BImSchG, Düsseldorf 1987.

Kloepfer, Michael: Grenzüberschreitende Umweltbelastungen als Rechtsproblem, DVBl 1984, 245-255.
- Internationalrechtliche Probleme grenznaher Kernkraftwerke - dargestellt am Beispiel von Cattenom, Archiv für Völkerrecht 25 (1987) 277-293.
- Umweltrecht, München 1989.

Kloepfer, Michael / *Mast*, Ekkehart: Zum Umweltrecht in Frankreich, RIW 1992, 5-12.

Kloepfer, Michael / *Kohler*, Christian: Kernkrftawerk und Staatsgrenze, Berlin 1981.

Kloss, Claudia: Der Untergang der "Amoco Cadiz" vor amerikanischen Gerichten, IPRax 1989, 184-188.

Kohler, Christian: Umweltrechtliche Genehmigungen im internationalen Privat- und Verfahrensrecht, UTR Band 15 (1991) 289-312.
- Unterlassungs- und Schadensersatzklagen wegen grenzüberschreitender Umweltbeeinträchtigungen im internationalen Privat- und Verfahrensrecht, in: v.Moltke / Schmölling/ Kloepfer / Kohler, Grenzüberschreitender Umweltschutz in Europa.
- Zivilrechtliche Schadenersatz- und Unterlassungsklagen - Gerichtliche Zuständigkeit und Verfahrensfragen (Recht der Europäischen Gemeinschaften), in: Bothe / Prieur / Ress, (Hrsg.) Rechtsfragen grenzüberschreitender Umweltbelastungen, Saarbrücken 1984.

Koppensteiner, Hans Georg: Enteignungs- oder Nationalisierungsmaßnahmen gegen ausländische Kapitalgesellschaften, Kollisions- und gesellschaftsrechtliche Aspekte unter besonderer Berücksichtigung der Entziehung von Mitgliedschaftsrechten, Berichte der Deutschen Gesellschaft für Völkerrecht, Heft 13 (1974) 65-93.

Koziol, Helmut: Österreichisches Haftpflichtrecht, Band II, Besonderer Teil, Wien 1984.

Krämer, Ludwig: Grundrecht auf Umwelt und Gemeinschaftsrecht, EuGRZ 1988, 285-294.

Kratz, Brigitte: Ausländische Eingriffsnorm und inländischer Privatrechtsvertrag, Frankfurt 1986.

Kreutzberger, Robert: Der Umweltschutz als Aufgabe der Europäischen Gemeinschaften - gleichzeitig eine Besprechung der Urteile des EuGH vom 7. Februar 1985 in den Rs 173 und 240/83, ZfU 2/86, 169-180.

Kreuzer, Karl: Ausländisches Wirtschaftsrecht vor deutschen Gerichten, Zum Einfluß fremdstaatlicher Eingriffsnormen auf private Rechtsgeschäfte, Karlsruhe 1986.
- Apfelschorf im "Alten Land" - Kollisionsrechtliche Probleme der Produkthaftung, IPRax 1982, 1-3.
- Habent sua fata horologia - Zur Vorfrage der Anerkennung fremdstaatlicher Steuervollstreckungsakte, IPRax 1990, 365-372.
- Gutachtliche Stellungnahme zum Referentenentwurf eines Gesetzes zur Ergänzung des Internationalen Privatrechts (Außervertragliche Schuldverhältnisse und Sachen) - Sachenrechtliche Bestimmungen, in: Henrich (Hrsg.), Vorschläge und Gutachten für eine Reform des deutschen internationalen sachen- und Immaterialgüterrechts, 37-166.
- Umweltstörungen und Umweltschäden im Kollisionsrecht, in: Kunig / Lang / Lagoni / Dolzer/ Kreuzer / Schack, Umweltschutz im Völkerrecht und Kollisionsrecht, Heidelberg 1992, 245-311.

Kriech, Markus: Grenzüberschreitender Umweltschutz im schweizerischen Recht, Zürich 1986.

Kropholler, Jan: Internationales Privatrecht, Tübingen 1990.
- Zur Kodifikation des Internationalen Deliktsrechts, ZfRV 16 (1975) 256-267.

König, Hans-Günther: Bayerisches Wasserrecht, Köln 1988.

König, Klaus: Die Anerkennung ausländischer Verwaltungsakte, Köln 1965.
Kühne, Gunther: Haftung bei grenzüberschreitenden Schäden aus Kernreaktorunfällen, NJW 1986, 2139-2147.
Kunig, Philip: Grenzüberschreitender Umweltschutz - Der Einzelne im Schnittpunkt von Verwaltungsrecht, Staatsrecht und Völkerrecht, in: Thieme (Hrsg.), Umweltschutz im Recht, Berlin 1988, 213-232.
Kunig, Philip / *Lang*, Winfried / *Lagoni*, Rainer / *Dolzer*, Rudolf / *Kreuzer*, Karl / *Schack*, Haimo: Umweltschutz im Völkerrecht und Kollisionsrecht, Berichte der Deutschen Gesellschaft für Völkerrecht, Heft 32, Heidelberg 1992.
Küppers, Karsten: Die Stellung ausländischer Nachbarn bei Genehmigung gefährlicher Anlagen, DVBl 1978, 686-689.
- Grenzüberschreitende Immissionen und internationales Nachbarrecht, ZRP 1976, 260-265.
Ladeur, Karl-Heinz: Schadenersatzanspruch des Bundes für die durch den Sandoz-Brand entstandenen "ökologischen Schäden", NJW 1987, 1236 ff.
Lagarde, Paul: Le principe de proximité en droit intérnational privé, Rec. 196 (1986) 9-238.
Lagoni, Rainer: Umweltvölkerrecht, Anmerkungen zur Entwicklung eines Rechtsgebiets, in: Thieme (Hrsg.), Umweltschutz im Recht 233-250.
Lammers, Johan: The Present State of Research Carried out by the English Speaking Section of The Centre for Studies and Research, in: Academie de Droit International de la Haye, La pollution transfrontière et le droit international privé, Dordrecht 1985, 89-126.
Landsberg, Gerd / *Lülling*, Wilhelm: Das neue Umwelthaftungsgesetz, DB 1990, 2205-2211.
Lang, Eberhard: Grundfragen des privatrechtlichen Immissionsschutzes aus rechtsvergleichender Sicht, AcP 74 (1974) 381.
Langenfeld, Christine / *Schlemmer-Schulte*, Sabine: Die TA Luft - kein geeignetes Instrument zur Umsetzung von EG-Richtlinien, EuZW 1991, 622-627.
Larenz, Karl: Lehrbuch des Schulrechts, Band II, Besonderer Teil, 12.Aufl., München 1981.
Leflar, Robert A./ *Mc Dougal*, Luther L-/ *Felix*, Robert L.: American Conflicts Law, 4.Aufl., Charlottesville, Virginia 1986.
Legrand, Henri: La politique communautaire de l'environnement, in: Charpentier (Hrsg.), La protection de l'environnement.
Lorenz, Egon: Die Rechtswahlfreiheit im internationalen Schuldvertragsrecht, RIW 1987, 569-584.
Lorenz, Werner: Die allgemeine Grundregel betreffend das auf die außervertragliche Schadenshaftung anwendbare Recht, in v.Caemmerer (Hrsg), Vorschläge und Gutachten zur Reform des internationalen Privatrechts der außervertraglichen Schuldverhältnisse, Tübingen 1983, 97-159.
- Der Haager Konventionsentwurf über das auf die Produktenhaftpflicht anwendbare Recht, RabelsZ 37 (1973) 317-356.
- Europäische Rechtsangleichung auf dem Gebiet der Produzentenhaftung: Zur Richtlinie des Rates der Europäischen Gemeinschaften vom 25.Juli 1985, ZHR 151 (1987) 1-39.
Lörtscher, Thomas: Internationales Produkthaftungsrecht der Schweiz, Sonderstatut im Regulativ des Ordre public, ZVglRWiss 88 (1989) 71-97.
Lüderitz, Jürgen: Ein Haustürgeschäft über Haustürgeschäfte, Deutsch-Französischer Justizkonflikt über Bagatellen, IPRax 1989, 25-28.
Lukes, Rudolf: Klagebefugnis und Verwaltungsverfahrensbeteiligung für ausländsiche Nachbarn am Beispiel des Atom- und Bundesimmissionschutzrechts, GewArch 1986, 1 ff.
Lummert, Rüdiger: Zur Frage des anwendbaren Rechts bei zivilrechtlichen Unterlassungsklagen und Schadensersatzklagen wegen grenzüberschreitender Umweltverschmutzung, NuR 1982, 241-245.
- Zivilrechtliche Schadensersatzklagen und Unterlassungsklagen - Anwendbares Recht, in: Bothe/ Prieur / Ress (Hrsg.), Rechtsfragen grenzüberschreitender Umweltverschmutzungen Berlin 1985, 183-192.

Mann, Friedrich Alexander: Conflict of Laws and Public Law, Rec. de Cours 1971 I, 107-196.
- Sonderanknüpfung und zwingendes Recht im internationalen Privatrecht, in: Festschrift für Günther Beitzke zum siebzigsten Geburtstag, Berlin 1979, 607-649.
- Studies in International Law, Oxford 1973.
- Öffentlich rechtliche Ansprüche im internationalen Rechtsverkehr, RabelsZ 21 (1956) 1-20.
- Zum Anwendungsbereich des neuen Seefrachtrechts, NJW 1988, 3074-3075.

Mansel, Heinz-Peter: Zustellung einer Klage in Sachen "Tschernobyl" IPRax 1987, 210-215.
- Die Nation im innerdeutschen privaten Kollisionsrecht - Zugleich ein Beitrag zur Verfassungsbindung des innerdeutschen Privatrechts, in: Jayme / Mansel, Nation und Staat im Internationalen Privatrecht, Heidelberg 1990 57-91.

Marburger, Peter: Ausbau des Individualschutzes gegen Umweltbelastungen als Aufgabe des bürgerlichen und des öffentlichen Rechts, in: Verhandlungen des sechsundfünfzigsten deutschen Juristentages, Band I, Gutachten, Teil C, München 1986.
- Grundsatzfragen des Haftungsrechts unter Einfluß der gesetzlichen Regelungen zur Produzenten- und zur Umwelthaftung, AcP 192 (1992) 1-34.

Martiny, Dieter: Anerkennung ausländischer Entscheidungen nach autonomem Recht, in: Handbuch des Internationalen Zivilverfahrensrechts III/1, Tübingen 1984.
- Der deutsche Vorbehalt gegen Art.7 Abs.1 des EG- Schuldvertragsübereinkommens, Seine Folgen für die Anwendung ausländischen zwingenden Rechts, IPrax 1987, 277-280.
- Gemeinschaftsrecht, ordre public, zwingende Bestimmungen und Exklusivnormen, in: v.Bar (Hrsg.) Europäisches Gemeinschaftsrecht und Internationales Privatrecht, Köln 1991, 211-242.

Matscher, Franz: Gibt es ein internationales öffentliches Recht? Festschrift für Beitzke 1978, 641-649.

Mazeaud, Henri et Léon / *Tunc*, André: Traité théoretique et pratique de la responsabilité civile délictuelle et contractuelle, Band 1, 6. Aufl. 1965.

Mayer, Pierre: Droit international privé, Paris 1987.
- Droit public et droit international privé, R.I.D.C. 1986, 467-485.

Medicus, Dieter: Zivilrecht und Umweltschutz, JZ 1986, 778-785.
- Schuldrecht II, Besonderer Teil, 3. Aufl., München 1987.

Meessen, Karl M.: Zu den Grundlagen des internationalen Wirtschaftsrechts, AöR 110 (1985) 398-418.
- Völkerrechtliche Grundsätze des internationalen Kartellrechts, Baden-Baden 1975.

Meyer, Hans /*Borgs-Maciejewsky*, Hermann: Verwaltungsverfahrensgesetz, 2.Aufl., Frankfurt 1982.

v. Moltke, Heinrich / *Schmölling*, Jürgen / *Kloepfer*, Michael / *Kohler*, Christian (Hrsg.): Grenzüberschreitender Umweltschutz in Europa, Heidelberg 1984.

Moreau, Michel: Responsabilité civile délictuelle en droit international privé, J.C. Responsabilité Civile, Fasc. 255-1, August 1986

Moser, Berthold: Die Wiederaufarbeitungsanlage in Wackersdorf aus österreichischer rechtlicher Sicht, ÖJZ 1987, 97-106.
- Umweltschutz als Aufgabe des Zivilrechts, ÖJZ 1974, 375-385.

Montag, Frank: Umweltschutz, Freier Warenverkehr und Einheitliche Europäische Akte, RIW 1987, 935-943.

Mülbert, Peter: Ausländische Eingriffsnorm als Datum, IPRax 1986, 140-142.

Müller, Klaus: Zum Begriff der "Anerkennung" von Urteilen in § 328 ZPO, ZZP 79 (1966) 199-145.

v. Münch (Hrsg.): Besonderes Verwaltungsrecht, 7.Aufl., Berlin 1985., 8..Aufl., Berlin 1988.
v.Münch., Ingo / *Schmidt-Aßmann*, Eberhard, 9.Aufl., Berlin 1992.
Münchener Kommentar / Verfasser: Bürgerliches Gesetzbuch, 2. Aufl., Band 3, 2. Halbband, Schuldrecht Besonderer Teil, München 1986;
- Band 4, Sachenrecht, München 1986;
- Band 7, Internationales Privatrecht, München 1990.
Musger, Gottfried, Grenzüberschreitende Umweltbelastungen im internationalen Zivilprozeßrecht, Saarbrücken 1991.
Nassr-Esfahani, Soussan, Grenzüberschreitender Bestandsschutz für unanfechtbar genehmigte Anlagen, Berlin 1991.
Neuhaus, Paul Heinrich, Zur Anerkennung sowjetzonaler ausländischer Scheidungsurteile, FamRZ 1964, 18-25.
Neumayer, Karl Heinz: Forderungsabtretung und Devisenrecht, Anmerkung zu BGHZ 31, 367, RabelsZ 25 (1960) 649-657.
Neumeyer, Karl: Internationalen Verwaltungsrecht, Band IV, Allgemeiner Teil, Leipzig 1936.
Newman, Karl: Current Developments: EEC Law, I.C.L.Q. 40 (1991) 717-734.
Nicolaysen, Gert: Umweltschutz im Europäischen Gemeinschaftsrecht, in Thieme (Hrsg.) Umweltschutz im Recht, Berlin 1988 197-212.
Note, Nuisance and Legislative Autorization, 52 Columbia Law Review (1952) 781-785.
Offermann-Clas, Christel: Das Luftreinhalterecht der Europäischen Gemeinschaften - Fortschritte seit dem Jahre 1983, NJW 1986, 1388-1397.
Olzen, Dirk: Zivilrechtlicher Schutz gegen Belastungen aus der Umwelt, Jura 1991, 281-289.
Oppermann, Thomas: Europarecht, München 1991.
Otto, Günter: Auf dem Wege zu einer Konvention über Fragen des Internationalen Umwelthaftungsrechts, JZ 1994, 953-954.
Palandt / Verfasser: Bürgerliches Gesetzbuch, 53.Aufl., München 1994.
Papier, Hans-Jürgen: Immissionen durch Betriebe der öffentlichen Hand, NJW 1974, 1797-1802.
- Wirkungen des öffentlichen Planungsrechts auf das private Immissionsschutzrecht, in: Pikart/ Gelzer / Papier, Umwelteinwirkungen durch Sportanlagen, Düsseldorf 1984.
Peine, Franz-Joseph: Privatrechtsgestaltung durch Anlagengenehmigung, NJW 1990, 2442-2449.
- Zur verfassungskonformen Interpretation des § 215 Abs.1 Nr.2 BBauG, NVwZ 1989, 637-639.
Pelzer, Norbert: Atomrechtlicher Schadensausgleich bei ausländischen Nuklearunfällen, NJW 1986, 1664-1666.
Pernice, Ingolf: Auswirkungen des europäischen Binnenmarktes auf das Umweltrecht -gemeinschafts (verfassungs-) rechtliche Grundlagen, NVwZ 1990, 201-211.
Peter, Hansjörg: Umweltschutz am Hochrhein. Rechtsfragen grenzüberschreitender Umweltbelastungen, Diss. Zürich 1987.
Peters, Heinz-Joachim: Grundzüge des Umweltplanungsrechts, DÖV 1988, 56-64.
Peters, Heinz-Joachim / *Schenk*, Karlheinz / *Schlabach*, Erhard: Umweltverwaltungsrecht, Heidelberg 1990.
Pfeifer, Axel: Produktfehler oder Fehlverhalten des Produzenten, Berlin 1987.
Pfeiffer, Thomas: Die Bedeutung des privatrechtlichen Immissionsschutzes, Frankfurt / Main 1987.
Picker, Eduard: Der privatrechtliche Rechtsschutz gegen baurechtswidrige Bauten als Beispiel für die Realisierung von "Schutzgesetzen", AcP 176 (1976) 29-79.
Piehl, Harald: Ausländische zwingende Vorschriften und deutsches Schuldstatut, RIW 1988, 841-843.

Pirrung, Jörg: Der Regierungsentwurf eines Gesetzes zur Neuregelung des Internationalen Privatrechts, IPRax 1983, 201-208.

Raape, Leo: Internationales Privatrecht, 5.Aufl., Berlin 1961.

Raape, Leo / *Sturm*, Fritz: Internationales Privatrecht, München 1977.

Rabel, Ernst: Das Problem der Qualifikation, RabelsZ 5 (1931) 241-288.

Radtke, Rolf C.: Schuldstatut und Eingriffsrecht, Systematische Grundlagen der Berücksichtigung von zwingendem Recht nach deutschem IPR und EG-Schuldvertragsübereinkommen, ZVglRWiss 84 (1985) 325-357.

Reischauer, Rudolf: Zur Zulässigkeit landwirtschaftlicher Immissionen - ein Beitrag insbesondere zum Ortsbegriff des § 364a ABGB, JBl 1990, 217-222.

Rauschnig, Dietrich: Klagebefugnis von Auslandsbewohnern gegen eine inländische Atomgenehmigung, ArchVR 1987, 312-332.

- Allgemeine Völkerrechtsregeln zum Schutz gegen grenzüberschreitende Umweltbeeinträchtigungen, in: Strafrecht - Völkerrecht - Europarecht, Festschrift für Jürgen Schlochauer, Hrsg. Ingo v. Münch, Berlin 1981, 558-576.
- Umweltschutz als Problem des Völkerrechts, Europa-Archiv 16 (1972) 567-580.

Randelzhofer, Albrecht: Umweltschutz im Völkerrecht, Jura 1992, 1-8.

- Transfrontier Pollution, in: Encyclopedia of Public International Law, Institute for Internationale Relations (Hrsg.), Amsterdam 1986.

Randelzhofer, Albrecht / *Simma*, Bruno: Das Kernkraftwerk an der Grenze, Eine "ultra-hazardous activity" im Schnittpunkt von internationalem Nachbarrecht und Umweltschutz, in: Festschrift für Friedrich Berber, Hrsg. Dieter Blumenwitz und Albrecht Randelzhofer, München 1973, 389-431.

Randelzhofer, Albrecht / *Harndt*, Raimund: Grenzüberschreitende Zusammenarbeit bei der Umweltverträglichkeitsprüfung: Ein Beitrag zur Auslegung von Art.7 der EWG-Richtlinie über die Umweltverträglichkeitsprüfung mit einer Darstellung des französischen, belgischen, niederländischen und dänischen Umweltverfahrensrechts, Berlin 1989.

Rehbinder, Eckhart: Umweltrecht, Rechtsvergleichendes Generalreferat, RabelsZ 40 (1976) 363-408.

- Zur Politisierung des Internationalen Privatrechts, JZ 1973, 151-158.
- Buchbesprechung zu Oppermann / Killian, Gleichstellung ausländischer Grenznachbarn im deutschen Umweltverfahren? (1981) und zu Kloepfer / Kohler, Kernkraftwerk und Staatsgrenze (1981) RabelsZ 1983, 560-567.
- Zivilrechtliche Schadensersatz- und Unterlassungsklagen - Anwendbares Recht, in: Bothe/ Prieur/Ress, Rechtsfragen grenzüberschreitender Umweltverschmutzungen, Berlin 1984, 219-221.

Reichelt, Grete: Kulturgüterschutz und Internationales Privatrecht, IPRax 1986, 73-75.

Reischauer, Rudolf: Die Zulässigkeit landwirtschaftlicher Immissionen, ein Beitrag, insbesondere zum Ortsbegriff des § 364 ABGB, JBl 1990, 217-222.

Remien, Oliver: Außenwirtschaftsrecht in kollisionsrechtlicher Hinsicht, RabelsZ 54 (1990) 431-480.

Rengeling, Hans-Werner (Hrsg.): Europäisches Umweltrecht und europäische Umweltpolitik; Köln 1987.

- Grenznahe Kernanlagen: Rechtsprobleme grenzüberschreitender Standortplanung, Wirtschaft und Verwaltung 1987, 27-50.
- Der Stand der Technik bei der Genehmigung umweltgefährdender Anlagen, Köln 1985.

Ress, Georg (Hrsg.): Grenzüberschreitende Verfahrensbeteiligung im Umweltrecht der Mitgliedstaaten der Europäischen Gemeinschaften, Köln 1985.

Rest, Alfred: Chemieunfälle und Rheinverseuchung, VersR 1987, 6.
- Abkommen über den Schadenersatz bei grenzüberschreitenden Umweltschäden, Berlin 1976.
- A Decision against France? The Rhine Pollution, EPL 5 (1979) 85-89.
- Die Wahl des günstigeren Rechts im grenzüberschreitenden Umweltschutz, Berlin 1980.
- Ecological Damage in Public International Law, EPL 22 (1992), 31-41.
- Internationaler Umweltschutz vor Verwaltungs-, Zivil- und Strafgerichten - Der niederländisch-französische Rheinverschmutzungsprozeß, Österr. Z. öffentl.R und Völkerrecht, 35 (1985) 225-263.
- Luftverschmutzung und Haftung in Europa, Kehl 1986.
- Neue Tendenzen im internationalen Umwelthaftungsrecht - Völkerrechtliche und international privatrechtliche Aspekte, NJW 1989, 2153-2160.
- Neue Mechanismen der Zusammenarbeit und Sanktionierung im internationalen Umweltrecht, NuR 1994, 271-277.
- Der Sandoz-Brand und die Rheinverseuchung, UPR 1987, 363-369.
- Schadensersatzansprüche des einzelnen nach Zivil- und Völkerrecht - das Urteil des Rotterdamer Zivilgerichts vom 16.12.1983 im niederländisch - französischen Rheinversalzungsprozeß, UPR 1984, 148-155.
- Tschernobyl und die internationale Haftung - völkerrechtliche Aspekte, VersR 1986, 609 ff.
- Völkerrechtlicher und zivilrechtlicher Schadensersatz im internationalen Umweltrecht, UPR 1982, 358-371.
- Die Wahl des günstigeren Rechts im grenzüberschreitenden Umweltschutz, Berlin 1980.
- Wahl des zuständigen Gerichts bei Distanzdelikten nach dem EG Zuständigkeits- und Vollstreckungsüberinkommen - Ein erster Schritt zum Schutz des Geschädugten im internationalen Umweltrecht, RIW/AWD 1977, 669-674.

Reuter, Alexander: Das neue Gesetz über die Umwelthaftung, BB 1991, 145-149.

Riegel, Reinhard: Die neuen Vorschriften des Wasserhaushaltsgesetzes, NJW 1976, 783-787.

Ronellenfitsch, Michael: Ausbau des Individualschutzes gegen Umweltbelastungen als Aufgabe des bürgerlichen und des öffentlichen Rechts? NJW 1986, 1955-1961.
- Einführung in das Planungsrecht, 1986.
- Der Einwendungsausschluß im Wasserrecht, VerwArch 74 (1983) 369.

Rossbach, Armin: Die international-privatrechtliche Anknüpfung des privaten Rechtsschutzes bei grenzüberschreitender Gewässerverunreinigung, Bonn 1979.
- Die international privatrechtlichen Probleme der grenzüberschreitenden Rheinverschmutzung, NJW 1988, 590.
- Schadensersatz bei grenzüberschreitender Gewässerverunreinigung ZfW 1979, 17-24.

Roth, Wulf-Henning: Der Einfluß des Europäischen Gemeinschaftsrechts auf das Internationale Privatrecht, RabelsZ 55 (1991) 623-673.

Rudolf, Walter: Territoriale Grenzen der staatlichen Rechtsetzung, DGVR 11 (1973) 7-46.

Rummel, Peter (Hrsg.): ABGB, Kommentar, 2 Bände, 2.Aufl., Wien 1992.

Sack, Rolf: Das IPR der Produktenhaftung und die "par conditio concurrentium", in: Mitarbeiterfestschrift für Eugen Ulmer, Köln 1973, 495-507.

Salje, Peter: Deutsche Umwelthaftung versus europäische Abfallhaftung, DB 1990, 2053-2057.
- Zur Kritik des Diskussionsentwurfes eines Umwelthaftungsgesetzes, ZRP 1989, 408-412.

Salzwedel, Jürgen: Neuere Tendenzen im Wasserrecht, NVwZ 1988, 493-499.

Salzwedel, Jürgen / *Preusker*, Werner: Umweltschutzrecht und Verwaltung in der Bundesrepublik Deutschland, Bonn 1983.

Sands, Philippe: Chernobyl, Law and Communication, Cambridge 1988.

Sandrock, Otto: Neuere Entwicklungen im internationalen Verwaltungsrecht, insbesondere im internationalen Kartellrecht, ZVerglRW 69 (1967) 13-33.

- Die Bedeutung des Gesetzes zur Neuregelung des Internationalen Privatrechts für die Unternehmenspraxis, RIW 1986, 841-855.

v. *Savigny*, Friedrich Carl: System des heutigen römischen Rechts, Achter Band, Berlin 1849.

Schack, Haimo: Internationales Zivilverfahrensrecht, München 1991; zitiert IZVR.

- Das internationale Prozeßrecht in umweltrechtlichen Streitigkeiten, in: Kunig / Lang / Lagoni/ Schack, Umweltschutz im Völkerrecht und Kollisionsrecht, Heidelberg 1992, 315-394.

Schapp, Jan: Das Verhältnis von privatem und öffentlichen Nachbarrecht, Berlin 1978.

Schiffer, K.Jan: Sonderanknüpfung ausländischen "öffentlichen" Rechts durch Richterrecht in der internationalen Schiedsgerichtsbarkeit? IPRax 1991, 84-87.

Schlochauer, Hans-Jürgen: Die extraterritoriale Wirkung von Hoheitsakten nach dem Recht des Bundesrepublik Deutschland und nach internationalem Recht, Frankfurt/Main 1962.

- Wörterbuch des Völkerrechts, Berlin 1960.

Schlosser, Peter: Gestaltungsklagen und Gestaltungsurteile, Bielefeld 1966.

Schmidt, Reiner / *Müller*, Helmut: Grundfälle zum Umweltrecht, JuS 1986, 619-624.

Schmitt Glaeser, Walter/ *Meins*, Jürgen W.: Das Recht des Immissionsschutzes, Königsstein 1982.

Schmidt-Salzer, Joachim: Kommentar zum Umwelthaftungsrecht - Betriebliche Risiken und innerbetriebliche Verantwortung, Heidelberg 1992.

- Verbraucherschutz, Produzentenhaftung, Umwelthaftung, Unternehmensverantwortung, NJW 1994, 1305-1315.

Schneeweiß, F.J.: Das Verhältnis von Handlungs- und Erfolgsort im deutschen internationalen Privatrecht unter besonderer Berücksichtigung der Rechtsprechung, Köln 1959.

Schnorr von Carolsfeld, Ludwig: Der Adressat der Vorschriften des Normengrenzrechts, entwikelt aus dessen Wesen, in: Um Recht und Freiheit, Festschrfit für August Freiherr v.d.Heydte zum 70. Geburtstag, Berlin 1977.

- Bemerkungen zum internationalen Wasserrecht, in: Recht und Staat, Festschrift für Günther Küchenhoff zum 65. Geburtstag, Berlin 1972, 827-849.

Schönberger, Thomas: Das Tatortprinzip und seine Auflockerung im deutschen internationalen Deliktsrecht, München 1990.

v. *Schönfeld*, Ulrich: Die Immunität ausländischer Staaten vor deutschen Gerichten, NJW 1988, 2980-2987.

Schreiber, Albrecht: Die Sachhalterhaftung des Art.1384 Abs.1 Code Civil verglichen mit dem deutschen Recht, Mainz 1987.

Schreuer, Christoph: Zur verwaltungs- und völkerrechtlichen Problematik des Salzburger Flughafens, ÖJZ 1971, 542-545.

Schröder, Meinhard: Waldschäden als Problem des internationalen und des europäischen Rechts, DVBl 1986, 1173-1180.

- Verwaltungsrecht als Vorgabe für Zivil- und Strafrecht, in: Veröffentlichungen der Vereinigung der Deutschen Staatsrechtslehrer, Heft 50, Berlin 1991, 198-237.

Schütze, Rolf A.: Deutsches internationales Zivilprozeßrecht, Berlin 1985.

Schubert, Mathias: Internationale Verträge und Eingriffsrecht, RIW 1987, 729-746.

Schulte, Hans: Zivilrechtsdogmatische Problem im Hinblick auf den Ersatz "ökologischer Schäden", JZ 1988, 278-286.

Schulze, Johannes: Das öffentliche Recht im IPR, Frankfurt 1972.

Schurig, Klaus: Kollisionsnorm und Sachrecht. Zu Struktur, Standort und Methode des internationalen Privatrechts, Berlin 1981.

- Lois d'application immédiate und Sonderanknüpfung zwingenden Rechts: Erkenntnisfortschritt oder Mystifikation, in: Holl / Klinke (Hrsg.), Internationales Privatrecht und internationales Wirtschaftsrecht, Köln 1985, 55-76.
- Zwingendes Recht, Eingriffsnormen und neues IPR, RabelsZ 54 (1990) 217-250.

Schwerdtfeger, Gunther: Baurechtlicher Drittschutz und Parlamentsvorbehalt, NVwZ 1983, 199-201.

Schwarze, Jürgen: Rechtsschutz Privater bei völkerrechtswidrigem Handeln fremder Staaten, ArchVR 24 (1986) 408-433.

Seidel, Martin: Umweltrecht der Europäischen Gemeinschaft - Träger oder Hemmnis des Fortschritts? DVBl 1989, 441-448.

Seidl-Hohenveldern, Ignaz: Internationales Enteignungsrecht, in: Internationales Privatrecht und Rechtsvergleichung im Ausgang des 20. Jahrhunderts, Festschrift für Gerhard Kegel, Frankfurt/ Main 1977, 265-284.

- Die Voraussetzungen für die Anwendbarkeit ausländischen öffentlichen Rechts, Rev. esp.der.int. 25 (1972) 349-359.
- Völkerrecht, 6.Aufl., Köln 1987

Sellmann, Martin: Entwicklung und Problematik der öffentlichen Nachbarklage im Baurecht, DVBl 1963, 273-286.

Selmer, Peter: Privates Umwelthaftungs- und öffentliches Gefahrenabwehrrecht, Karlsruhe 1991.

Sellner, Dieter: Ausbau des Individualschutzes gegen Umweltbelastungen als Aufgabe des bürgerlichen und des öffentlichen Rechts, in: Verhandlungen des sechsundfünfzigsten deutschen Juristentages, Band II, Referate, L 8-47, München 1986.

- Immissionsschutzrecht und Industrieanlagen, 2. Aufl., München 1988.

Serick, Rolf: Die Sonderanknüpfung von Teilfragen im internationalen Privatrecht, RabelsZ 18 (1953) 633-650.

Siehr, Kurt: Grenzüberschreitender Umweltschutz, Europäische Erfahrungen mit einem weltweiten Problem, RabelsZ 45 (1981) 377-398.

- Ausländische Eingriffsnormen im inländischen Wirtschaftskollisionsrecht, RabelsZ 52 (1988) 41-103.
- Normen mit eigener Bestimmung ihres räumlich-persönlichen Anwendungsbereichs im Kollisionsrecht der Bundesrepublik Deutschland, RabelsZ 46 (1982) 357-383.
- Produktenhaftung im internationalen Privatrecht, zum Entwurf für ein Haager Kollisionsrechtsabkommen, RIW 1972, 373-389.

Spellenberg, Hans-Ulrich: Die Abänderung ausländischer Unterhaltsurteile und das Statut der Rechtskraft, IPRax 1984, 304-308.

Spickhoff, Andreas: Zur Reform des deutschen internationalen Deliktsrechts, VersR 1985, 124-125.

Stark, Emil W.: Völkerrecht und Haftpflichtrecht, Einige Bemerkungen im Zusammenhang mit dem Fall Schweizerhalle vom 1.November 1986, SJZ 83 (1987) 212-214.

v. Staudinger, Julius: Kommentar zum Bürgerlichen Gesetzbuch, Art.38 nF EGBGB (Unerlaubte Handlungen), Internationales Sachenrecht, 12.Aufl., Berlin 1992, zitiert Staudinger / Autor.

Steffen, Erich: Verschuldenshaftung und Gefährdungshaftung für Umweltschäden, NJW 1990, 1817-1822.

Steinberg, Rudolf: Das Nachbarrecht der öffentlichen Anlagen; Nachbarschutz gegen Planfeststellungen und sonstige Anlagen der öffentlichen Hand, Stuttgart 1988.

- Grenzüberschreitende Informationsansprüche im Bundesstaat - untersucht am Beispiel des interstaatlichen atomrechtlichen Nachbarrechts, NJW 1987, 2345-2351.

Steindorff, Ernst: Umweltschutz in Gemeinschaftshand? RIW 1984, 767-772.

- Sachnormen im internationalen Privatrecht, Frankfurt/Main 1958.

Steiner, Johannes: Zur Auslegung des Begriffes der Ortsüblichkeit in § 364 Abs.2 ABGB, JBl 1978, 133-142.

Sternberg, Christiane: Der Salzburger Flughafenfall - Rechtsfragen grenzüberschreitender Umweltbeeinträchtigungen, Österr. Z. öffentl. Recht u. Völkerrecht, Suppl. 10 (1988) 87-110.

Stewart, J.: Pyramids of Sacrifice, Federalism and State Implementation, 1977 Yale Law Review 1196.

Stoll, Hans: Deliktsstatut und Tatbestandwirkung ausländischen Rechts, in: Multum non Multa, Festschrift für Kurt Lipstein aus Anlaß seines 70. Geburtstags, Karlsruhe 1980, 259-277.

- Die Behandlung von Verhaltensnormen und Sicherheitsvorschriften, in: v.Caemmerer (Hrsg.), Vorschläge und Gutachten zur Reform des internationalen Privatrechts der außervertraglichen Schuldverhältnisse, 160-180.
- Der Schutz der Sachenrechte nach internationalem Privatrecht, RabelsZ 37 (1973) 357-379.
- Sturz vom Balkon auf Gran Canaria - Akzessorische Anknüpfung, deutsches Deliktsrecht und örtlicher Sicherheitsstandard, IPRax 1989, 89-92.
- Zweispurige Anknüpfung von Verschuldens- und Gefährdungshaftung im internationalen Deliktsrecht? Festschrift für Murad Ferid (1978) 397-416.
- Anknüpfungsgrundsätze bei der Haftung für Straßenverkehrsunfälle und der Produktenhaftung nach der neueren Entwicklung des internationalen Deliktsrechts, in: Festschrift für Kegel, Frankfurt a.M.1977, 113-140.

Streinz, Rudolf: Materielle Präklusion und Verfahrensbeteiligung im Verwaltungsrecht, Die Anforderungen an das Verwaltungsverfahren bei Anordnung materieller Präklusionsfolgen unter Berücksichtigung ausländischer Betroffener, VerwArch 79 (1988) 272-313.

Sturm, Fritz: Immissionen und Grenzdelikte, in v.Caemmmerer (Hrsg.), Vorschläge und Gutachten zur Reform des internationalen Privatrechts der außervertraglichen Schuldverhältnisse, Tübingen 1983, 338-360.

Süß: Die Anerkennung ausländischer Urteile, Festgabe Rosenberg (1948) 229-271.

Taschner, Hans Claudius: Die Produkthaftung, La responsabilité du produit, in: Guillod (Hrsg.), Développements récents du droit des la responsabilité, Zürich 1991, 307-322.

- Die künftige Produzentenhaftung in Deutschland, NJW 1986, 611-616.

Taupitz, Jochen: Das neue Umwelthaftungsgesetz: Zwischenschritt auf dem Weg zu einem effektiven Umwelthaftungsrecht, Jura 1992, 113-120.

Théron, Jean-Pierre: Responsabilité pour trouble anormal de voisinage en droit public et en droit privé, S.J.1976 G I 2802.

Thieme, Werner (Hrsg.): Umweltschutz im Recht, Berlin 1988.

Uschakow, Alexander: Tschernobyl und das sowjetische Recht - Völkerrechtliche Aspekte, VersR 1986,721-728.

Van der Meer, J.: Pollution of International Rivers, Anmerkung in RabelsZ 51 (1987) 491-497.

Verdross, Alfred / *Simma*, Bruno: Universelles Völkerrecht, 3. Auflage, Berlin 1984.

Vischer, Frank: Zwingendes Recht und Eingriffsgesetze nach dem schweizerischen IPR-Gesetz RabelsZ 53 (1989) 438-461.
- Kollisionsrechtliche Parteiautonomie und dirigistische Wirtschaftsgesetzgebung in Festschrift für Gerwig, Basel 19660, 167-191.

Vogel, Klaus: Der räumliche Anwendungsbereich der Verwaltungsrechtsnorm. - Eine Untersuchung über die Grundfragen des sogenannten Internationalen Verwaltungs- und Steuerrechts, Frankfurt, Berlin 1965.

Wahl, Rainer: Der Regelungsgehalt von Teilentscheidungen in öffentlichen Planungsverfahren, DÖV 1975, 373-380.

Wagner, Gerhard: Die Aufgaben des Haftungsrechts - eine Untersuchung am Beispiel der Umwelthaftungsrechts-Reform, JZ 1991, 175-183.

Wagner, Michael A.: Die Genehmigung umweltrelevanter Vorhaben im parallelen und konzentrierten Verfahren, Berlin 1987.

Walter: Anmerkung zur Entscheidung des BGH v.16.12.1977, NJW 1978 1158-1159.

Wandt, Manfred: Auf dem Weg zu einer klaren Anknüpfungsregel für internationale Verkehrsunfälle, VersR 1993, 409-419.

Weber, Albrecht: Beteiligung und Rechtsschutz ausländischer Nachbarn im Atomrechtlichen Genehmigungsverfahren, DVBl 1980, 330-336.

Weidemann, Clemens: Zum Rechtsschutz gegen abfallrechtliche Standortentscheidungen, NVwZ 1989, 1033-1035.

Weitbrecht, Andreas: Der Salzburger Flughafenfall, NVwZ 1986, 897-898.
- Die Rechtsstellung ausländischer Grenznachbarn im deutschen Umweltrecht, NJW 1987, 2132-2134.

Wenckstern, Manfred: Der Ausgang des niederländischen Rheinversalzungsprozesses, RabelsZ 53 (1989) 699-704.

Wengler, Wilhelm: Die Anknüpfung des zwingenden Schludrechts im internationalen Privatrecht, ZVglRWiss 54 (1941) 168-212.

Wernicke, Konrad: Die Bedeutung des Rechts auf Wasserzufluß, NJW 1967, 1949.

Westermann, Harry: Die Funktion des Nachbarrechts - Zugleich eine Untersuchung der Bedeutung des Immissionsschutzes für das Privatrecht, Festschrift für Karl Larenz, 1973, 1006 ff.

Wiebe, Andreas: Umweltschutz durch Wettbewerb, NJW 1994, 289-294.

Wilhelm, Georg: Ionisierende Strahlungen als grenzüberschreitende Immission, Wackersdorf und das österreichische internationale Nachbarrecht, JBl 1986, 696-701.

Wimmer, Norbert: Schlußkongreß des Ladenburger Kollegs "Umweltstaat" am 15./16.9.1993 in Berlin, JZ 1994, 195-196.

Winter, Die neue Abfallverbringungs-Verordnung der EG, UPR 1994, 161-171.

Woehrling, J.- M.: Grenzüberschreitende Beteiligung am Verwaltungsverfahren - Frankreich - in: Bothe / Prieur / Ress, Rechtsfragen grenzüberschreitender Umweltbelastungen, Berlin 1984, 101-110.
- Grenzüberschreitende Klagebefugnisse im verwaltungsgerichtlichen Verfahren - Frankreich - in: Bothe / Prieur / Ress, Rechtsfragen grenzüberschreitender Umweltbelastungen, Berlin 1984, 129-142.

Wolfrum, Rüdiger: Die grenzüberschreitende Luftverschmutzung im Schnittpunkt von internationalem Recht und Völkerrecht, DVBl 1984, 493-501.

Zehetner, Franz: Tschernobyl, Zur völkerrechtlichen Problematik grenzüberschreitender technisch-industrieller Umweltkatastrophen, UPR 1986, 201-205.

- Tschernobyl, Zur völkerrechtlichen Wiedergutmachungsproblematik, UPR 1986, 326-331.

Zemen, Herbert: Einheit der internationalen Zuständigkeit bei zusammengesetzten Verfahren, öZöffRV 1973, 89-109.

Zimmer, Daniel: "Auflockerung" der Tatortregel in kleinen Schritten, JZ 1993, 396-401.

Zitelmann, Ernst: Internationales Privatrecht, Band I, Leipzig 1897; Band II, Leipzig 1898-1912.

Zöller, Richard: Zivilprozeßordnung, 18.Aufl., Köln 1993.

Zöller / Geimer: Internationales Zivilverfahrensrecht, in: Zöller, Zivilprozeßordnung, 15.Aufl., Köln 1987

Zuleeg, Manfred: Vorbehaltene Kompetenzen der Mitgliedstaaten der Europäischen Gemeinschaft auf dem Gebiete des Umweltschutzes, NVwZ 1987, 280-286.

- Umweltschutz in der Rechtsprechung des Europäischen Gerichtshofes, NJW 1993, 31-38.

Zweigert, Konrad: Zur Armut des internationelan Privatrechts an sozialen Werten, RabelsZ 37 (1973) 435-452.

- Internationales Privatrecht und öffentliches Recht, in: Fünfzig Jahre Institut für internationales Recht an der Universität Kiel, Hamburg 1965, 124-141.

- Nichterfüllung auf Grund ausländischer Leistungsverbote, RabelsZ 14 (1942) 283-307.

Schriften zum Umweltrecht

Herausgegeben von Prof. Dr. Michael Kloepfer, Berlin

25 **Der technisch-industrielle Umweltnotfall im Recht der Europäischen Gemeinschaften.** Von T. Wagner. 199 S. 1992 ⟨3-428-07483-1⟩ DM 58,– / öS 453,– / sFr 58,–

26 **Der Schutz des Bodens vor Schadstoffeintrag.** Die Instrumente der direkten Verhaltenssteuerung des öffentlichen Rechts. Von R. Heiermann. 337 S. 1992 ⟨3-428-07554-4⟩ DM 98,– / öS 765,– / sFr 98,–

27 **Handlungsspielräume gemeindlicher Umweltpolitik am Beispiel des Abfallrechts.** Von B. Haaß. 291 S. 1992 ⟨3-428-07637-0⟩ DM 98,– / öS 765,– / sFr 98,–

28 **Der unbestimmte Rechtsbegriff im Recht der Technik.** Eine Untersuchung anhand des Beispiels der „Gefahren, erhebliche Nachteile oder Belästigungen" im Anlagengenehmigungsverfahren. Von B. Ebinger. 301 S. 1993 ⟨3-428-07504-8⟩ DM 88,– / öS 687,– / sFr 88,–

29 **Die Bedeutung von Sachverständigengutachten für die richterliche Rechtskonkretisierung im Umweltschutz.** Von D. Hegele. 369 S. 1993 ⟨3-428-07568-4⟩ DM 98,– / öS 765,– / sFr 98,–

30 **Schutz und Vorsorge.** Strukturen der Risikoerkenntnis, Risikozurechnung und Risikosteuerung der Grundpflichten im Bundes-Immissionsschutzgesetz. Von F. Petersen. 378 S. 1993 ⟨3-428-07626-5⟩ DM 98,– / öS 765,– / sFr 98,–

31 **Die wesentliche Änderung im Sinne des § 15 BImSchG** unter besonderer Berücksichtigung des umfänglichen Anlagenbegriffs. Von C.-P. Martens. 292 S. 1993 ⟨3-428-07711-3⟩ DM 98,– / öS 765,– / sFr 98,–

32 **Genehmigung kerntechnischer Anlagen nach deutschem und US-amerikanischem Recht.** Von C. Heitsch. 354 S. 1993 ⟨3-428-07751-2⟩ DM 128,– / öS 999,– / sFr 128,–

33 **Beschleunigungsmöglichkeiten bei der Zulassung von Abfallentsorgungsanlagen.** Von W. Ebling. 408 S. 1993 ⟨3-428-07787-3⟩ DM 108,– / öS 843,– / sFr 108,–

34 **Abfallrechtliche Sicherungs- und Rekultivierungspflichten.** Von A. Pohl. 190 S. 1993 ⟨3-428-07845-4⟩ DM 88,– / öS 687,– / sFr 88,–

35 **Erholung in freier Natur.** Erholungsuchende als Adressaten staatlichen Umweltschutzes vor dem Hintergrund von Gemeingebrauch, Betretungsrecht und Grundrecht. Von M. Burgi. 429 S. 1993 ⟨3-428-07854-3⟩ DM 128,– / öS 999,– / sFr 128,–

36 **Der Rechtsbegriff „Stand der Wissenschaft" aus erkenntnistheoretischer Sicht** am Beispiel der Gefahrenabwehr im Immissionsschutz- und Atomrecht. Von D. Lohse. 143 S. 1994 ⟨3-428-07877-2⟩ DM 72,– / öS 562,– / sFr 72,–

37 **Rechtliche Möglichkeiten und Grenzen des Ausstiegs aus der Kernenergie.** Von K. Borgmann. 464 S. 1994 ⟨3-428-08043-2⟩ DM 118,– / öS 921,– / sFr 118,–

38 **Der Schutz „überdurchschnittlich empfindlicher" Rechtsgüter im Polizei- und Umweltrecht.** Von R. Wulfhorst. 175 S. 1994 ⟨3-428-07811-X⟩ DM 78,– / öS 609,– / sFr 78,–

39 **Landschaftsplanung als Umweltleitplanung.** Von W. Erbguth und B. Wiegand. 177 S. 1994 ⟨3-428-08028-9⟩ DM 78,– / ös 609,– / sFr 78,–

40 **Schutz vor Fluglärm bei der Planung von Verkehrsflughäfen im Lichte des Verfassungsrechts.** Zur Auslegung des § 9 Abs. 2 LuftVG. Von M. Hermann. 378 S. 1994 ⟨3-428-08073-4⟩ DM 118,– / öS 921,– / sFr 118,–